International Trade
國際貿易

蔡攀龍 著

東華書局

國家圖書館出版品預行編目資料

國際貿易/蔡攀龍著. – 初版. -- 臺北市：臺灣東華，
2011.10
　408 面；19x26 公分
　ISBN 978-957-483-683-3 (平裝)

　1. 國際貿易
558　　　　　　　　　　　　　　　　　　　　100021558

版權所有・翻印必究

中華民國一〇〇年十一月初版

國際貿易

定價　新臺幣伍佰伍拾元整
（外埠酌加運費匯費）

編著者　蔡　　攀　　龍
發行人　卓　劉　慶　弟
出版者　臺灣東華書局股份有限公司
　　　　臺北市重慶南路一段一四七號三樓
　　　　電話：(０２) ２３１１-４０２７
　　　　傳真：(０２) ２３１１-６６１５
　　　　郵撥：０００６４８１３
　　　　網址：www.tunghua.com.tw
直營門市 1　臺北市重慶南路一段七十七號一樓
　　　　　　電話：(０２)２３７１-９３１１
直營門市 2　臺北市重慶南路一段一四七號一樓
　　　　　　電話：(０２)２３８２-１７６２

序言

　　自 1987 年到清華大學任教，為經濟系第一屆學生講授國際經濟學，加上隨後在碩、博士班的國際貿易理論與政策課程，轉眼間筆者從事國際貿易相關教學研究工作已逾二十年。大學部國際經濟學包含國際貿易和國際金融 (也稱國際貨幣經濟學或開放經濟總體經濟學) 兩部份，前者為個體經濟學的延伸，後者則是總體經濟學的擴展。這本書即是將這些年授課內容中，筆者認為較核心的部份加以整理、編撰而成。而基於筆者專長考量，本書僅涵蓋國際貿易理論與政策部份。本書設定對象是大三、大四至碩士班一年級程度的學生，但為了較完整闡釋一些重要課題，部份內容會較為深入，這在書中均標有※的記號，初次研讀的大學部學生可先行略過。至於碩士班學生，筆者希望其能耐心、詳細地理解每一個細節，以及其間的邏輯關係。

　　如前所言，本書是過去二十幾年來上課內容集結整理而成，因此首先必須感謝上過這幾門課的歷屆清華學生，因為從和他們互動過程中，讓我深刻體會到「自己弄懂」與「讓別人懂」之間的落差，從而有機會不斷修正教材內容與教學方法。個人方面，筆者特別感激昔日清華學生徐憶寧小姐，她積極細心且有效率地完成本書所有繪圖、打字工作，並提出不少寶貴建議。沒有她在國際貿易方面的知識背景，以及專致、熱心的幫忙，書中那些複雜的圖形將很難有如此精確的呈現。另外，筆者也非常感謝東華書局黃榮華、謝松沅兩位先生及編輯部鄧秀琴小姐在催生本書過程中給我的「無形壓力」，沒有他們的敦促和全力協助，本書付梓將是遙遙無期。

　　隨著自由化、全球化的推展與加劇，國際貿易或更廣泛的國際經濟學的重要性無疑地將與日俱增。希望本書的出版，對有興趣探討國際貿易理論與政策相關議題的學生，能提供些許助力。當然，學海無涯，筆者所知有限，書中謬誤之處勢所難免，僅期盼有機會參閱本書的同學、同道，隨時不吝指正。

蔡攀龍　pltsai@mx.nthu.edu.tw
2011 年夏于新竹華清社區

國際貿易

目錄

Chapter 1
緒　論　　　　　　　　　　　　　　　　　　　　　1

1.1 國際貿易理論與政策 ----------------------------------1
　　貿易利得 --2
　　貿易型態 --2
　　貿易條件 --3
1.2 本書結構 --3

Chapter 2
李嘉圖模型　　　　　　　　　　　　　　　　　　　　7

2.1 基本模型與封閉經濟均衡 ------------------------------8
　　模型假設 --8
　　生產可能曲線 --9
　　需求面與均衡 ---------------------------------------11
　　相對供給與相對需求 ---------------------------------14
2.2 開放經濟均衡 -----------------------------------17
　　比較利益 ---19
　　貿易條件與貿易型態 ---------------------------------19

iv

貿易利得：間接生產技術觀點 ---------------------- 24
貿易利得：社會無異曲線 ------------------------- 25
比較利益與絕對利益 --------------------------- 29
工資與競爭優勢 ------------------------------ 31

2.3 基本模型的擴展 ------------------------------ 35
(1) 大國和小國 ------------------------------ 35
(2) 多個國家的情況 --------------------------- 38
(3) 多種產品的情況 --------------------------- 39
相對工資率的決定與貿易型態 ------------------- 40
(4) 運輸成本 ------------------------------- 42

2.4 李嘉圖模型的主要缺陷 -------------------------- 44

Chapter 3
赫克斯─歐林模型　　47

3.1 HO 模型的假設 ----------------------------- 48
因素集中度逆轉 ------------------------------ 50
位似偏好 ---------------------------------- 54

3.2 封閉經濟均衡 ------------------------------- 55
生產契約線 -------------------------------- 56
生產可能曲線 ------------------------------- 58
封閉經濟均衡 ------------------------------- 61
相對供給與相對需求 --------------------------- 62

3.3 史特普─薩彌爾遜定理 (SS 定理) ----------------- 65

v

國際貿易

```
        ※瓊斯的擴大效果 ------------------------------------------------ 71
3.4   瑞普辛斯基定理 ------------------------------------------------ 72
        ※瓊斯的擴大效果 ------------------------------------------------ 75
3.5   HO 定理 -------------------------------------------------------- 77
        相對供給與相對需求 ------------------------------------------- 78
        生產可能曲線與社會無異曲線 --------------------------------- 80
3.6   因素價格均等化定理 ----------------------------------------- 83
3.7   貿易利得與所得分配 ----------------------------------------- 86
3.8   小結 ------------------------------------------------------------ 87
```

Chapter 4
特定要素模型　　　　　　　　　　　　　　　　　　　　91

```
4.1   基本模型與封閉經濟均衡 ------------------------------------ 92
        封閉經濟均衡 ---------------------------------------------------- 93
        勞動需求與所得分配 -------------------------------------------- 97
4.2   比較靜態分析 ---------------------------------------------- 101
        產品價格變動 ---------------------------------------------------101
        特定要素變動 ---------------------------------------------------106
        可移動要素變動 ------------------------------------------------110
※4.3  特定要素模型與 HO 模型 ----------------------------------- 112
        產品價格改變 ---------------------------------------------------112
        特定要素變動 ---------------------------------------------------117
        可移動要素變動 ------------------------------------------------119
```

Chapter 5
不完全競爭、新貿易理論與新新貿易理論　　125

- **5.1** 背景 ---125
- **5.2** 克魯曼模型 --129
    - 基本模型 --129
    - 封閉經濟均衡 --131
    - 開放經濟均衡與產業內貿易 ----------------------------------136
- ※ **5.3** 統合經濟模型 ---140
    - HO 模型的重述 --141
    - 產業內貿易與產業間貿易 -------------------------------------145
- **5.4** 相互傾銷模型 --147
    - 傾銷 ---147
    - 相互傾銷 ---149
    - ※相互傾銷與福利 --153
- ※ **5.5** 新新貿易理論 --157
    - 新新貿易理論產生的背景 -------------------------------------157
    - 主要實證結果 --158
    - 新新貿易理論─異質廠商貿易模型 -------------------------160

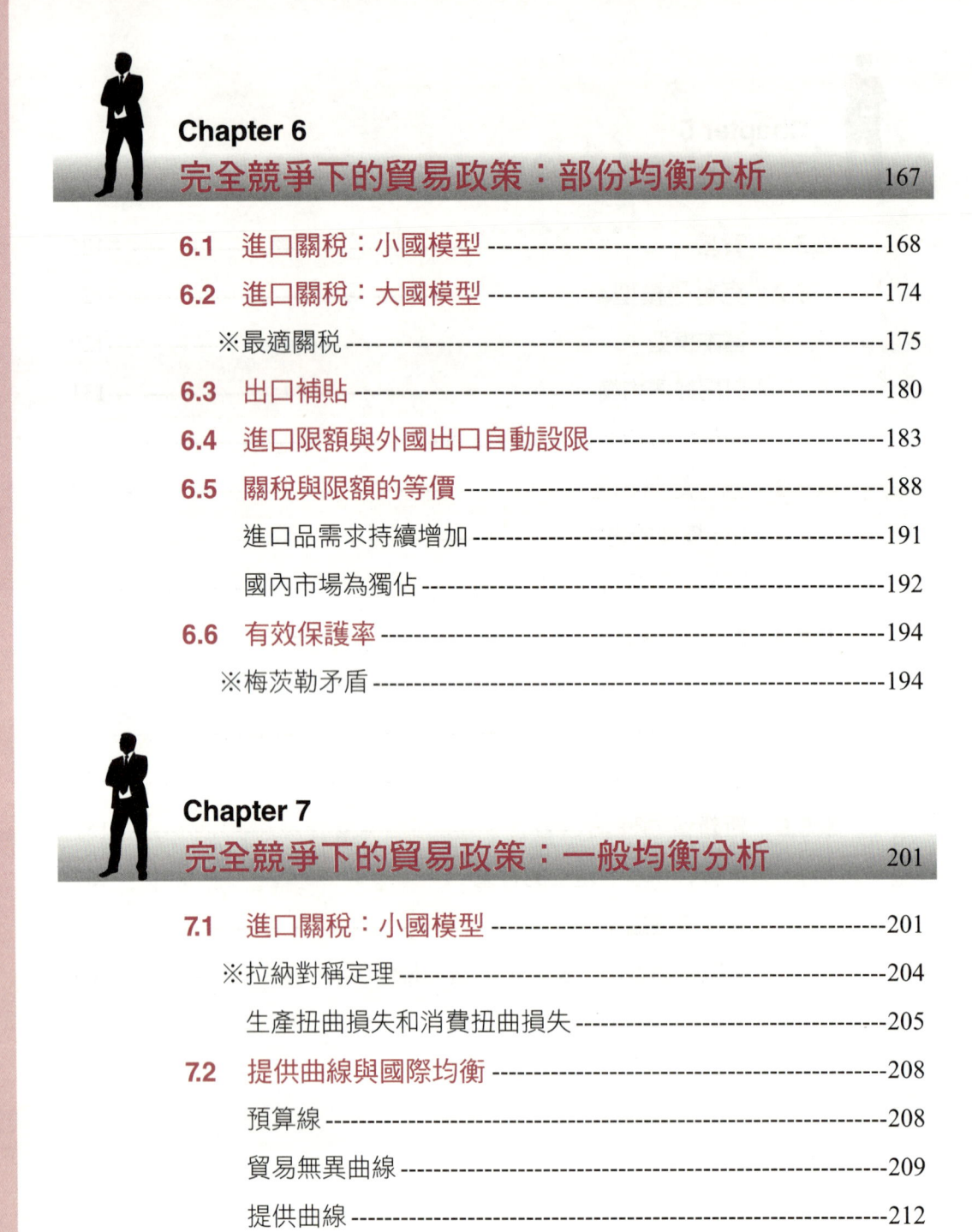

國際貿易

Chapter 6
完全競爭下的貿易政策：部份均衡分析　167

- **6.1** 進口關稅：小國模型 —————————————————168
- **6.2** 進口關稅：大國模型 —————————————————174
  - ※最適關稅 ——————————————————————175
- **6.3** 出口補貼 ——————————————————————180
- **6.4** 進口限額與外國出口自動設限 ————————————183
- **6.5** 關稅與限額的等價 —————————————————188
  - 進口品需求持續增加 ——————————————————191
  - 國內市場為獨佔 ————————————————————192
- **6.6** 有效保護率 ————————————————————194
  - ※梅茨勒矛盾 —————————————————————194

Chapter 7
完全競爭下的貿易政策：一般均衡分析　201

- **7.1** 進口關稅：小國模型 —————————————————201
  - ※拉納對稱定理 ————————————————————204
  - 生產扭曲損失和消費扭曲損失 ——————————————205
- **7.2** 提供曲線與國際均衡 —————————————————208
  - 預算線 ————————————————————————208
  - 貿易無異曲線 —————————————————————209
  - 提供曲線 ———————————————————————212

　　　　國際均衡 -- 214
　　　　小國的國際均衡 -- 217
　7.3　進口關稅：大國模型 -- 218
　　　　國內價格與國外價格 -- 221
　　　※梅茨勒矛盾 -- 223
　　　　最適關稅 -- 225
　　　※貿易戰爭 -- 227
　7.4　限額與出口自動設限 -- 232
※**7.5　關稅與限額的不等價** -- 235
　　　　限額戰爭 -- 235
　　　　兩國同時採用關稅或限額政策 -------------------------------------- 237

Chapter 8
不完全競爭下的貿易政策　　　　　　　　　　　　　241

8.1　進口品國內市場為獨佔 -- 242
　　　　關稅的效果 -- 242
　　　※進口限額 -- 245
　　　※關稅與限額 -- 248
　　　※規模經濟 -- 250
8.2　進口市場由國外廠商獨佔 -- 252
　　　　進口限額 -- 257
8.3　進口品由一家國內廠商與一家國外廠商提供 -------------- 257
　　　　庫諾競爭：進口關稅 -- 258
　　　　庫諾競爭：進口限額 -- 263

※柏臣競爭：進口關稅 ----- 263
※柏臣競爭：進口限額 ----- 267

8.4 本國和外國各一家廠商在第三國進行雙佔競爭 ----- 269
　　庫諾競爭：布蘭德—史賓賽模型 ----- 270
　　柏臣競爭：伊頓—葛洛斯曼模型 ----- 275

Chapter 9
貿易干預政策與區域整合　　281

9.1 關稅與限額之外的貿易干預政策 ----- 282
　　關稅配額 (TRQ) ----- 282
　　自製率 ----- 283
　　反傾銷稅 ----- 283
　　平衡稅 ----- 285

9.2 貿易干預與自由貿易主張 ----- 288
　　不完全競爭市場 ----- 288
　　國內市場扭曲 ----- 289

9.3 區域整合：源起與發展 ----- 293
　　GATT 第 24 條 ----- 294

9.4 區域整合：經濟分析 ----- 297
　　貿易創造與貿易移轉效果 ----- 297

9.5 自由貿易區與關稅同盟 ----- 306
　　貿易轉向問題與原產地規範 ----- 307

9.6 區域主義與多邊主義 ----- 310
　　※坎普—萬又煊定理 ----- 311

Contents 目錄

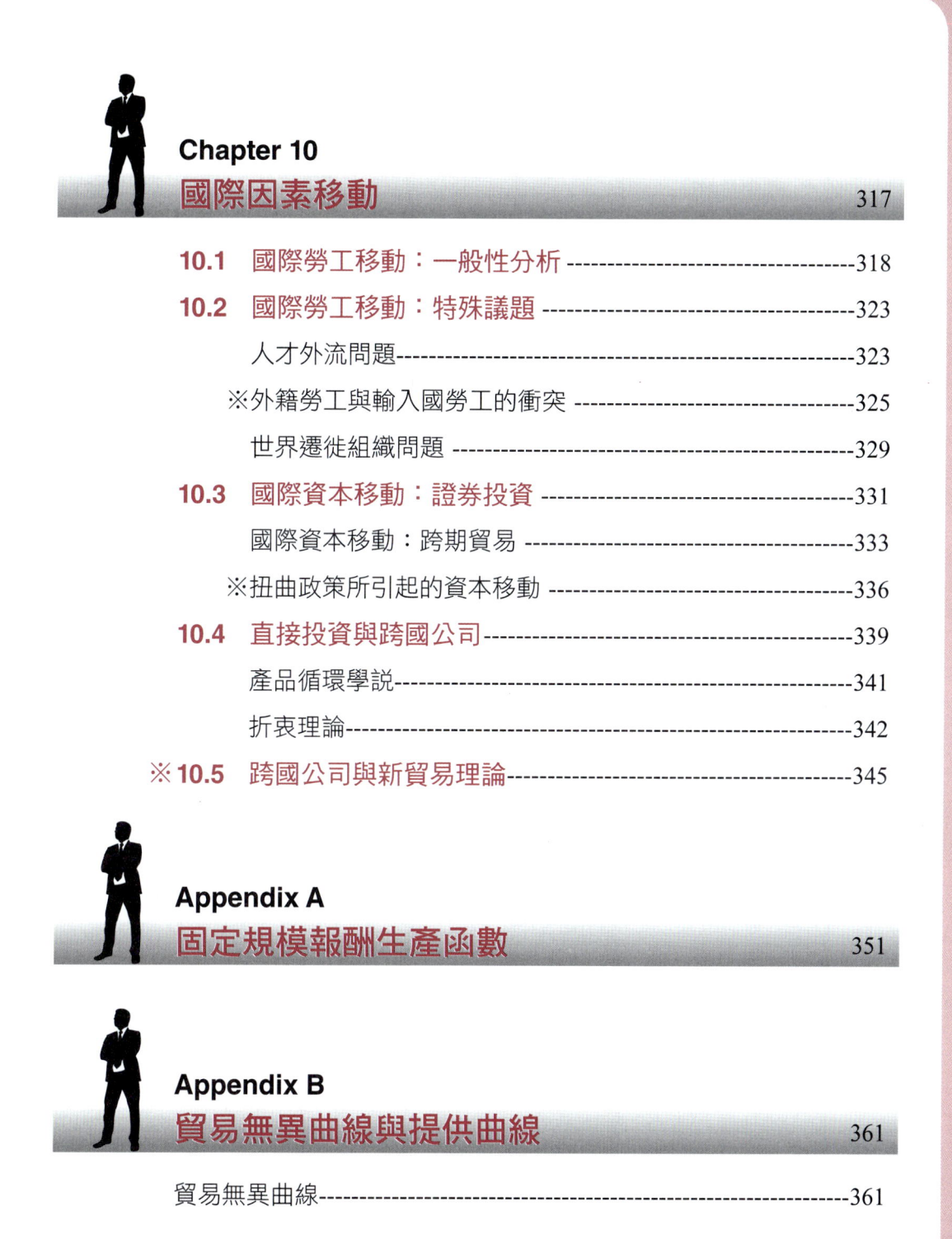

Chapter 10
國際因素移動　317

10.1　國際勞工移動：一般性分析　318
10.2　國際勞工移動：特殊議題　323
　　　人才外流問題　323
　　　※外籍勞工與輸入國勞工的衝突　325
　　　世界遷徙組織問題　329
10.3　國際資本移動：證券投資　331
　　　國際資本移動：跨期貿易　333
　　　※扭曲政策所引起的資本移動　336
10.4　直接投資與跨國公司　339
　　　產品循環學說　341
　　　折衷理論　342
※10.5　跨國公司與新貿易理論　345

Appendix A
固定規模報酬生產函數　351

Appendix B
貿易無異曲線與提供曲線　361

貿易無異曲線　361

提供曲線 -- 366
進口需求與出口供給彈性 -- 369
國際均衡 -- 371

Reference
參考文獻   377

index
索引   381

中文索引 -- 381
英文索引 -- 389

緒 論

　　國際貿易為個體經濟學的延伸，或者說國際貿易理論是將一般個體經濟學的分析方法應用到國與國之間的貿易問題上。有趣的是，從經濟理論發展的歷史來看，許多有關貿易理論的分析是遠在今日所稱的個體經濟學之前。也因為這個緣故，不少重要的個體經濟學概念或結果，事實上是源自於國際貿易理論和政策的研究。最典型的例子就是**比較利益** (comparative advantage) 的觀念；在現代的經濟學教學中，幾乎從一開始就闡釋比較利益在資源有效配置的重要性，但我們知道，比較利益的概念乃是來自十九世紀初李嘉圖對國際貿易的分析(詳見本書第二章)。此外，諸如**競租** (rent–seeking) 和**次佳理論** (theory of the second best) 等今日耳熟能詳的現象與理論，則分別來自貿易政策中關於**進口限額** (import quota) 和**關稅同盟** (customs union) 的研究。從這個觀點來看，我們甚至可以說，國際貿易理論與政策乃是構成一完整的個體經濟理論分析不可或缺的成分。

1.1 國際貿易理論與政策

　　儘管國際貿易分析可視為一般個體經濟理論分析的一環，但它畢竟有它特別著重的方向與課題，因此學術界習慣上還是將國際貿易劃歸成一特殊的學門，以

國際貿易

便能有效集中教學與研究的焦點。基本上，國際貿易理論所關心的議題有三個：(1) 國與國間為何要進行貿易？這就是所謂的**貿易利得** (gains from trade) 問題；(2) **貿易型態** (patterns of trade) 問題，即何以有些國家出口農產品，有些國家卻出口高科技產品？(3) **貿易條件** (terms of trade) 問題，也就是說兩國之間進行交易時，到底以一單位的出口品可換取多少單位的進口品？很明顯地，貿易條件的改變直接牽涉到國與國之間的所得分配或貿易利得分配。

貿易利得

貿易利得的存在，不但是國際貿易，甚至是一切自願性交易的基礎，因為沒有任何一位理性的消費者會接受使其福利或效用降低的交易。但國際貿易探討的重點則在於，國與國間從事貿易時，其貿易利得的根源為何？隨著貿易理論的演進，導致貿易利得的原因也不斷被發現，從傳統貿易理論的比較利益，到新貿易理論的規模經濟，以至於晚近的異質廠商模型所強調的產業內資源重分配效果，都可能為參與貿易的國家帶來利得，這也是本書第二至第五章的主要內容。值得一提的是，這些造成貿易利得的原因，彼此之間並不是替代的關係，而是互補關係。換句話說，貿易利得的產生是多面向的，而非決定於單一因素。

貿易型態

在傳統比較利益的經濟模型中，貿易型態問題和貿易利得問題是同時解決的，即開放貿易的結果會使參與貿易的國家出口其具有比較利益的產品；事實上這也是貿易利得產生的原因。但是如果貿易利得是來自規模經濟或產業內的資源重分配，則模型本身並無法決定貿易型態，或者如克魯曼 (Paul Krugman) 所言，在這些模型中，貿易型態是隨機決定的，是某些「歷史的偶然」所造成。何以傳統貿易理論和新貿易理論及異質廠商貿易模型 (也稱新新貿易理論) 會有這種差異呢？根本原因在於傳統比較利益理論所探討的乃是**產業間的貿易** (interindustry trade)，因此決定了各國具有比較利益的產品也等同決定了貿易型態。但新貿易理論和異質廠商模型，則是針對**產業內貿易** (intraindustry trade)，利得的根源在

於個別廠商生產技術上的規模經濟,因而無法得知開放貿易後那些種類產品會在那個國家生產,貿易型態也就無法確定了。

　　純粹從貿易的角度來看,貿易型態本身並不是特別重要的問題。因為只要貿易能帶來利得,那麼一個國家因出口飛機或高級醫療器材而獲利,與出口石油、稻米而獲利並沒有什麼不同。但何以貿易理論又要探討這個問題呢?主要原因有二:首先,貿易理論必須在一定程度內有能力解釋現實社會情況方有意義,方能提出適當的政策建議。其次,從長期經濟發展的觀點來看,各國對其生產、出口或進口產品的種類仍是相當重視。畢竟,擺在眼前的事實是,先進國家出口的大都屬於高技術層次的製造品與服務業產品,而倚賴出口初級農礦產品及低技術層次製造品的國家則多屬開發中國家。

貿易條件

　　即使貿易可以為所有參與國帶來貿易利得,但這些貿易利得如何在參與國之間分配則是取決於貿易條件。貿易條件一般定義為一國出口品價格與進口品價格之比值,也就是一國出口一單位產品能在國際市場上買回的進口品數量;當此比值上升時,該國貿易條件的改善,反之比值下降時,則稱該國貿易條件惡化。因此,如何透過各種貿易政策或貿易談判,以取得較佳的貿易條件遂成為各國制定貿易政策過程中的重要課題。事實上,貿易條件所牽涉的國際所得分配問題,正如各國國內所得分配問題一樣,可說是經濟政策制定上最棘手且最具關鍵性的衝突點。**世界貿易組織** (World Trade Organization,WTO) 自 2001 年所推動的**杜哈回合** (Doha Round) 談判,一直無法完成,雖然包含許多政治經濟上的考量,但最根本的原因則在於國際所得分配,也就是貿易理論與政策中所討論的貿易條件問題。

 ## 1.2　本書結構

　　本書共有十章及兩個附錄。除本章緒論及第十章外,其餘八章分成兩部份;

前半部二至五章介紹主要貿易理論模型，後半部六至九章則討論各種貿易政策。

在國際貿易理論方面，我們基本上依理論演進的過程進行討論。第二章為古典李嘉圖模型，利用簡單的單一生產因素 (勞動力)，固定投入產出生產技術，闡釋機會成本、生產可能曲線以及比較利益、絕對利益、貿易利得、貿易型態、貿易條件和非貿易財等國際貿易中最常見、最重要的概念。第三章介紹新古典學派的赫克斯－歐林模型。除了可以解釋一些顯而易見，但卻無法以李嘉圖模型解釋的貿易現象外，這個模型也可說是傳統貿易理論嚴謹分析的典範。它透過一系列對於生產技術與消費者偏好的嚴謹假設，依序推導出所謂的赫克斯－歐林架構下的四大定理，不但證明除了李嘉圖所強調的生產技術差異之外，各國因素稟賦的不同也可能是決定比較利益的重要因素，更探討了李嘉圖模型中所忽略的所得分配問題，從而將貿易利得的觀念，導引向更精確的「**潛在的**」**貿易利得** (potential gains from trade) 觀念。這個看似微小的差異，卻有著無比重要的政策意涵，它不但可以解釋許多國家某些國際貿易以及產業政策存在與爭執的現象，還可以說明何以國際貿易學者的主張時常遭到誤解、扭曲的原因。第四章的特定要素模型，在某種程度上是李嘉圖模型和赫克斯－歐林模型的混合體。因此，一方面，它可看成是李嘉圖模型的擴展，另方面則可看成是赫克斯－歐林模型的短期型態。特定要素模型與第三章的赫克斯－歐林模型最顯著的差異在於生產因素的數目和產品的數目並不相等，而是生產因素的數目超過產品的數目。這個微小的差異，在理論上卻有著意料之外的巨大影響，因為在生產因素數目多於產品數目的情況下，赫克斯－歐林架構下的四大定理幾乎完全崩解。而從長、短期關係的角度來看，特定要素模型更可得到與現實社會頗為符合的一些所得分配現象，即貿易政策的施行，對某些生產因素擁有者有著「短多長空」，但對另一些生產因素擁有者則會有「短空長多」的效果。第五章詳細討論了克魯曼 1979 年所提出的新貿易理論模型。該模型和前面三章傳統貿易理論最大的不同，在於完全揚棄傳統理論中生產技術為固定規模報酬以及市場為完全競爭的假設，將貿易理論正式帶入不完全競爭市場分析的新境界。克魯曼巧妙地結合規模經濟與消費多樣性的假設，圓滿地解釋了傳統貿易理論一直無法探討的產業內貿易問題，最後並將其與赫克斯－歐林模型結合成一可同時解釋產業間貿易與產業內貿易的統合模型。第五章最後一部份則簡要介紹最近十年來方才興起的異質廠商或新新貿易理論模型，指出在比較利益與規模經濟之外另一個可能的貿易利得的來源。

　　第六章至第九章是有關各種不同種類與不同層次的貿易政策的討論。第六章和第七章均在完全競爭市場結構的假設下進行分析。第六章利用大家最熟悉的部份均衡分析法，分別大國與小國兩種情況，說明進、出口關稅、補貼，以及限額和出口自動設限等貿易政策對生產、消費及福利的影響，並詳細討論關稅、限額和出口自動設限的等價性問題。第七章討論的內容基本上和第六章相同，但以一般均衡模型進行分析，從而介紹諸如貿易無異曲線、提供曲線等貿易理論上經常使用的分析工具。雖然一般均衡模型分析所得到的結果基本上和部份均衡分析相同，但它也進一步告訴我們一些諸如拉納對稱定理以及關稅與限額戰爭等無法在部份均衡分析中得到的結果。第八章探討不完全競爭市場結構下的貿易政策效果，特別是關稅和限額政策的異同。先從進口品國內市場為獨佔著手，接著討論進口品由一家國外獨佔廠商提供的情況，最後討論進口品由國內、外各一家廠商進行競爭的雙佔市場結構。本章最後一部份利用布蘭德－史賓賽模型和伊頓－葛洛斯曼模型說明策略性貿易政策的意涵，以及這種貿易政策的限制和不穩定性。第九章除了介紹關稅配額、自製率、反傾銷稅、平衡稅等其他常見的貿易措施外，並進一步討論有關自由貿易與貿易干預主義間的長期爭論。本章的另一重點則是探討國際層次的貿易政策問題，特別是與區域主義相關的自由貿易區與關稅同盟對成員國、非成員國和全球福利的影響，最後再以此為基礎申論區域主義與多邊主義之間的關係。

　　第二章至第九章雖然分別針對理論與政策兩方面進行討論，但卻有一個共同的隱含假設，即國際貿易僅限於最終產品的交換，生產因素如勞動力和資本雖然在國內可自由移動，但在國際間則完全沒有移動的空間。這個隱含的假設，一方面可以讓本已相當複雜的貿易模型簡化，有助於獲取較明確的結論。但更重要的原因則可能來自於國際貿易理論分析的傳統；畢竟，國際貿易問題的探討早在十八、十九世紀已經有很系統性的發展，而在當時的環境中，生產因素即使偶會

國際貿易

在國際間移動,相對於最終產品的交易還是微不足道,因此在這個假設下進行分析,可以說是自然不過的選擇。然而,同樣的道理,二次大戰以降,特別是上世紀八、九十年代以來隨著交通、運輸及通訊技術的改良,全球化浪潮使得國際間人員與資本的移動和十八、十九世紀的情況不可同日而語。因此,如何將國際因素移動納入國際貿易理論與政策的討論範疇,遂成為國際經濟研究者無法逃避的挑戰。事實上,有關國際因素移動問題的探討自 1970 年代以來已經有了長足的發展,也獲致一些重要的成果。本書第十章即在較簡化的假設下,針對國際勞工移動、國際資本移動,特別是直接投資與跨國公司問題進行基本的分析與介紹。和前面八章將理論和政策嚴格區分的解說方式不同,本章會同時觸及理論面與政策面問題,因為國際勞工移動和直接投資本身就都是牽涉廣闊的議題,無法在本書進行深入的探討。儘管如此,我們仍然希望這章簡單的介紹,能提供有興趣國際因素移動問題的讀者,一些最基本的相關知識與分析方法。

最後,本書提供了兩個附錄。附錄 A 詳細說明一些和本書內容直接相關的固定規模報酬生產函數的性質。由於這些性質在傳統貿易理論分析中扮演相當重要的角色,讀者若能在研讀二、三、四章前先行理解附錄 A 的內容,應當會有很大幫助。附錄 B 則介紹米德 (James Meade,1907 – 1995) 以幾何方法推導貿易無異曲線及提供曲線的技巧,讀者除了可以由這些過程充分了解其與生產可能曲線和社會無異曲線的密切關係,還可進一步看到其他在第七章中無法充分討論的關於提供曲線的重要性質。

李嘉圖模型

上章提到,國際貿易理論主要是討論貿易利得、貿易型態和貿易條件三個議題。雖然貿易利得屬於**規範經濟學** (normative economics),而貿易型態與貿易條件屬於**實證經濟學** (positive economics) 範疇,但在大部份情況下,這三個議題都是在一完整架構下一起討論,這個特性在以完全競爭市場、一般均衡分析為基礎的傳統貿易理論更為明顯。傳統貿易理論包括古典貿易理論和新古典貿易理論,兩者的出發點均在解釋貿易利得的根源,本章將先討論古典貿易理論中最具代表性的**李嘉圖模型** (Ricardian model)。

在正式進入模型分析之前,我們得先指出,古典貿易理論者並不限於李嘉圖 (David Ricardo,1772－1823)。事實上,李嘉圖模型所闡釋的許多觀念,在他之前以及他同時代的許多學者的著作中也都出現過,但是李嘉圖則是將這些觀念較為完整、較有系統呈現的第一人,也因為如此,一般均認為李嘉圖模型是國際貿易理論的第一個正式模型。本章共分為四部份:第一節建立模型並分析**封閉經濟** (closed economy) 的均衡;第二節探討**開放經濟** (open economy) 均衡,證明貿易利得的存在,同時說明貿易條件以及貿易型態如何決定;第三節將前兩節的基本模型加以修改擴展以探討大、小國,多國、多產品和運費問題;最後一節則指出李嘉圖模型的主要缺陷。

2.1 基本模型與封閉經濟均衡

模型假設

最簡單的李嘉圖模型包括兩個國家 (一般稱為本國與外國)，兩種產品 (稱其為 X 和 Y)，以及一種生產因素 (勞動力)，因此文獻上也常稱此為一 2×2×1 模型。由於我們的目的在證明兩國之間的貿易可為兩國帶來貿易利得，故在分析方法上屬於一種**比較靜態分析** (comparative statics analysis)，亦即比較兩國在封閉經濟和開放經濟兩種均衡下的福利水準。因此在步驟上，我們須先決定在未和外國貿易的情況下，兩個國家的福利水準為何。

現在先來看本國的情形。假設本國

(1) 使用單一生產因素—勞動力，生產 X 和 Y 兩種產品；生產一單位 X 需要 a_{LX} 單位的勞動投入，生產一單位 Y 需要 a_{LY} 單位的勞動投入，且 a_{LX} 和 a_{LY} 均為固定常數。

(2) 擁有 L 單位的勞動力；勞動力可在 X 和 Y 兩部門 (或產業) 間自由移動，且達到充分就業。

(3) 消費者偏好可以一組**邊際替代率** (marginal rate of substitution，MRS) 嚴格遞減的**社會無異曲線** (socail indifference curve，community indifference curve) 來代表。

(4) 不管產品或生產因素市場均為完全競爭市場。

第 (1) 個假設乃是李嘉圖模型的精華所在。單一生產因素可排除相當不容易處理的所得分配問題，而將一切注意力擺在貿易利得的討論上。至於**投入產出係數** (input–output coefficient)，a_{LX} 與 a_{LY} 固定，則使分析過程大量簡化，卻不妨礙分析結果的有效性。另外，投入產出係數固定也很自然隱含 X 和 Y 兩種產品的生產技術都是固定規模報酬，這與 (4) 中完全競爭市場的假設成為傳統貿易理論分析的共同特色。第 (3) 個假設同樣是為了將注意力集中在「正常情況」，更明確點說，我們希望藉由這個假設保證消費者永遠會同時消費 X 和 Y 兩種產品，且對 X 和 Y 的需求也都滿足**需求定律** (law of demand)。至於假設 (2)，表示我們所考慮的乃是長期均衡，因此經由市場機能，所有勞動力均可充分利用，沒有投閒置散的問題。

生產可能曲線

根據 (1)，我們知道，廠商生產 x 單位的 X 產品會雇用 $a_{LX} x$ 單位的勞動力，而生產 y 單位的 Y 產品所需的勞動力為 $a_{LY} y$，故整個國家的勞動力充分就業的條件為

$$a_{LX} x + a_{LY} y = L \tag{2.1}$$

上式中，等號左邊代表整個經濟體系對勞動的總需求，而等式右邊則為勞動的總供給。由於 a_{LX} 和 a_{LY} 為給定的固定係數，且 L 亦為給定的本國總勞動力，故 (2.1) 式在 (x, y) 平面上為一如圖 2.1 所示的直線。此直線在 x 軸的截距為 L/a_{LX}，

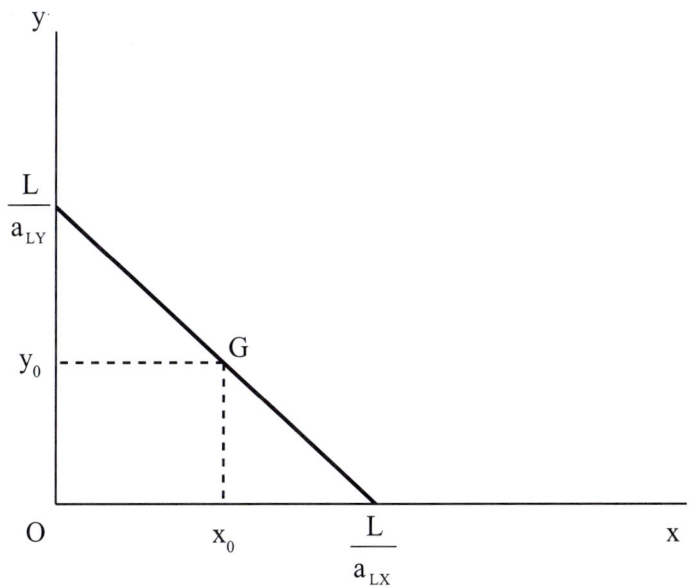

 圖 2.1

國際貿易

表示當所有生產資源都用於 X 的生產時，所能生產的 X 的數量。同理，y 軸的截距為本國不生產 X 時所能生產 Y 的數量。事實上，這條線上任何一點，均代表當 X 的產量固定在某一水準時，本國能生產的 Y 的最大數量。例如，圖中之 G 點，表示在給定的本國生產**稟賦** (endowment) L 以及生產技術 a_{LX} 和 a_{LY} 下，本國若生產 x_0 單位的 X，則其所能生產的 Y 的最大數量即是 y_0。換句話說，圖 2.1 中的直線，或 (2.1) 式，正是本國的**生產可能曲線** (production possibility frontier)。

不過，讀者或許已經發現，圖 2.1 中的生產可能曲線和所熟悉的凹性的生產可能曲線不同，它是一條直線，代表生產 X 或 Y 的邊際機會成本是固定的。為什麼呢？我們知道 (希望你真的知道！)，生產可能曲線上任何一點斜率的絕對值稱為在該點的**邊際轉換率** (marginal rate of transformation，MRT)，代表在該點增加一單位 X 的生產所必須放棄的 Y 的數量，因此是在該點額外多生產一單位 X 的機會成本。現在，(2.1) 或圖 2.1 中任何一點的斜率均是 $(L/a_{LY}) / (L/a_{LX}) = a_{LX}/a_{LY}$ (絕對值，以下同)；因 a_{LX} 和 a_{LY} 都是固定，所以其邊際轉換率或生產 X 或 Y 的邊際機會成本也都固定了。

接著我們進一步來看 a_{LX}/a_{LY} 的意義。a_{LX} 是生產一單位 X 產品所需使用的勞動力，因此如將 a_{LX} 的勞動力去生產 Y 產品的話，就可生產 a_{LX}/a_{LY} 的 Y，因而我們可稱 a_{LX}/a_{LY} 為以 Y 產品表示的生產一單位 X 的平均成本。又因 a_{LX}/a_{LY} 是固定的，由邊際量與平均量的關係得知，a_{LX}/a_{LY} 正好就是以 Y 產品衡量的生產一單位 X 的邊際成本。當 X 和 Y 兩產品同時存在市場中，且其市場價格分別為 p_x 和 p_y 時，X 和 Y 的相對價格 p_x/p_y 乃是以 Y 產品衡量的一單位 X 產品的價格。根據假設 (4)，在完全競爭市場中，廠商為價格接受者，故生產 X 的廠商銷售 X 產品時，以 Y 產品衡量的平均收益與邊際收益都是 p_x/p_y。因廠商追求利潤極大的必要條件為邊際收益等於邊際成本，故我們得到

$$\frac{p_x}{p_y} = \frac{a_{LX}}{a_{LY}} \qquad (2.2)$$

上述邊際收益等於邊際成本的條件和個體經濟學中廠商追求利潤極大的條件完全相同，只不過 (2.2) 中邊際收益和邊際成本均不是用貨幣衡量，而是用產品 Y 表示而已。

需求面與均衡

(2.2) 明確顯示，圖 2.1 中生產可能曲線的斜率剛好就代表 X 和 Y 兩產品的相對價格。但因 a_{LX} 和 a_{LY} 均是外生給定的技術參數，所以在李嘉圖模型中，兩種產品的相對價格完全由技術面，或生產面因素決定，與需求面無關。那需求面在李嘉圖模型中又扮演什麼角色呢？我們已經知道，只要 X 和 Y 兩種產品同時生產，(2.2) 必然成立，如此一來，則圖 2.1 中生產可能線上任何一點 (兩截距除外) 均可能成為生產者利潤最大的生產點。換句話說，從供給面來看，均衡的生產點並無法確定，因此我們就必須帶入需求面來決定均衡生產點。由消費者行為得知，消費者在給定的市場價格下，同時消費 X 和 Y 兩種產品以達到效用極大的條件為邊際替代率等於相對價格，即

$$\text{MRS} = \frac{p_x}{p_y} \tag{2.3}$$

因 MRS 為社會無異曲線斜率的絕對值，所以上述條件在幾何上即代表消費者會選擇生產可能曲線上剛好與某一社會無異曲線相切的點進行消費。很顯然地，廠商唯有將生產點調整到與消費者所選取的同樣一點方可使整個經濟體系達到均衡。圖 2.2 中，AB 代表本國的生產可能曲線，社會無異曲線 W_0 和 AB 相切於 E_0，因此 E_0 即是本國封閉經濟下的均衡點，此時均衡產出與消費組合為 (x_0, y_0)，而社會福利水準則是 W_0。上面的分析清楚告訴我們，在李嘉圖模型中，均衡價格雖然完全取決於供給面或技術因素，但均衡生產與消費量則是由需求面因素決定。

我們也可從另一個角度來詮釋圖 2.2 中的封閉經濟均衡。在這種情形下，我們可以問：在給定的生產技術 (a_{LX}, a_{LY})，因素稟賦 (L) 以及社會無異曲線下，本

國際貿易

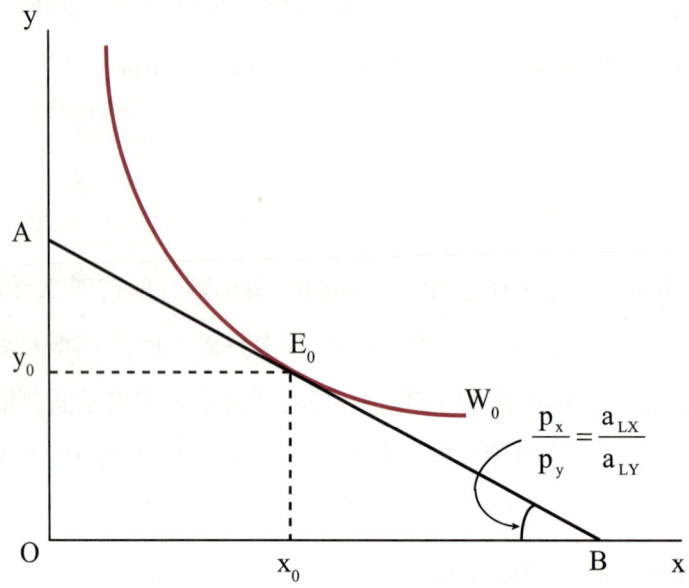

圖 2.2

國應如何生產與消費 X 和 Y 兩種產品方可使社會福利達到最大？這個問題基本上和個別消費者追求效用極大化完全相同，只不過，我們少了整個國家的預算限制而已。幸運地，要找出整個國家的預算限制並不困難。一個國家的「貨幣所得」乃是取決於它所生產的產品種類與數量，以及各種產品的價格。因此，在產品價格為 p_x 和 p_y 下，我們可將本國的**國內生產毛額** (gross domestic product，GDP) 寫成

$$\text{GDP} = p_x x + p_y y \tag{2.4}$$

其中 x 和 y 代表本國 X 和 Y 兩產品的產出。如果我們將 GDP 固定在某一水準 GDP_0，則在 p_x 與 p_y 給定下，我們可找出產值剛好等於 GDP_0 的所有 (x, y) 的產出組合，這些產出組合的集合即成為一**等值–GDP 線** (iso–GDP line)。因 GDP_0，p_x 和 p_y 均固定，故我們知道等值– GDP 線 GDP_0 就是圖 2.3 中斜率等於 p_x/p_y 的直線 $E_0 F_0$。

當然，隨著給定的 GDP 增加，代表所得水準上升，其對應的等值–GDP 線

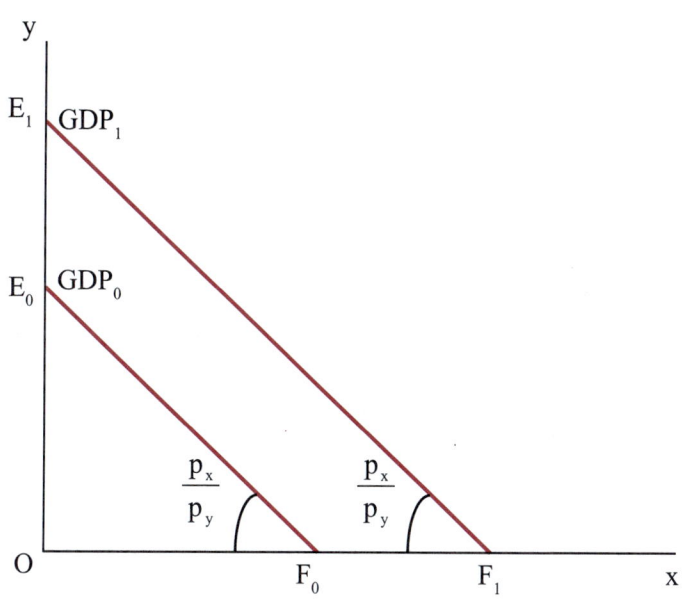

圖 2.3

會位於 GDP_0 的右上方，如 E_1F_1。另外，如果 X 和 Y 的價格發生變化，則等值–GDP 線的斜率就會改變，在此不再細述，請讀者自行練習。

現在回到圖 2.1 的生產可能曲線。我們知道，本國生產點必然落在此生產可能線上，但隨著 p_x 和 p_y 的不同，各生產組合所代表的 GDP 也可能不同。假設本國的生產可能曲線為圖 2.4 中之 AB，則我們可分下列三種情形討論 AB 上各點的 GDP：(i) $p_x/p_y > a_{LX}/a_{LY}$，(ii) $p_x/p_y = a_{LX}/a_{LY}$，(iii) $p_x/p_y < a_{LX}/a_{LY}$。在 (i) 的情形下，等值–GDP 線 (2.4) 的斜率較生產可能曲線 (2.1) 的斜率大。因此，若生產圖 2.4 中 E_1 的產出組合的 GDP 為 GDP_1，則對應於國內生產毛額 GDP_1 的等值–GDP 線將如圖中的 GDP_1，為通過 E_1 這點，且斜率等於 p_x/p_y 的直線。同樣道理，我們可繪出通過生產點 E_2 的等值–GDP 線 GDP_2。因 GDP_2 位於 GDP_1 的右上方，故 $GDP_2 > GDP_1$。讀者可很容易發現，只要生產點愈往 B 點移動，國內生產毛額就不斷增加，而當本國完全專業於生產 X 產品 (即 B 點的產出組合) 時，GDP 就達到最大的 GDP_3。因 $p_x/p_y > a_{LX}/a_{LY}$ 代表廠商生產 X 產品的邊際收益大於邊際成本，故在完全競爭市場下，廠商為追求最大利潤，必會

國際貿易

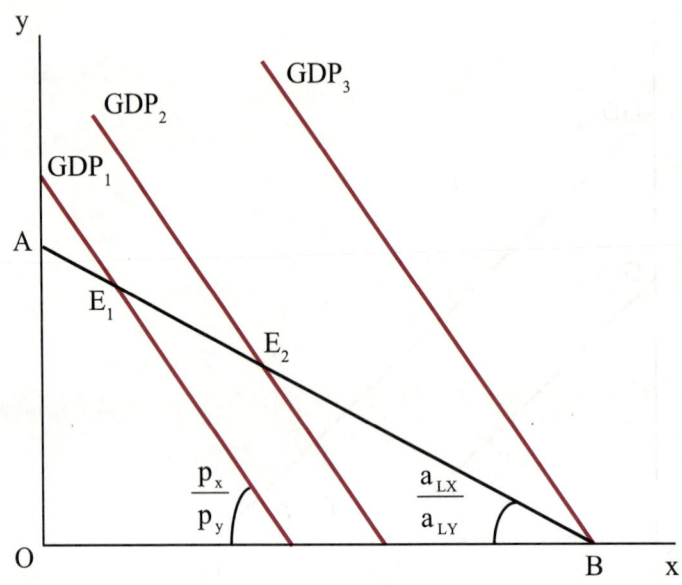

圖 2.4

專業化生產 X。由此可知，在 (i) 的情況下，本國的預算線剛好就是 GDP₃ 這條等值–GDP 線。完全相同的原理，我們知道當 (iii) 成立時，本國的預算線為通過 A 點，斜率等於 p_x/p_y 的等值–GDP 線。但由消費者會同時消費 X、Y 兩種產品的假設，我們可排除 (i) 和 (iii) 兩種情形。因此在李嘉圖模型中，封閉經濟體系的均衡價格必然滿足 (ii)，這與前面所得到的結果 (2.2) 完全相同。但在 (ii) 成立時，通過生產可能曲線 AB 上任何一點的等值–GDP 線都和 AB 重合，代表相同的國內生產毛額水準，故在李嘉圖模型中，生產可能曲線 AB 同時也代表本國封閉經濟下的預算線。如此一來，透過福利 (效用) 極大化的過程，我們就可得到圖 2.2 中本國封閉經濟體系的均衡 E_0。讀者應已發現，這種透過整個國家預算限制以追求效用或福利極大的分析方法非常簡便，因此這將是我們在接下來兩章討論新古典貿易模型時經常使用的分析方法。

相對供給與相對需求

上面分析清楚指出李嘉圖模型的一個重要特性：供給面決定均衡價格，需求

Chapter 2 李嘉圖模型

面決定均衡數量。為了讓讀者更充分理解其內涵,我們在此再利用相對需求和相對供給的觀念加以說明,也趁此機會介紹利用社會無異曲線和生產可能曲線之外的另一種分析一般均衡模型的方法。和部份均衡分析中某一產品的需求、供給類似,X 相對於 Y 產品的相對供給和相對需求曲線都是 X 和 Y 的相對價格的函數,而相對均衡價格與相對均衡交易量也是由相對供給等於相對需求決定。

現在,先來導出李嘉圖模型中 X 相對於 Y 產品的相對供給曲線,亦即決定在不同相對價格 p_x/p_y 下的相對供給量 x_S/y_S。圖 2.5 中,我們在相對價格軸上標出 a_{LX}/a_{LY} 這點,因為該點滿足 (2.2),表示生產 X 的邊際成本剛好等於邊際收益 (生產 Y 的邊際成本也等於邊際收益,請讀者自我確定。),因此可生產圖 2.4 中生產可能線 AB 上任一點的產出組合。現在考慮相對價格 p_x/p_y 由 O 點不斷增加,我們發現,只要 $p_x/p_y < a_{LX}/a_{LY}$,廠商生產 X 的邊際收益都小於邊際成本,沒有廠商願意生產 X,故所有資源都會轉往 Y 部門 (請務必確定你知道,當 $p_x/p_y < a_{LX}/a_{LY}$ 時,生產 Y 的邊際收益一定大於邊際成本),因而生產點為圖 2.4 中的 A 點,而相對供給量為 $x_S/y_S = 0$。於是我們知道,在圖 2.5 中,當相

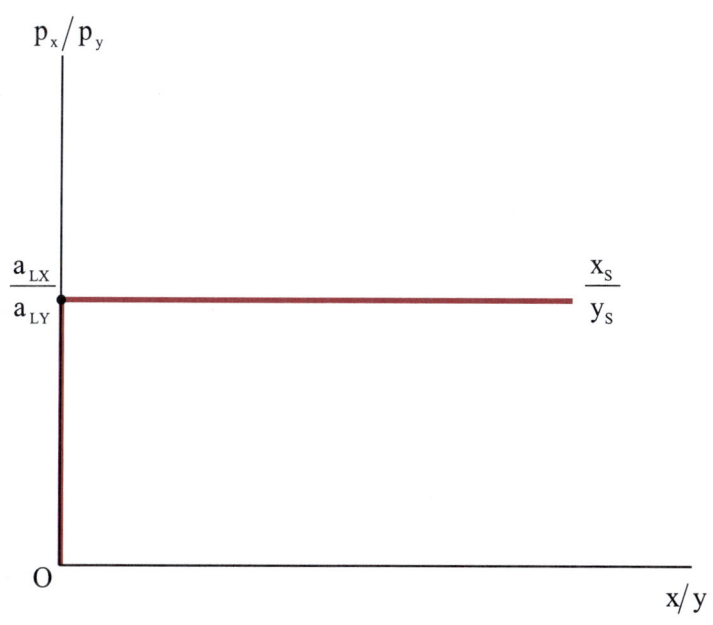

圖 2.5

國際貿易

對價格小於 a_{LX}/a_{LY} 時，相對供給曲線和縱軸重疊。當 $p_x/p_y = a_{LX}/a_{LY}$ 時，如前所述，本國可生產在圖 2.4 生產可能曲線 AB 上任何一點。若生產在 A 點，則 $x_S/y_S = 0$。當我們沿著 AB，由 A 點往 B 點移動時，很明顯地，X 產量不斷增加，而 Y 產量不斷下降，故 x_S/y_S 即持續上升。當生產點為 B 時，本國將只專業化生產 X，故此時 $x_S/y_S = \infty$。換句話說，在 $p_x/p_y = a_{LX}/a_{LY}$ 時，相對供給量可能由 0 到無窮大，因此在圖 2.5 中，相對供給曲線為一水平線。最後，若 $p_x/p_y > a_{LX}/a_{LY}$，則生產 X 的邊際成本恆小於邊際收益 (生產 Y 的邊際成本和邊際收益呢？)，廠商將不斷擴張 X 的產量，直到整個國家專業化生產 X，此時，生產點在 B 點，相對供給量為 $x_S/y_S = \infty$，於是圖 2.5 中，對應於價格 $p_x/p_y > a_{LX}/a_{LY}$ 的任何點，均在平面右方無窮遠處。總結上述推導，我們可得到圖中紅色線條的相對供給曲線 x_S/y_S。

在引進相對需求曲線之前，我們要特別指出，將上面推導相對供給曲線的過程和前面等值–GDP 線的概念相結合，就可得到一個重要的結論，即：在完全競爭市場下，個別廠商追求利潤極大化的行為，將會使整個國家的國內生產毛額達到最大。這就是一般均衡分析中著名的**福利經濟學第一定理** (first theorem of welfare economics)，也就是亞當史密斯 (Adam Smith，1723 – 1790) 所說：「市場機能像**一隻看不見的手** (an invisible hand)，可將資源導向最有效率的用途」的具體例證。讀者在本書中將很快發現，這個結論在傳統貿易理論與貿易政策分析中，扮演極為重要的角色。

現在回到相對需求曲線。為了凸顯供給面因素在決定貿易利得中的角色，包括李嘉圖模型在內的傳統貿易理論均將需求面的因素儘量加以簡化。因此，根據假設 (3)，我們可直接將相對需求曲線，x_D/y_D，表示成一條滿足需求定律的負斜率曲線。將此相對需求曲線和圖 2.5 的相對供給曲線結合在一起，即可得到圖 2.6 中的均衡點 E_0。均衡價格 $p_x/p_y = a_{LX}/a_{LY}$，完全由水平的相對供給曲線決定，而相對需求則決定了均衡產出組合 (x_0, y_0)，這個結果和圖 2.2 所得到的完全相同。

我們花很長篇幅詳細說明本國封閉經濟均衡的建立過程，但這些努力並不會

Chapter 2 李嘉圖模型

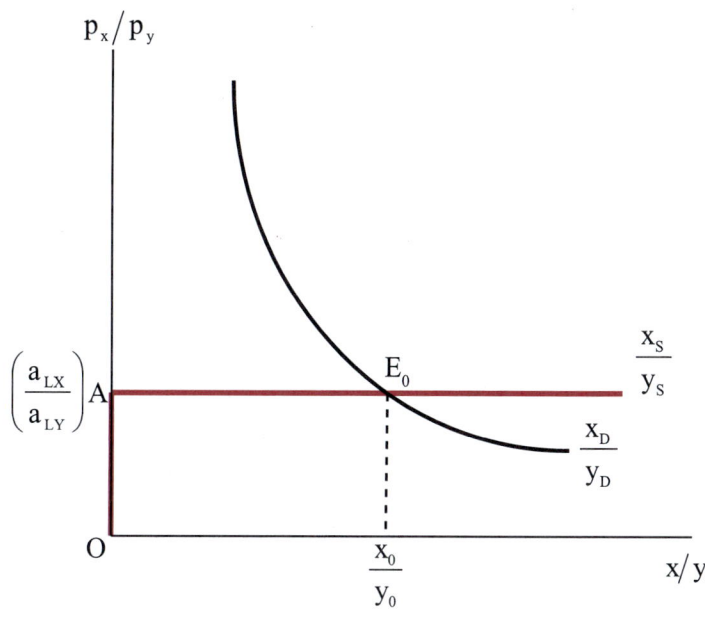

圖 2.6

白費,因為我們可以經由完全相同的過程與推論,得到外國的封閉經濟均衡。現在假定外國擁有 L^* 的勞動力,其生產 X 和 Y 的投入產出係數分別為固定的 a_{LX}^* 和 a_{LY}^* (本書將遵循國際貿易理論的傳統,以任何一符號右上角加上 * 代表外國)。當外國的消費者偏好與市場結構也滿足 (3) 和 (4) 的假設時,即可得到圖 2.7 或圖 2.8 所描繪的外國封閉經濟均衡。

2.2 開放經濟均衡

建立了兩國封閉經濟的均衡後,接下來探討開放兩國進行自由貿易 (free trade) 後的開放經濟均衡,由而回答貿易利得、貿易型態與貿易條件三個相關的問題。在正式討論開放經濟均衡之前,我們先指出三個分析過程中所隱含的假設:(1) 雖然最終產品 X 和 Y 可在兩國間自由移動,但勞動力則完全無法在國際間移動;我們將在第十章放寬這個假設。(2) 在此所謂自由貿易,不但指沒有任何政府人為干預貿易的政策的存在,而且包括沒有**運輸成本** (transportation

國際貿易

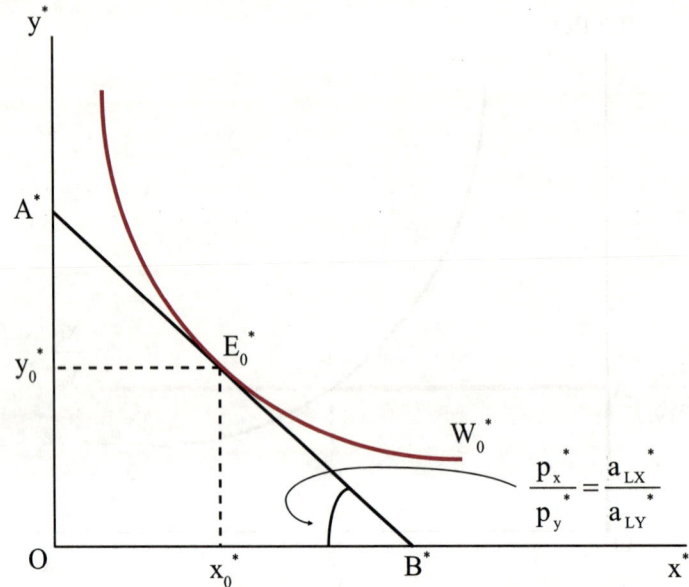

圖 2.7

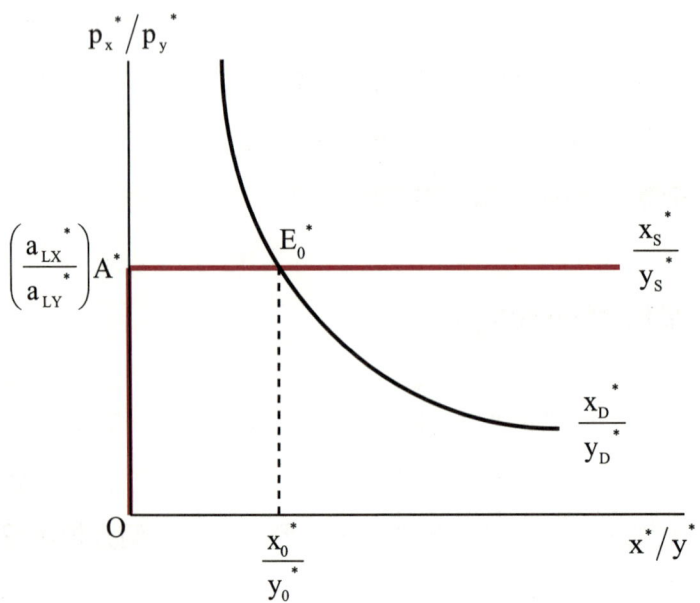

圖 2.8

cost)，因為運輸成本對貿易的阻礙和大部份貿易政策並沒有本質上的差別。當然，這並不是說在現實國際貿易中運輸成本不重要，而是要將重點集中在貿易本身的效果。事實上，在下一節中，我們就會探討運輸成本對貿易的影響。但除此之外，我們均假定沒有運輸成本。(3) 在圖 2.2 和圖 2.7 (或圖 2.6 和圖 2.8) 中，我們都將本國封閉經濟下的均衡相對價格 (或稱貿易前的均衡相對價格) 描繪的比外國來得低，這純粹只是假設，因為模型對兩國的投入產出係數 (a_{LX}, a_{LY}, a_{LX}^*, a_{LY}^*) 並沒有任何限制。只要兩國貿易前的相對價格不相等，不管那一國相對價格較高，結果都一樣成立。因此，我們可以說，我們是將貿易前的 X 產品相對價格較低的國家稱為本國，而 X 相對價格較高的國家稱為外國。

比較利益

若本國貿易前的相對價格 p_x/p_y 較外國貿易前的相對價格 p_x^*/p_y^* 低，我們稱本國在 X 產品的生產具有**比較利益** (comparative advantage)。在李嘉圖模型中，因 $p_x/p_y = a_{LX}/a_{LY}$，$p_x^*/p_y^* = a_{LX}^*/a_{LY}^*$，故可進一步得到

$$\text{若且唯若 } \frac{p_x}{p_y} < \frac{p_x^*}{p_y^*} \text{，則 } \frac{a_{LX}}{a_{LY}} < \frac{a_{LX}^*}{a_{LY}^*} \tag{2.5}$$

換句話說，所謂本國在 X 產品的生產具有比較利益，就是本國生產 X 產品的機會成本較外國生產 X 的機會成本來得低。由於 $a_{LX}/a_{LY} < a_{LX}^*/a_{LY}^*$ 和 $a_{LY}^*/a_{LX}^* < a_{LY}/a_{LX}$ 完全相同，而 a_{LY}/a_{LX} 和 a_{LY}^*/a_{LX}^* 又分別代表本國和外國生產 Y 產品的機會成本，因此在兩國兩產品模型中，當本國在 X 的生產具有比較利益時，外國必然在 Y 的生產上具有比較利益。特別值得一提的是，(2.5) 式最後不等式顯示，在李嘉圖模型中，比較利益完全取決於技術條件，即兩國比較利益完全來自生產技術的差異。

貿易條件與貿易型態

現在假定本國和外國彼此同意進行自由貿易，則整個世界 (本國和外國) 將

形成單一的 X 市場和單一的 Y 市場。如此一來,我們就可利用前面所介紹的相對供給和相對需求模型來決定整個世界市場的均衡。為了達到這個目的,我們就必須導出整個世界的相對供給和相對需求曲線。推導全世界相對供給曲線的方法,和前面推導本國相對供給曲線的方法類似,我們必須找出在不同相對價格下,全世界的相對供給量 $(x_S + x_S^*) / (y_S + y_S^*)$。圖 2.9 中,縱軸標出貿易前本國和外國的相對價格 $p_x/p_y = a_{LX}/a_{LY}$ 與 $p_x^*/p_y^* = a_{LX}^*/a_{LY}^*$,然後可以依不同範圍的相對價格 p_x / p_y,導出全世界相對供給曲線。

(i) $p_x/p_y < a_{LX}/a_{LY} < a_{LX}^*/a_{LY}^*$

由前面推導本國和外國相對供給曲線的過程得知,在這個範圍之內,兩國都會專業化生產 Y,即 $x_S = x_S^* = 0$,$y_S = L/a_{LY}$,$y_S^* = L^*/a_{LY}^*$,故 $(x_S + x_S^*) / (y_S + y_S^*) = 0$。因此,如圖 2.9 紅色線所示,在這個相對價格範圍內,全世界的相對供給曲線和縱軸重合。

(ii) $p_x/p_y = a_{LX}/a_{LY} < a_{LX}^*/a_{LY}^*$

此時外國仍然專業化生產 Y,即 $x_S^* = 0$,$y_S^* = L^*/a_{LY}^*$。但本國則可生產其生

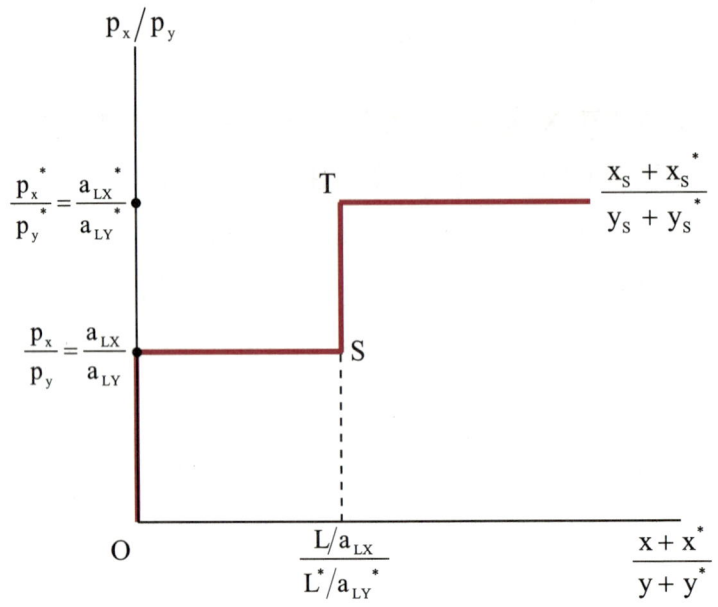

圖 2.9

產可能曲線上任何數量的 X 和 Y 的組合，亦即 $0 \leq x_S \leq L/a_{LX}$，而 y_S 則隨 x_S 的增加而減少。兩個極端情況為 $x_S = 0$，$y_S = L/a_{LY}$ 和 $x_S = L/a_{LX}$，$y_S = 0$。因此得知 $0 \leq (x_S + x_S^*)/(y_S + y_S^*) \leq (L/a_{LX})/(L^*/a_{LY})$，其圖形在圖 2.9 中為對應於價格 $p_x/p_y = a_{LX}/a_{LY}$ 到 S 點的水平線。

(iii) $a_{LX}/a_{LY} < p_x/p_y < a_{LX}^*/a_{LY}^*$

在這個範圍內，本國將專業生產 X，而外國將專業生產 Y，亦即 $x_S = L/a_{LX}$，$y_S = 0$，$x_S^* = 0$，$y_S^* = L^*/a_{LY}^*$，故 $(x_S + x_S^*)/(y_S + y_S^*) = (L/a_{LX})/(L^*/a_{LY})$，此為圖 2.9 中的垂直線 ST。

(iv) $a_{LX}/a_{LY} < p_x/p_y = a_{LX}^*/a_{LY}^*$

此時本國仍專業生產 X，即 $x_S = L/a_{LX}$，$y_S = 0$，但外國則可生產其生產可能曲線上任何一點的產出組合。與 (ii) 中的原理相同，我們可得到 $0 \leq x_S^* \leq L^*/a_{LX}^*$，$y_S^*$ 則隨 x_S^* 的增加而遞減，故 $(L/a_{LX})/(L^*/a_{LY}) \leq (x_S + x_S^*)/(y_S + y_S^*) \leq \infty$。因此，在圖 2.9 中，對應於價格 $p_x/p_y = a_{LX}^*/a_{LY}^*$ 的全世界相對供給曲線為自 T 點往右的水平線。

(v) $a_{LX}/a_{LY} < a_{LX}^*/a_{LY}^* < p_x/p_y$

很明顯地，此時兩國都會專業生產 X，不生產 Y，故 $(x_S + x_S^*)/(y_S + y_S^*) = \infty$。因此，在這個範圍內，全世界的相對供給量均在右邊無窮遠處。

總結上面 (i) 至 (v)，得知開放自由貿易後，全世界 X 相對於 Y 的相對供給曲線為圖 2.9 中紅色階梯形的曲線。

接著來看全世界的相對需求曲線 $(x_D + x_D^*)/(y_D + y_D^*)$。根據 2.1 節的假設，我們所知道的就是本國和外國的相對需求曲線 x_D/y_D 與 x_D^*/y_D^* 都滿足需求定律，都是負斜率而已。在不失一般性原則下，假定他們為圖 2.10 中的 x_D/y_D 與 x_D^*/y_D^*（讀者可將兩條線互換，或讓它們相交，都不會影響接下來的討論）。現在，我們希望從這兩條相對需求曲線導出全世界的相對需求曲線。全世界的相對需求量 $(x_D + x_D^*)/(y_D + y_D^*)$ 可寫成

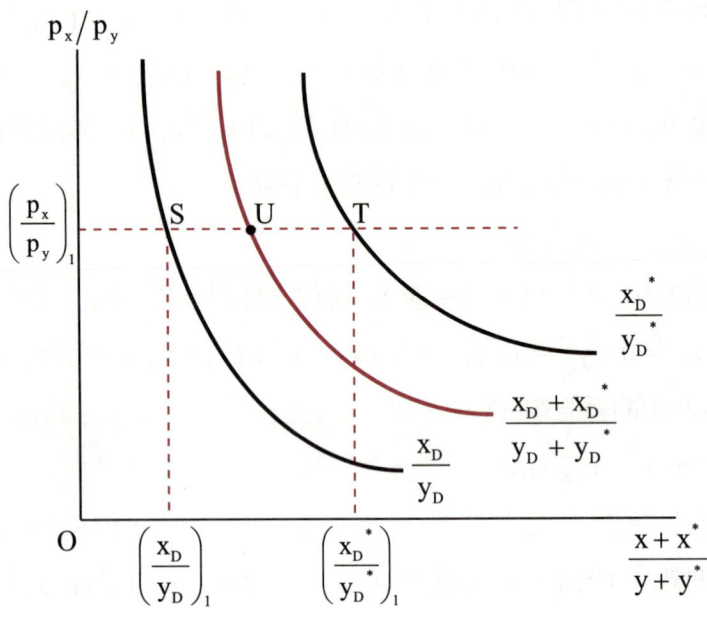

圖 2.10

$$\frac{x_D + x_D^*}{y_D + y_D^*} = \frac{x_D}{y_D + y_D^*} + \frac{x_D^*}{y_D + y_D^*}$$

$$= \frac{x_D}{y_D} \cdot \left(\frac{y_D}{y_D + y_D^*}\right) + \frac{x_D^*}{y_D^*} \cdot \left(\frac{y_D^*}{y_D + y_D^*}\right)$$

$$= \lambda \cdot \left(\frac{x_D}{y_D}\right) + (1-\lambda) \cdot \left(\frac{x_D^*}{y_D^*}\right) \tag{2.6}$$

上式中 $\lambda = y_D / (y_D + y_D^*)$，為本國消費 Y 產品佔全世界 Y 產品消費的比率。顯然地，$1-\lambda$ 正是外國消費 Y 產品佔全世界 Y 產品消費的比率。(2.6) 式告訴我們，全世界 X 和 Y 產品的相對需求量剛好是本國和外國相對需求量的加權平均。換句話說，全世界的相對需求量必然介於兩國相對需求量之間。舉例來說，如果相對價格為圖 2.10 中的 $(p_x/p_y)_1$，則本國的相對需求量為 $(x_D/y_D)_1$，外國的相對需求量為 $(x_D^*/y_D^*)_1$，故全世界的相對需求量必然滿足 $(x_D/y_D)_1 < [(x_D/x_D^*)/(y_D + y_D^*)]_1 < (x_D^*/y_D^*)_1$。因此得知，當相對價格為 $(p_x/p_y)_1$ 時，全世界相

對需求曲線上對應的點必然位於圖中水平虛線 ST 上 (不包括 S 和 T)，如圖中的 U 點。當然 U 點的確切位置是由 λ 決定，當 λ 愈接近 1 時，U 愈靠近 S；當 λ 愈接近 0 時，U 愈靠近 T。但，不管如何，重點是 U 必然在 S 和 T 之間。運用同樣的方法，我們可考慮任何其他相對價格，得到圖 2.10 中介於本國和外國相對需求曲線的紅色負斜率的全世界相對需求曲線 $(x_D + x_D^*)/(y_D + y_D^*)$。

現在，將圖 2.9 的全世界相對供給曲線和圖 2.10 的全世界相對需求曲線結合為圖 2.11。為了簡化圖形符號，圖中分別以 RS_w 和 RD_w 代表全世界的相對供給和相對需求。由圖可知，均衡點為 E_T，市場的均衡相對價格為 p_x^T/p_y^T，均衡相對交易量為 $(L/a_{LX}) / (L^*/a_{LY}^*)$。國際貿易中稱均衡價格 p_x^T/p_y^T 為 (本國的) **貿易條件** (terms of trade，TOT)，因為這是各國 (本國) 從事貿易時的交易價格。圖 2.11 顯示，因 RS_w 和 RD_w 相交於前者的垂直部份，因此貿易條件必然介於兩國貿易前的相對價格之間。當然，這並不是必然的結果。RD_w 也有可能和 RS_w 相交於其左下方的水平部份，如此一來，貿易條件就和本國貿易前的相對價格相同；反之，如果 RD_w 交 RS_w 於其右上方水平部份，則貿易條件就和外國貿易前的相對

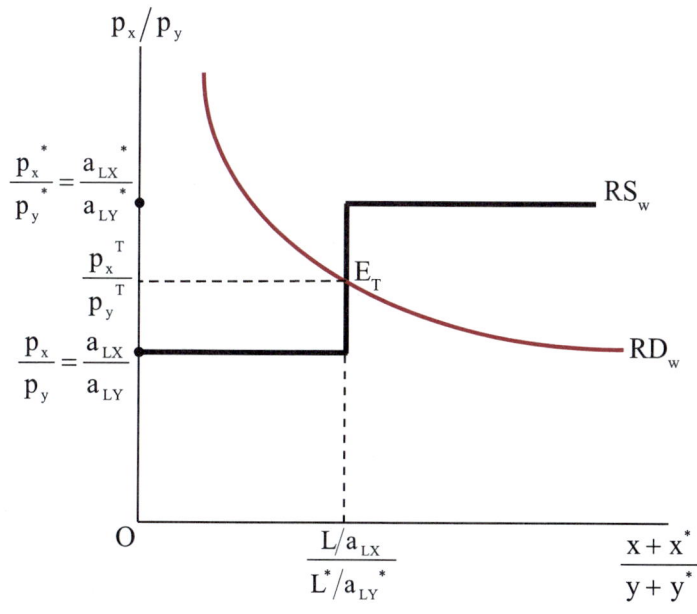

圖 **2.11**

價格一樣。但不管如何，我們可得到一個重要結論：開放兩國自由貿易後，貿易條件必然不會超出兩國貿易前的相對價格之外，亦即

$$\frac{p_x}{p_y} \le \frac{p_x^T}{p_y^T} \le \frac{p_x^*}{p_y^*} \tag{2.7}$$

我們將在下一節討論貿易條件與其中一國貿易前相對價格相等的情形，目前則集中分析 (2.7) 中嚴格不等號成立的情況。

由圖 2.11 可清楚看到，只要貿易條件是介於兩國貿易前的相對價格之間，那麼 RD_w 必然和 RS_w 相交於後者的垂直部份，此時世界市場的均衡相對交易量為 $(L/a_{LX}) / (L^*/a_{LY}^*)$，但這又隱含本國會專業化生產 X 產品，而外國會專業化生產 Y。由於假設兩國都會同時消費 X 和 Y 兩產品，這表示在開放自由貿易後，本國會出口 X 到外國，而外國則會出口 Y 到本國。也就是說，在自由貿易後，生產 X 具有比較利益的本國會出口 X，生產 Y 具有比較利益的外國會出口 Y。因此，有關**貿易型態** (patterns of trade)，我們可得到一個相當一般性的結論：自由貿易下，一個國家會出口其生產上具有比較利益的產品。

貿易利得：間接生產技術觀點

討論了貿易條件和貿易型態，最後我們來看**貿易利得** (gains from trade)。從生產面來看，開放經濟和封閉經濟均衡最大的差別在於，開放貿易前兩國都要自己生產 X 和 Y 兩產品，但在貿易後則本國不再生產 Y，外國不再生產 X。但這表示貿易後本國將原來用以生產 Y 的資源 (勞動力) 轉而生產 X，再以所生產的 X 依貿易條件買進所需要的 Y。從這個角度來看，我們可以說，貿易是一種間接生產 Y 的生產技術；本國直接將資源用於生產 X，再間接獲取 Y。因此，要證明貿易利得的存在，只要證明間接生產 Y 較直接生產 Y 來得有效率即可。

現在從本國封閉經濟均衡產出組合 (x_0, y_0) 出發，假定本國減少 Y 一單位的生產，如此可釋放出 a_{LY} 單位的勞動力。將 a_{LY} 單位勞動力用來生產 X 可生產 a_{LY}/a_{LX} 單位的 X，再將所生產的 X 賣到國際市場上可賣得 $p_x^T (a_{LY}/a_{LX})$ 的收入。

最後，以銷售 X 的收入在國際市場購買 Y，可買到 $[p_x^T(a_{LY}/a_{LX})]/p_y^T$ 單位的 Y。但

$$\begin{aligned}
\left[p_x^T(a_{LY}/a_{LX})\right]/p_y^T &= \left(\frac{p_x^T}{p_y^T}\right) \cdot \left(\frac{a_{LY}}{a_{LX}}\right) \\
&> \left(\frac{p_x}{p_y}\right) \cdot \left(\frac{a_{LY}}{a_{LX}}\right) \\
&= \left(\frac{a_{LX}}{a_{LY}}\right) \cdot \left(\frac{a_{LY}}{a_{LX}}\right) = 1
\end{aligned} \qquad (2.8)$$

上式中不等號是由貿易條件 p_x^T/p_y^T 大於本國封閉經濟均衡價格 p_x/p_y 得到，而倒數第二個等號則來自 $p_x/p_y = a_{LX}/a_{LY}$。(2.8) 式顯示，透過間接生產方式，原來本國直接生產一單位 Y 的資源，現在可得到超過一單位的 Y。如此一來，本國可消費的 X 雖然仍是 x_0，但可消費的 Y 則超過 y_0，因此福利就提高了。透過相同的原理，本國可再減少一單位 Y 的生產，透過和外國的貿易進一步提高社會福利。這種過程可一直持續下去，直到本國將所有資源都投入 X 的生產，再透過貿易獲取其所要消費的 Y，此時本國福利會達到最大，而相較於封閉經濟，這些增加的經濟福利，就是貿易利得。

上面雖然只是從本國的角度說明貿易利得，但完全相同的邏輯可適用於外國。由此可得到一個重要的結論：國際貿易不是一種**零和賽局** (zero-sum game)，而是一種互利行為，所有參與者均可因而獲利。從上面的推理過程，我們可以說，自由貿易只不過是提供自己直接生產產品之外的另外一種間接生產產品的技術選擇，因此不可能使一國的福利下降。事實上，國際市場並不是國與國之間從事競爭的場地，國際貿易的機會只是讓各國資源能根據比較利益的原則作更有效的配置、利用，而這也是一切貿易利得的根源。

貿易利得：社會無異曲線

除了從間接生產的觀點看貿易利得外，另一個常常用來解說貿易利得的工

具就是社會無異曲線。圖 2.12(a) 和 (b) 中，AB 與 A*B* 分別是本國和外國的生產可能曲線，E_0 與 E_0^* 則是貿易前 (封閉經濟) 的均衡點，兩國貿易前的社會福利分別為 W_0 與 W_0^*。現在假定兩國開放自由貿易，則由前面的解說，貿易條件 p_x^T/p_y^T 會介於兩國貿易前的相對價格之間，因而本國會專業化生產 X，而外國會專業化生產 Y。將本國專業生產 X 的產量記為 $\bar{x} = (L/a_{LX})$，則 GDP $= p_x^T \bar{x}$。因此，若以 x_D 和 y_D 代表 X 和 Y 產品的需求量，則我們可以得到開放經濟下本國的預算限制

$$p_x^T x_D + p_y^T y_D = p_x^T \bar{x} \tag{2.9}$$

但這剛好是圖 2.12(a) 中，通過生產點 (B) 且斜率等於 p_x^T/p_y^T 的紅色直線 DB。由預算線的意義，我們知道，本國可在現有的貿易條件下消費 DB 上任何一點的產品組合。換句話說，DB 就是本國在開放經濟下的**消費可能曲線** (consumption possibility frontier)。因為在封閉經濟下，一個國家所能消費的就是它自己所生產的產出，故在封閉經濟下，本國的消費可能曲線就是它的生產可能曲線 AB。但由圖 2.12(a) 可很清楚看到，除了 B 點外，開放經濟的消費可能曲線均位於生產可能曲線的右上方；或者說，除了 B 點外，開放經濟的消費可能曲線 (DB) 完全在封閉經濟的消費可能曲線 (AB) 的右上方，因而會使貿易後的社會福利提高。圖 2.12(a) 中假定，貿易後的均衡點，即預算線與無異曲線相切之點，為 E_T，此時的社會福利水準為 W_T，較封閉經濟下的福利水準 W_0 高，福利由 W_0 上升到 W_T 即是代表貿易利得。完全相同的過程，我們得知圖 2.12(b) 中 A^*D^* 為外國貿易後的預算線，其貿易利得則反映於社會福利由封閉經濟的 W_0^* 上升到貿易後的 W_T^*。

上面解說過程中，我們並未交待國際貿易中的兩個重要限制，即：(i) 在目前這種靜態一期模型中，並無法從事國際間的借貸，因此一國進口所需的花費，只能由其出口的收入來支應，故在均衡時，以國際價格計算的進出口總值必須相等；換句話說，均衡時貿易必須平衡 (balanced)。(ii) 在兩國模型中，一個國家出口產品的數量，必然與另一國的進口數量一樣。

Chapter 2 李嘉圖模型

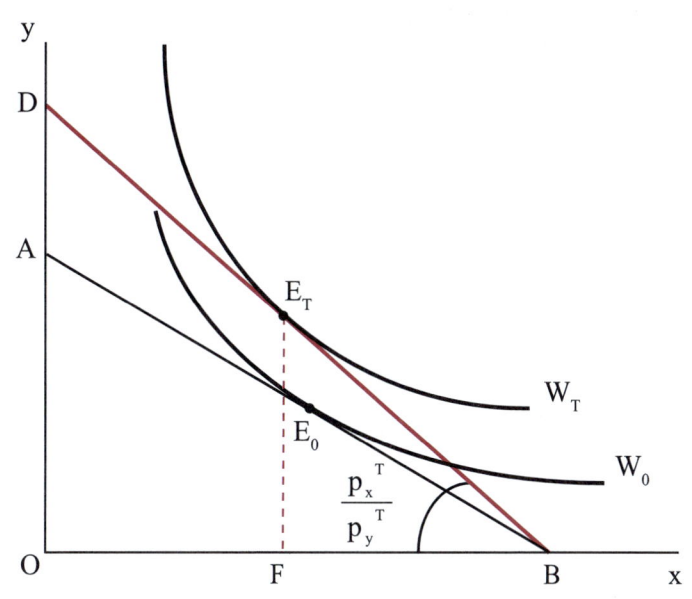

圖 2.12(a)

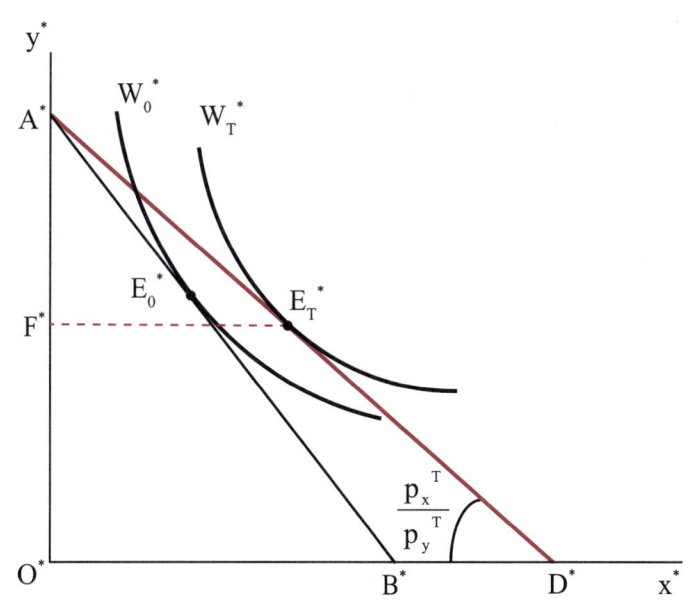

圖 2.12(b)

先來看第一個問題。(2.9) 式可改寫成

$$p_x^T(\bar{x} - x_D) = p_y^T y_D = p_y^T(y_D - 0) \tag{2.10}$$

或

$$p_x^T EX_X = p_y^T IM_Y \tag{2.10'}$$

因 $EX_X = \bar{x} - x_D$ 為本國出口的 X 的數量，而 $IM_Y = y_D = (y_D - 0)$ 則是本國進口的 Y 的數量，故 (2.10) 或 (2.10') 均表示，只要本國消費點在其預算限制 DB 上，則以國際價格計算的進出口總值就必然相等。圖 2.12 中，E_T 和 E_T^* 分別在本國和外國開放經濟預算線上，因此都滿足上面 (i) 的要求。但 (ii) 還對 E_T 與 E_T^* 進一步加以限制。圖 2.12(a) 中，本國貿易後的均衡消費點為 E_T，由於本國生產 OB 的 X，但只消費 OF，故會出口 FB 的 X，然後將出口收入自外國買回本身不生產的 Y，即進口 $E_T F$ 的 Y。因本國進口的 Y 必然來自外國，故外國的消費點 E_T^* 必須是使得其出口的 Y，A^*F^*，剛好等於 $E_T F$。如果 $E_T F = A^*F^*$，則因兩國面對相同的 TOT (即 (a)、(b) 兩圖中的預算線 DB 和 A^*D^* 彼此平行)，我們立即知道 $\Delta E_T FB$ 全等於 $\Delta A^*F^*E_T^*$，故 $FB = F^*E_T^*$，本國出口的 X 剛好就是外國的進口。換句話說，當貿易均衡達到時，(ii) 要求兩國的**貿易三角形** (trade triangle) $\Delta E_T FB$ 和 $\Delta A^*F^*E_T^*$ 必須全等。

以社會無異曲線分析貿易利得另有一個好處，就是我們可進一步剖析這些利得的來源。在此以本國來說明。

圖 2.13 中 E_0 和 E_T 分別為封閉與開放經濟均衡，其對應的福利水準為 W_0 與 W_T。現在假定開放自由貿易後，雖然消費者與生產者面對的價格由 p_x/p_y 上升為 p_x^T/p_y^T，但生產者仍生產 E_0 的產品組合，則本國的預算線將成為通過 E_0，斜率等於 p_x^T/p_y^T 的 D'B'。面對此預算線，消費者最適消費點為 E_0'，此時所能獲得的福利為 W_0'。由 W_0 到 W_0' 的福利增加，純粹來自消費者有機會以異於封閉經濟均衡價格從事交易而來；因為在 X 的相對價格上升後，消費者將會以相對較便宜的 Y 來取代 X 的消費，並將多餘的 X 出口換取較便宜的 Y，故一般將 W_0 到

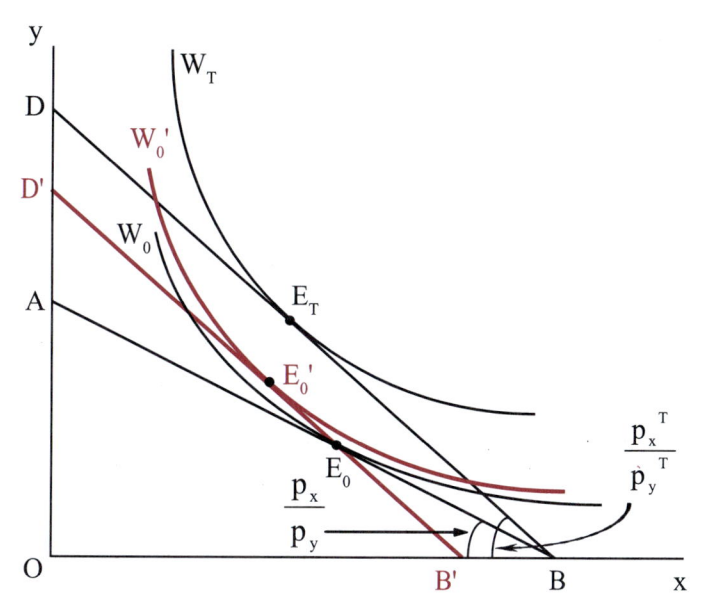

圖 2.13

W_0' 的福利增加稱為**交換利得** (gains from exchange)。很清楚地，消費點之所以由 E_0' 移到 E_T，是在固定的 TOT 之下，允許生產者將生產組合由 E_0 改變到 B 點而來，故由 W_0' 到 W_T 的福利增加稱為**專業化生產利得** (gains from specialization)，或**資源重分配利得** (gains from resource reallocation)，因為自由貿易使得生產者能將資源移轉到其具有比較利益的部門，以充分發揮生產效率。總結而言，上面分析告訴我們，所謂貿易利得事實上是由交換利得與專業化生產利得兩部份所構成。

比較利益與絕對利益

上面有關開放經濟均衡以及貿易利得的討論，均在本國生產 X 產品具有比較利益的假設下進行。但事實上，a_{LX}、a_{LY}、a_{LX}^*、a_{LY}^*，四個代表國內外生產技術的「**參數**」(parameter) 並沒有任何先驗上的限制，它們之間可能有下列四種可能的關係 (讀者可自行加入等號的考量，但只要 $a_{LX}/a_{LY} \neq a_{LX}^*/a_{LY}^*$，下面的說明基本上不會改變)：

(a) $a_{LX} < a_{LX}^*$，$a_{LY} < a_{LY}^*$

(b) $a_{LX} < a_{LX}^*$，$a_{LY} > a_{LY}^*$

(c) $a_{LX} > a_{LX}^*$，$a_{LY} < a_{LY}^*$

(d) $a_{LX} > a_{LX}^*$，$a_{LY} > a_{LY}^*$

當一個國家生產某一產品的投入產出係數較另外一個國家小時，我們稱投入產出係數較小的國家在生產該產品上具有**絕對利益** (absolute advantage)。例如，上面 (a) 的情況表示本國不管生產 X 或 Y 都有絕對利益，而 (c) 則表示外國生產 X 具有絕對利益，本國生產 Y 具有絕對利益。事實上，亞當史密斯在宣揚自由貿易的理念時即是基於絕對利益的概念。從他的著作裏可以清楚看到，他認為只有在上面 (b) 或 (c) 的情況下，即一國剛好在一種產品的生產具有絕對利益時，兩國方可能經由貿易提高福利。如此一來，當一個國家在所有產品的生產都較另一個國家有效率〔即 (a) 和 (d)〕時，兩國間就沒有貿易的空間與必要了。李嘉圖最大的貢獻即在於修正亞當史密斯的論點，明確指出貿易利得的根源是來自比較利益，而非絕對利益。因此，兩國除了在 (b)、(c) 情況可以因貿易而獲利外，即使是 (a) 和 (d)，只要 $a_{LX}/a_{LY} \neq a_{LX}^*/a_{LY}^*$，兩國同樣可以透過貿易而提高福利。這是在理論上一個相當重要的突破，它不但大大擴增了兩國從事自由貿易的空間，而且其基本原理可應用到包括個人在內的任何兩種交易活動。例如，在一個家庭中，即使妻子在作飯和洗衣均較丈夫來得有效率 (即太太在兩種工作都有絕對利益)，但只要太太在其中一項 (如洗衣) 的絕對利益程度超過另一工作 (作飯)，則太太在洗衣上仍是具有比較利益，那麼最有效率的分工作就是由太太洗衣，丈夫作飯，而非不進行分工，完全由太太承擔兩種家事。事實上，比較利益原理是如此有用與具有普遍性，薩彌爾遜 (Paul Samuelson，1915 – 2009) 甚至稱它為「社會科學中唯一真實且重要的命題」(a single proposition in all social sciences that is both true and nontrivial)。

最後我們再提醒讀者，務必小心區別絕對利益和比較利益的概念。絕對利益是以直接投入生產的成本 (如 a_{LX}) 來進行比較，在李嘉圖模型中它的單位就是勞動力；但比較利益則是以機會成本進行比較，它的單位是產品 (如 a_{LX}/a_{LY} 是本國生產一單位 X 所放棄的 Y)。

工資與競爭優勢

前面我們雖然很嚴謹地說明了自由貿易是一種互利的交易，所有參與的國家都可因此而獲取貿易利得，但這個結果似乎和現實社會對於國際貿易的看法有蠻大的落差。我們常聽到的是：「開發中國家生產技術如此落後，生產力如此低，怎麼有可能和先進國家在國際市場上競爭呢？」，「我們的工資這麼高，當然敵不過那些低工資國家所生產的產品，這是不公平的貿易。」因此不管在先進的已開發國家，或是落後的開發中國家，都可發現強大的反自由貿易的力量。那到底是我們前面的推理有錯誤，抑或是這些反對自由貿易的人對貿易的本質認識不足呢？這個問題牽涉到，一般人對國際貿易的看法是由廠商間從事競爭的角度，而非上面所強調的資源有效配置的角度而來。一般人強調的是廠商銷售產品的競爭力，或價格。當一廠商能以較低價格出售某一產品時，該廠商就具有**競爭優勢** (competitive advantage)，就可佔有市場。

在傳統貿易理論完全競爭市場的假設下，均衡時廠商的利潤等於 0，或說產品的價格等於其單位生產成本。如果以 w 和 w^* 分別代表本國和外國的**工資率** (wage rate)，則當 X 在本國生產時，其價格為 $p_x = a_{LX}w$，而在外國生產時價格為 $p_x^* = a_{LX}^* w^*$。因勞動力在國際間不能移動，故沒任何理由使 $w = w^*$。在 w 和 w^* 未知的情形下，我們也就無法判別那個國家在 X 的生產具有競爭優勢 (Y 產品當然也有相同的結果)。幸運的是，情況並沒那麼悲觀。我們將說明，雖然無法確定 w 和 w^* 的大小，但卻可找出 w/w^* 的範圍，由而導出競爭優勢與比較利益之間的關係。

現在回到圖 2.9 全世界相對供給曲線的推導過程。我們知道，當 $p_x/p_y < a_{LX}/a_{LY}$ 時，兩國都會生產 Y，因此得到

$$p_y = a_{LY} w \tag{2.11a}$$

$$p_y^* = a_{LY}^* w^* \tag{2.11b}$$

但在自由貿易下每一產品只有一個價格，故 $p_y = p_y^*$。將 (2.11) 兩式相除可得

$$\frac{w}{w^*} = \frac{p_y/a_{LY}}{p_y^*/a_{LY}^*} = \frac{a_{LY}^*}{a_{LY}} = \frac{1/a_{LY}}{1/a_{LY}^*} \tag{2.12}$$

因 $1/a_{LY}$ ($1/a_{LY}^*$) 為本國 (外國) 投入一單位勞動力所生產的 Y 的數量，即勞動的平均產量或勞動生產力，故 (2.12) 顯示，在 X 的國際相對價格低到使兩國均專業化生產 Y 時，兩國的相對工資剛好是兩國勞動生產力的比。例如，當 $a_{LY} = 2$，$a_{LY}^* = 4$ 時，本國勞動生產力為外國兩倍，則本國工資率也是外國工資率的兩倍。

完全相同的原理，當國際市場相對價格 $p_x/p_y > a_{LX}^*/a_{LY}^*$ 時，兩國都會專業化生產 X，我們可得到

$$\frac{w}{w^*} = \frac{a_{LX}^*}{a_{LX}} = \frac{1/a_{LX}}{1/a_{LX}^*}$$

最後，當 $a_{LX}/a_{LY} < p_x/p_y < a_{LX}^*/a_{LY}^*$ 時，本國會專業生產 X，外國會專業生產 Y，於是有

$$p_x = a_{LX} w \tag{2.13a}$$
$$p_y^* = a_{LY}^* w^* \tag{2.13b}$$

將 (2.13) 兩式相除並利用 $p_y = p_y^*$ 可得到

$$\frac{w}{w^*} = \frac{p_x/a_{LX}}{p_y/a_{LY}^*} = \frac{a_{LY}^*}{a_{LX}} \cdot \frac{p_x}{p_y} \tag{2.14}$$

因此，在這個範圍內，兩國相對工資除了受兩國勞動生產力影響外，也會因產品相對價格改變而改變。上面的結果可以圖 2.14 來描繪。很清楚地，雖然勞動在國際間不能流動，但透過產品自由貿易，本國和外國相對工資將不可能超出 a_{LY}^*/a_{LY} 和 a_{LX}^*/a_{LX} 的範圍，而且隨著本國勞動生產力提高，本國的相對工資也會

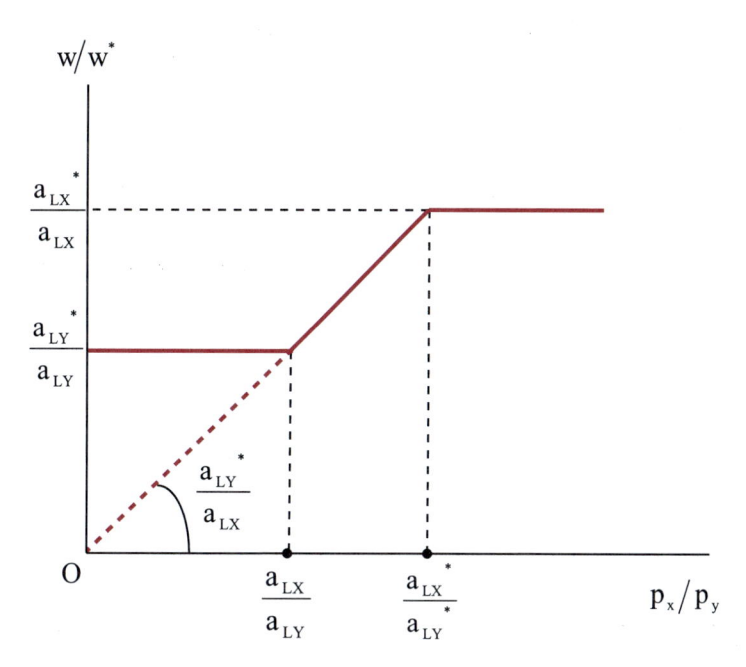

圖 2.14

跟著上漲。當一國在 X 和 Y 的生產力都較另一國高時，該國的工資必然比他國高。例如，當 $a_{LX} = 1$，$a_{LY} = 2$，$a_{LX}^* = 3$，$a_{LY}^* = 4$ 時，$w/w^* > a_{LY}^*/a_{LY} = 4/2 = 2$，故本國工資將是外國工資的兩倍以上。

由前面分析得知，自由貿易下的 TOT 會介於兩國貿易前的相對價格之間，亦即

$$\frac{p_x}{p_y} = \frac{a_{LX}}{a_{LY}} < \frac{p_x^T}{p_y^T} < \frac{a_{LX}^*}{a_{LY}^*} = \frac{p_x^*}{p_y^*} \tag{2.15}$$

藉由圖 2.14 就可得到下列關係

$$\frac{a_{LY}^*}{a_{LY}} < \frac{w}{w^*} < \frac{a_{LX}^*}{a_{LX}} \tag{2.16}$$

但 (2.16) 隱含

$$a_{LY}^* w^* < a_{LY} w \tag{2.17a}$$

$$a_{LX}\, w < a_{LX}^{*}\, w^{*} \tag{2.17b}$$

換句話說，在自由貿易的均衡下，生產 X 具有比較利益的本國，其廠商也是在 X 產品市場中具有競爭優勢的廠商。反之，生產 Y 具有比較利益的外國，其廠商在 Y 產品市場也具有競爭優勢。由此可知，不管從比較利益或競爭優勢的角度切入，所得到的結論是完全相同的。

那麼前面所提到的這些人的憂慮又是從何而來呢？從上面的討論可以看出，他們的問題乃是忽略了兩國工資率乃是由模型決定，而非外生給定。也就是說，在自由貿易下，兩國相對工資只能在圖 2.14 顯示的範圍內，而非毫無限制。當一國的勞動生產力提高時，該國的工資也會跟著上升，由而減低其競爭優勢；反之，勞動生產力低的國家，其工資也必然較低，因此可提高其競爭力。我們可以一簡單的例子來說明，假設 $a_{LX} = 1$，$a_{LY} = 4$，$a_{LX}^{*} = 4$，$a_{LY}^{*} = 12$。很顯然地，本國在兩種產品的生產均具有絕對利益，且在 X 的生產具有比較利益。由上面的討論，貿易後相對工資必然介於 $a_{LY}^{*}/a_{LY} = 3$ 和 $a_{LX}^{*}/a_{LX} = 4$ 之間，即

$$3 < \frac{w}{w^{*}} < 4 \tag{2.18}$$

在不失一般性之下，假設 $w^{*} = 1$，則 $3 < w < 4$，考慮 $w = 3.5$ 的極端情況，可得到

$$w\, a_{LX} = 3.5 \text{，} w\, a_{LY} = 14$$

$$w^{*}\, a_{LX}^{*} = 4 \text{，} w^{*}\, a_{LY}^{*} = 12$$

故本國廠商在 X 市場具有競爭優勢，而外國廠商則在 Y 市場具有競爭優勢，由而本國將出口 X，外國出口 Y，結果與本國 (外國) 出口具有比較利益的 X(Y) 完全相同。

從另一個角度看，本國雖然在兩種產品的生產力均較外國高，但在 X 產品高出的程度較 Y 產品高。在此情況下，相對工資的範圍限制，將使得本國生產 Y 的廠商喪失競爭優勢，而生產 X 的廠商仍保有競爭優勢。與此相對應的，相

對工資正好也使得外國生產力落後本國較少的 Y 產品廠商取得競爭優勢，但生產 X 的廠商仍因生產力太低而無法與本國廠商競爭。

總結而言，工資與勞動生產力並非獨立的變數，而是彼此緊密關聯的。因此，開發中國家縱使在每一種產品的生產力都不及其他國家，他們的工資也必然較低，使得他們在具有比較利益的產品上佔有競爭優勢。反過來，先進國家雖然工資率普遍高於開發中國家，但這高工資所反映的其實正是其具有較高的勞動生產力，因此同樣可使其在具有比較利益的產品市場具有競爭優勢。如此一來，開發中國家與先進國家之間仍然可經由貿易而提高彼此的福利。本小節一開始所提到那些對開放自由貿易的質疑，是完全不必要的憂慮。

2.3 基本模型的擴展

前面已將李嘉圖模型基本的意義作了詳細解說，本章最後這一節則試圖將前面的簡化模型加以修正和延伸。明確地說，接下來將要探討的問題包括：(1) 大國和小國，(2) 多個國家的情況，(3) 多種產品情況，以及(4) 運輸成本。

(1) 大國和小國

在利用圖 2.11 討論開放經濟均衡時，我們將焦點集中在 RD_w 交 RS_w 於後者的垂直線部份，或 (2.7) 式嚴格不等號成立的情況。這表示貿易條件必然介於兩國貿易前的相對價格之間。但當時我們已經提到，RD_w 可能和 RS_w 相交於後者的水平部份，如此一來，貿易條件就和其中一個國家貿易前的相對價格相同。但這又代表什麼意義呢？在此我們以圖 2.11 中 RD_w 交 RS_w 於其左下方水平部份為例加以說明。

由圖 2.9 推導全世界相對供給曲線過程得知，其左下方水平部份代表外國專業生產 Y，但本國則未必專業化生產。另一方面，因貿易條件和本國貿易前相對價格相同，本國開放經濟的預算線或消費可能曲線仍然和生產可能曲線重合。在這種情況下，如圖 2.15(a) 所示 (圖 2.15 中所有符號的意義與圖 2.12 相同)，本國自由貿易的消費點和貿易前完全一樣，仍是 E_0。然而，貿易後的生產點則不可能再是 E_0，因為貿易後外國專業生產 Y，但卻要同時消費 X 和 Y 兩種產品，所以必須向本國購買 X。圖 2.15(b) 顯示，外國自由貿易下的預算線或消費可能曲線為平行於 AB 的 A^*D^*，生產點為 A^*，消費點為 E_T^*。因此，開放貿易後，將會出口 A^*F^* 的 Y 到本國以換取 $F^*E_T^*$ 的 X。為了提供外國所需的 X，本國 X 的生產就必須超過國內消費量 OF。換句話說，開放貿易後本國的生產點必然位於生產可能曲線上 E_0B 的範圍。圖 2.15(a) 中的 G 點，代表本國生產 OI 的 X 和 IG 的 Y。因本國消費 OF 的 X，故可將 $FI = F^*E_T^*$ 的剩餘出口到外國以滿足其需求，並在 AB 和 A^*D^* 斜率所代表的 TOT 下換回 $E_0H = A^*F^*$ 的 Y。我們再度得知兩國貿易三角形 ΔE_0HG 全等於 $\Delta A^*F^*E_T^*$，且達到開放經濟的均衡。

前面分析的最重要結果是，外國出口的 Y 並沒辦法完全滿足本國 Y 的消費，以至於本國在自由貿易下仍必須自行生產 X 和 Y 兩種產品。但這唯有在本國所面對的貿易條件和封閉經濟的均衡價格一樣時才可能發生。如此一來，外國在開放貿易後將直接以本國貿易前的相對價格進行交易。在某種意義上，我們可以說，本國在國際貿易上是個可制定價格的**大國** (large country)，而外國則是只能接受本國所制定的價格的**小國** (small country)。從另一個角度看，要保證本國在貿易後仍然繼續生產 Y 的一個充分條件是，即使外國專業生產 Y，並將其全部出口到本國，卻仍然無法滿足本國對 Y 的需求，即 $A^*O^* < E_0F$。但這也表示，相對於本國來說，外國的經濟規模是非常的小，因此相對而言，本國是個大國，外國是個小國。

上面有關大國和小國的分析，可讓我們對本章李嘉圖模型的結論作些微的修正。首先，貿易並不必然使兩個國家的生產完全專業化，因為大國永遠會生產兩種產品。其次，由圖 2.15 和上面的討論，可清楚看到，大國並無法因貿易而提高其社會福利，所有的貿易利得均由小國獲取。儘管如此，但我們可說，李嘉圖有關比較利益與貿易利得的看法基本上並沒有什麼不妥，因為自由貿易並不會使任何一個國家福利受損，而除了大國外，所有參與的國家均會獲利。

Chapter 2 李嘉圖模型

圖 2.15(a)

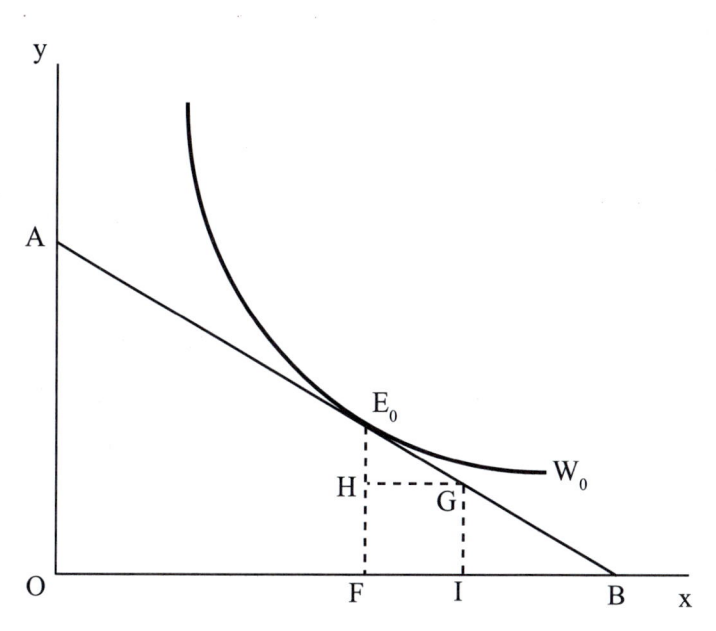

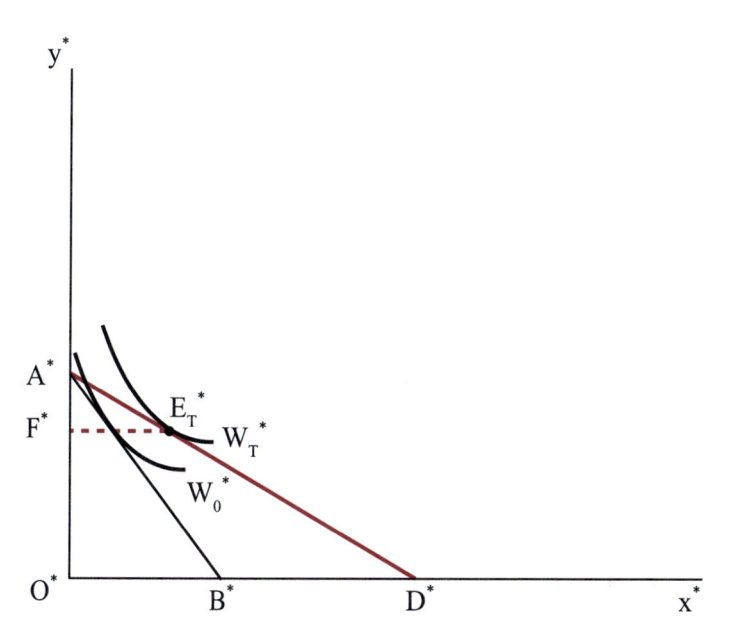

圖 2.15(b)

國際貿易

(2) 多個國家的情況

李嘉圖模型為一兩個國家、兩種產品、一種生產因素的 $2 \times 2 \times 1$ 模型，但我們可以很輕易將其擴展到超過兩個國家的 $N \times 2 \times 1$，$N > 2$ 的模型。在此小節中以 $N = 3$ 為例略作說明，至於超過三個國家的情形，原理完全相同，讀者可自行思考練習。

假定除本國和外國外，另有一第三國，其投入產出係數為 a_{LX}^{**}，a_{LY}^{**}，勞動力為 L^{**}。為了方便解說，進一步假設 $a_{LX}/a_{LY} < a_{LX}^{*}/a_{LY}^{*} < a_{LX}^{**}/a_{LY}^{**}$，亦即第三國生產 X 的機會成本最高，最不具比較利益；反之，本國生產 X 仍最具比較利益，外國則介於本國與第三國之間。在上述假設下，我們可以類似推導圖 2.9 的方法，得到圖 2.16 中的全世界 X 的相對供給曲線 RS_w。此相對供給曲線可分成六個部份：OA 這段代表三個國家均專業化生產 Y；在 AB 範圍，本國未專業化生產，外國和第三國專業生產 Y；在 BC 範圍，本國專業生產 X，外國和第三國專業生產 Y；在 CD 範圍，本國專業生產 X，第三國專業生產 Y，但外國未專業化生產；在 DE 範圍，本國和外國專業生產 X，第三國專業生產 Y；最

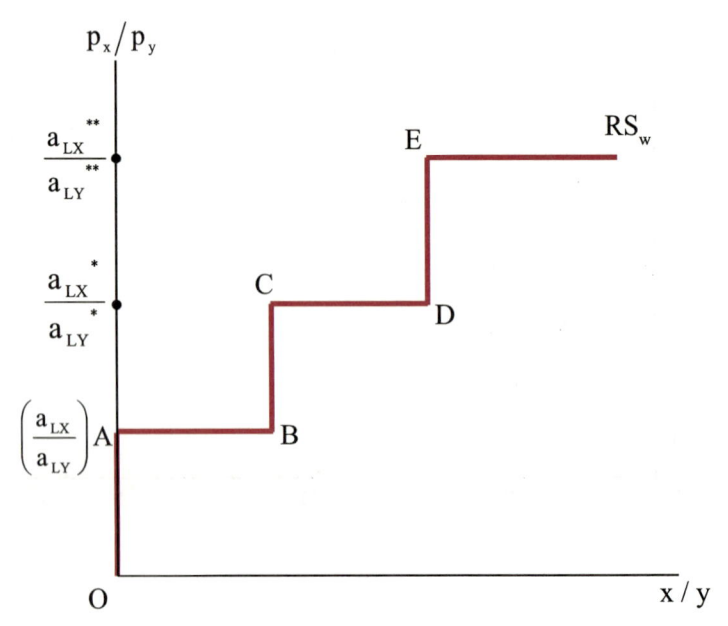

圖 2.16

後 ERS$_w$ 範圍，本國和外國專業生產 X，第三國則未專業化生產。如果市場相對價格超過 a$_{LX}^{**}$/a$_{LY}^{**}$，三個國家都會專業化生產 X，此時 X 的相對供給量為無窮大。

至於全世界對 X 的相對需求，仍然是本國、外國和第三國相對需求的加權平均，因此仍是一條負斜率的 RD$_w$ 曲線。理論上，RD$_w$ 可以交 RS$_w$ 於 A B C D E RS$_w$ 上任何一點，因此可能三個國家在貿易後均專業化生產 (當 RD$_w$ 交 RS$_w$ 於 BC 或 DE 兩垂直線段)，也可能有一個國家未達專業化生產 (當 RD$_w$ 交 RS$_w$ 於其水平線段)。很清楚地，貿易條件必然介於本國和第三國貿易前相對價格之間。但除了生產 X 最具比較易利益的本國必然出口 X，生產 X 最不具比較利益 (或生產 Y 最具比較利益) 的第三國必然出口 Y 外，介於中間的外國的貿易型態並無法確定。最後，讀者可仿效圖 2.12 的討論，描繪出三個國家的生產可能曲線和社會無異曲線，說明只要自由貿易的 TOT 和一國貿易前的相對價格不同，該國必然可獲取貿易利得。當然，如 TOT 和一國貿易前相對價格一樣，則正如上小節中的大國，這個國家不會因貿易而提高社會福利。

(3) 多種產品的情況

李嘉圖模型也可擴展到 2 × N × 1，N > 2 的情況，即多種產品模型。相較於 N 國兩種產品的情況，多種產品的問題略為麻煩，因為 N 種產品時會有 N－1 個相對價格，由而必須決定自由貿易下的 N－1 個貿易條件。但這顯然無法透過類似前面的相對供需或生產可能曲線與社會無異曲線的分析方法來決定。那該怎麼辦呢？

很幸運地，前面討論相對工資與競爭優勢的過程已經指出了分析的方向。特別是圖 2.14 及 (2.15) 和 (2.16) 兩式，明白告訴我們，當自由貿易使得各國出口其具有比較利益產品時，出口廠商也必然是在國際市場上具有競爭優勢的廠商，反之亦然。因此，假定自由貿易下本國出口第 i 種產品，外國出口第 j 種產品，則下面 (2.19) 必然成立

$$a_{Li} w < a_{Li}^* w^* \tag{2.19a}$$

$$a_{Lj} w > a_{Lj}^* w^* \tag{2.19b}$$

其中 a_{Li} (a_{Li}^*) 與 a_{Lj} (a_{Lj}^*) 分別為本國 (外國) 生產一單位 i 與 j 產品所使用的勞動力。由 (2.19) 式可得到

$$\frac{a_{Lj}^*}{a_{Lj}} < \frac{w}{w^*} < \frac{a_{Li}^*}{a_{Li}} \tag{2.20}$$

(2.20) 式隱含，本國相對工資必然大於其進口產品的相對生產力，但卻小於其出口產品的相對生產力。

現在將 N 種產品依本國相對生產力高低排列，並將本國相對生產力最高的產品稱為第一種產品，本國相對生產力第二高的產品稱為第二種產品，直至第 N 種產品為本國相對生產力最低的產品，亦即

$$\frac{a_{LN}^*}{a_{LN}} < \frac{a_{L(N-1)}^*}{a_{L(N-1)}} < \cdots < \frac{a_{L1}^*}{a_{L1}} \tag{2.21}$$

根據 (2.20) 的原則，我們只要知道 w/w^* 的值，並將其插入 (2.21) 式的適當位置，即可得知，在 w/w^* 左邊的產品將由外國生產，再進口到本國來；反之，在 w/w^* 右邊的產品則由本國出口到外國。當然，w/w^* 也可能剛好與 (2.21) 中某一項相等，在此情況下，該產品在兩國的單位生產成本完全相同，可在任何一國生產。上述結果相當清楚易懂，唯一的問題是，w/w^* 到底是多少？如果無從得知 w/w^*，則一切均屬空談。因此，接下來探討 w/w^* 的決定問題。

相對工資率的決定與貿易型態

兩國相對勞動工資率的決定，就和兩種產品相對價格的決定一樣，是取決於對本國和外國勞動力的相對需求和相對供給。由於充分就業的假設，本國和外國勞動力的相對供給很簡單，就是 L/L^*，為一固定值。但勞動力的相對需求就比

Chapter 2 李嘉圖模型

較麻煩,我們必須掌握勞動力的需求是一種「**引申需求**」(derived demand) 的觀念,經由對產品的需求來推導對兩國勞動力的需求。

圖 2.17 中,先考慮 $w/w^* < a_{LN}/a_{LN}^*$ 範圍。根據上面的結論,此時本國生產所有產品的單位成本均較外國低,故所有產品都會由本國生產,對外國的勞動需求量為 0,因而對勞動的相對需求 $L_D/L_D^* = \infty$。當 $w/w^* = a_{LN}^*/a_{LN}$ 時,本國和外國生產第 N 種產品的單位成本相同。此時若所有第 N 種產品均由本國生產,則 $L_D/L_D^* = \infty$;若所有第 N 種產品均由外國生產,則 L_D/L_D^* 為一定值,假定其為圖 2.17 中的 OA。當第 N 種產品部份由本國生產,部份由外國生產時,L_D/L_D^* 同樣是一定值,但大於 OA,且隨著本國產量增加 (外國產量減少) L_D/L_D^* 即不斷上升,直到全部由本國生產。綜合上述可得知,對應相對工資 $w/w^* = a_{LN}^*/a_{LN}$,勞動相對需求曲線為圖中水平線 HRD_L。

接著考慮 w/w^* 由 a_{LN}^*/a_{LN} 逐漸上升的情形。只要 w/w^* 一超過 a_{LN}^*/a_{LN},則外國生產第 N 種產品即具有比較利益,本國不再生產此產品。但只要 w/w^* 仍小於 $a_{L(N-1)}^*/a_{L(N-1)}$,本國生產其他產品仍具有比較利益,因而會是這些產品的生

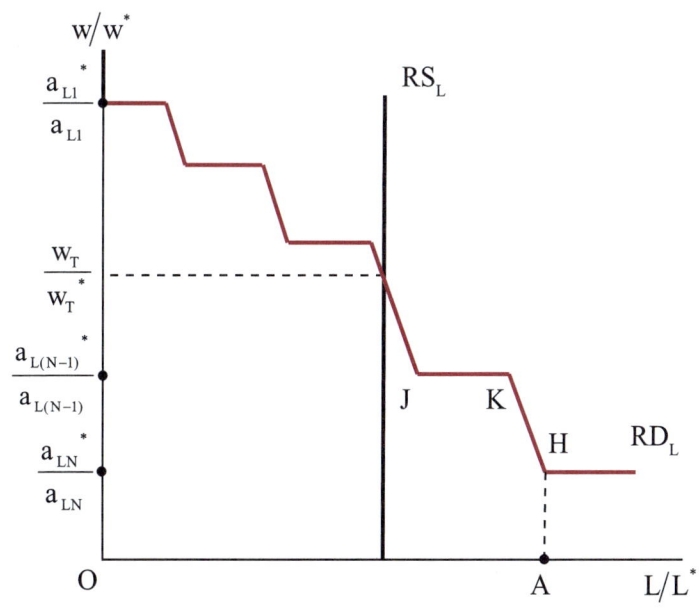

圖 2.17

產國。雖然在 $a_{LN}^*/a_{LN} < w/w^* < a_{L(N-1)}^*/a_{L(N-1)}$ 範圍內，兩國生產型態不會改變，但因 w/w^* 不斷上升，本國生產其他產品的單位成本及價格也會跟著上漲。根據需求定律，消費者對這些產品的需求量會下降，產出因而減少，結果對本國勞動的需求也就減少。因此，在這個範圍內，隨著 w/w^* 上升，本國相對勞動需求量 LD/LD^* 乃逐漸下降，如圖 2.17 中負斜率的線段 HK 所示。當 $w/w^* = a_{L(N-1)}^*/a_{L(N-1)}$ 時，我們可以重複 $w/w^* = a_{LN}^*/a_{LN}$ 的論證，得到 KJ 的水平線，如此重複下去，直到 $w/w^* > a_{L1}^*/a_{L1}$，就可得到圖 2.17 中西北東南走向的勞動相對需求曲線 RD_L。將 RD_L 和勞動相對供給曲線 RS_L 相結合，即可得到自由貿易下的相對勞動價格 w_T/w_T^*。有了 w_T/w_T^* 後，就可將其與 (2.21) 比較而確定生產與貿易型態。

在接下去探討運費問題之前，我們要提醒讀者，雖然將基本李嘉圖模型擴展到多個國家兩種產品或多種產品兩個國家相當簡單，但要將其擴展到多個國家多種產品則十分困難；事實上，到目前為止並沒有什麼好方法。不過，即使如此，李嘉圖模型所要傳達的比較利益與貿易利得等重要觀念並不會因此而受到影響。

(4) 運輸成本

運輸成本 (transportation costs) 對貿易的影響非常簡單：它會阻礙貿易進行，甚至使貿易完全不能進行。在基本李嘉圖模型中，只要一國生產一產品的單位成本較另外一國低，在自由貿易下，前者必然佔有整個世界市場，成為該產品的唯一生產國，而後者自然只能進口此產品。但只要彼此單位生產成本相差有限，往往會發現，在產品價格加上運費後，其成本就會比自己生產還高。在這種狀況下，從外國進口的機會成本反而比較高，因此這種產品就不會被進口，成了所謂的**非貿易財** (nontraded goods) 而從國際市場消失了。例如，某一產品 i，本國的生產成本為 $wa_{Li} = 4$，外國生產成本為 $w^*a_{Li}^* = 5$，則在沒有運輸成本時，外國將不生產此產品，而自本國進口。但如果運費為 2，則自本國進口一單位 i 產品的成本成為 $4 + 2 = 6$，較外國自己生產成本還高，那麼外國就會自己生產 i，i 也就會成為非貿易財了。

Chapter 2 李嘉圖模型

我們可利用所謂的**冰山模型** (iceberg model)，更一般化地來討論運輸成本所帶來的問題。假設不管運輸方向，不管那一種產品，由一個國家輸出到另一個國家時，每一單位將只剩下 g (0 < g < 1) 單位，因此 (1 − g) 單位在運送過程中就好像冰山一樣溶化掉了，這就代表一單位產品的運輸成本。圖 2.18 上半部描繪在給定 w/w^* 之下，本國出口和進口產品的範圍，亦即只要 $a_{Li}^*/a_{Li} > w/w^*$，則 i 為本國出口品；反之，只要 $a_{Li}^*/a_{Li} < w/w^*$，則 i 為本國進口品。

接著來看單位運輸成本為 1 − g 的情形。記得一單位產品運到外國只剩 g 單位，因此從外國角度來看，它的進口一單位 i 產品的價格成為 $a_{Li}w/g$。如果加上運費後，外國仍要從本國進口 i，那就必須滿足

$$\frac{a_{Li}w}{g} < a_{Li}^* w^* \tag{2.22}$$

或

$$\frac{a_{Li}^*}{a_{Li}} > \frac{1}{g} \cdot \frac{w}{w^*} \tag{2.22'}$$

因 0 < g < 1，故 $(1/g)\cdot(w/w^*) > w/w^*$。如圖 2.18 所示，這將使位於 $(w/w^*, w/gw^*)$ 範圍內原本本國出口的產品不再出口而成為非貿易財。

同樣道理，加上運費後，本國如果國進口產品 i，就必須滿足

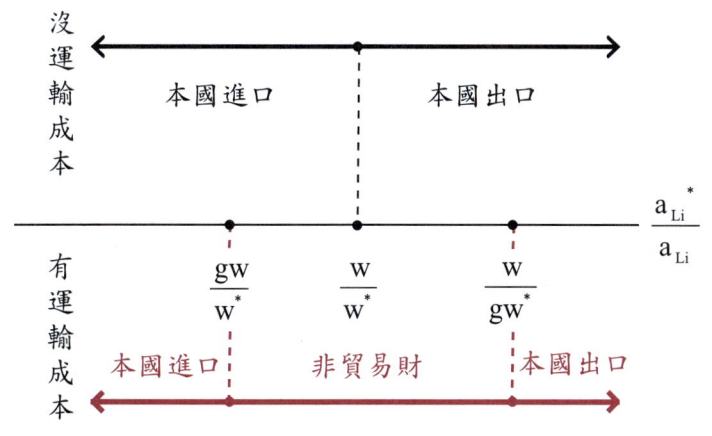

圖 2.18

$$a_{Li} w > \frac{a_{Li}^* w^*}{g} \tag{2.23}$$

或

$$\frac{a_{Li}^*}{a_{Li}} < g \cdot \frac{w}{w^*} \tag{2.23'}$$

因 $0 < g < 1$，故 $g \cdot (w/w^*) < w/w^*$。很清楚地，如圖 2.18 所示，在考慮運輸成本之後，原本位於 $(gw/w^*, w/w^*)$ 範圍內的本國進口產品就不再進口，成為非貿易財。

總括 (2.22') 和 (2.23')，得知運輸成本的出現將使位於 $(gw/w^*, w/gw^*)$ 範圍內的所有產品，由原本的**貿易財** (traded goods) 變成非貿易財。此外，上述非貿易財的範圍，將會因運輸成本的增加 (即 g 的下降) 而擴大。由此簡單模型，我們可清楚看到運輸成本的存在，確實是妨礙貿易利得實現的不可忽視的因素。

2.4 李嘉圖模型的主要缺陷

李嘉圖模型及其所傳遞的比較利益的概念，是經濟理論發展上的重要里程碑，也是現代國際貿易理論的濫觴。但由於李嘉圖模型產生的背景乃是有關英國是否廢止**穀物法案** (Corn Law) 的爭議，站在支持廢止此法案的觀點，凸顯貿易自由化的好處是李嘉圖的主要目的，因此難免忽略一些貿易上的重要課題以及存在與現實貿易現象的差距。在此我們特別指出兩點，以作為下一章討論的前奏。

第一，李嘉圖模型假定生產過程只使用勞動力一種生產因素，且投入產出係數固定。前者一方面是受到當時**勞動價值論** (labor theory of value) 的影響，有其時代背景，又可簡化分析，無可厚非。但這個簡化的假設卻也簡化掉貿易所可能帶來的所得重分配問題，這是任何討論貿易政策的人無法迴避的問題，因此必須設法補救。至於投入產出係數固定的假設，由本章討論得知，是使得生產可能曲線成為一直線的原因。但線性生產可能曲線則會導致貿易至少使一國生產專業化的強烈結論，與現實社會經驗距離太遠，同樣值得在未來分析中加以處理。

第二，李嘉圖模型中，比較利益完全來自國與國間的技術不同，與資源稟賦 L 和 L^* 無關，但這同樣無法解釋許多貿易現象。例如，日本必須從其他國家進口香蕉和糖，不太可能是日本生產香蕉和糖的技術不如那些出口國家。反過來，沙烏地阿拉伯出口大量石油到世界各地也絕對不是沙國生產石油的技術遠遠優於進口石油的國家。換句話說，決定比較利益，導引國際貿易，應該還有技術以外的其他因素，這正是我們在下一章所要討論的課題。

國際貿易

習題

1. 解釋下列各小題中兩個名詞的意義,並說明它們之間的關係。
   (a) 貿易利得,貿易條件
   (b) 比較利益,競爭優勢

2. 是非題:試判別下列各敘述為「是」或「非」,並詳細說明是或非的理由
   (a) 比較利益原理不僅適用於國際貿易,也適用於個人與個人之間的交易。
   (b) 「比較利益」基本上是有關一國如何有效率配置生產資源的原理,而無關國與國之間的市場競爭。
   (c) 在兩國、兩產品李嘉圖模型中,如果一國在兩種產品的生產都具有絕對利益,則該國的工資必較另一國工資高。
   (d) 在李嘉圖模型中,開放自由貿易必然使各國生產趨於專業化。

3. 在兩國多產品李嘉圖模型中,試詳細說明運輸成本如何導致非貿易財的產生。

4. 在本章兩國兩產品李嘉圖模型中,試詳細說明外國勞動力增加對自由貿易均衡的影響。

※5. 考慮一兩國兩產品模型,假設:(1) 兩國具有相同的**位似偏好** (identical homothetic preferences),(2) 本國以李嘉圖生產技術進行生產,且 $a_{LX} = a_{LY} = 1$,$L = 10$,(3) 外國擁有 $x^* = x_0$,$y^* = y_0$ 的產品,而不必從事生產活動。
   (a) 在 $x - y$ 平面上繪出兩國的生產可能曲線及社會無異曲線,使得兩國封閉經濟均衡具有 $p_x/p_y > p_x^*/p_y^*$ 的關係。
   (b) 利用相對供給與相對需求曲線描繪 (a) 中的封閉經濟均衡。
   (c) 利用相對供給與相對需求曲線描繪自由貿易的均衡。
   (d) 利用 (a) 中的生產可能曲線與社會無異曲線說明兩國的貿易利得。

3 Chapter 赫克斯—歐林模型

　　上一章提到李嘉圖模型的幾個缺點：忽略了所得分配問題，貿易帶來極端專業化生產型態，無法解釋某些國際間的貿易現象等問題，到了一次世界大戰後，終於有了突破。1919 年瑞典經濟學家赫克斯 (Eli Heckscher，1879 – 1952) 首度指出，各國所擁有的生產因素稟賦的差異也是造成各國在不同產品具有比較利益的原因。他的學生歐林 (Bertil Ohlin，1899 – 1979) 將這個觀點加以發揚，並在其 1933 年的著作中首度將**相對因素豐富** (relative factor abundance) 及不同產品使用不同生產因素比例兩種觀點結合，進而發展出一正式的國際貿易理論。也因為這個原因，這一套理論習慣上被稱為**赫克斯—歐林理論** (Heckscher-Ohlin theory，HO theory) 或**赫克斯—歐林模型** (Heckscher-Ohlin model，HO model)。不過，今日我們所熟知或一般書籍上所呈現的赫克斯—歐林模型，乃是由薩彌爾遜於二十世紀中葉完成，因而這套理論也常稱為**赫克斯—歐林—薩彌爾遜模型** (Heckscher-Ohlin-Samuelson model，HOS model)。另外，這套理論可很簡明的敘述成：

(1) 不同國家所擁有的各種生產因素比例不同，
(2) 不同產品生產上所使用的生產因素比例不同，

(3) 所以，不同國家在不同產品的生產具有比較利益；

很明顯地，HO 或 HOS 理論的核心在於"各國擁有生產因素比例不同"及"各種產品使用的生產因素比例不同"兩個"因素比例"，因此文獻上也稱其為**因素比例模型** (factor proportion model)。本章接下來的討論主要是依循薩彌爾遜的方法，但為了方便起見，我們仍將沿用 HO 模型這個名詞。

雖然 HO 模型最重要的結果是 HO 定理 (Heckscher-Ohlin theorem)，但在這個理論架構超過半世紀的發展演進過程中，卻衍生出許多其他重要的結論，因而有所謂的四大定理，即**史特普-薩彌爾遜定理** (Stolper-Samuelson theorem)，**瑞普辛斯基定理** (Rybczynski theorem)，HO 定理，和**因素價格均等化定理** (factor price equalization theorem)。這些定理基於不同目的可獨自、分別來討論，但本章將以較系統性的方式，依前述次序，說明、建立它們彼此之間的關係。

3.1 HO 模型的假設

HO 模型和李嘉圖模型一樣，是探討兩個國家 (本國和外國) 生產兩種產品 (X 和 Y)，然後再進行貿易的問題。但兩者有兩個根本的差異：首先，在 HO 模型中，生產因素不止勞動力一種，還包括資本 (K)，故 HO 模型為一兩國、兩產品、兩生產因素的 $2 \times 2 \times 2$ 模型。其次，在 HO 模型中，兩個國家生產同一產品的生產技術完全相同，因此排除李嘉圖模型中，比較利益來自生產技術不同的可能性。除此之外，HO 模型的分析方法雖較複雜，但步驟完全相同，我們先建立兩國貿易前 (封閉經濟) 的均衡，以決定各國比較利益的所在，然後再開放貿易，進行貿易前和貿易後的比較靜態分析。

現在以本國為對象，說明 HO 模型的基本假設：

(1) 以資本和勞動力兩種生產因素生產 X 和 Y 兩產品，且生產函數

$$X = F(K_X, L_X) \tag{3.1a}$$

$$Y = G(K_Y, L_Y) \tag{3.1b}$$

均為**固定規模報酬** (constant returns to scale)，並滿足**邊際報酬遞減** (diminishing marginal returns) 的性質，但生產函數 F 和 G 並不相同。

(2) 生產過程不會發生**因素集中度逆轉** (factor intensity reversal) 現象，X 為**資本密集** (capital–intensive) 產品，Y 為**勞動密集** (labor–intensive) 產品。

(3) 本國擁有 L 單位勞動力和 K 單位資本，兩種生產因素可在 X 和 Y 兩部門 (產業) 間自由移動，並達到充分就業。

(4) 消費者偏好可以一組邊際替代率遞減且滿足**位似性** (homotheticity) 的社會無異曲線來代表。

(5) 所有產品和生產因素市場均為完全競爭市場。

假設 (1) 中的 K_i 和 L_i (i = X, Y) 分別代表 i 部門所使用的資本和勞動的數量。當生產函數擴充到兩種生產因素時，就可討論李嘉圖模型中所忽略的所得分配問題，而資本和勞動力間有限的替代能力也可降低貿易後生產趨於專業化的可能性。當 F 和 G 相同時，本質上 X 和 Y 兩種產品就沒差別，可看成同一種產品，因而排除這種可能性。固定規模報酬的假設，一方面使得生產函數具備某些有用且便於分析的特質，但更重要的是唯有在固定規模報酬假設下，完全競爭 (假設 (5)) 的長期均衡才能存在。有關固定規模報酬生產函數的一些重要性質，以及它和完全競爭均衡的關係，請參閱附錄 A。最後，邊際報酬遞減，指的是資本 (勞動) 的使用量不斷增加時，資本 (勞動) 的邊際生產量即不斷下降，以 X 部門為例，這個假設可表示成：

$$\frac{\partial MPP_K^X}{\partial K_X} = \frac{\partial}{\partial K_X}\left(\frac{\partial X}{\partial K_X}\right) = \frac{\partial^2 X}{\partial K_X^2} < 0 \tag{3.2a}$$

$$\frac{\partial MPP_L^X}{\partial L_X} = \frac{\partial}{\partial L_X}\left(\frac{\partial X}{\partial L_X}\right) = \frac{\partial^2 X}{\partial L_X^2} < 0 \tag{3.2b}$$

上式中 MPP_K^X 和 MPP_L^X 分別是資本和勞動在 X 部門的邊際產量，即 $\text{MPP}_K^X = \partial X/\partial K_X$，$\text{MPP}_L^X = \partial X/\partial L_X$。將 (3.2) 中所有 X 以 Y 取代，即得到 Y 部門邊際報酬遞減的結果。

因素集中度逆轉

由個體經濟學中得知，廠商為追求最大利潤，必然要使生產某一定數量產出的生產成本達到極小。當廠商可以任意選擇兩種生產因素組合時，為了成本極小化，兩種生產因素的使用比例，必然隨著兩種生產因素的相對價格變動而改變。圖 3.1 以 X 產品來說明這種關係。圖中 $x = x_0$ 為產量等於 x_0 的**等產量曲線** (isoquant)。當勞動力與資本的價格為 w_1 與 r_1 時，生產 x_0 使成本達到最低的因素投入組合為斜率等於 w_1/r_1 的**等成本線** (isocost line) AB 和 $x = x_0$ 的切點 G，即 L_X^1 和 K_X^1，此時廠商所使用的資本勞動比例為 $k_x^1 = (K_X^1/L_X^1)$。同樣道理，當勞動與資本價格為 w_2 和 r_2 時，或說，當勞動力相對價格由 w_1/r_1 上升到 w_2/r_2 時，等成本線變陡，如圖中的 A'B'，此時成本最低投入組合成為 L_X^2 和 K_X^2。很

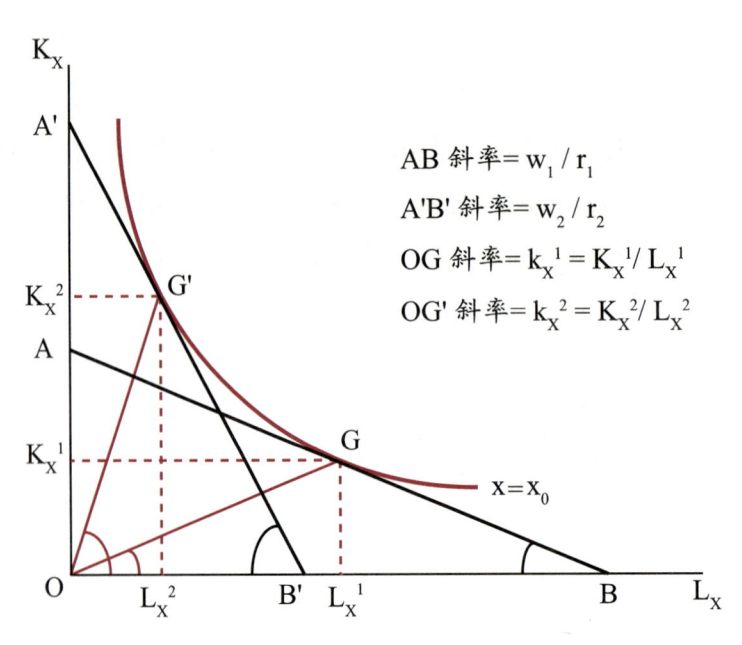

AB 斜率 = w_1/r_1
A'B' 斜率 = w_2/r_2
OG 斜率 = $k_x^1 = K_X^1/L_X^1$
OG' 斜率 = $k_x^2 = K_X^2/L_X^2$

圖 3.1

明顯地，為了追求成本極小，在勞動力相對價格上升後，廠商會以相對便宜的資本取代勞動力的使用，因而 $L_X^2 < L_X^1$、$K_X^2 > K_X^1$，或 $k_x^2 = (K_X^2/L_X^2) > k_x^1$。換句話說，隨著工資率相對於資本價格上升，廠商所使用的資本勞動比例也跟著上升。因此，我們可將 k_x 視為相對因素價格 (w/r) 的函數，且

$$\frac{dk_x}{d(w/r)} > 0 \tag{3.3}$$

完全相同的道理，可得到

$$\frac{dk_y}{d(w/r)} > 0 \tag{3.4}$$

了解了生產因素使用比例與相對因素價格的關係後，就可來看 X 為資本密集產品，Y 為勞動密集產品的意義了。

如果在面對任何一個相對因素價格 (w/r) 時，生產 X 所使用的資本勞動比例 $k_x(w/r)$ 都比生產 Y 所使用的資本勞動比例 $k_y(w/r)$ 大，則 X 就稱為資本密集產品，而 Y 就稱為勞動密集產品。圖 3.2 顯示，由於 (3.3) 和 (3.4) 的性質，故 k_x

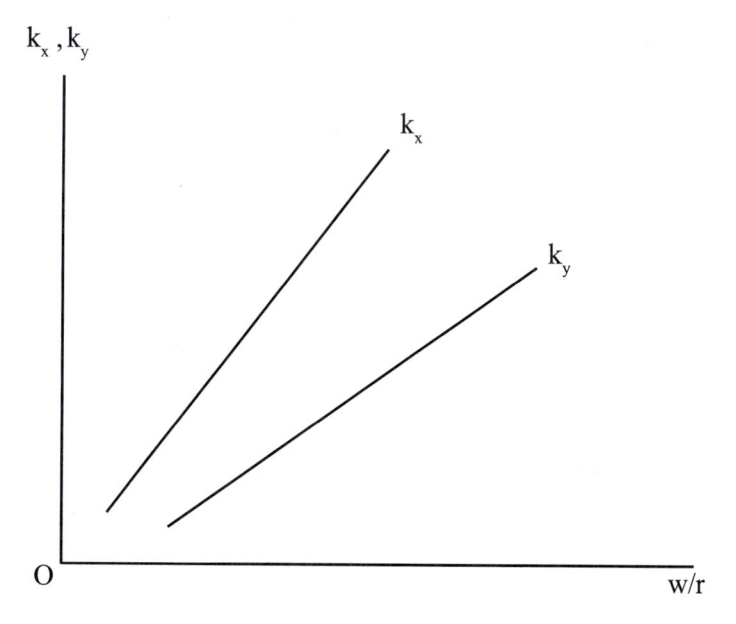

圖 3.2

和 k_y 都是正斜率。但不管 w/r 是多少，k_x 永遠位於 k_y 的上方，表示在任何相對因素價格下，X 部門所使用的資本勞動比例均大於 Y 部門，故圖 3.2 即描繪 X 為資本密集產品，而 Y 為勞動密集產品的情形。

反過來，圖 3.3 中，k_x 並非永遠位於 k_y 的上方，它們在相對因素價格 w_0/r_0 時彼此相交。因此，在圖 3.3(a) 中，只要相對因素價格小於 w_0/r_0，則 $k_x > k_y$，只要相對因素價格大於 w_0/r_0，則 $k_x < k_y$。圖 3.3(b) 情況類似，只是在 $w/r < w_0/r_0$ 時，$k_x < k_y$，而在 $w/r > w_0/r_0$ 時，$k_x > k_y$。但不管是那一種狀況，我們都發現，兩部門所使用的資本勞動比例 (或稱因素集中度)，會隨著相對因素價格變動而發生反轉的現象，這種現象，就稱為因素集中度逆轉。由於只要有因素集中度逆轉發生，就無法明確地定義那種產品為資本密集產品，那種產品為勞動密集產品，故在 HO 模型中，將這種可能性排除。

假設 (3) 和李嘉圖模型的假設類似，只不過將其擴展到兩種生產因素，因此，我們有下列充分就業條件：

$$K_x + K_y = K \tag{3.5a}$$
$$L_x + L_y = L \tag{3.5b}$$

將 (3.5) 式等號左邊第一項除以 x 再乘以 x，第二項除以 y 再乘以 y 可得

$$a_{KX} \cdot x + a_{KY} \cdot y = K \tag{3.6a}$$
$$a_{LX} \cdot x + a_{LY} \cdot y = L \tag{3.6b}$$

(3.6) 式中 a_{Li} 和 a_{Ki} (i = X, Y) 分別為生產一單位 i 產品所使用的勞動力和資本。值得注意的是，a_{Li} 和 a_{Ki} 在此都不是固定的，而是取決於相對因素價格 w/r；讀者只要將圖 3.1 裡等產量曲線中的 x_0 設為 $x_0 = 1$ 即可清楚看到這點。這也是 HO 模型和李嘉圖模型一個相當不同的地方，因在李嘉圖模型中，投入產出比例 a_{Li} (i = X, Y) 是固定的。

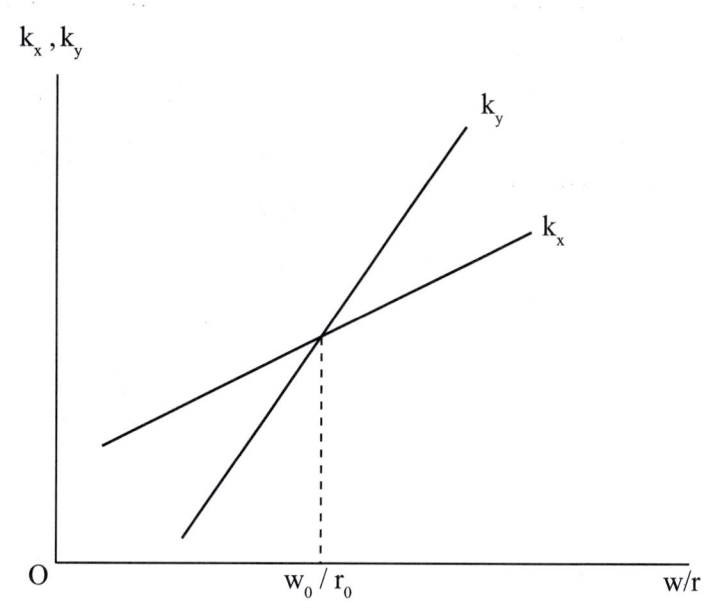

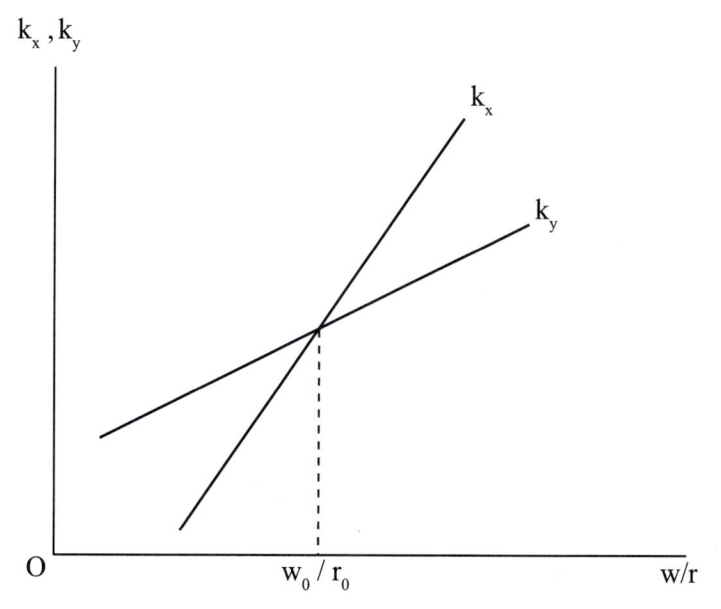

Chapter 3 赫克斯—歐林模型

圖 3.3(a)

圖 3.3(b)

國際貿易

位似偏好

最後，有關消費者偏好的假設，基本上和李嘉圖模型相同，主要是要求同時消費兩種產品，且滿足需求定律。但在此進一步要求具有位似性。簡單地說，所謂位似性是指消費者對 X 和 Y 兩種產品的相對需求 x_D/y_D 只取決於 X 和 Y 的相對價格 p_x/p_y，而不受到所得水準的影響。也就是說，在**位似偏好** (homothetic preferences) 下，**所得消費曲線** (income consumption curve，ICC) 為自原點出發的射線。圖 3.4 中，當 X 和 Y 的相對價格為 p_x^1/p_y^1 時，對應於 $I_2 > I_1$ 兩個貨幣所得水準，預算線分別為圖中 I_1 與 I_2 兩條直線，均衡點分別為 A、B 兩點，但 A、B 兩點在射線 OAB (ICC) 上，這表示即使消費者在較高所得水準時會同時增加 X 和 Y 的消費，但增加的程度卻相等，使得不同所得水準下兩種產品消費的比例不變；或者說，X 和 Y 的相對需求不具所得效果。當相對價格由 p_x^1/p_y^1 上升到 p_x^2/p_y^2 時，圖上顯示，在維持相同效用水準下，消費者會以相對價格較便宜的 Y 取代 X，均衡點分別移到 A′ 和 B′。但 A′ 和 B′ 同樣位於 OA'B' 這條射線 ICC′ 上，故也消費相同比例的 X 和 Y。因 p_x^1/p_y^1 和 p_x^2/p_y^2 為任意兩組相對價格，因

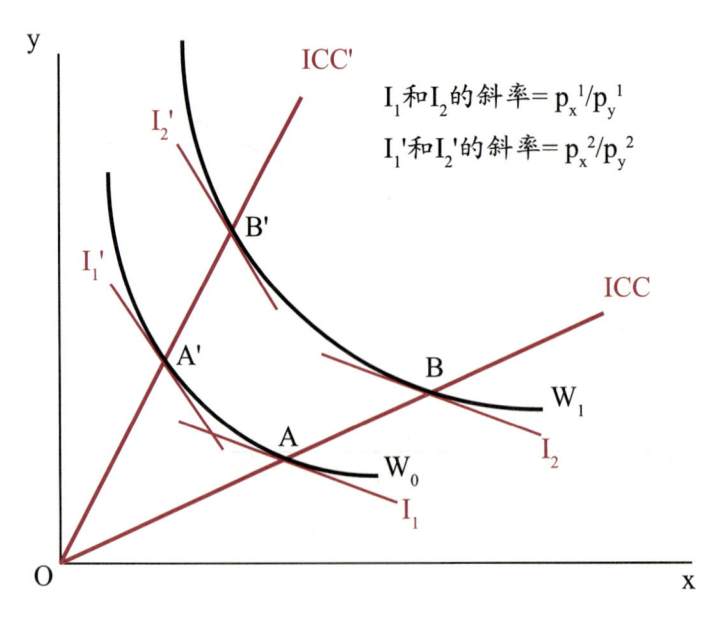

圖 3.4

此圖 3.4 的偏好顯示，任何一 ICC 曲線都是從原點出發的射線，所以代表一位似偏好。

為什麼需要假定偏好具有位似性呢？主要是為了消除上面所說的所得效果。因為 HO 定理是要證明，兩國所擁有的生產因素比例不同，是導致一國在某種產品具有比較利益的根源。現在如不排除所得效果，則在兩國所得 (或 GDP) 水準不同下，兩國可能因對 X 和 Y 相對需求不同，進而影響相對價格。如此一來，即使兩國貿易前的均衡相對價格不同，也可能是反映需求面的影響，而非 HO 所強調的因素稟賦不同所造成。

3.2 封閉經濟均衡

為了描述封閉經濟均衡，首先必須根據有關生產技術的假設 (即假設 (1) 和假設 (2)) 以及資源限制 (假設 (3)) 推導出本國的生產可能曲線。圖 3.5 的**艾奇渥斯箱型圖** (Edgeworth box)，水平邊長代表本國所擁有的總勞動力 L，垂直邊長

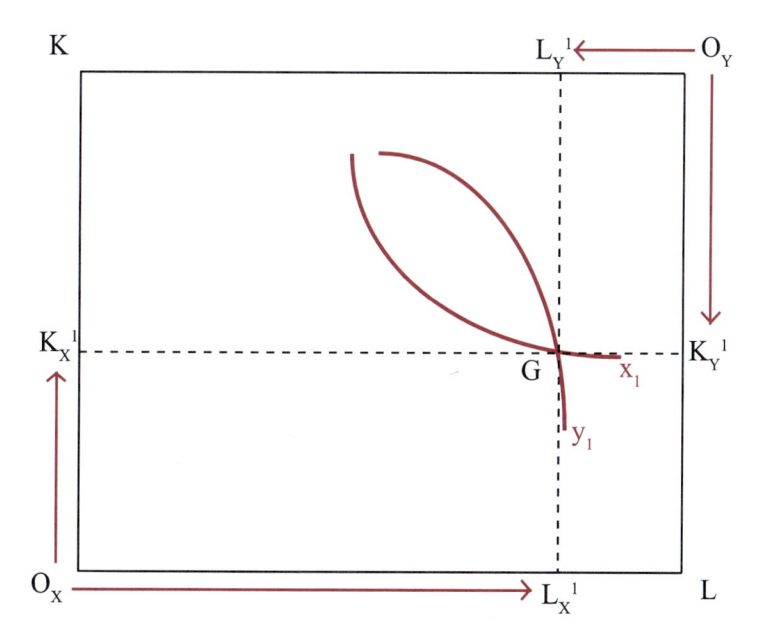

圖 3.5

國際貿易

則是本國擁有的資本數量。如果將箱型圖左下角設為衡量 X 部門使用兩種生產因素 K_X 和 L_X 的原點 (O_X)，而將右上角設為衡量 Y 部門使用兩種生產因素 K_Y 和 L_Y 的原點 (O_Y)，則該箱型圖中任何一點均代表資源在 X 和 Y 兩部門之間的分配。例如：圖 3.5 中 G 點代表 X 部門使用了 L_X^1 的勞動力和 K_X^1 的資本。而 Y 部門則使用了剩餘的勞動力和資本，$L_Y^1 = L - L_X^1$，$K_Y^1 = K - K_X^1$。除了 K_X^1、K_Y^1、L_X^1 和 L_Y^1 外，事實上，G 點還告訴我們在這個資源分配下，X 和 Y 兩產品的產量。因為以 O_X 為原點，可以畫出一組由西南往東北增加的 X 的等產量曲線；以 O_Y 為原點可以畫出一組由東北往西南增加的 Y 的等產量曲線。圖 3.5 顯示，在 G 這點，X 和 Y 的產別為 x_1 和 y_1。

生產契約線

現在回到生產可能曲線；這是指在給定的生產技術、生產資源，且生產一定量的 X 下，本國所能生產的最大數量的 Y，這樣的點所形成的集合。事實上，利用艾奇渥斯箱型圖，也可將這樣的產出組合表現出來。圖 3.6 中，假定 X 的產

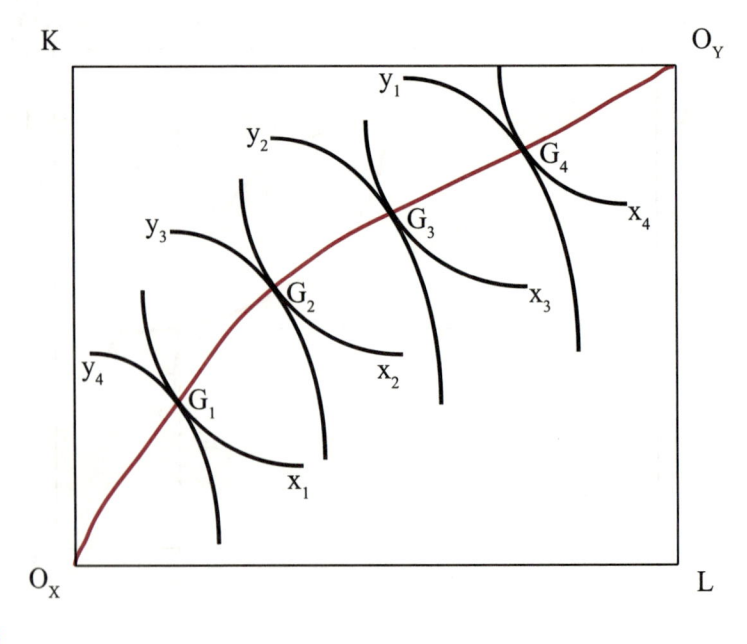

圖 3.6

量為 x_1，則通過 x_1 這條等產量曲線任何一點均有一條 Y 的等產量曲線通過。讀者可很輕易查證，只有在 G1 這點，Y 的等產量曲線 y_4 剛好和 x_1 相切時，Y 的產量方達到最大，故 (x_1, y_4) 對應到生產可能曲線上的一點。同樣道理，圖 3.6 中 G_2、G_3 和 G_4 各點所代表的產出組合 (x_2, y_3)、(x_3, y_2) 和 (x_4, y_1) 也是對應到生產可能曲線上的三個點。圖 3.6 中 $O_X G_1 G_2 G_3 G_4 O_Y$ 這條曲線，乃是將所有 X 和 Y 的等產量曲線相切的點連接而成，稱為**生產契約線** (production contract curve)，簡稱**契約線** (contract curve)。由上面的說明可知，契約線基本上就是一種生產可能曲線，只不過它是表現在箱型圖所構成的因素投入平面，而一般所稱的生產可能曲線是表現在產品產出平面罷了。

利用契約線也可以闡釋因素集中度逆轉的概念。圖 3.7 中，契約線和箱型圖對角線 $O_X O_Y$ 相交於 G 點；在 $O_X G$ 範圍內，契約線位於對角線上方，GO_Y 部份則位於對角線下方。現假定 G_1 為 $O_X G$ 範圍內契約線上任何一點，則連接 $O_X G_1$ 和 $G_1 O_Y$ 可分別得到 k_x^1 與 k_y^1 兩個角度，它們分別是在 G_1 的投入組合下 X 部門和 Y 部門所使用的資本勞動比例。利用對角線 $O_X O_Y$ 的斜率剛好是本國擁有的

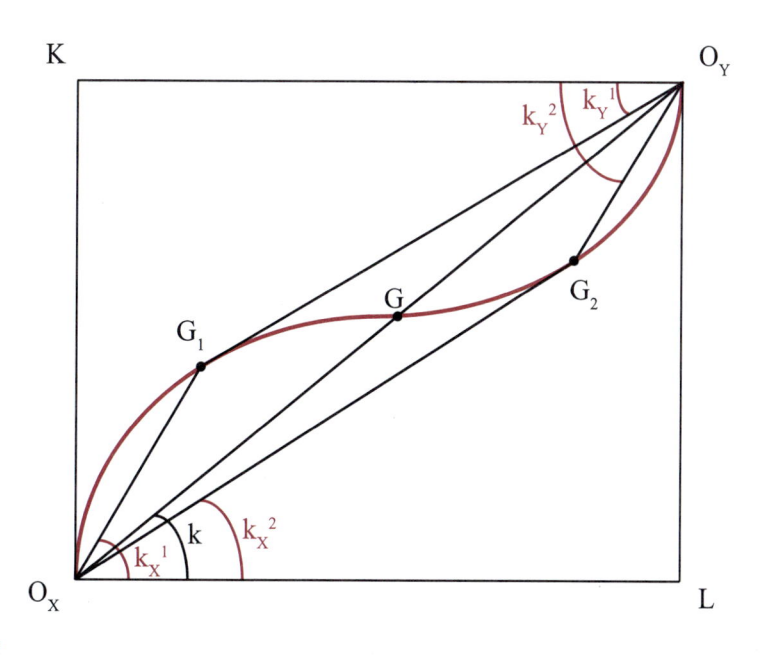

圖 3.7

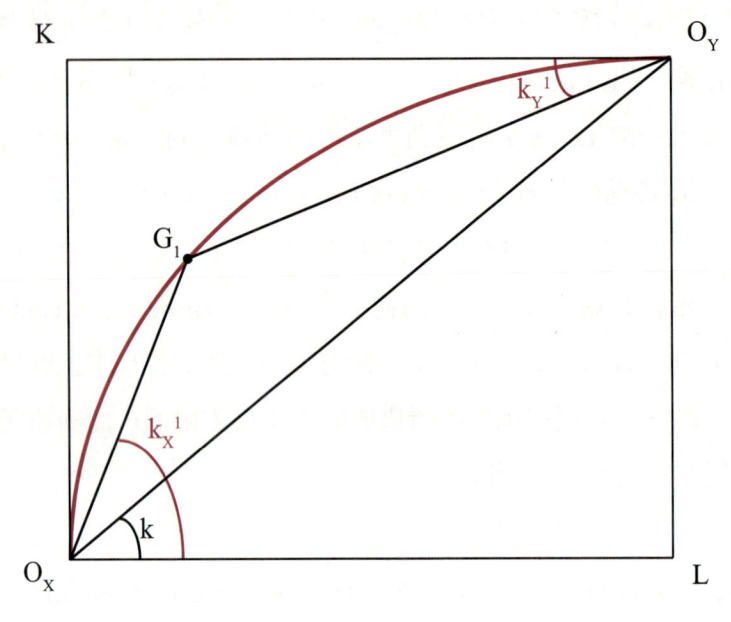

圖 3.8

因素稟賦比例 $k = K/L$ 的事實，可很清楚看到 $k_x^1 > k > k_y^1$。因此，在 $O_X G_1$ 範圍內，X 是資本密集產品，Y 是勞動密集產品。讀者可依相同方法得知，在 G_2 這點有 $k_x^2 < k < k_y^2$ 的結果，故在 GO_Y 範圍內 X 為勞動密集而 Y 為資本密集產品。於是我們知道，只要契約線和箱型圖對角線相交，就必然會發生因素集中度逆轉現象。

反過來說，要排除因素集中度逆轉的可能性，契約線就必須完全位在對角線 $O_X O_Y$ 的一邊 (兩個端點除外)。圖 3.8 為契約線位於對角線 $O_X O_Y$ 上方的情形。讀者現在應可輕易證明，對應於 G_1 這點，有 $k_x^1 > k > k_y^1$。事實上，對應於此契約線上任何一點，均可證明其滿足 $k_x > k > k_y$。換句話說，當假定 X 為資本密集而 Y 為勞動密集產品時，我們即已假定契約線為類似圖 3.8 這種完全位於對角線上方的情形。有了這個資訊後，就可推導出 HO 模型下的生產可能曲線了。

生產可能曲線

假設圖 3.9(a) 代表本國箱型圖及契約線。當因素分配組合在 O_X 點時，本國

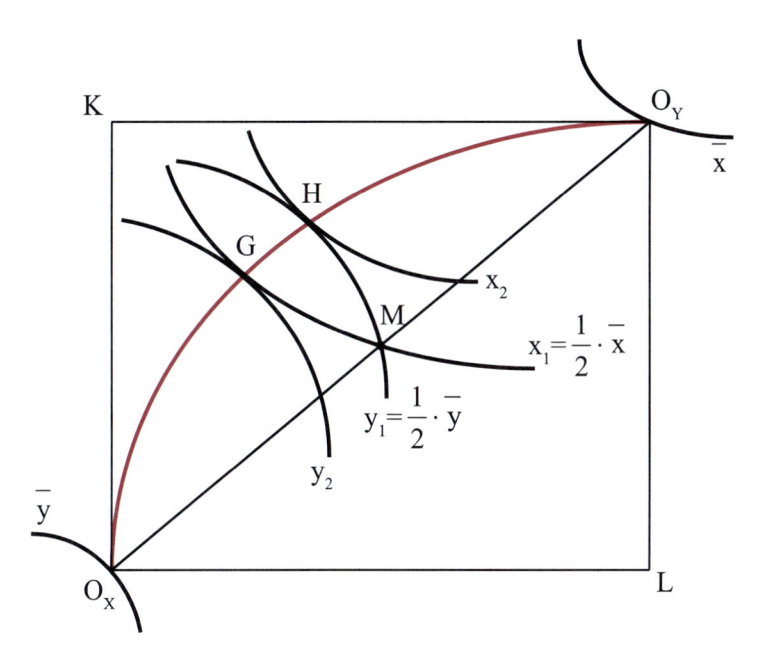

Chapter 3 赫克斯―歐林模型

圖 3.9(a)

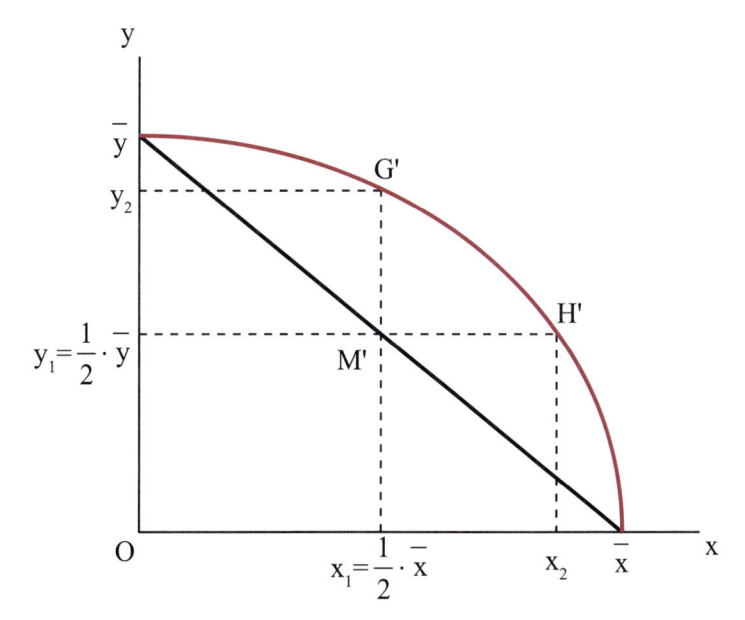

圖 3.9(b)

將所有生產資源完全用在 Y 產品的生產，由圖可知，此時的生產組合 $(0, \bar{y})$ 即是本國生產可能曲線上專業生產 Y 產品的點，亦即圖 3.9(b) 中縱軸截距 $\bar{y}$。同樣原理，圖 3.9(a) 中 O_Y 點所代表的因素投入組合，剛好對應到圖 2.9(b) 中橫軸截距 $\bar{x}$，此時本國專業化生產 X。

現在考慮一種情況：本國決定將一半生產資源，即 L/2 和 K/2 用於生產 X，剩下的一半資源用於生產 Y。這個生產組合，在圖 3.9(a) 中剛好位於箱型圖對角線 O_XO_Y 的中點 M。由於 X 和 Y 的生產函數都是固定規模報酬，故在所有生產因素使用量為專業化生產時的一半時，它們的產量也都會是專業化產量的一半。換句話說，圖 3.9(a) 中，通過 M 點的等產量曲線分別為 $x_1 = \bar{x}/2$，$y_1 = \bar{y}/2$，而這個生產組合剛好對應到圖 3.9(b) 中連接 $\bar{y}$ 與 $\bar{x}$ 的直線的中點 M′。很明顯地，M′ 並不在本國生產可能曲線上。由圖 3.9(a) 可以看到，當 X 的產量為 $x_1 = \bar{x}/2$ 時，Y 的最大可能產量為 y_2；換句話說，由 M 點移到 G 點，可增加 Y 的生產，但卻不減少 X 的生產。因此，圖 3.9(b) 中對應於 G 點的 G′ 點才是在生產可能曲線上。同樣道理，如果維持 Y 的產量在 $y_1 = \bar{y}/2$，則 X 的產量可增加到 x_2，即由圖 3.9(a) 中 M 點移到 H 點。因此，圖 3.9(b) 中對應於 H 點的 H′ 點也在生產可能曲線上。事實上，由圖 3.9(a) 中的 M 點，可移到契約線上 G 和 H 之間任何一點，使得兩種產品的生產同時增加。但這表示，在圖 3.9(b) 中，生產可能曲線必然位於 M′ 點的東北方向。

因為圖 3.9(b) 中連接 $\bar{y}$ 與 $\bar{x}$ 的直線上任何一點均對應到圖 3.9(a) 中對角線 O_XO_Y 上的某一點，故我們可以類似的方法證明，在圖 3.9(b) 中直線 $\overline{\bar{y}\bar{x}}$ 上，除了兩端點外，任何一點都不在生產可能曲線上。或者說，在圖 3.9(b) 中，除了兩端點外，本國的生產可能曲線都在直線 $\overline{\bar{y}\bar{x}}$ 的東北方向，如圖中的曲線 $\overline{\bar{y}G'H'\bar{x}}$。我們可以嚴謹地證明，在假設 (1)(2)(3) 之下，本國的生產可能曲線確實是如圖 3.9(b) 中所示的凹性曲線，反映邊際機會成本遞增現象，但因證明偏向純數學技巧，在此略過，讀者只要清楚上面的推理即可。

Chapter 3 赫克斯—歐林模型

封閉經濟均衡

從上一章李嘉圖模型的討論，我們知道，在封閉經濟下，一個國家所能消費的，最多就是其生產可能曲線上的產出組合。換句話說，在封閉經濟下，一國的生產可能曲線也就是該國的消費可能曲線。一個國家唯有在其消費可能曲線上找到使其社會福利最大的消費組合，方才達到均衡。圖 3.10 中，TT 為本國的生產可能曲線 (消費可能曲線)，由我們熟知的分析技巧，立即可得到，社會無異曲線 W_0 和 TT 的切點 E_0 即是本國封閉經濟的均衡。此時本國 X 和 Y 的生產和消費量分別為 x_0 和 y_0，社會福利水準為 W_0。

另外，由福利極大化的條件，即消費者的邊際替代率等於相對價格得知，通過 E_0，W_0 和 TT 的共同切線 m 的斜率 p_x^0/p_y^0 即是封閉經濟下本國的均衡相對價格。此外，讀者很容易可以查知，在面對 p_x^0/p_y^0 的相對價格時，E_0 的產出組合 (x_0, y_0) 正是使本國 GDP 達到最大的產出組合，這個結果在接下來的討論將會更清楚。

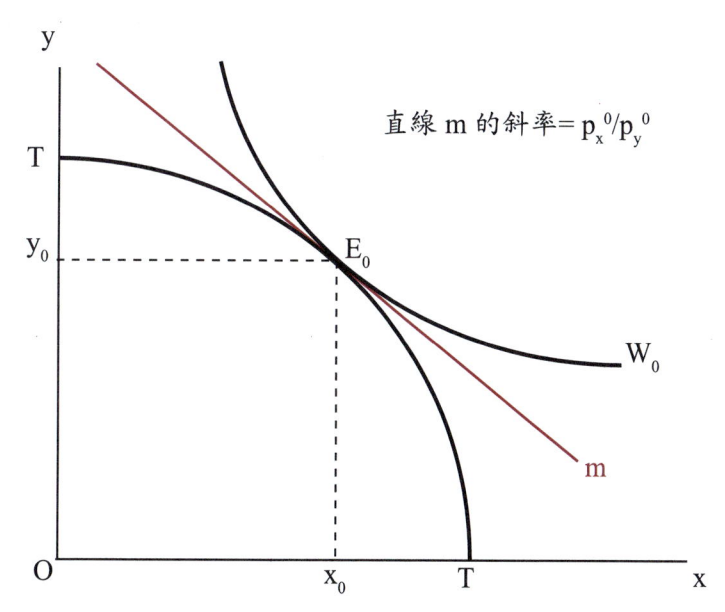

圖 3.10

相對供給與相對需求

和李嘉圖模型一樣，封閉經濟均衡也可以利用相對供給和相對需求來決定。在假設 (4) 下，相對需求曲線為一負斜率的曲線，因此接下來的討論乃是針對 HO 模型的相對供給曲線。相對供給曲線的意義為，給定任何一 X 的相對價格，它能告訴我們 X 的相對供給量是多少。由於已經知道本國必生產在生產可能曲線上，因此，相對供給曲線的推導成為：給定任何一 X 的相對價格，生產者會選擇生產可能曲線上那一個生產點。

由完全競爭廠商利潤極大化的因素雇用條件得知，不論 X 或 Y 產品生產者對勞動力和資本的雇用，均會滿足生產因素的**邊際產值** (value of marginal product，VMP) 等於因素價格的條件，即

$$w = VMP_L^X = VMP_L^Y \tag{3.7a}$$

$$r = VMP_K^X = VMP_K^Y \tag{3.7b}$$

或

$$w = p_X \cdot \frac{\partial X}{\partial L_X} = p_Y \cdot \frac{\partial Y}{\partial L_Y} \tag{3.8a}$$

$$r = p_X \cdot \frac{\partial X}{\partial K_X} = p_Y \cdot \frac{\partial Y}{\partial K_Y} \tag{3.8b}$$

上面兩式中，r 為資本價格。由 (3.8a) 與 (3.8b) 第二個等號兩邊可得到

$$\frac{p_x}{p_y} = \frac{\partial Y/\partial L_Y}{\partial X/\partial L_X} = \frac{\partial Y/\partial K_Y}{\partial X/\partial K_X} \tag{3.9}$$

但由 (3.5) 充分就業的條件得知

$$dK_x + dK_y = dK = 0 \tag{3.10a}$$

$$dL_x + dL_y = dL = 0 \tag{3.10b}$$

換句話說，X 和 Y 兩部門資本和勞動使用量，必然是等量但反方向變動。因

此,(3.9) 式中之 $\partial L_y = -\partial L_x$,$\partial K_y = -\partial K_x$,【雖然 (3.9) 中使用偏微分,而 (3.10) 中使用全微分符號,但在此兩者意義完全相同,均指資本或勞動在兩部門使用量的變動,讀者不用為此感到困擾。下面 ∂X 和 ∂Y 與 dX 和 dY 的符號改變也是如此】,由而得到

$$\frac{p_x}{p_y} = -\frac{\partial Y}{\partial X} = -\frac{dY}{dX} = MRT \tag{3.11}$$

(3.11) 中之 MRT 意指**邊際轉換率** (marginal rate of transformation),正好是生產可能曲線的斜率 dY/dX 乘以負一。由於生產可能曲線必然為負斜率,MRT 永遠是正值,故習慣上也常直接稱 MRT 為生產可能曲線的斜率,就像我們習慣稱預算線的斜率是相對價格一樣。總結而言,(3.11) 告訴我們,在完全競爭市場下,面對任一給定的相對價格,廠商追求最大利潤的行為將使整個經濟體系生產在生產可能曲線上斜率等於該相對價格的產出組合。

圖 3.11(a) 中,直線 m_1 的斜率代表相對價格 p_x^1/p_y^1。根據上面的分析,競爭均衡的產出組合為 E_1,因為該點生產可能曲線與 m_1 相切,相對價格等於 MRT。E_1 點的產出組合 (x_1, y_1) 有兩個重要意義:首先,通過該點的等值–GDP 線 (即 m_1) 為相對價格等於 p_x^1/p_y^1 時最高的等值–GDP 線。換句話說,這個產出組合會使 $p_x^1 \cdot x^1 + p_y^1 \cdot y^1$ 比生產可能曲線上任何其他一點 (x, y) 所得到的 $p_x^1 \cdot x + p_y^1 \cdot y$ 來得大。例如,當生產組合為 G 點時,通過該點的等值–GDP 線為 m,位於 m_1 的左下方,代表較低的 GDP 水準。其次,因為在相對價格為 p_x^1/p_y^1 時,生產點必然是 E_1,故當該經濟體系可與外國進行交易時,就可消費 m_1 上任何一產品組合,因此 m_1 其實就是該經濟體系在開放經濟下面對相對價格 p_x^1/p_y^1 時的預算線或消費可能曲線。這個結果,與李嘉圖模型中的討論基本上完全相同,只不過在此生產可能曲線為凹性,結果更為清楚罷了。

將相對價格 p_x^1/p_y^1 與 E_1 點的相對產出 x_1/y_1 描繪到圖 3.11(b) 中可得到 E_1' 點。透過相同過程,當 X 的相對價格下降到 p_x^2/p_y^2 時,生產點為圖 3.11(a) 中的 E_2,而其在圖 3.11(b) 中的對應點為 E_2'。我們可以重複其他相對價格,得到如圖

國際貿易

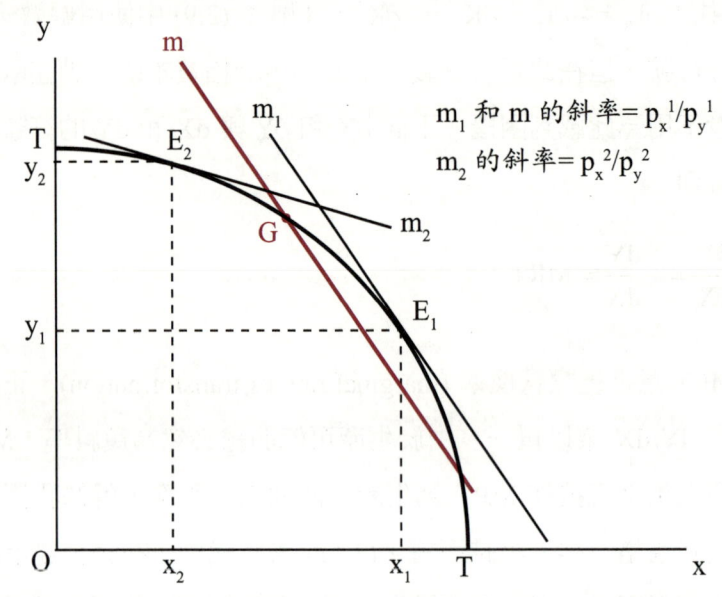

圖中標示：
- m_1 和 m 的斜率 $= p_x^1/p_y^1$
- m_2 的斜率 $= p_x^2/p_y^2$

圖 3.11(a)

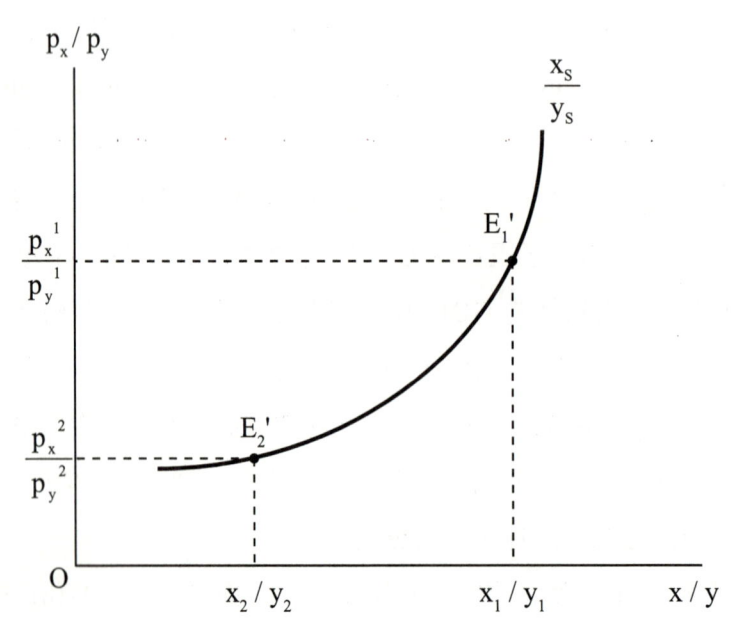

圖 3.11(b)

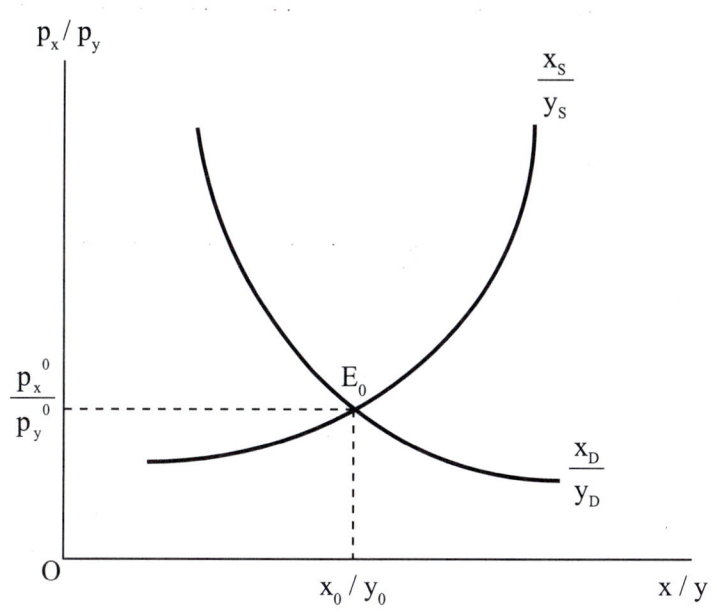

圖 3.12

3.11(b) 中連接 E_1' 和 E_2' 兩點，正斜率的平滑曲線，這就是 HO 模型中的相對供給曲線。圖 3.12 結合本國相對供給與相對需求曲線，即可決定本國封閉經濟的均衡點 E_0，均衡相對價格為 p_x^0/p_y^0，均衡相對產量為 x_0/y_0，結果與圖 3.10 完全一致。

現在假定外國的生產技術與偏好也滿足 (1) – (5) 的假設，只是外國擁有 L^* 的勞動和 K^* 的資本，則經由完全相同的過程，就可得到圖 3.13 中兩種代表外國封閉經濟均衡的圖形，希望讀者能接受挑戰，加以嘗試。

3.3 史特普—薩彌爾遜定理 (SS 定理)

這是 HO 模型中第一個重要定理，主要在探討產品相對價格 p_x/p_y 變動對相對因素價格 w/r 以及所得分配的影響。由附錄 A，有關固定規模報酬生產函數【性質 8】，我們知道，在長期均衡時，產品價格必然等於平均成本。現在考慮本國達到封閉經濟均衡情況，利用 (A.18) 可將上述【性質 8】寫成

國際貿易

m^* 的斜率 $= p_x^{*0}/p_y^{*0}$

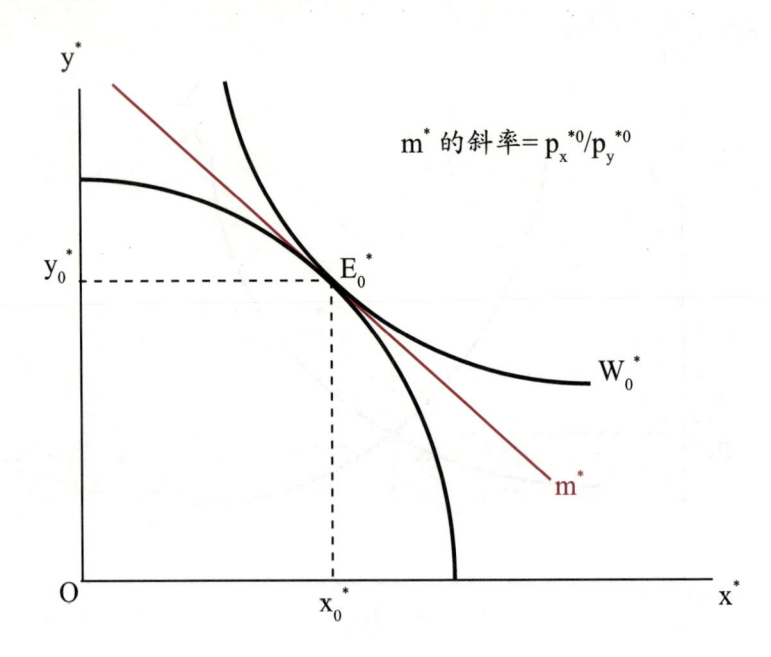

圖 3.13(a)

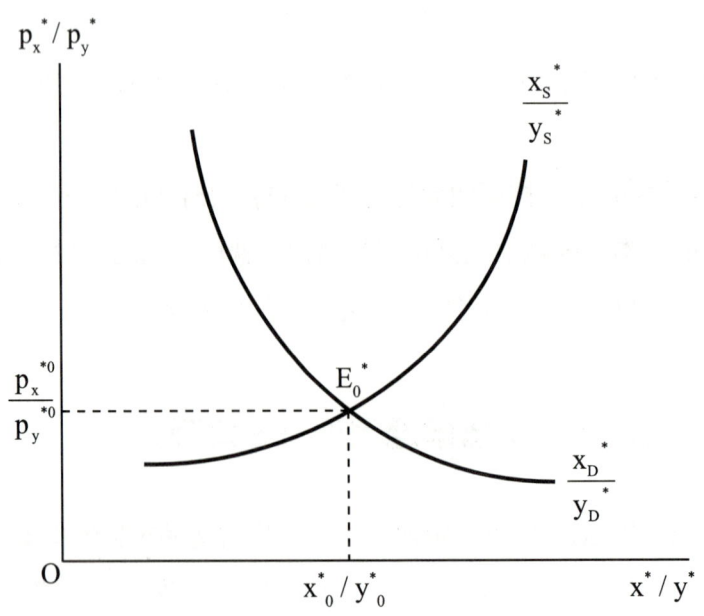

圖 3.13(b)

Chapter 3 赫克斯—歐林模型

$$w \cdot a_{LX} + r \cdot a_{KX} = p_x \tag{3.12a}$$

$$w \cdot a_{LY} + r \cdot a_{KY} = p_y \tag{3.12b}$$

將上面兩式相除

$$\frac{p_x}{p_y} = \frac{w \cdot a_{LX} + r \cdot a_{KX}}{w \cdot a_{LY} + r \cdot a_{KY}} = \frac{(w/r) a_{LX} + a_{KX}}{(w/r) a_{LY} + a_{KY}} \tag{3.13}$$

由 (3.6) 式下方的討論得知 a_{Li} 和 a_{Ki} (i = X, Y) 都是 w/r 的函數，故 (3.13) 可表示成

$$\frac{p_x}{p_y} = \phi\left(\frac{w}{r}\right) \tag{3.14}$$

或

$$\frac{w}{r} = \psi\left(\frac{p_x}{p_y}\right) \tag{3.15}$$

(3.14) 中的 φ 和 (3.15) 中的 ψ 互為反函數。

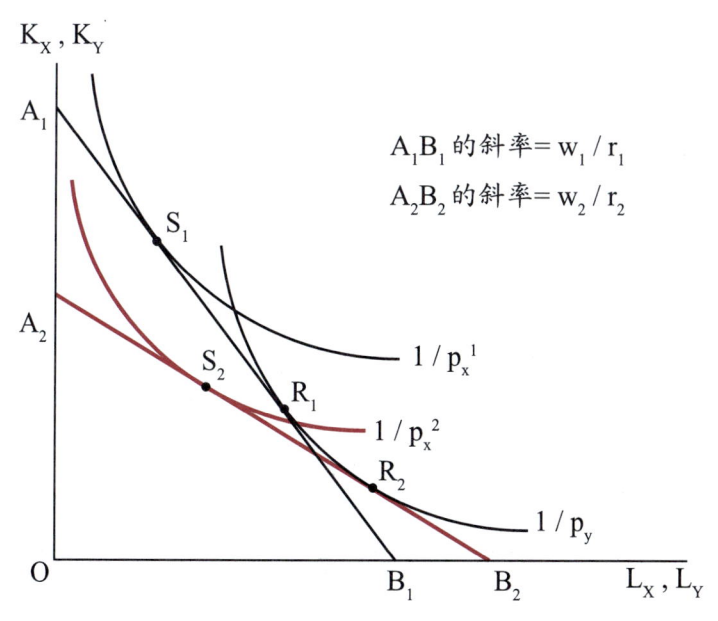

圖 3.14

國際貿易

現在，我們先討論 p_x/p_y 和 w/r 之間到底是何種函數關係。圖 3.14 分別繪出兩條 X 的等產量曲線與一條 Y 的等產量曲線。這些等產量曲線和我們所習慣的有些許不同，它們是產值 (即產量乘價格) 剛好等於 1 的等產量曲線。因此，當 X 的價格為 p_x^1，Y 的價格為 p_y 時，產值為 1 的等產量曲線分別是 $1/p_x^1$ 和 $1/p_y$。因為封閉經濟均衡時 X 和 Y 兩種產品都會生產，所以必定有一條成本等於 1 (由而等於產值，代表長期利潤等於 0) 的等成本線 A_1B_1 分別和等產量曲線 $1/p_x^1$ 與 $1/p_y$ 相切於圖中之 S_1 與 R_1。連接原點和 S_1，R_1，讀者可很輕易證明，圖 3.14 中 X 等產量曲線和 Y 等產量曲線的位置正隱含 X 為資本密集產品，Y 為勞動密集產品的假設。將等成本線 A_1B_1 的斜率 (代表勞動與資本相對價格) 記為 w_1/r_1，即可得到圖 3.15 中的 A 點。

假定 X 的價格由 p_x^1 上升到 p_x^2，則產值等於 1 的 X 的產量就會下降，故產值等於 1 的等產量曲線 $1/p_x^2$ 就會如圖 3.14 往原點縮進。如此一來，維持新均衡的等成本線就必須調整成圖中的 A_2B_2，假定其斜率為 w_2/r_2。很明顯地，A_2B_2 較 A_1B_1 來得平坦，故 $w_2/r_2 < w_1/r_1$，於是可得到圖 3.15 中的 B 點。因連接圖

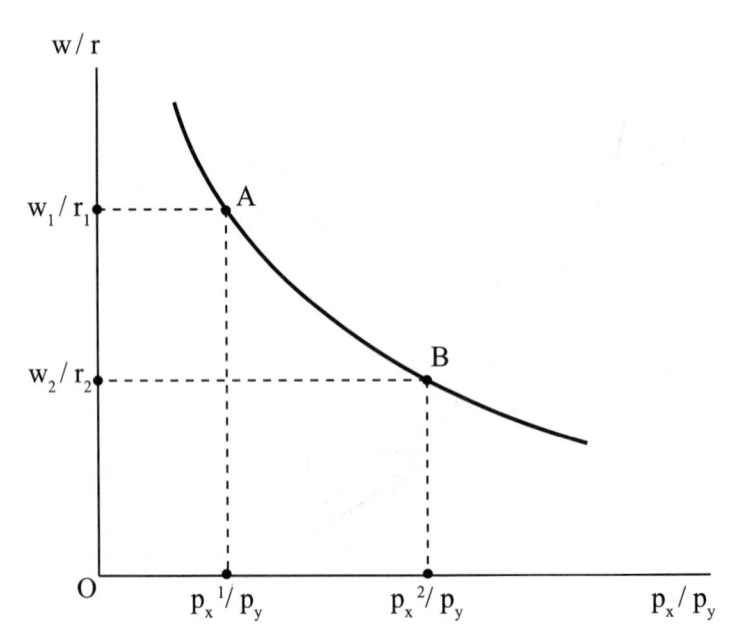

圖 3.15

3.15 中 A、B 兩點的必然是負斜率的曲線，故可得知產品相對價格和因素相對價格間有：(1) 一對一關係，(2) 資本密集產品相對價格上升，勞動的相對價格就隨之下降。

不過，SS 定理遠超過上面 (1) 和 (2) 兩個結果，它還告訴我們產品絕對價格變動程度和因素絕對價格變動程度的大小關係。由 (3.7) 得知

$$w = VMP_L^Y = p_y \cdot MPP_L^Y \tag{3.16a}$$
$$r = VMP_K^X = p_x \cdot MPP_K^X \tag{3.16b}$$

現在 X 價格由 p_x^1 上升到 p_x^2，而 Y 的價格不變，則 p_x/p_y 上升，w/r 下降。但如圖 3.14 所示，工資相對於資本價格下降會促使廠商以相對較便宜的勞動取代資本的使用，於是 K_X/L_X 和 K_Y/L_Y 同時下降。根據附錄 A【性質 5】立即知道，MPP_L^Y 會下降，而 MPP_K^X 則會上升。將 (3.16) 兩式兩邊取**對數** (logarithm) 再微分可得

$$\frac{dw}{w} = \frac{dp_y}{p_y} + \frac{dMPP_L^Y}{MPP_L^Y} \tag{3.17a}$$

$$\frac{dr}{r} = \frac{dp_x}{p_x} + \frac{dMPP_K^X}{MPP_K^X} \tag{3.17b}$$

因 Y 的價格沒有改變 ($dp_y/p_y = 0$)，且勞動的邊際產量下降（$dMPP_L^Y/MPP_L^Y < 0$），故由 (3.17a) 得到 dw/w < 0。另一方面，(3.17b) 中，除了 X 價格上升外，資本的邊際產量也上升 ($dMPP_K^X/MPP_K^X > 0$)，故知 $dr/r > dp_x/p_x$。換句話說，p_x 上升導致工資下降，資本價格上升，且資本價格上升的幅度 (dr/r) 較 X 價格上升的幅度 (dp_x/p_x) 還大。完全相同的推理過程，讀者可自行證明，當 Y 的價格上升，X 的價格不變時，資本的價格會下降，工資會上升，且工資上升的幅度 (dw/w) 超過 Y 價格上升的幅度 (dp_y/p_y)。

上面的結果可更一般性的敘述如下：

國際貿易

SS 定理 (I)：

在 HO 模型架構下，當一種產品價格上升時，則密集使用在該產品生產的生產因素的價格也會上升，且上升幅度超過產品價格上升的幅度，而密集使用在另一種產品生產的生產因素的價格則會下降。

回到 X 價格上升的情形。我們知道資本擁有者的報酬的上升得比 p_x 上升程度還多，因此 r/p_x 會增加；換句話說，以 X 產品衡量的**實質所得** (real income) 上升了。由於 Y 的價格並沒有改變，故用 Y 產品衡量的實質所得 r/p_y 也必然上升。反過來，勞動者的報酬 w 減少了，w/p_x 和 w/p_y 也跟著下降，因此，不論以 X 或 Y 衡量，勞動者的實質所得都減少。同樣道理，當 Y 的價格上升時，勞動者的實質所得會上升，而資本擁有者的實質所得會下降。從價格變動對實質所得的影響，我們可以將 SS 定理寫成：

SS 定理 (II)：

在 HO 架構下，當一產品的價格上升時，密集使用在該產品生產的生產因素擁有者實質所得上升，密集使用在另一種產品生產的生產因素擁有者實質所得下降。

為什麼會有這種結果呢？我們可利用 (3.8) 來解釋。由 (3.8) 可得到

$$\frac{w}{p_X} = \frac{\partial X}{\partial L_X} = MPP_L^X, \quad \frac{w}{p_Y} = \frac{\partial Y}{\partial L_Y} = MPP_L^Y \tag{3.18a}$$

$$\frac{r}{p_X} = \frac{\partial X}{\partial K_X} = MPP_K^X, \quad \frac{r}{p_Y} = \frac{\partial Y}{\partial K_Y} = MPP_K^Y \tag{3.18b}$$

很清楚地，以某種產品表示的某種生產因素的實質所得 (或實質報酬)，剛好就是該生產因素生產該產品的邊際產量。因此，我們只要看 p_x 上升時勞動和資本

Chapter 3 赫克斯—歐林模型

在兩部門邊際產量的變化即可。當 p_x 上升時，生產 X 產品的利潤也上升，於是廠商會擴充 X 的生產。但因經濟體系原處於充分就業，X 要增加生產，就得減少 Y 的生產以便釋出生產資源。又因 X 為資本密集產品，減少勞動密集產品 Y 所釋放出的資源並不完全吻合 X 部門的需要。更具體點說，Y 部門會釋出過多的勞動力，但所釋出的資本又不能滿足 X 部門的需要。於是勞動市場出現超額供給，資本市場出現超額需求，工資率 w 下降但資本價格 r 卻上升，導致 w/r 下降。為了追求最大利潤，X 和 Y 兩部門的廠商就會以相對較便宜的勞動取代資本，因此兩部門所使用的資本勞動比例都會下降。由附錄 A【性質 5】立即得知，資本的邊際產量上升，勞動的邊際產量下降，這正是 SS (II)。

※瓊斯的擴大效果

SS 定理只是針對一種產品價格發生變動，但事實上這個結論可推廣到兩種產品價格同時發生變動的情形。例如：X 和 Y 兩種產品價格都上漲，但 X 價格上漲的程度超過 Y 價格上漲的程度，即 $dp_x/p_x > dp_y/p_y > 0$；也就是說，X 和 Y 的價格都上升，但 p_x/p_y 也上升。根據圖 3.15，p_x/p_y 上升代表 w/r 下降，於是 X 和 Y 兩部門都會以勞動取代資本，導致兩部門使用的資本勞動比例同時下降，因而資本在兩部門的邊際產量都上升，勞動在兩部門的邊際產量都下降。由 (3.17a) 可得

$$\frac{dw}{w} < \frac{dp_y}{p_y} \tag{3.19a}$$

由 (3.17b) 可得

$$\frac{dr}{r} > \frac{dp_x}{p_x} \tag{3.19b}$$

將 $dp_x/p_x > dp_y/p_y$ 與 (3.19) 結合即可得到

$$\frac{dr}{r} > \frac{dp_x}{p_x} > \frac{dp_y}{p_y} > \frac{dw}{w} \tag{3.20}$$

同樣道理，我們可證明，當 $dp_y/p_y > dp_x/p_x$ 時可得到

$$\frac{dw}{w} > \frac{dp_y}{p_y} > \frac{dp_x}{p_x} > \frac{dr}{r} \tag{3.21}$$

(3.20) 和 (3.21) 就是由經濟學者瓊斯 (Ronald Jones) 所導出的**瓊斯擴大效果** (Jones magnification effect)，意指產品價格變動的微量差距 ($|dp_x/p_x - dp_y/p_y|$) 被放大成因素價格變動的較大差距 ($|dw/w - dr/r|$)。

由 (3.20) 可以看到，當 X 價格相對於 Y 價格上升時，資本價格上升的程度遠比兩種產品價格上升程度都大，故不管以那一種產品衡量，資本的實質所得都增加。反之，工資上升的程度則落後兩種產品價格上漲的程度，故勞動的實質所得不管用那種產品衡量都是下降。(3.21) 的解釋完全相同，請讀者自行嘗試。

最後，再提醒一下，瓊斯的擴大效果事實上是 SS 定理的一般化。我們只要將 (3.20) 中的 dp_y/p_y 設為 $dp_y/p_y = 0$ 就可得到 SS 定理。另外，不管是 SS 定理或瓊斯的擴大效果，它們最重要的意涵是，任何政策的變動，只要導致產品相對價格的改變，就會有相當強烈的所得重分配效果。因此，經由這些結果，我們就可探討開放自由貿易對所得分配的影響了。

3.4　瑞普辛斯基定理

史特普－薩彌爾遜定理是探討產品價格變動對生產因素報酬的影響，瑞普辛斯基定里則針對生產因素稟賦變動對產品產出的影響。我們可將該定理明確敘述如下：

> **瑞普辛斯基定理：**
> 在 HO 架構且給定產品相對價格下，若某一生產因素稟賦增加，則密集使用該生產因素的產品產量會增加，且增加的程度大於該生產因素稟賦增加的程度，而另一種產品的產量則會下降。

Chapter 3 赫克斯—歐林模型

在此先要特別強調,產品相對價格不變是一個相當重要的條件,唯有在這個前提下此定理才成立。現在就來看這個條件的主要涵意與作用。由產品相對價格與生產因素相對價格間的一對一關係 (圖 3.15),得知產品相對價格給定時,生產因素相對價格也跟著固定。由附錄 A【性質 3】得知,此時 X 和 Y 部門的擴張曲線都是由原點出發的射線。加上充分就業的假設後,就可將生產因素變動前的均衡表示成圖 3.16 中的 E_0 點。圖 3.16 中,本國原有的因素稟賦為勞動 L 和資本 K;X 和 Y 的原點分別是 O_X 和 O_Y。為了不讓圖形不必要的混亂,圖中並未描繪任何等產量曲線,但讀者務必了解 E_0 乃是在通過該點的 O_XO_Y 契約線上。

現在,假定產品相對價格維持不變,但勞動力由 L 增加到 L′。圖 3.16 中,代表勞動稟賦的橫軸由 O_XL 延長到 O_XL′,Y 的原點由 O_Y 移到 O_Y'。因產品相對價格固定,故因素相對價格固定,兩部門使用的資本勞動比例也固定。因此,X 的擴張曲線 O_XE_0 並不會改變,Y 的擴張曲線則變成由 OY′ 出發,但與 O_YE_0 平行,如圖中之 $O_Y'E_1$。很明顯地,E_1 為勞動力增加後的新均衡點 (位於通過 O_XO_Y' 的契約線上)。由附錄 A【性質 1】得知,X 的產量由 O_XE_0 下降到 O_XE_1。

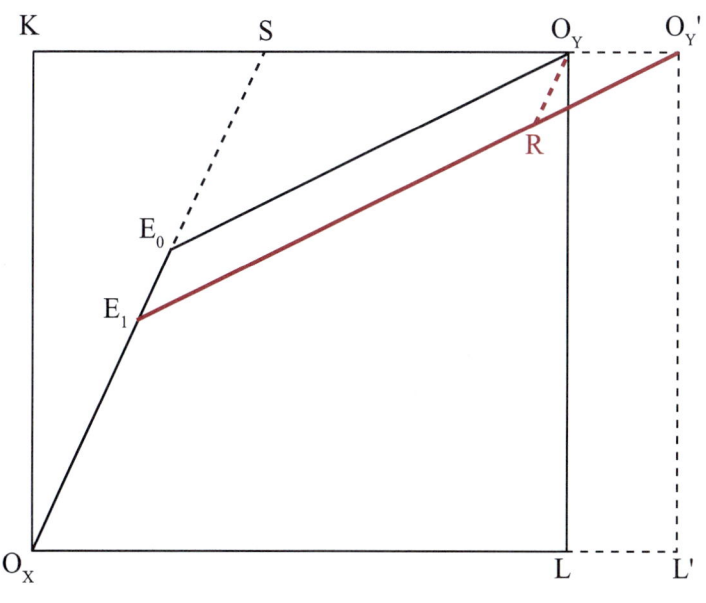

● 圖 3.16

國際貿易

另一方面，假定圖中 O_YR 平行於 O_XE_0，則 $O_YE_0 = RE_1 < O_Y'E_1$。因此，在勞動力增加後，資本密集的 X 產品產出減少，勞動密集的 Y 產出增加。我們只要再證明 Y 產出增加的程度大於勞動力增加的程度即可。

$$\frac{dy}{y} = \frac{O_Y'R}{RE_1} = \frac{O_Y'O_Y}{O_YS}$$

$$> \frac{O_Y'O_Y}{O_YK} = \frac{L'L}{O_XL} = \frac{dL}{L} \tag{3.22}$$

正如瑞普辛斯基定理所言，勞動密集產品不僅在勞動力增加後增加產量，其增加程度 (dy/y) 還超過勞動力增加的程度 (dL/L)。

我們也可利用生產可能曲線來描繪瑞普辛斯基定理。圖 3.17 中，TT 代表本國原有稟賦下的生產可能曲線，在直線 AB 所代表的相對價格 p_x/p_y 下，生產點為 E_0。當勞動力增加之後，生產可能曲線就會外移。但根據瑞普辛斯基定理，在價格不變情況下，新的生產點必位於 E_0 的左上方，如圖中的 E_1，代表資本密集的 X 產量下降，勞動密集的 Y 產量增加。因為上述結果對任何一 p_x/p_y 都是成

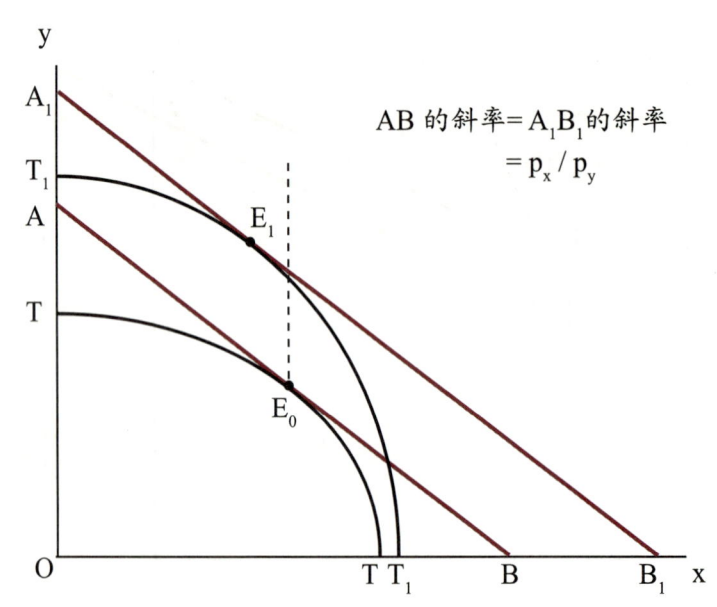

圖 3.17

Chapter 3 赫克斯—歐林模型

立,故整條生產可能曲線必如圖中的 T_1T_1 一樣,偏向 Y 產品外移 (biased toward Y)。

瑞普辛斯基定理背後的經濟意義並不難理解。在勞動力增加之後,為了維持充分就業,就必須擴張生產,且這必須由擴張勞動密集產品的生產方能有效吸收新增的勞動力。但即使是勞動密集產品,也需要一定的資本配合方能進行生產,於是必須減少資本密集產品的生產。然而,這隱含勞動密集產品的增加,除了原本勞動力增加所引起外,還有資本密集產品減少所進一步釋出的勞動力所帶來的增加,故其產量增加的程度就超過原本的勞動力增加的程度。

上面的解說是以勞動力增加為例,但讀者只要充分理解,應可很輕易證明,在資本增加時,若產品相對價格不變,則 Y 的產量會下降,X 的產量會上升,且 X 上升的程度 (dx/x) 會比資本增加的程度 (dK/K) 大。

※瓊斯的擴大效果

和 SS 定理類似,瑞普辛斯基定理只是針對一種生產因素發生變動的情況。但與 SS 定理一樣,瓊斯也將這個定理推廣到兩種生產因素同時發生變動的情形。現在以資本和勞動力同時增加,但勞動力增加的程度 (dL/L) 大於資本增加的程度 (dK/K) 為例來說明。

圖 3.18 中,原因素稟賦下的箱形圖為 O_XKO_YL,均衡點為 E_0。當勞動力和資本同時增加時,O_Y 會往其東北方向移動,將其記為 O_Y'。若 O_Y' 位於原箱形圖對角線 O_XO_Y 的延長線 O_YSR 上,則代表勞動和資本同比例增加,即 dL/L = dK/K (為什麼?)。因我們假定 dL/L > dK/K > 0,故 O_Y' 必然位於 O_YS 和 O_YT 的夾角之內。但這個夾角又被 E_0O_Y 的延長線 O_YH 分成三種可能:(1) O_Y' 位於 O_YS 和 O_YH 夾角之間,(2) O_Y' 正好在 O_YH 線上,(3) O_Y' 位於 O_YH 和 O_YT 夾角之間。圖 3.18 中所描繪的屬於第一種情形。圖中勞動力由 O_XL 增加到 O_XL',資本由 O_XK 增加到 O_XK',故新稟賦下的箱形圖為 $O_XK'O_Y'L'$,新的均衡點為 E_1,X 增加了 E_0E_1。Y 的產量成為 $O_Y'E_1$。經 O_Y' 點作一條與 O_XE_0 平行的線 GR,則因 $E_0G = O_Y'E_1$,故知 Y 的產量增加了 O_YG。因此,兩種產品產量都因生產因素

國際貿易

增加而增加。

接著來看 X 和 Y 增加的程度與 K 和 L 增加程度的關係。由圖 3.18 可得到

$$\frac{dx}{x} = \frac{E_0 E_1}{O_X E_0} = \frac{O_Y I}{O_X O_Y}$$
$$< \frac{O_Y J}{O_X O_Y} = \frac{KK'}{O_X K} = \frac{dK}{K} \tag{3.23a}$$

$$\frac{dy}{y} = \frac{O_Y G}{O_Y E_0} = \frac{O_Y R}{O_X O_Y}$$
$$> \frac{O_Y S}{O_X O_Y} = \frac{LL'}{O_X L} = \frac{dL}{L} \tag{3.23b}$$

因 dL/L > dK/K，結合 (3.23) 兩式即得

$$\frac{dy}{y} > \frac{dL}{L} > \frac{dK}{K} > \frac{dx}{x} \tag{3.24}$$

雖然這個結果只是由第 (1) 種情況得到，但讀者應可輕易 (其實很簡單) 證明，在

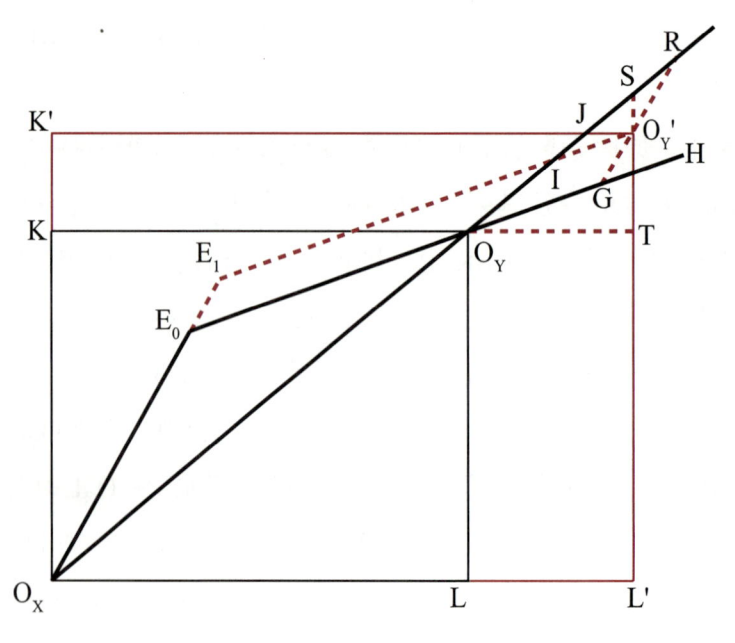

圖 3.18

(2) 和 (3) 兩種情況下，(3.24) 同樣成立。完全相同的過程，我們可得到，當 dK/K > dL/L 時，

$$\frac{dx}{x} > \frac{dK}{K} > \frac{dL}{L} > \frac{dy}{y} \qquad (3.25)$$

(3.24) 和 (3.25) 就是另一個瓊斯的擴大效果，生產因素稟賦變動的微量差距 ($|dK/K - dL/L|$) 擴大成產品產出變動的較大差距 ($|dX/X - dY/Y|$)。

3.5 HO 定理

讀者或許已經注意到，前兩節所討論的 SS 定理和瑞普辛斯基定理完全是針對一個國家，與國際貿易無關，那何以要在此討論這兩個定理呢？前面已經提到，SS 定理與所得分配有關，這當然是探討國際貿易時無法逃避的議題。除此之外，我們也發現，透過 p_x/p_y 和 w/r 之間的一對一關係，使得瑞普辛斯基定理的證明變得相當簡單。現在，讀者將馬上體驗到瑞普辛斯基定理在證明本章重點所在的 HO 定理上所扮演的關鍵角色。事實上，就我們目前採取的證明方法來說，瑞普辛斯基定理可說是證明 HO 定理的預備定理。

在正式陳述 HO 定理之前，我們還需要澄清一些名詞與假設。假定除了滿足假設 (1) 至假設 (5) 的本國，還有一個外國，這個外國滿足下列條件：

(1) 和本國擁有完全相同的生產 X 與 Y 的生產技術。
(2) 消費者和本國消費者具有完全相同的位似偏好。
(3) 所有產品與因素市場都是完全競爭市場。

但

(4) 所擁有的資本 (K^*) 與勞動力 (L^*) 的比例和本國不同，即 $K^*/L^* \neq K/L$。更具體點，在接下來的討論中，我們假設

$$\frac{K}{L} > \frac{K^*}{L^*} \qquad (3.26)$$

國際貿易

當 (3.26) 成立時，我們稱本國為**資本豐富國家** (capital abundant country)，外國為**勞動豐富國家** (labor abundant country)。

最後，當兩國從事產品貿易時，我們假設不存在運輸成本與其他貿易障礙的自由貿易。

了解這些基本假設與名詞概念後，我們可將 HO 定理正式敘述如下：

> **HO 定理：**
> 資本 (勞動) 豐富國家在資本密集 (勞動密集) 產品的生產具有比較利益，因而在自由貿易下出口資本密集 (勞動密集) 產品。

很清楚地，HO 定理的重點在貿易型態，或者說在提出另外一個解釋比較利益發生的原因。記得在李嘉圖模型中，比較利益是來自兩國生產技術的差異，但這種可能性在 HO 模型中並不存在，因為兩國所使用的生產技術完全相同。在 HO 模型中，兩國唯一差異在因素稟賦比例，即 (3.26)，而 HO 定理就是說明，這個差異配合上兩種產品因素密集度不同如何決定一國比較利益所在。現在，我們就利用前面所得到的結果來說明 HO 定理。

相對供給與相對需求

首先在此指出，因本國和外國具有完全相同的位似偏好，故可用同一組社會無異曲線，或同一條相對需求曲線來代表兩國的需求面。由前面的討論得知這是一條負斜率的相對需求曲線，假定其為圖 3.19 中的 $x_D/y_D = x_D^*/y_D^*$ (先不管最後一個 RD_w)。將圖 3.12 中的本國相對供給曲線 x_S/y_S 繪到圖 3.19 中即得到本國封閉經濟的均衡點 E_0。

因本國和外國的因素稟賦滿足 (3.26)，我們可將外國想像成：(i) 本國勞動力由 L 增加到 L^*，(ii) 本國資本由 K 下降到 K^*，或 (iii) 本國勞動力由 L 增加到 L^*，且本國資本由 K 下降到 K^*，所形成的另一個國家。但上述三種可能均是 dL/L > dK/K，根據瑞普辛斯基定理或瓊斯的擴大效果 (3.24) 都得到 dy/y > dx/x。

Chapter 3 赫克斯—歐林模型

因 $x^* = x + dx$，$y^* = y + dy$，故

$$\frac{x^*}{y^*} = \frac{x+dx}{y+dy} = \frac{x(1+dx/x)}{y(1+dy/y)} < \frac{x}{y} \tag{3.27}$$

由此可知，在任何一給定的價格下，外國生產的 X 的相對量都較本國少，所以在圖 3.19 中，外國相對供給曲線 x_S^*/y_S^* 是位於本國相對供給曲線 x_S/y_S 的左邊，外國封閉經濟均衡點為 E_0^*。

圖 3.19 清楚顯示出，本國貿易前的相對價格 p_x^0/p_y^0 比外國貿易前的相對價格 p_x^{*0}/p_y^{*0} 來得小。也就是說，資本豐富的本國在資本密集的 X 產品具有比較利益；勞動豐富的外國在勞動密集產品 Y 具有比較利益。

現在考慮兩國開放自由貿易，則自由貿易的均衡將由全世界相對供給 (RS_w) 和全世界相對需求 (RD_w) 決定。由第二章 (2.6) 得知 RD_w 就是兩國在不同相對價格下的相對需求量的加權平均。在 HO 模型下，兩國相對需求完全相同，故其加權平均與兩國相對需求也就一樣，這就是為什麼圖 3.19 中 RD_w 和兩國相對需求為同一條曲線的原因。將 (2.6) 式中所有下標由 D 改為 S，即知全世界的相對供

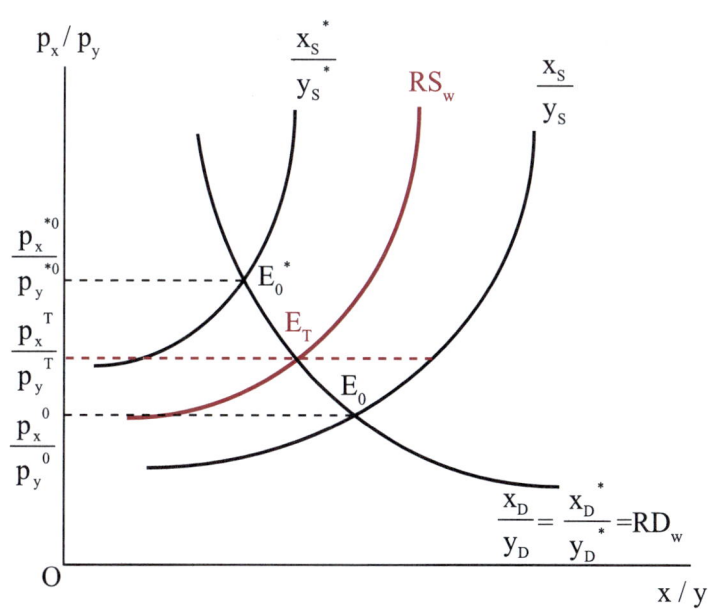

圖 3.19

給也是兩國相對供給的加權平均，因此 RS_w 必然如圖 3.19 所示，位於兩國相對供給曲線之間。也因為這個緣故，自由貿易下的均衡 E_T 所決定的貿易條件 p_x^T/p_y^T 會介於兩國貿易前的相對價格之間。圖 3.19 也清楚顯示，在 p_x^T/p_y^T 下，本國 X 產品的相對供給量超過本國相對需求量，故本國為 X 的出口國；反之，外國在 p_x^T/p_y^T 下則會出口 Y，由此得證 HO 定理。

生產可能曲線與社會無異曲線

接著利用生產可能曲線與社會無異曲線的圖形來說明 HO 定理。在此以上一小節 (i) 的情況來說明，至於 (ii) 和 (iii) 則請讀者自行完成。明確地說，(i) 的情況是指本國因素稟賦和外國因素稟賦的關係為 $K^* = K$，$L^* = L + dL$，$dL > 0$，故

$$\frac{K^*}{L^*} = \frac{K}{L + dL} < \frac{K}{L} \tag{3.28}$$

將外國視為本國勞動力增加後形成的另一個國家，所以本國為資本豐富國家，外國為勞動豐富國家。由前面證明瑞普辛斯基定理的過程可知，本國與外國生產可能曲線具有如圖 3.17 中的 TT (本國) 和 T_1T_1 (外國) 間的關係。

圖 3.20 複製圖 3.17 中兩條生產可能曲線，但將 T_1T_1 改稱 T^*T^* 以代表外國的生產可能曲線。現在，將同時代表兩國偏好的一組社會無異曲線加到圖 3.20 中，假定其中一條 W_0 與本國生產可能曲線相切於 E_0，則 E_0 就是本國貿易前 (封閉經濟) 的均衡，而通過 E_0 的 TT 與 W_0 的共同切線 (未畫出來) 的斜率即是本國貿易前的相對價格 p_x^0/p_y^0。通過 E_0 由原點出發的射線 OR 與 T^*T^* 相交於 G。由於偏好具有位似性，故通過 G 點的社會無異曲線在該點的斜率也是 p_x^0/p_y^0。由瑞普辛斯基定理得知，面對相同的相對價格 p_x^0/p_y^0，T^*T^* 上的生產點必然位於 E_0 的左上方，亦即圖中 I 點的西北方向。又因 T^*T^* 為一凹性曲線，故知其斜率 (絕對值) 由西北往東南方向增加。因此，位於 I 點東南方向的 G 點的斜率必然大於 p_x^0/p_y^0，於是如圖中所示，在 G 點無異曲線 W_1 較外國生產可能曲線平坦。但這隱含 T^*T^* 上和社會無異曲線相切的點必然在 G 點的西北方向，如圖中的 E_0^*，

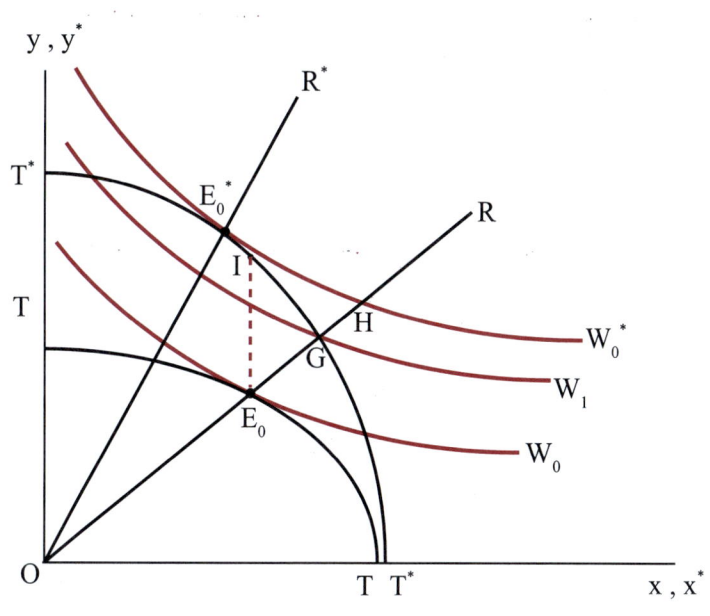

圖 3.20

這正是外國封閉經濟的均衡點,其貿易前的均衡相對價格為通過 E_0^* 之 W_0^* 和 T^*T^* 的共同切線的斜率,記為 p_x^{*0}/p_y^{*0}。由無異曲線的特性得知,W_0^* 在 E_0^* 的斜率大於其在 H 點的斜率,但位似性又隱含 W_0^* 在 H 點的斜率等於 W_0 在 E_0 的斜率 p_x^0/p_y^0。綜合上述即可得到 $p_x^0/p_y^0 < p_x^{*0}/p_y^{*0}$,也就是說,資本豐富的本國在 X (資本密集產品) 的生產上具有比較利益,而勞動豐富的外國在 Y (勞動密集產品) 的生產上具有比較利益。

圖 3.21 描繪由封閉經濟到開放經濟的情形。貿易前,本國均衡點為 E_0,福利水準為 W_0,外國均衡點為 E_0^*,福利水準為 W_0^*。由圖 3.20 討論得知在 E_0 和 E_0^*,本國和外國的均衡價格分別為 p_x^0/p_y^0 與 p_x^{*0}/p_y^{*0},且 $p_x^0/p_y^0 < p_x^{*0}/p_y^{*0}$。由圖 3.19 得知開放自由貿易後的貿易條件 p_x^T/p_y^T 必然介於兩國貿易前的均衡相對價格之間,假定由圖 3.21 中 m 和 m* 兩條平行線的斜率來表示。在面對 p_x^T/p_y^T 的價格下,本國的生產點為 E_T,消費點則是 C_T,因而本國在自由貿易下出口 E_TG 的 X 產品,進口 C_TG 的 Y 產品。相對地,在自由貿易下,外國生產點為 E_T^*,消費點為 C_T^*,故外國出口 $C_T^*G^*$ 的 Y,進口 $E_T^*G^*$ 的 X。因本國的出口

國際貿易

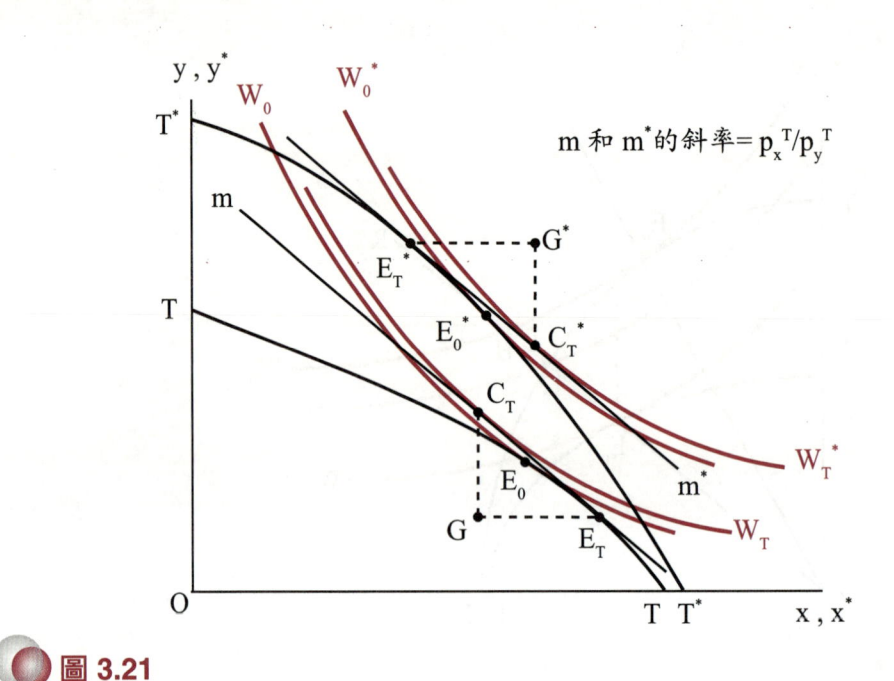

圖 3.21

(進口) 就是外國的進口 (出口)，故 $E_T G = E_T^* G^*$，$C_T G = C_T^* G^*$，兩國貿易三角形 $\Delta E_T G C_T$ 和 $\Delta E_T^* G^* C_T^*$ 為全等。換句話說，資本豐富的本國出口資本密集產品，勞動豐富的外國出口勞動密集產品，這正證實了 HO 定理。另外，比較 E_0 及 E_T (E_0^* 及 E_T^*)，我們發現，在開放貿易後，兩國均擴張其具有比較利益部門的生產，這個結果與李嘉圖模型結果類似；但在 HO 模型中，因生產任一產品的邊際機會成本均為遞增，故一般而言，不會像李嘉圖模型般趨於專業化生產。圖 3.21 除了描繪比較利益與貿易型態，還明確顯示了貿易利得，因為本國與外國的福利水準分別由貿易前的 W_0 和 W_0^* 上升到貿易後的 W_T 和 W_T^*。不過，在此必須先提醒讀者，這兒所謂的貿易利得，和李嘉圖模型中的貿易利得，在意義上有極大不同，我們將在 3.7 節中回到此點。

上面我們相對嚴謹地證明了 HO 定理，這是很好的推理訓練，值得讀者仔細研讀，以充分了解分析的方法。但 HO 定理的道理其實非常簡單：資本豐富的國家，資本相對上就會比較便宜，勞動力相對上比較貴，因此大量使用資本生產的產品相對上就會比大量使用勞動力生產的產品成本低，於是資本豐富的國家在資本密集產品的生產上就有比較利益；同樣道理，勞動豐富的國家生產勞動密集產品就有比較利益，如此而已。這也和一般經濟直覺完全一致，勞動力充足，工資低廉的開發中國家主要是出口大量使用勞動力的產品，而勞動力缺乏，工資昂貴的先進國家，則主要出口大量使用資本的產品。

3.6 因素價格均等化定理

這是四大定理中最後一個，也是最引起爭議的一個定理。不管第二章的李嘉圖模型，或 HO 模型，當提到自由貿易時，所指的都是最終產品 X 和 Y 在國際間的移動，我們未明確提到但隱含的一個假設是，生產因素，包括勞動力和資本，完全不能在國際間流通。換句話說，即使在自由貿易下，資本與勞動力分別在兩國之內各有一個市場。在這種情況下，似乎沒有任何理由相信，兩國資本的報酬以及兩國的工資率會趨於一致。然而，在本章 HO 模型的相關假設下，我們卻可證明，當最終產品 X 和 Y 可自由貿易時，即使生產因素完全無法在國際間流通，兩國資本與勞動的報酬也會完全相等。更明確點，我們有

> **因素價格均等化定理：**
>
> 在 HO 模型假設下，自由貿易不僅使兩國產品價格相等，且使兩國因素價格相等。

因素價格均等化定理雖然有些神奇，又因與現實社會有不少差距而引起極大爭議，但其證明則相當簡單，經濟意義也不難理解。事實上，證明該定理所需的條件在前面幾小節均已討論過，我們只要加以整理、結合即可。

因本國和外國的生產技術完全相同，故圖 3.15 中產品相對價格與因素相對價格間的關係在兩國都成立。圖 3.22 複製圖 3.15，但標出兩國封閉經濟均衡產品相對價格與因素相對價格 $(p_x^0/p_y^0, w_0/r_0)$ 和 $(p_x^{*0}/p_y^{*0}, w_0^*/r_0^*)$，反映本國生產 X 具比較利益，外國生產 Y 具比較利益。開放貿易後，X 和 Y 的價格分別趨

國際貿易

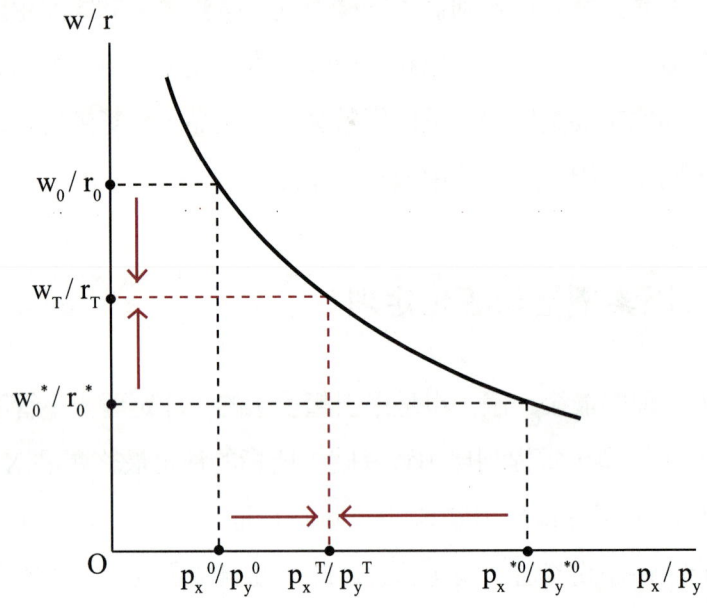

圖 3.22

於一致，成為 p_x^T 和 p_y^T，且 p_x^T/p_y^T 介於貿易前兩國相對價格 p_x^0/p_y^0 和 p_x^{*0}/p_y^{*0} 之間。由圖 3.22 清楚看到，對應於 p_x^T/p_y^T 的相對因素價格 w_T/r_T 也會介於兩國貿易前相對因素價格 w_0/r_0 和 w_0^*/r_0^* 之間。因此，我們看到自由貿易使得生產因素相對價格趨於均等。但因素價格均等化定理更進一步指出，生產因素的絕對價格也會趨於均等。為什麼呢？由圖 3.2 得知，面對相同的因素價格，兩國生產同一產品所使用的資本勞動比例也會相同，即

$$k_X\left(\frac{w_T}{r_T}\right) = k_X^*\left(\frac{w_T}{r_T}\right) \tag{3.29a}$$

$$k_Y\left(\frac{w_T}{r_T}\right) = k_Y^*\left(\frac{w_T}{r_T}\right) \tag{3.29b}$$

接著同樣由附錄 A【性質 2】以及兩國使用相同的生產技術得知，兩國資本和勞動在兩產品的邊際產量也會相同，即

$$\text{MPP}_L^X\left(k_X\left(\frac{w_T}{r_T}\right)\right) = \text{MPP}_L^{X*}\left(k_X^*\left(\frac{w_T}{r_T}\right)\right) \tag{3.30a}$$

$$\text{MPP}_K^X\left(k_X\left(\frac{w_T}{r_T}\right)\right) = \text{MPP}_K^{X*}\left(k_X^*\left(\frac{w_T}{r_T}\right)\right) \tag{3.30b}$$

$$\text{MPP}_L^Y\left(k_Y\left(\frac{w_T}{r_T}\right)\right) = \text{MPP}_L^{Y*}\left(k_Y^*\left(\frac{w_T}{r_T}\right)\right) \tag{3.30c}$$

$$\text{MPP}_K^Y\left(k_Y\left(\frac{w_T}{r_T}\right)\right) = \text{MPP}_K^{Y*}\left(k_Y^*\left(\frac{w_T}{r_T}\right)\right) \tag{3.30d}$$

在自由貿易下，本國 (3.8) 可寫成

$$w_T = p_x^T \cdot \text{MPP}_L^X\left(k_X\left(\frac{w_T}{r_T}\right)\right) = p_y^T \cdot \text{MPP}_L^Y\left(k_Y\left(\frac{w_T}{r_T}\right)\right) \tag{3.31a}$$

$$r_T = p_x^T \cdot \text{MPP}_K^X\left(k_X\left(\frac{w_T}{r_T}\right)\right) = p_y^T \cdot \text{MPP}_K^Y\left(k_Y\left(\frac{w_T}{r_T}\right)\right) \tag{3.31b}$$

同樣道理，外國 (3.8) 可寫成

$$w_T^* = p_x^T \cdot \text{MPP}_L^{X*}\left(k_X^*\left(\frac{w_T}{r_T}\right)\right) = p_y^T \cdot \text{MPP}_L^{Y*}\left(k_Y^*\left(\frac{w_T}{r_T}\right)\right) \tag{3.32a}$$

$$r_T^* = p_x^T \cdot \text{MPP}_K^{X*}\left(k_X^*\left(\frac{w_T}{r_T}\right)\right) = p_y^T \cdot \text{MPP}_K^{Y*}\left(k_Y^*\left(\frac{w_T}{r_T}\right)\right) \tag{3.32b}$$

結合 (3.30a)、(3.31a) 和 (3.32a) 可得

$$w_T = w_T^* \tag{3.33a}$$

結合 (3.30b)、(3.31b) 和 (3.32b) 可得

$$r_T = r_T^* \tag{3.33b}$$

(3.33) 式就是因素價格均等化定理。

因素價格均等化定理所預期的結果相當不可思議，但如果我們能將生產的概念作適度的調整詮釋，就會發現其實並沒有特別神奇之處。當我們說「使用勞動力和資本」進行生產時，更正確的說法應該是「使用勞動力和資本所提供的服務」進行生產，而生產因素的報酬其實就是它們所提供的服務的報酬。因此，所謂 X 是資本密集產品指的是 X 在生產過程中使用了相對於 Y 較多的資本的服務，或說產品 X 中含有相對於 Y 較多的資本的服務。從這個觀點來看，當本國將 X 出口到外國去的時候，就相當於本國藉由 X 把本國資本所提供的服務出口到外國去，由而增加了外國的資本的服務的供給，使得外國資本的服務的價格，或資本的價格下降。因此，即使本國資本在形體上 (physically) 並未移到外國去，它所提供的服務卻已藉著 X 這個「載具」移動到外國去了，如此一來，國際間資本的服務的價格，也就是資本的價格經由產品貿易趨於相同就不足為奇了。同樣道理，外國勞動力所提供的服務，藉由 Y 輸出到本國，使得本國勞動力服務的供給增加，外國勞動力服務的供給減少，也將導致兩國工資率的均等化。因素價格均等化定理一個重要的涵義是，產品自由貿易可以完全取代生產因素在國際間的移動。或者說，自由貿易會使所有可能的貿易利得實現，生產因素的國際移動並無法進一步提高任何一國的福利。

3.7　貿易利得與所得分配

前面 3.5 節中，我們一方面說明貿易利得的存在，另一方面則提醒讀者，HO 模型中的貿易利得和李嘉圖模型中的貿易利得，在意義上有很大的不同。為什麼呢？主要的差別在於，李嘉圖模型中只有一種生產因素，勞動力。因此，當整個國家因貿易而獲得利得時，同時也代表每一位勞動者福利的增加。但這種結果，在 HO 模型中則未必成立，因在 HO 模型中有兩種生產因素，故開放自由貿易之後並無法保證兩種生產因素的擁有者 (稱其為勞動者和資本家) 的福利都會上升。不幸的是，事實正是如此。由前面的分析得知，開放貿易後的均衡相對價格 p_x^T/p_y^T 會介於兩國貿易前的相對價格之間，即 $p_x^0/p_y^0 < p_x^T/p_y^T < p_x^{*0}/p_y^{*0}$。這

表示,開放貿易後本國 X 產品的相對價格上升,外國 X 產品的相對價格下降。因 X 為資本密集產品,故根據 SS 定理或瓊斯的擴大效果得知,本國資本家的實質所得或福利會上升,而勞動者的實質所得或福利下降。反過來,外國資本家的實質所得或福利下降,勞動者的實質所得或福利上升。

當本國的勞動者因開放自由貿易而福利受損時,顯然地貿易並不像李嘉圖模型所隱含的,使每一個人獲利,因此對所謂的貿易利得的理解就必須特別小心。我們已經知道,本國整體的福利會因開放貿易而增加,資本家的福利也上升了,但勞動者的福利卻下降。這個結果表示,資本家經由貿易所獲得的福利的增加,超過勞動者因開放貿易所遭受的福利損失。換句話說,如果資本家能在開放貿易後透過某種方式補償勞動者,使勞動者的福利維持和貿易前相同的水準,則資本家的福利仍然會提高。從這個角度看,貿易仍然會使本國福利增加,本國仍然可享有貿易利得;只不過,這種貿易利得不會像李嘉圖模型般,自動為全民所共享,而是必須藉由某種補償機制方能達成。然而,現實社會中,並不一定有這種保證勞動者不會因貿易而受損的補償機制存在,甚至我們可以說,在大部份國家中並沒有這種機制。因此,在諸如 HO 模型這種開放貿易同時產生贏家和輸家的情形下,所謂貿易利得事實上乃是指**潛在的或可能的貿易利得** (potential gains from trade),而非必然的貿易利得。這個重要的概念可以用來解釋,何以在無數經濟學家或自由貿易理論支持者不斷強調開放貿易的好處與重要性的同時,仍然有許多人反對貿易自由化,甚至支持各種貿易保護政策的根本原因。

3.8 小結

本章很詳細地介紹了 $2 \times 2 \times 2$ 的 HO 模型,也獲得許多重要且明確的結論。事實上,這個基本架構及其所獲得的結果,自 1930 年代以來主宰國際貿易理論的研究與發展將近半個世紀之久,其在國際貿易理論上的重要性可想而知。儘管如此,在結束本章之前,我們必須指出以下三點:

第一，HO 模型所獲得的結果，許多是在 3.1 節的假設下方成立，當某些假設放寬時，就不再有本章所得到明確且漂亮的結果。

第二，本章的 2×2×2 模型，雖然是最普遍、最通行的解釋 HO 定理的模型，但所獲得的各種結論卻很難推展到多種產品和多種生產因素的 2×N×M 架構。

第三，因為上述兩個原因，有關 HO 定理的實證研究結果大多不太理想。

遺憾的是，有關這些問題的討論，大部份超出本書範圍，因而就此打住。

Chapter 3 赫克斯─歐林模型

習題

1. 解釋下列各小題中兩個名詞的意義,並說明它們之間的關係。
   (a) 因素集中度逆轉,HO 定理
   (b) SS定理,瑞普辛斯基定理

2. 是非題:試判別下列各敘述為「是」或「非」,並詳細說明是或非的理由
   (a) 根據赫克斯–歐林定理,擁有較多資本的國家在自由貿易下必然會出口資本密集產品,擁有較多勞動力的國家則會出口勞動密集產品。
   (b) 在 "赫克斯–歐林" 架構 (Heckscher–Ohlin framework) 下,進口外籍勞工必然會使本國工人受損,資本家獲利。
   (c) 因為自由貿易可為一國帶來貿易利得,故反對貿易自由化是完全不理性的。
   (d) 李嘉圖模型中貿易利得的根源為兩國生產技術不同;在 HO 模型中,貿易利得的根源則來自兩國因素稟賦的差異。

3. 在 HO 模型架構下,證明 SS 定理並說明其與所得分配間的關係。

4. 試舉一例子,詳細說明何以在所舉情況下,因素價格均等化定理並不成立。

※5. 在 HO 模型架構下,假定經濟體系原處於自由貿易均衡。試說明 "少數" 勞動力由勞動豐富國家移動到資本豐富國家對兩國生產、貿易條件及福利的影響。〔註:題目中的 "少數" 意指在勞動力移動後,勞動 (資本) 豐富國家仍是勞動 (資本) 豐富國家。〕

國際貿易

特定要素模型

傳統貿易理論中,另一個常用的模型是所謂的**特定要素模型** (specific-factors model)。這個模型可看成是李嘉圖模型的變形或擴展;在原始李嘉圖模型中,每一產品的生產函數均加入一種只能用於此產品生產的「特定」生產要素 (生產因素),如此一來就可使勞動的邊際產量發生遞減的現象。又因經濟學者溫納 (Jacob Viner,1892 – 1970) 在 1931 年討論廠商的長期、短期生產成本問題時最早使用了這種觀念,故貿易理論文獻中也常將此模型稱為**李嘉圖－溫納模型** (Ricardo–Viner model)。雖然,特定要素模型出現得甚早,但對其各種重要性質的嚴謹分析與討論則到 1970 年代初期才完成,主要的貢獻來自瓊斯 (Ronald Jones)、薩彌爾遜和穆沙 (Michael Mussa) 等人。

正式討論特定要素模型之前,在此先指出,這個模型可視為一完整獨立的兩產品、三種生產要素模型。從這個觀點看,在開放經濟下,它是一個 $2 \times 2 \times 3$ 模型。記得在第三章結束前,我們曾提到,將 $2 \times 2 \times 2$ 模型擴展到 $2 \times N \times M$ 模型並不那麼單純。但在特定要素模型的「特殊」設定下,分析的困難度則大幅降低,因此特定要素模型的討論,有助於我們理解當產品與生產因素不再都是兩種的情況下可能遭遇的問題。

另一方面,承襲溫納當初區分短期與長期成本的精神,我們可將特定要素模型視為對應於上一章 HO 模型的短期模型。更具體點說，在 HO 模型中，勞動與資本兩種生產因素都可在 X 和 Y 兩部門間自由移動，但這種情形只有在足夠長的時間方能達成。一般而言，勞動與資本兩種生產因素，可能因所考慮的產業特性不同而有不同的移動能力，因此，在一定期間內，可能只有一種生產因素可自由移動，另一種生產因素則成為無法在部門間移動的特定生產要素。例如：用於農業生產中的生產設備，並無法直接轉移到工業生產活動，唯有透過折舊與投資過程方能達到移動的目的，但這通常不是短期內可完成的。從這個角度看，將特定要素模型視為達到 HO 長期模型之前的短、中期模型是很自然的結果。

本章將首先就特定要素模型本身的性質加以探討，並將其結果與 HO 模型中的結果作比較，然後討論由短期調整到長期的過程，以及其所可能隱含的政策意義。

4.1 基本模型與封閉經濟均衡

除了有一種生產因素不能在部門間移動外，特定要素模型的基本假設與 HO 模型並沒有多大不同之處。但為了清楚起見，現以本國為對象說明如下：

(1) X 和 Y 兩產品的生產函數分別為

$$X = F(\overline{K_X}, L_X) \tag{4.1a}$$

$$Y = G(\overline{K_Y}, L_Y) \tag{4.1b}$$

F 和 G 均是固定規模報酬且滿足邊際報酬遞減法則。(4.1) 中 $\overline{K_X}$ 和 $\overline{K_Y}$ 分別代表使用於 X 部門和 Y 部門的特定生產要素，勞動力則可在兩部門間自由移動。值得一提的是，上面的符號隱含，在短期間資本是特定生產因素，但這純粹只是為了後面討論長期、短期關係較為方便而已。讀者應了解，將 $\overline{K_X}$ 和 $\overline{K_Y}$ 解釋成兩種完全不同的生產因素，如土地和資本也完全可通。同樣地，特定生產要素未必是資本，在某些需要特殊技能或知識的產業，勞動的移動性可能不如資本，

Chapter 4 特定要素模型

因此在短期間,資本反而可自由移動,而勞動則成為特定生產要素。

(2) 本國擁有 L 單位勞動力和 $\overline{K_X}$ 與 $\overline{K_Y}$ 單位的特定資本,且都達到充分就業,因此

$$L_X + L_Y = L \tag{4.2}$$

(3) 消費者偏好可以一組邊際替代率遞減且滿足位似性的社會無異曲線來表示。
(4) 所有產品和生產因素市場均為完全競爭市場。

將上述假設和 HO 模型比較,讀者會立刻發現,在特定要素模型中並沒有因素集中度或因素集中度逆轉等問題。如前所述,特定要素可以是任何兩種不同的生產因素,因此比較兩部門特定要素與勞動力的比例並沒有任何意義。

封閉經濟均衡

為了描繪封閉經濟均衡,我們先來看特定要素模型下的生產可能曲線。由生產函數的假設,可將 X 生產函數表示成圖 4.1(a) 的圖形;此圖形為一**凹性** (concave) 曲線,反映勞動邊際產量隨 X 部門勞動使用量增加而遞減的現象。圖 4.1(b) 則直接繪出對應於圖 4.1(a) 之生產函數的勞動邊際產量曲線。因 Y 的生產函數具備和 X 的生產函數基本上完全相同的性質,故我們可得到性質與圖 4.1 類似的 Y 的生產函數以及 Y 部門勞動邊際產量曲線。

圖 4.2 中,第二和第四象限分別是 Y 和 X 的生產函數的圖形。第三象限中的直線 LL 為一 45° 線,其兩軸截距 OL 的長度代表本國所擁有的勞動力 L。因此,LL 上面任何一點均代表勞動力在 X 和 Y 兩部門的分配。例如:G 點代表 OL_X^1 單位的勞動力用以生產 X,而 OL_Y^1 單位的勞動力用以生產 Y。因 $OL_Y^1 = L_X^1 G = L_X^1 L$,故 $OL_X^1 + OL_Y^1 = OL_X^1 + L_X^1 L = OL$,達成充分就業。

若本國將所有勞動力用於生產 X,則由圖 4.2 第四象限得知,此時 X 的產量為 LB′,而 Y 的產量為 0;這個生產組合可以第一象限中的 B 點來表示。如果本國將 $L_X^1 L$ 的勞動力轉而生產 Y,則 X 的產量將降為 $L_X^1 C' = OJ$,而由第二象限

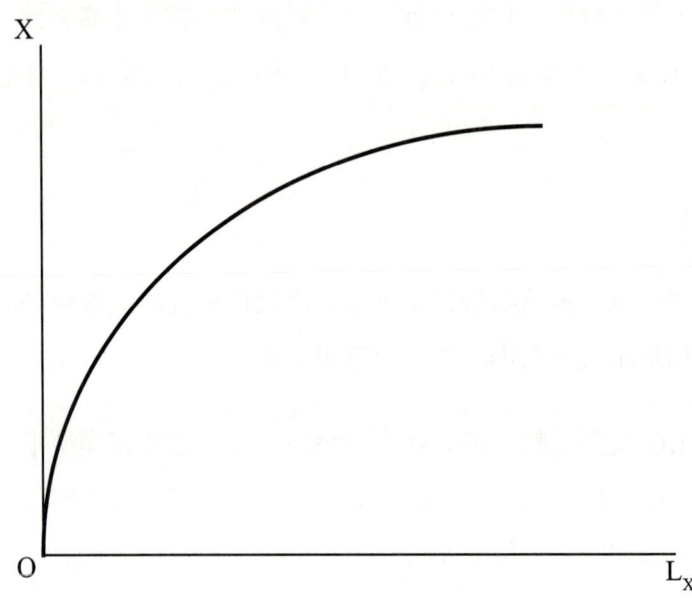

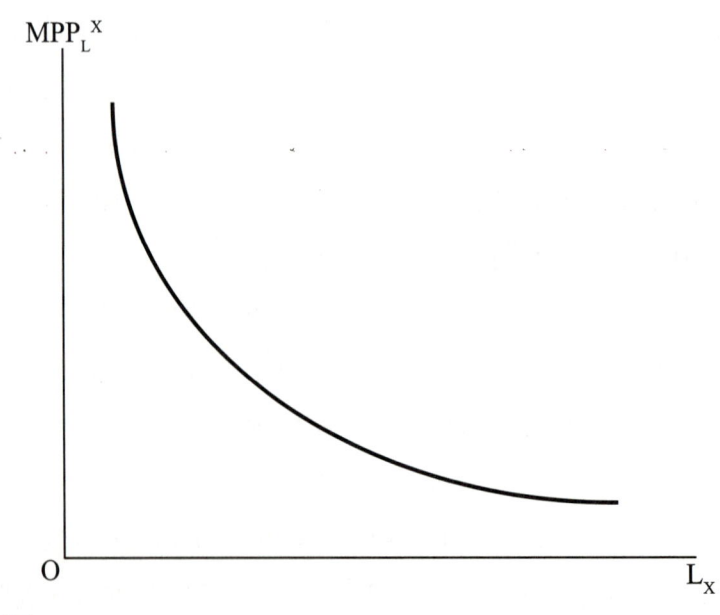

國際貿易

圖 4.1(a)

圖 4.1(b)

Chapter 4 特定要素模型

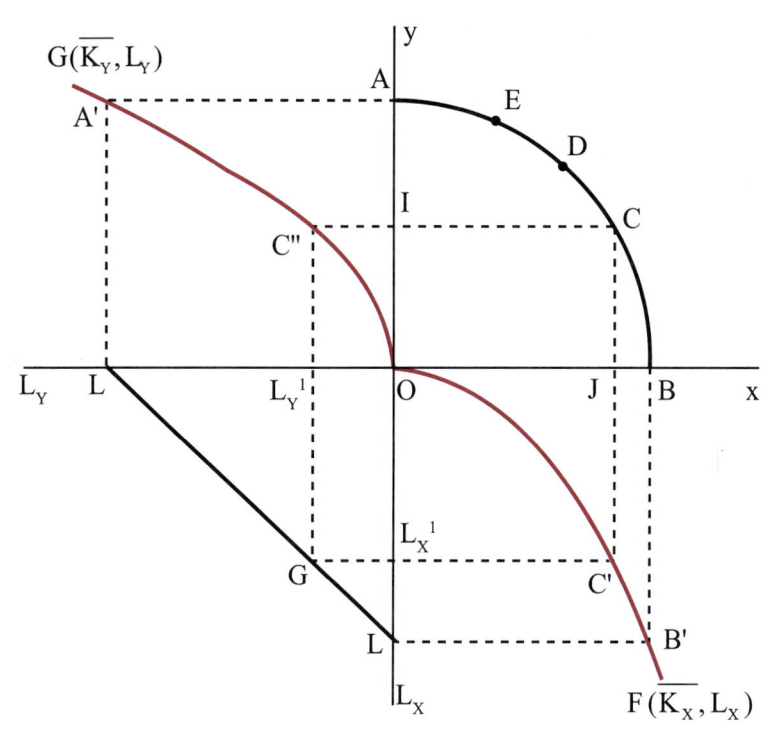

圖 4.2

Y 的生產曲線得知 Y 的生產量為 $L_Y^1 C''=OI$；這個產出組合即是第一象限中的 C 點。我們可不斷地將勞動力由 X 部門轉移動到 Y 部門，得到第一象限中各個對應的生產組合，如 D、E，直到 A 點，所有勞動力均只從事 Y 的生產。將第一象限中所得到的各生產組合點連接起來即可得到生產可能曲線 AEDCB。

上述描繪生產可能曲線的過程並不難理解；畢竟，在 $\overline{K_X}$ 和 $\overline{K_Y}$ 不能改變的情況下，兩部門的產出水準乃完全取決於勞動力在兩部門的分配。當一個部門勞動力使用量增加時，該部門產量必然增加，但這同時代表另一部門勞動力使用量減少，其產量也必然下降，因而有負斜率的生產可能曲線。現在唯一的問題是，何以圖 4.2 中的生產可能曲線是一凹性曲線，反映邊際機會成本遞增現象？敏感的讀者或許已經察覺到，這應該與勞動的邊際報酬或邊際產量遞減有關，現在就來說明這一點。因 $\overline{K_X}$ 和 $\overline{K_Y}$ 是固定的，故由 (4.1) 可得到

$$dX = \frac{\partial F}{\partial L_X} \cdot dL_X = MPP_L^X \cdot dL_X \qquad (4.3a)$$

$$dY = \frac{\partial F}{\partial L_Y} \cdot dL_Y = MPP_L^Y \cdot dL_Y \qquad (4.3b)$$

再由 (4.2) 得知

$$dL_X + dL_Y = dL = 0$$

或

$$dL_X = -dL_Y \qquad (4.4)$$

將 (4.3a) 和 (4.3b) 相除，並利用 (4.4) 即得

$$\frac{dY}{dX} = -\frac{MPP_L^Y}{MPP_L^X} \qquad (4.5)$$

由此得知，生產可能曲線的斜率剛好是 Y 和 X 兩部門勞動邊際產量的比再乘以 (−1) 而已。換句話說，在特定要素模型下，X 和 Y 的邊際轉換率 (MRT) 為

$$MRT = -\frac{dY}{dX} = \frac{MPP_L^Y}{MPP_L^X} \qquad (4.5')$$

當生產可能曲線具有凹性時，代表 MRT 隨著 X 生產的增加而增加。為什麼呢？由前面說明得知，X 生產增加，代表 X 部門使用的勞動力增加，根據邊際報酬遞減法則，MPP_L^X 會下降；反之，Y 部門使用的勞動力減少，MPP_L^Y 上升。因此，隨著 X 產量增加，(4.5') 顯示 MRT 必然會上升，生產可能曲線為一凹性曲線，反映邊際機會成本遞增的事實。和個體經濟學中短期邊際成本遞增來自短期變動生產因素邊際報酬遞減一樣，這裡生產 X 的邊際機會成本遞增也是來自變動生產因素 L_X 的邊際報酬遞減。

圖 4.3 結合生產可能曲線和社會無異曲線決定封閉經濟的均衡 E_0，均衡相

Chapter 4 特定要素模型

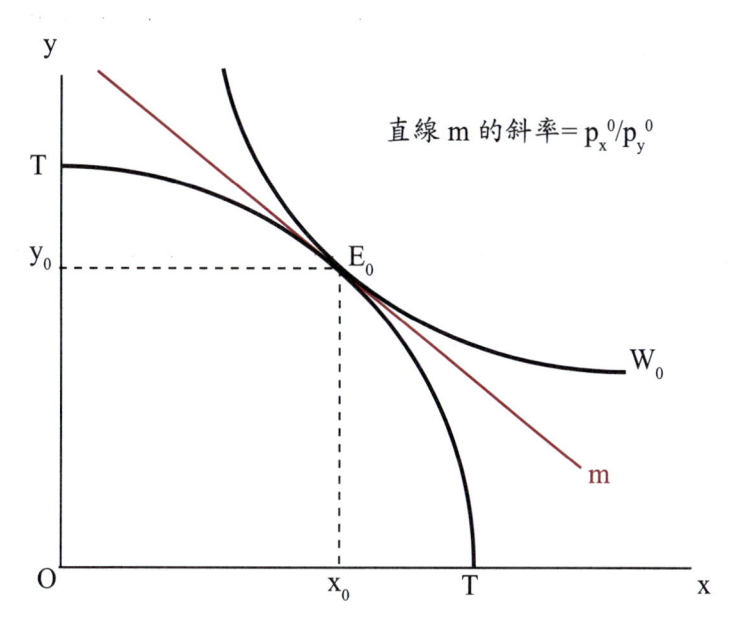

圖 4.3

對價格 p_x^0/p_y^0,及均衡產出與消費水準 x_0 和 y_0。讀者應已發現,這個結果與圖 3.10 完全相同。我們也可進一步由生產可能曲線導出本國的相對供給曲線,再和相對需求曲線結合,得到如圖 3.12 之均衡,因其原理、過程與結果完全一樣,在此不再重複。但針對特定要素模型,我們接下來要以另一種方式來呈現其均衡。

勞動需求與所得分配

前面已經提到,生產可能曲線上任何一產出組合均對應於某一特定的勞動力分配。因此,當本國達到均衡產量 (x_0, y_0) 時,勞動力在兩部門的分配必然也達到均衡。這表示,在達到均衡時,可以在 X 和 Y 兩部門自由移動的勞動力不再有任何移動的動機;但這隱含,當均衡達到時,X 和 Y 兩部門勞動力的報酬必然相等。

我們已經知道,完全競爭廠商利潤極大化的因素雇用條件為:所支付的因素價格剛好等於該生產因素的邊際產值。因此,就 X 和 Y 兩部門所雇用的勞動力而言，可得下列關係：

$$w_X = VMP_L^X = p_x \cdot MPP_L^X \tag{4.6a}$$

$$w_Y = VMP_L^Y = p_y \cdot MPP_L^Y \tag{4.6b}$$

事實上，對價格接受廠商來說，其所面對的市場價格 w_X 或 w_Y 可視為其面對的勞動供給曲線，而 VMP_L^X 或 VMP_L^Y 則是它的勞動需求曲線。當均衡達到時，$w_X = w_Y$，故

$$VMP_L^X = p_x \cdot MPP_L^X = p_y \cdot MPP_L^Y = VMP_L^Y \tag{4.7}$$

上式中間兩項隱含

$$\frac{p_x}{p_y} = \frac{MPP_L^Y}{MPP_L^X} \tag{4.8}$$

但我們已經知道上式右邊即是 MRT，故均衡時相對價格線剛好與生產可能曲線相切，這正是圖 4.3 中均衡點 E_0 所具備的性質。

我們也可以圖解方式來呈現 (4.7) 所代表的均衡。因 VMP_L^X 只是將圖 4.1(b) 中的 MPP_L^X 乘上 p_x，故在給定 X 的價格下，VMP_L^X 曲線就是在 MPP_L^X 曲線 p_x 倍高的地方，且將縱軸單位由 X 產品改為貨幣而已。同樣道理，可直接將 MPP_L^Y 往上提高 p_y 倍距離，並將縱軸單位改為貨幣而得到 VMP_L^Y 曲線。圖 4.4 中，橫軸 $O_X O_Y$ 的長度代表本國所擁有的勞動力 L；由 O_X 往右衡量 X 部門使用的勞動量，則剩餘的勞動量即是使用於 Y 部門，可由 O_Y 往左衡量。因此，$O_X O_Y$ 上任何一點均代表勞動力在兩部門的分配；例如，L_1 這點代表 X 部門使用了 $O_X L_1$ 的勞動力，而 Y 部門使用了 $O_Y L_1$ 的勞動力。

因 X 部門所使用的勞動力由 O_X 點往右衡量，故可以 O_X 為原點，畫出 X 部門勞動的邊際產值曲線，如圖 4.4 中之 AB。同樣道理，可以 O_Y 為原點，畫出 Y 部門勞動的邊際產值曲線 CD。AB 和 CD 都是負斜率，代表勞動的邊際產量隨各部門勞動使用量增加而遞減。值得注意的是，圖 4.4 中，將 VMP_L^X 和 VMP_L^Y

Chapter 4 特定要素模型

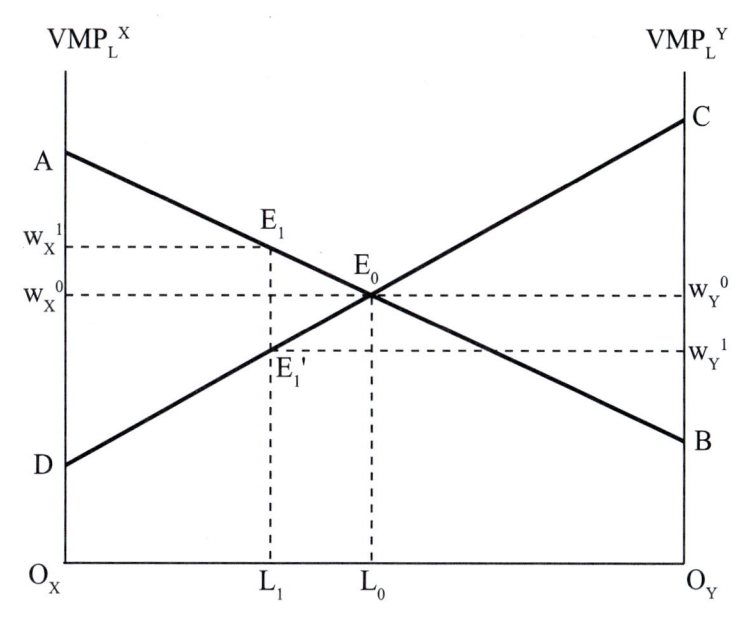

圖 4.4

均繪成直線,這並非必要,但這可使圖形簡化,對下面的分析也很有幫助。

如果勞動力在兩部門的分配真的在點 L_1,那麼勞動在 X 部門的邊際產值為 $L_1E_1 = w_X^1$,在 Y 部門的邊際產值為 $L_1E_1' = w_Y^1$。由圖可清楚看到,在這種情況下 $w_X^1 > w_Y^1$,Y 部門的勞動將會往 X 部門移動以追求較高的工資。如此一來,勞動力的分配點將由 L_1 往右移動,這個過程將持續到分配點成為 L_0 為止,因為此時 X 部門和 Y 部門使用的勞動量分別是 O_XL_0 與 O_YL_0,而兩部門勞動的邊際產值均為 L_0E_0,亦即

$$w_X^0 = w_Y^0 = L_0E_0 = w_0 \tag{4.9}$$

全國勞動力的單位報酬都是 w_0,沒有任何再移動的動機,於是經濟達到均衡,O_XL_0 的勞動力與 $\overline{K_X}$ 的資本生產 x_0,而 O_YL_0 的勞動力與 $\overline{K_Y}$ 的資本生產 y_0。因此,圖 4.4 中的 E_0 對應到圖 4.3 中的均衡點 E_0。

圖 4.4 除了可描繪特定要素模型的均衡,它還可用來說明本國封閉經濟均衡時的 GDP 以及所得分配情形。因 X 部門使用了 O_XL_0 的勞動力,故將這些勞動

力的邊際產值累加起來 (或將邊際產值曲線由 $L_X = 0$ 積分到 $L_X = O_X L_0$) 即是 X 部門的總產值；換句話說，圖 4.4 中梯形 $O_X A E_0 L_0$ 的面積就代表 X 的總產值。同理可知，梯形 $O_Y C E_0 L_0$ 的面積即是 Y 的總產值。因此，封閉經濟均衡下的 GDP 就是多邊形 $O_X A E_0 C O_Y$ 的面積。在此順便一提，圖 4.4 也可清楚顯示，在完全競爭市場前提下，廠商追求最大利潤所導致的市場均衡可使一國的 GDP 達到最大。例如，若圖 4.4 中的勞動力分配點不是 L_0，而是 L_1，則透過前面的推理可知，此時本國的 GDP 是多邊形 $O_X A E_1 E_1' C O_Y$ 的面積；很顯然地，這較市場均衡下的 GDP 少了 $\Delta E_1 E_1' E_0$ 面積所代表的產值。這個結果和上一章圖 3.11(a) 所得到的完全一致。

接著來看所得分配問題。由 (4.9) 得知，X 部門勞動力的總收入，$w_X^0 \cdot L_X$，剛好是四方形 $O_X w_X^0 E_0 L_0$ 的面積。另一方面，由附錄 A【性質 6】，我們知道，在固定規模報酬生產技術下，資本和勞動力報酬的和剛好等於總產值。於是 X 部門特定要素 $\overline{K_X}$ 的報酬剛好就是圖 4.4 中的 $\Delta A E_0 w_X^0$ 的面積。同樣原理可得到：Y 部門勞動力的報酬為四邊形 $O_Y w_Y^0 E_0 L_0$ 的面積，而 Y 部門特定要素 $\overline{K_Y}$ 的報酬為 $\Delta C E_0 w_Y^0$ 的面積。因此，本國 GDP 可分成：(1) 勞動所得，以圖中四方形 $O_X w_X^0 w_Y^0 O_Y$ 面積表示；(2) X 部門特定要素擁有者所得，以 $\Delta A E_0 w_X^0$ 面積表示；(3) Y 部門特定要素擁有者所得，以 $\Delta C E_0 w_Y^0$ 面積表示。

我們可以在類似本國的假設下，分析外國的封閉經濟均衡，得到類似圖 4.3 與圖 4.4 的結果，然後再探討兩國開放經濟的均衡。但這些過程與李嘉圖模型或 HO 模型並沒有多大不同，我們可得到，開放貿易會有潛在貿易利得，貿易條件會介於兩國貿易前的均衡相對價格之間，因此沒有必要在此重複。然而，李嘉圖模型告訴我們比較利益來自生產技術的差異，HO 定理則指出比較利益取決於因素稟賦的不同。那麼，在特定要素模型中，比較利益或貿易型態又是決定於什麼因素呢？尤有甚者，除了 HO 定理外，HO 模型中的其他三個定理在特定要素模型中是否仍然成立呢？這是下一節所要討論的問題。

4.2 比較靜態分析

產品價格變動

假定本國原處於圖 4.5 中的均衡點 E_0，X 部門勞動使用量為 $O_X L_0$，Y 部門勞動使用量為 $O_Y L_0$；工資為 w_0，X 部門特定要素的單位價格為 r_X^0，Y 部門特定要素的單位價格為 r_Y^0，X 部門與 Y 部門產出水準分別為 x_0 和 y_0。現在假定 p_y 保持不變，但 X 的價格上升了 $dp_x > 0$。在圖 4.5 中，對應於任何一勞動分配點，$\overline{K_X}/L_X$ 和 $\overline{K_Y}/L_Y$ 是固定的。根據附錄 A【性質 2】，對應於任一勞動分配點，勞動在兩部門的邊際產量也是固定的。由 (4.6) 得知，對應於任一勞動分配點，p_x 上升，所影響的就是勞動的邊際產值。更明確點，將 (4.6a) 第二個等號兩邊取對數，再微分可得

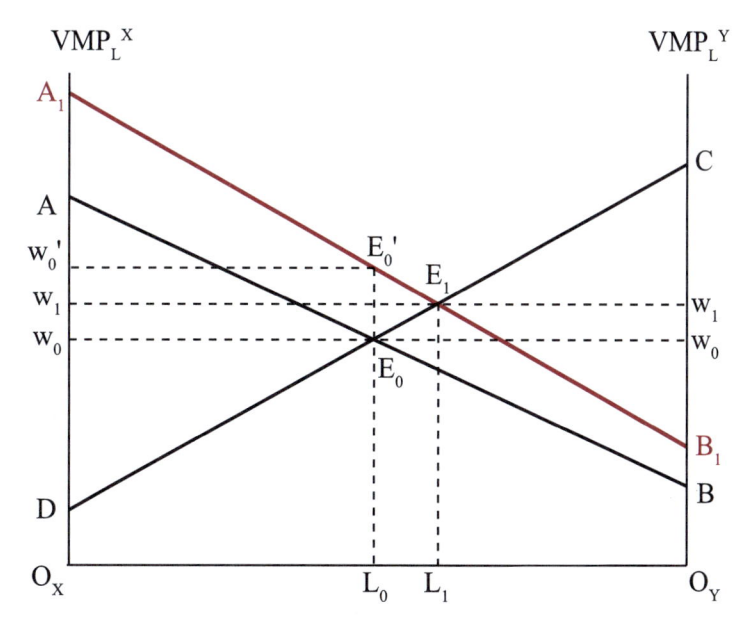

$$\frac{dVMP_L^X}{VMP_L^X} = \frac{dp_x}{p_x} + \frac{dMPP_L^X}{MPP_L^X} \tag{4.10}$$

圖 4.5

但因針對任一勞動分配點 $dMPP_L^X = 0$，故上式成為

$$\frac{dVMP_L^X}{VMP_L^X} = \frac{dp_x}{p_x} \tag{4.10'}$$

(4.10') 隱含，在任一勞動力分配下，X 產品價格上升的影響，就是使勞動在該分配下的邊際產值與 p_x 作同比例的上升而已。因此，在圖 4.5 中，p_x 價格上升使得 X 部門勞動產值曲線 AB，垂直比例地上升到 A_1B_1，即 $A_1A/O_XA = E_0'E_0/E_0L_0 = B_1B/O_YB = dp_x/p_x$。

圖 4.5 顯示，若在 p_x 上升後勞動分配點維持不變，則 X 部門工資將上升到 w_0'，高於 Y 部門的工資。於是，勞動力將由 Y 部門往 X 部門移動，使得 X 部門工資下降，Y 部門工資上升，唯有勞動力移動到新的勞動分配點 L_1 時，兩部門的工資同時成為 w_1 才達到新的均衡點 E_1。由於 X 部門的勞動力增加，故 X 的產量增加；反之，Y 的產量因勞動力流出而減少。由圖 4.5 也可清楚看到，工資在 p_x 上升後也跟著上升，但上升的幅度 $(dw/w = (w_1 - w_0)/w_0)$ 較 p_x 上升的幅度 $(w_0' - w_0)/w_0$ 小。為什麼呢？在完全競爭市場下，$w = VMP_L$，故工資變動的幅度也就是勞動邊際產值變動的幅度，而後者又是產品價格變動幅度與勞動邊際產量變動幅度之和 (見 (4.10))。在價格上升之後，因 X 部門的勞動力增加，故 $\overline{K_X}/L_X$ 下降，所以 X 部門勞動的邊際產量下降，即 $dMPP_L^X/MPP_L^X < 0$，由 (4.10) 立即得知工資或勞動邊際產值上升的程度必然不及 X 價格上升的程度，即

$$\frac{dp_x}{p_x} > \frac{dw}{w} > 0 \tag{4.11}$$

另一方面，在完全競爭市場下有

$$r_X = VMP_K^X = p_x \cdot MPP_K^X \tag{4.12a}$$

$$r_Y = VMP_K^Y = p_y \cdot MPP_K^Y \tag{4.12b}$$

將 (4.12) 取對數再微分得到

Chapter 4 特定要素模型

$$\frac{dr_X}{r_X} = \frac{dp_x}{p_x} + \frac{dMPP_K^X}{MPP_K^X} \tag{4.13a}$$

$$\frac{dr_Y}{r_Y} = \frac{dp_y}{p_y} + \frac{dMPP_K^Y}{MPP_K^Y} \tag{4.13b}$$

因 $\overline{K_X}/L_X$ 在 X 價格上升後降低，X 部門特定要素的邊際產量增加 (為什麼呢？)，故 $dMPP_K^X/MPP_K^X > 0$。由 (4.13a) 得知，X 部門特定要素的價格不但因 p_x 上升而提高，其提高的程度還超過 p_x 上升的程度，即

$$\frac{dr_x}{r_x} > \frac{dp_x}{p_x} \tag{4.14}$$

又因 Y 部門的勞動力減少，故 $\overline{K_Y}/L_Y$ 上升，Y 部門特定要素的邊際產量下降，於是 $dMPP_K^Y/MPP_K^Y < 0$。由於 Y 的價格並沒改變，故 $dp_y/p_y = 0$；根據 (4.13b) 即得到

$$\frac{dr_Y}{r_Y} = \frac{dMPP_K^Y}{MPP_K^Y} < 0 \tag{4.15}$$

將 (4.11)、(4.14) 和 (4.15) 結合在一起，得到

$$\frac{dr_x}{r_x} > \frac{dp_x}{p_x} > \frac{dw}{w} > 0 > \frac{dr_Y}{r_Y} \tag{4.16}$$

利用 $dp_y/p_y = 0$，上式可改寫成

$$\frac{dr_x}{r_x} > \frac{dp_x}{p_x} > \frac{dw}{w} > \frac{dp_y}{p_y} > \frac{dr_Y}{r_Y} \tag{4.17}$$

雖然 (4.17) 是在假定 Y 的價格不變下得到，但這個假設並沒必要，只要 X 價格上升的程度超過 Y 價格上升的程度，即 $dp_x/p_x > dp_y/p_y$，(4.17) 就會成立。我們將證明留給讀者自行練習；讀者只要將這個價格的變動分成兩部份：(i) p_x 和 p_y 同比例上升，(ii) p_y 不變，p_x 再上升，就可輕易得到 (4.17) 的結果。

國際貿易

完全相同的過程，讀者也可證明，當 $dp_y/p_y > dp_x/p_x$ 時，

$$\frac{dr_Y}{r_Y} > \frac{dp_y}{p_y} > \frac{dw}{w} > \frac{dp_x}{p_x} > \frac{dr_X}{r_X} \tag{4.18}$$

(4.17) 和 (4.18) 兩式乃是對應於是第三章的 (3.20) 和 (3.21)，也是由瓊斯所導出，一般也稱它們為瓊斯的擴大效果。值得提醒讀者的是，(3.20) 和 (3.21) 是由因素集中度不同所引起，但 (4.17) 和 (4.18) 則是因特定要素的存在而產生。

(4.17) 和 (4.18) 具有很重要的所得分配涵義，現在以 (4.17) 的情況來說明。為了便於解說，在此假定每一種生產因素的擁有者都擁有一單位的該種生產因素。在這個假設下，勞動者、X 部門特定要素擁有者與 Y 部門特定要素擁有者的預算限制分別為

$$p_x \cdot x + p_y \cdot y = w \tag{4.19a}$$

$$p_x \cdot x + p_y \cdot y = r_X \tag{4.19b}$$

$$p_x \cdot x + p_y \cdot y = r_Y \tag{4.19c}$$

在價格變動之前，假定其圖形分別為圖 4.6 的 (a)、(b) 和 (c) 中 (彼此平行) 的 AB。三條預算線橫軸的截距分別是 w/p_x，r_X/p_x，r_Y/p_x，而縱軸的截距則分別為 w/p_y，r_X/p_y，r_Y/p_y。現在 p_x 和 p_y 發生變動，且 $dp_x/p_x > dp_y/p_y > 0$。根據 (4.17)，我們知道在此情況下，X 部門特定要素價格上升的幅度遠超過兩種產品價格上升的幅度，Y 部門特定要素價格上升的幅度低於兩種產品價格上升的幅度，而工資上升的幅度則介於兩者之間。由此得知 w/p_x 會下降，w/p_y 會上升，勞工的預算線成為圖 4.6(a) 中的 A'B'。同樣道理，我們知道 r_X/p_x 和 r_X/p_y 都上升，r_Y/p_x 和 r_Y/p_y 都下降，故圖 4.6(b) 中 X 部門特定要素擁有者的預算線外移到 A'B'，而 Y 部門特定要素的預算線則自圖 4.6(c) 中的 AB 內移至 A'B'。很清楚地，X 部門特定生產要素擁有者的實質所得或福利必然增加，因為不管購買 X 或 Y 都可以買得比以前多；反之，Y 部門特定要素擁有者不管購買 X 或 Y 都比過去少，故其實質所得或福利必然下降。然而，勞工實質所得或福利的變化則沒

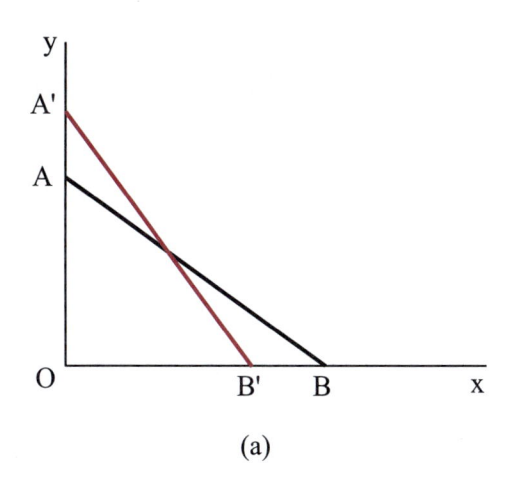

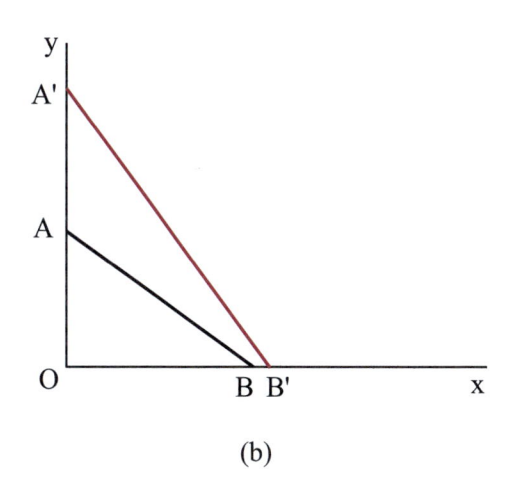

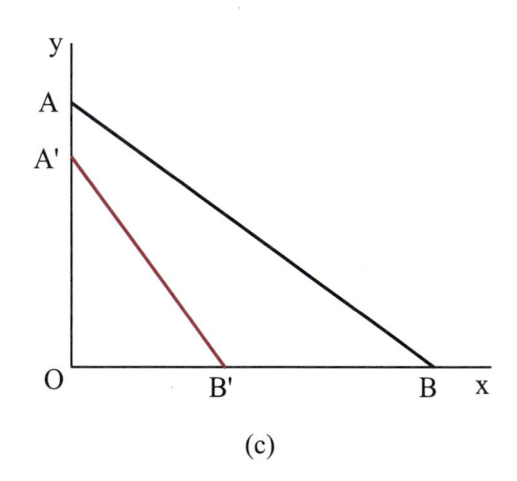

Chapter 4 特定要素模型

(a)

(b)

(c)

圖 4.6

這麼單純。

圖 4.7 複製兩份勞工的預算線，但圖 4.7(a) 中，勞工的消費偏向 Y 產品，而圖 4.7(b) 中勞工消費偏向 X 產品。價格變動前的均衡為 E_0，變動後的均衡為 E_1。很明顯地，勞工的福利在價格變動後可能上升或下降，其結果則取決於勞工的偏好。當勞工偏好消費 Y 產品時，如圖 4.7(a) 所示，福利會上升；反之，若勞工偏好消費 X 產品，福利就會下降 (圖 4.7(b))。這個結果並不意外。畢竟，在價格變動後，勞工可以購買較過去更多的 Y 產品，而當勞工所偏好的正是 Y 產品，那就可以消費得比以前多，福利因而上升。反過來，價格變動後，勞工能購買的 X 產品比以前少，若勞工偏好 X 產品的消費，就無法像過去消費那麼多，福利也就下降了。

特定要素變動

假定經濟體系原處於圖 4.8 中的均衡點 E_0。現在 X 部門特定要素增加，且為了便於接下來的說明，假定其增加了 s%。很顯然地，在原來的勞動分配點 L_0 下，$\overline{K_X}/L_0$ 上升，使得 X 部門勞動邊際產量上升。問題是上升多少？基本上，在沒給定特定生產函數的情形下，我們無從得知 MPP_L^X 變動的大小，因此也就無法確定圖 4.8 中 VMP_L^X 曲線上升的程度。不過，我們可利用附錄 A【性質 2】這個固定規模報酬生產函數的重要特性來確定 VMP_L^X 該如何移動，因為只要 X 部門特定要素與勞動的比例維持不變，勞動的邊際產量即不會改變。現在 X 部門特定生產要素增加了 s%，故只要 X 部門使用的勞動量也增加 s%，則 X 部門特定要素與勞動的比例就維持在 $\overline{K_X}/L_0$，而勞動的邊際產量以及邊際產值也就不會改變了。圖 4.8 中，假定 $L_0'L_0/O_XL_0$ = s%，則對應於 L_0' 這個勞動分配點，X 部門勞動的邊際產量和特定要素增加前一樣。又因產品價格並未改變，故對應於勞動分配點 L_0' 下勞動的邊際產值 (VMP_L^X) 仍然是 w_0，因此得到圖中的 E_0' 點。連接 AE_0'，由幾何性質得知，$AE_0'B'$ 位於 AB 右邊水平方向 s% 遠的地方，$AE_0'B'$ 就是 X 部門特定要素增加後的勞動邊際產值曲線。此新的勞動邊際產值曲線和 Y 部門勞動邊際產值曲線決定了新均衡點 E_1。由圖 4.8 清楚得知，X 部門

Chapter 4 特定要素模型

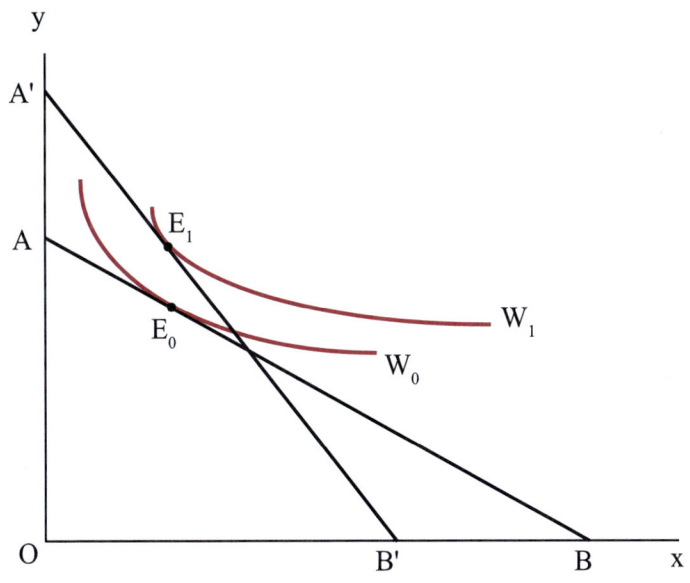

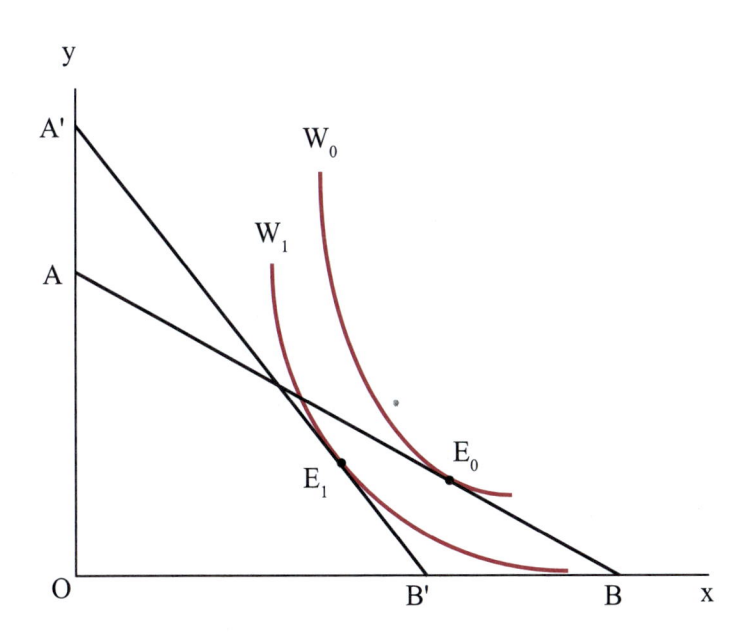

圖 4.7(a)

圖 4.7(b)

國際貿易

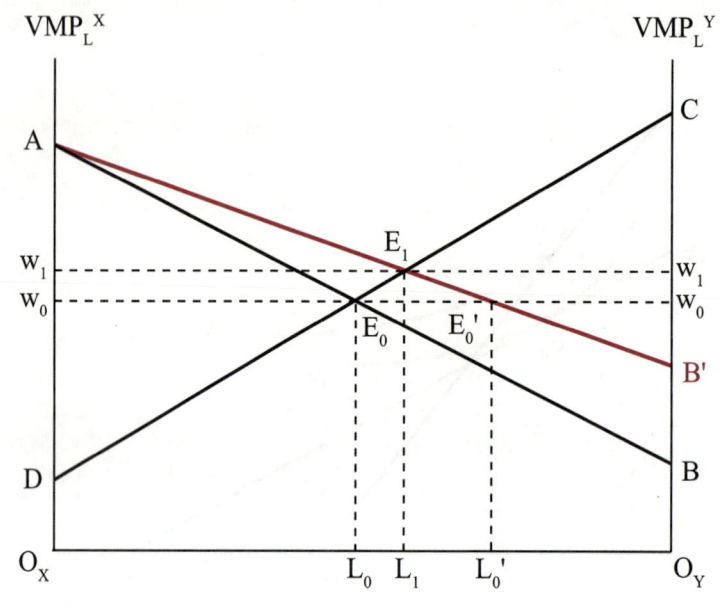

圖 4.8

特定要素增加後，L_0L_1 的勞動由 Y 部門移到 X 部門，但移動的數額小於 L_0L_0'。這表示，在新均衡點 E_1 下，X 部門特定要素與勞動的比例事實上是較原均衡點 E_0 下高，因此 X 部門勞動的邊際產量和邊際產值上升，工資由 w_0 上升至 w_1，故勞工的福利提高。反過來，因特定要素與勞動比例上升，X 部門特定要素的邊際產量和邊際產值跟著下降，其價格 r_X 與該要素擁有者的福利也就跟著下降了。另一方面，因 Y 部門勞動移向 X 部門，Y 部門特定要素與勞動的比例也上升，故其特定要素的邊際產值或價格以及擁有者的福利也是下降的。

由上面的分析也可知道，在 X 部門特定要素增加後，X 部門還吸引了 Y 部門的勞動力，故 X 部門總產量 (總產值) 必然增加，Y 部門的總產量 (總產值) 必然減少。這個結果，有點類似 HO 模型中的瑞普辛斯基定理，我們以圖 4.9 來說明。圖 4.9 複製自圖 4.2，但在第一象限中直線 m 的斜率所代表的相對價格下，原均衡點為 E_0，對應到第四象限，X 部門的均衡點亦為 E_0，且 X 部門使用了 OL_0 的勞動力。X 的生產曲線 $F(\overline{K_X}, L_X)$ 在 E_0 點的斜率，即是原均衡下 X 部門勞動的邊際產量。現在，X 部門特定要素由 $\overline{K_X}$ 上升到 $\overline{K_X}'$，則第四象限中

108

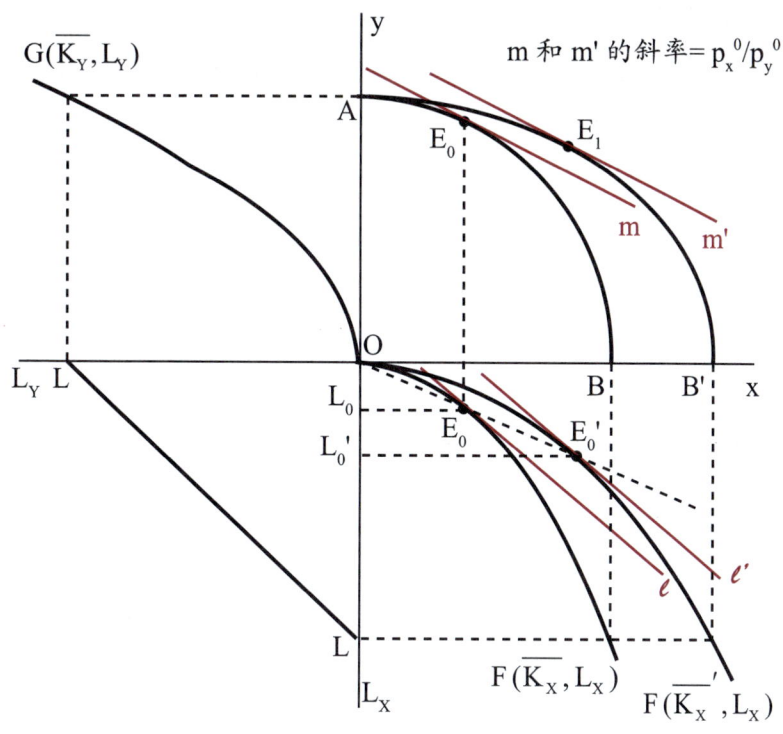

圖 4.9

X 的生產曲線會往上移動成為 $F(\overline{K_X}', L_X)$。但 $F(\overline{K_X}', L_X)$ 必須滿足一個重要性質，即：只要 X 部門特定要素與勞動的比例維持不變，勞動的邊際產量就不能改變。假定圖中 $L_0'L_0/OL_0$ 的值剛好是 X 部門特定要素增加的比例，則 $F(\overline{K_X}', L_X)$ 上對應於 L_0' 的點 E_0' 的斜率，就必須與 $F(\overline{K_X}, L_X)$ 在 E_0 的斜率相等。圖中 E_0' 和 E_0 的切線 ℓ' 和 ℓ 相互平行，故代表在此兩點勞動的邊際產量相等，滿足前述要求。當 X 部門生產曲線由 $F(\overline{K_X}, L_X)$ 上升到 $F(\overline{K_X}', L_X)$ 後，第一象限的生產可能曲線也由 AB 外移到 AB'。根據前面的分析，在相對價格不變下，新的均衡點必須生產比原均衡點較多的 X 和較少的 Y，因此第一象限中新均衡點 E_1，位於原均衡點 E_0 的東南方向。這個結果與上一章討論的瑞普辛斯基定理可說是異曲同工，只不過在瑞普辛斯基定理中，結果是導因於 X、Y 兩部門因素集中度不同，而在此則來自特定要素的存在，而且 X 產品增加程度也沒有特定要素 $\overline{K_X}$ 增加程度大 (為什麼？)

國際貿易

　　從貿易的觀點來看，如果本國和外國擁有同樣多的勞動和 Y 部門特定要素，而本國 X 部門特定要素又比外國多，則由上述結果，我們立即得知，在 4.1 節的假設下，本國生產 X 產品會具有比較利益。因此，開放自由貿易後，本國將出口 X 到外國，再由外國進口 Y 產品。

　　上面各種結果雖是由 X 部門特定要素增加得到，但讀者應不難證明，當 Y 部門特定要素增加時，只要作些必要修正，結果大致相同。換句話說，在固定產品價格下，任一特定生產要素增加，必會導致使用該特定生產要素的部門擴張，其他部門萎縮；在此同時，所有特定生產要素擁有者的實質報酬或福利都會下降，但可在兩部門間自由移動的生產因素擁有者的實質報酬或福利則會上升。

可移動要素變動

　　接著來看勞動力增加的影響。假定本國原有勞動力如圖 4.10 中的 $O_X O_Y$，原均衡點為 E_0，X 部門使用了 $O_X L_0$ 的勞動力，Y 部門使用了 $O_Y L_0$ 的勞動力。若本國勞動力增加了 $O_Y O_Y'$，則我們可將衡量 Y 部門勞動使用量的原點由 O_Y 移

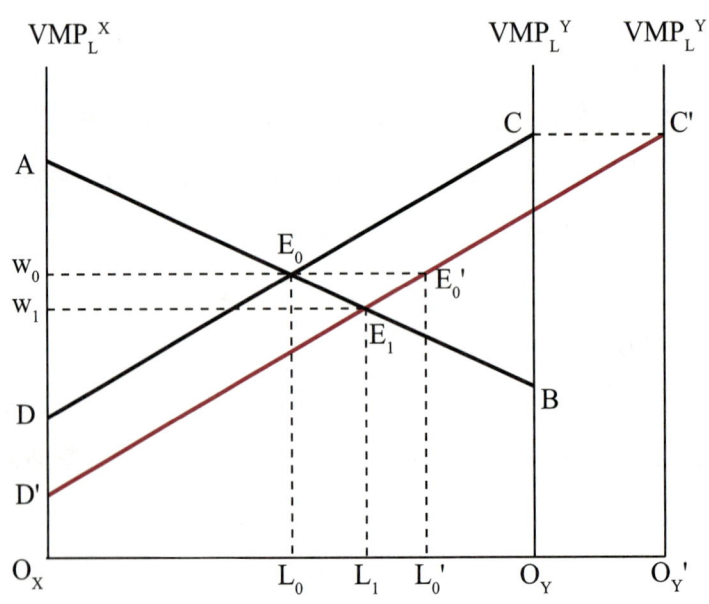

圖 4.10

至 O_Y'。如此一來，原以 O_Y 為原點繪出的 VMP_L^Y 曲線也要配合改為以 O_Y' 為原點衡量。因此，VMP_L^Y 與縱軸交點 C 將向右平移 CC' = O_YO_Y' 的距離到 C'，使得 $O_Y'C' = O_YC$。事實上，整條 VMP_L^Y 曲線 CD，將會隨原點由 O_Y 移到 O_Y' 而向右平移 O_YO_Y' 的距離成為 C'D'。因此，在勞動力增加了 $O_YO_Y' = E_0E_0'$ 之後，新的均衡點為 E_1；X 部門勞動力增加了 L_0L_1，Y 部門勞動力增加了 L_1L_0'；X 和 Y 的產量在勞動增加後同時增加。不過，在沒有關於 X 和 Y 兩生產函數的進一步訊息下，我們無從得知那一部門使用的勞動力增加較多，或那一部門的產量增加較多。讀者請自行練習繪出如圖 4.9 的圖形，你將發現新的均衡點 E_1 將位於原均衡點 E_0 的東北方向，但無法確定勞動增加後兩產品相對產出量 x/y 增加或減少，我們無法得到類似瑞普辛斯基定理的結果。因此，從兩國貿易的角度來看，如果兩國具有相等數量的特定生產要素，但一國勞動較另一國多，則即使在 4.1 節的假設下，仍然是無法得知那個國家在那種產品的生產具有比較利益，故無法如 HO 模型般預期自由貿易下的貿易型態。

因為 X 和 Y 兩部門使用的勞動力均增加，故 $\overline{K_X}/L_X$ 和 $\overline{K_Y}/L_Y$ 都下降，所以勞動在兩部門的邊際產量也都下降，這正是為什麼圖 4.10 顯示，勞動力增加後，工資由 w_0 下降到 w_1。由於產品價格不變，故我們知道，勞工的實質工資或福利也下降了。另一方面，X 和 Y 兩部門的特定要素擁有者的實質報酬或福利都會上升 (為什麼？)。

上面關於產品價格或因素稟賦變動的一個重要意涵是：在特定要素模型中，產品價格均等化並不會帶來因素價格均等化；換句話說，HO 模型中的因素價格均等化定理在特定要素模型中並不成立。在此，以本國和外國擁有相同數量的勞動力與 Y 部門特定生產因素，但本國較外國擁有較多的 X 部門特定生產要素來說明。由前面分析，我們得知在開放貿易之前：

(1) 本國在 X 的生產具有比較利益，即 $p_x^0/p_y^0 < p_x^{*0}/p_y^{*0}$。
(2) $w > w^*$，$r_X < r_X^*$，$r_Y < r_Y^*$。

現在開放本國和外國自由貿易，則 X 和 Y 的價格分別成為 p_x^T 和 p_y^T，且 p_x^0/p_y^0

$< p_x^T/p_y^T < p_x^{*0}/p_y^{*0}$。也就是說,貿易使得產品價格均等化,且本國 X 產品相對價格上升,外國 X 產品相對價格下降。因此,(4.17) 可代表本國發生的情況,而將 (4.18) 各變數加上 *符號即可代表外國受到的衝擊。比較 (4.17) 和 (4.18) 立即得知,在開放貿易之後,r_X 相對於r_X^*上升,而 r_Y 相對於 r_Y^* 下降,至於工資相對變動方向則無法確定。不論如何,貿易雖然可能使 X 部門特定要素的價格趨於均等,但卻使兩國 Y 部門特定生產要素的價格差距愈加擴大,因而貿易並不會使因素價格趨於均等化。這個結果隱含,自由貿易並無法如 HO 模型中所預期的完全取代生產因素的國際移動,或者說,自由貿易並無法實現兩國間所有可能的貿易利得,即使產品價格因貿易而均等化,國際間生產因素仍有移動的動機,且其移動將可進一步提高全球的福利。

※ 4.3　特定要素模型與 HO 模型

到目前為止,所有討論均將特定要素模型視為一獨立的兩種產品、三種要素模型,而我們也看到當因素種類超過產品種類時,許多在兩產品、兩要素模型中的優良性質就不復存在。接下來,我們將把特定要素模型看成是 HO 模型的短期型式。為了方便說明,在此將 $\overline{K_X}$ 和 $\overline{K_Y}$ 分別解釋成短期間只能使用於 X 或 Y 產品生產的資本,但只要時間夠長 (長期),則透過折舊與投資過程,資本就可在兩部門間自由移動。另外,假定在長期間 X 為資本密集產品,Y 為勞動密集產品。本節的主要目的是延伸上一節的討論,探討產品價格改變、特定要素數量改變及勞動數量改變之後,經濟體系如何由短期調整到長期均衡的過程。

產品價格改變

圖 4.11 包含三個圖形:(a) 為本章所使用的勞動邊際產值圖形;(b) 為上一章所使用的箱形圖;(c) 則是生產可能曲線。我們特地將這三個圖形擺在一起,因為這樣可以由不同的面向查看經濟體系由短期調整到長期的過程。圖 4.11(a) 和圖 4.11(b) 橫軸的長度相等,因兩者同樣代表本國擁有的勞動力。圖 4.11(b) 中曲

線 $O_X E_0 O_Y$ 為契約線，長期均衡必然在此曲線上，又因其位於箱形圖對角線上方，反映了 X 為資本密集而 Y 為勞動密集產品的假設。圖 4.11(c) 中生產可能曲線 AB 對應於圖 4.11(b) 中的契約線 $O_X E_0 O_Y$，代表長期資本與勞動可在 X 和 Y 兩部門間自由移動時的生產可能曲線。

現在，假定經濟體系原處於 4.11 各圖中的長期均衡點 (當然也是短期均衡點) E_0，則在短期間，使用於 X 部門的資本為圖 4.11(b) 中的 $O_X \overline{K_X}$，使用於 Y 部門的資本為 $O_Y \overline{K_Y}$。因在短期內，資本為特定要素，故短期均衡只能在圖 4.11(b) 中的水平線 $\overline{K_X}\,\overline{K_Y}$ 上。讀者現在可清楚看到，E_0 為 $\overline{K_X}\,\overline{K_Y}$ 與 $O_X E_0 O_Y$ 的交點，故同時為長期均衡與短期均衡。對應於圖 4.11(b) 的短期均衡線 (或稱短期契約線) $\overline{K_X}\,\overline{K_Y}$，可以利用通過其上各點的兩部門的等產量曲線，描繪出圖 4.11(c) 中的短期生產可能曲線 $A_0 B_0$。讀者應可很容易證實，短期生產可能曲線 $A_0 B_0$ 和長期生產可能曲線只有一個共同點 E_0，其它各點則都位於長期生產可能曲線的內部。換句話說，圖 4.11(c) 中的短期生產可能曲線 $A_0 B_0$ 內切長期生產可能曲線 AB 於 E_0，而此切點正是對應於圖 4.11(b) 中 $\overline{K_X}\,\overline{K_Y}$ 與 $O_X E_0 O_Y$ 的交點 E_0。

假定 X 的價格突然上升 s%。由前一節的討論得知，這會使圖 4.11(a) 中 X 部門的勞動邊際產值曲線 AB 比例地往上移動 s%，成為 $A_1 B_1$。於是短期均衡移到 E_1，$L_0 L_1$ 的勞動由 Y 部門移到 X 部門，X 部門產量擴張，Y 部門則萎縮，產量減少。在圖 4.11(b) 中，這表示短期均衡沿著 $\overline{K_X}\,\overline{K_Y}$ 由 E_0 移到 E_1。另一方面，X 價格上升使得相對價格 p_x/p_y 上升，故圖 4.11(c) 中，生產者所面對的相對價格線由 m_0 變成較陡的 m_1，故最適生產點由 E_0 沿著短期生產可能曲線 $A_0 B_0$ 調整到 E_1。

X 產品價格上升，除了影響上述的資源配置外，也會影響生產因素的報酬。短期內，其影響正如 (4.16) 所示，工資上升，但上升的程度不如 X 價格上升程度；反之，X 部門資本實質報酬必定提高，Y 部門資本的實質報酬則必然下降。因此，隨著時間經過，進入長期以後，Y 部門的資本就會往 X 部門移動以追求較高的報酬。但在長期 X 為資本密集產品，故 Y 部門減產所釋放出的資本將無

國際貿易

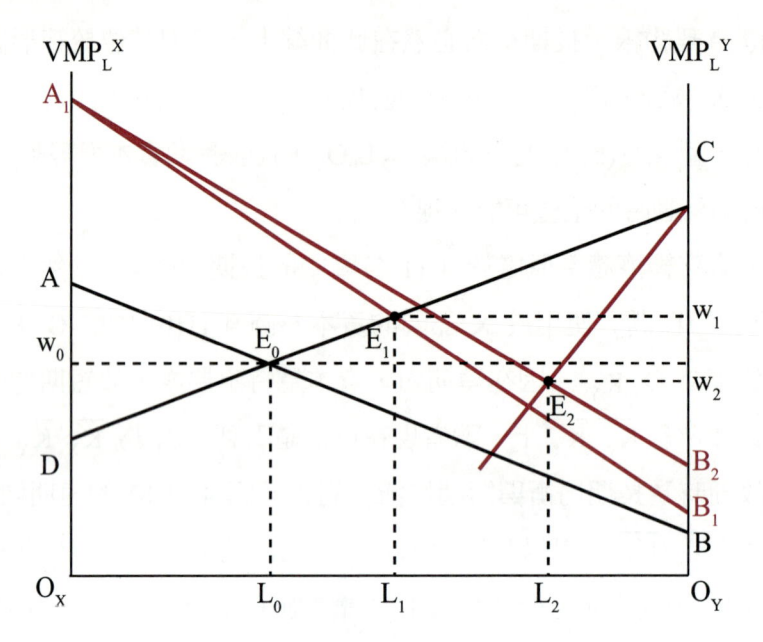

圖 4.11(a)

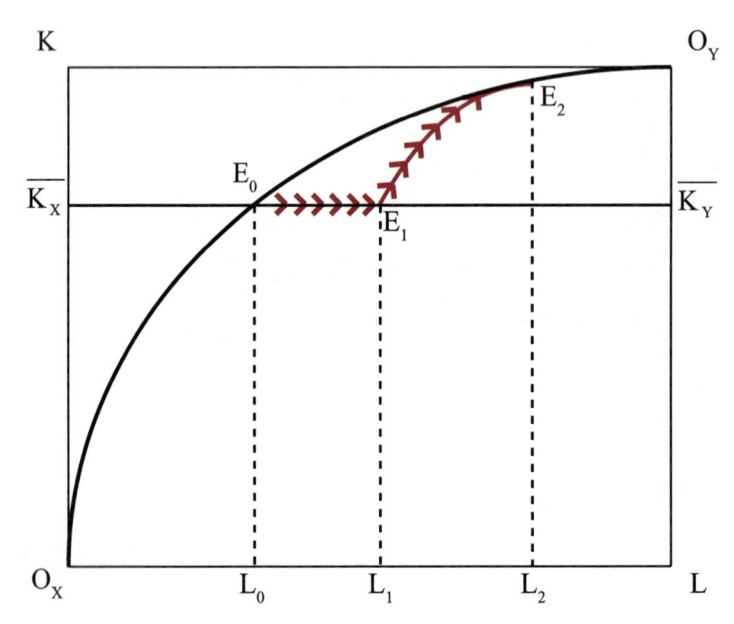

圖 4.11(b)

114

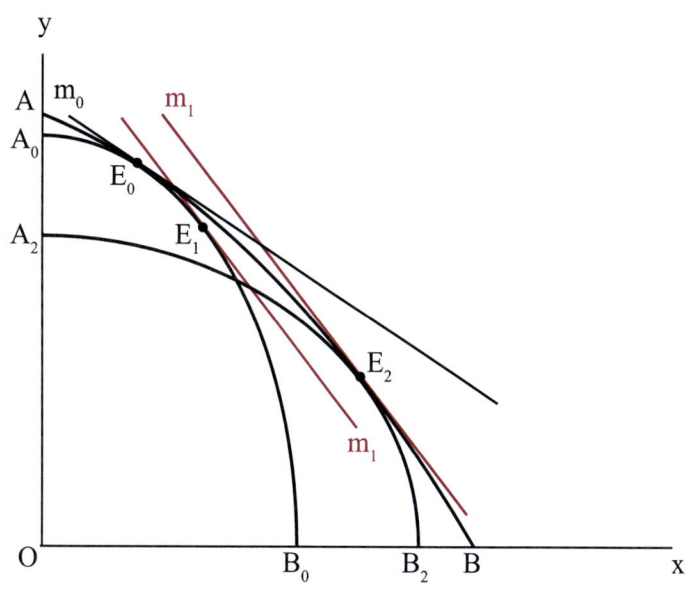

圖 4.11(c)

法在原因素價格下滿足 X 部門的需要，於是資本市場有超額需求，而勞動市場則有超額供給，迫使工資相對於資本價格下降。為了追求最大利潤，X 和 Y 兩部門都會以勞動取代資本，使得兩部門使用的資本勞動比例隨著資本的移動而同時下降，直到達到長期均衡。

上述調整過程可由圖 4.11(a) 和圖 4.11(b) 來說明。在短期均衡 E_1 下，Y 部門資本價格較 X 部門資本價格低 (為什麼？)，因而在長期時，資本會由 Y 部門往 X 部門移動。根據上一小節的分析，這將使 X 部門勞動邊際產值曲線 A_1B_1 比例地往右水平移動；同理，Y 部門勞動的邊際產值曲線 CD 也會比例地往右水平移動 (請確定你知道為何如此)。假定當 A_1B_1 移到 A_1B_2，CD 移到 CE_2 時重新達到一長期均衡點 E_2。圖 4.11(a) 清楚顯示，隨著資本由 Y 部門往 X 部門移動，L_1L_2 的勞動力也由 Y 部門流向 X 部門，因而 X 部門的產出進一步增加，Y 部門的產出則進一步萎縮。圖 4.11(b) 的 E_2 對應於圖 4.11(a) 的 E_2，又因其在長期契約線 $O_X E_0 O_Y$ 上，故代表另一長期均衡。當資本由 Y 部門往 X 部門移動時，圖 4.11(b) 的短期契約線 $\overline{K_X}\,\overline{K_Y}$ 即不斷地往上平移，其上各短期均衡點所形成的

軌跡即是由 E_1 到 E_2 帶有箭頭的曲線。圖中 E_1E_2 這條曲線為凹性，這反映了前面所提，隨著資本移動，X 和 Y 部門所使用的資本勞動比例會同時逐漸下降的事實。

當資本由 Y 部門往 X 部門移動時，圖 4.11(b) 的短期契約線 $\overline{K_X}\overline{K_Y}$ 即不斷往上移動，但這表示，圖 4.11(c) 中，對應於短期契約線的短期生產可能曲線也會跟著往右下方移動，而對應於圖 4.11(b) 中曲線 E_1E_2 上各短期最適的生產點也會在圖 4.11(c) 中，隨著短期生產可能線的移動而形成一條由 E_1 到 E_2 的軌跡 (未畫出來)。假定圖 4.11(c) 中的短期生產可能曲線 A_2B_2 對應於圖 4.11(b) 中通過 E_2 的短期契約線，則 A_2B_2 與長期生產可能曲線以及新的價格線 m_1 將會相切於 E_2，達到新的長期均衡。

上面已經詳細描述 X 價格上升後，由原長期均衡 E_1 調整到新長期均衡 E_2 的整個過程。但這裡還有一件事情必須交待。回到圖 4.11(a)，X 價格上升後，短期工資由 w_0 上升到 w_1，但長期均衡達到時工資則再由 w_1 下降到 w_2。上面已經解說過，由短期調整到長期的過程，兩部門使用的資本勞動比例不斷下降，這使得勞動的邊際產量下降，因此工資會跟著下降，並不令人意外。但問題是，圖 4.11(a) 中顯示，新長期均衡工資 w_2 不但比短期工資 w_1 低，而且比舊的長期均衡工資 w_0 還低。為什麼呢？記得，當我們比較 w_2 和 w_0 時，是比較兩個長期均衡，因此已經回到 HO 模型，故相關的定理為 SS 定理。因 X 為資本密集產品，當其價格上升時，根據 SS 定理，勞動的價格 w 必然下降。這正是為什麼圖 4.11(a) 中，w_2 必須比 w_0 低的原因。

上面的分析隱含，當 X 在長期為資本密集產品時，X 價格上升 (或更一般些，X 的相對價格上升)，除了 X 部門的資本擁有者不管在短期或長期福利都上升外，其他生產因素擁有者都得面對長期和短期利益的衝突。就勞工而言，短期間可能因工資上升而獲利，但長期福利必然受損。反之，Y 部門資本擁有者短期雖會受損，但長期福利必然提高。當然，上述結果純粹是在 X 部門為資本密集產品的假設下得到；若 X 為勞動密集產品時，結果也會跟著改變。但不管如何，讀者可自行嘗試發現，至少會有一種生產因素擁有者，必須面對這種長短期

Chapter 4 特定要素模型

利益不同的抉擇。

特定要素變動

圖 4.12 中符號意義和圖 4.11 相同。假定本國原處於三個圖中的長期 (短期) 均衡點 E_0。現在，使用在 X 部門的資本增加了 $O_X O_X'$ (圖 4.12(b))。短期內因資本為特定要素，故圖 4.12(b) 中 Y 部門使用的資本仍是 $O_Y \overline{K_Y}$，但 X 部門使用的資本則增加到 $O_X' \overline{K_X}$。由上一節分析得知，這將使圖 4.12(a) 中，X 部門勞動的邊際產值曲線 AB，比例地向右移動到 AB_1。因此，短期均衡為 E_1，X 部門使用的勞動由 $O_X L_0$ 增為 $O_X L_1$，X 部門擴張，Y 部門萎縮。圖 4.12(b) 中 (未畫出長期契約線以免圖形過度雜亂)，均衡由 E_0 沿著 $\overline{K_X} \, \overline{K_Y}$ 移到 E_1。另外，因 X 部門資本增加，使得圖 4.12(c) 中的短期生產可能曲線由 $A_0 B_0$ 移到 $A_0 B_1$ (參見圖 4.9)，均衡也由 E_0 移到 E_1。

圖 4.12(a) 同時顯示，X 部門資本增加，在短期內將使工資由 w_0 上升到 w_1。事實上，由前一節我們已得知兩部門特定要素的價格都會下降。現在，一個重要的問題是，那個部門特定要素的價格下降較多？我們不擬在此進行嚴謹的數學證明，而是嘗試從概念上加以說明。由附錄 A【性質 6】得知，不管 X 部門或 Y 部門，其使用的勞動力與資本的報酬之和剛好等於其生產總值，故生產總值也就是該部門的總生產成本。因 Y 為勞動密集產品，X 為資本密集產品，故工資上升對 Y 部門的影響會比對 X 部門的影響大；換句話說，工資價格上升對另一種生產因素報酬的傷害在 Y 部門比 X 部門嚴重。由此可以推得，雖然兩部門資本價格都因工資上升而下降，但 Y 部門資本價格下降得比 X 部門資本價格下降的多。於是，隨著時間經過而進入長期時，資本將開始由 Y 部門向 X 部門流動。接下來由短期均衡 E_1 調整到長期均衡 E_2 的過程，與前面 X 價格上升的情況完全相同，在此不再重複。

不過，在離開這部份之前，要特別指出兩點。首先，由圖 4.12(b) 和 4.12(c) 均可清楚看出，由長期均衡 E_0 到另一長期均衡 E_2，所反映的正是前一章中所介紹的瑞普辛斯基定理。圖 4.12(b) 和圖 4.12(c) 分別對應於圖 3.16 和圖 3.17，只

國際貿易

▲ 圖 4.12(a)

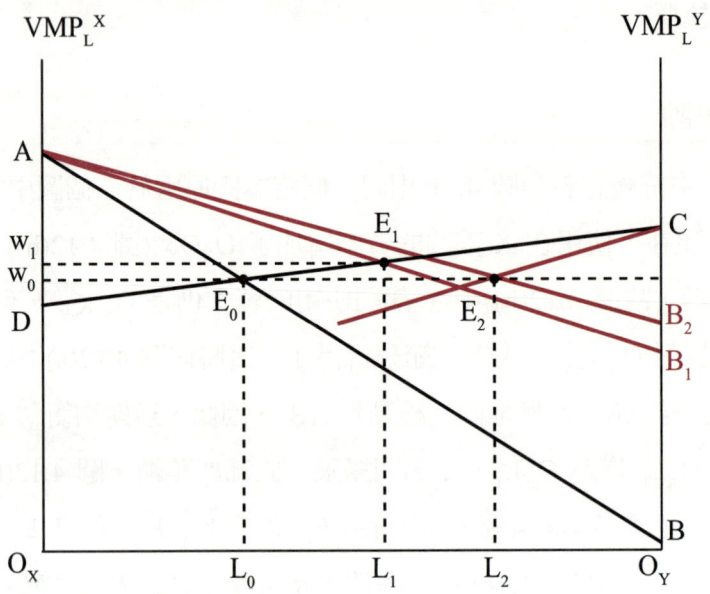

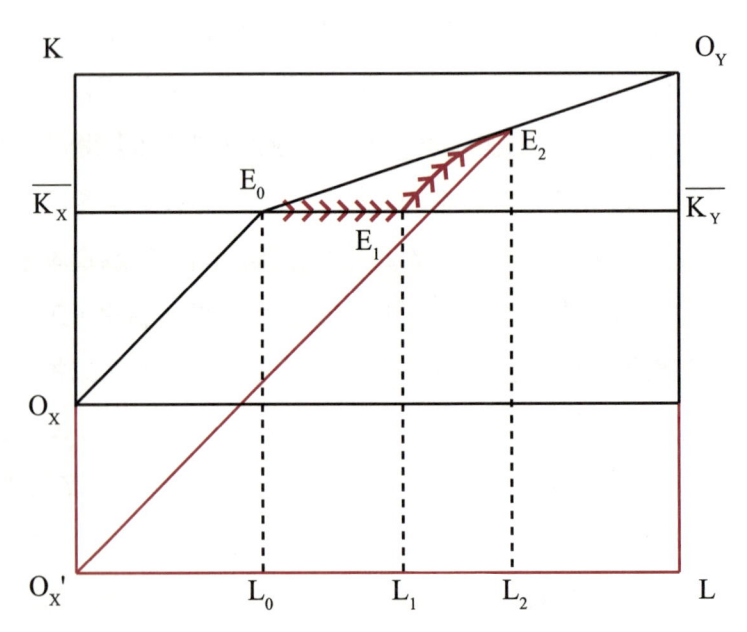

▲ 圖 4.12(b)

118

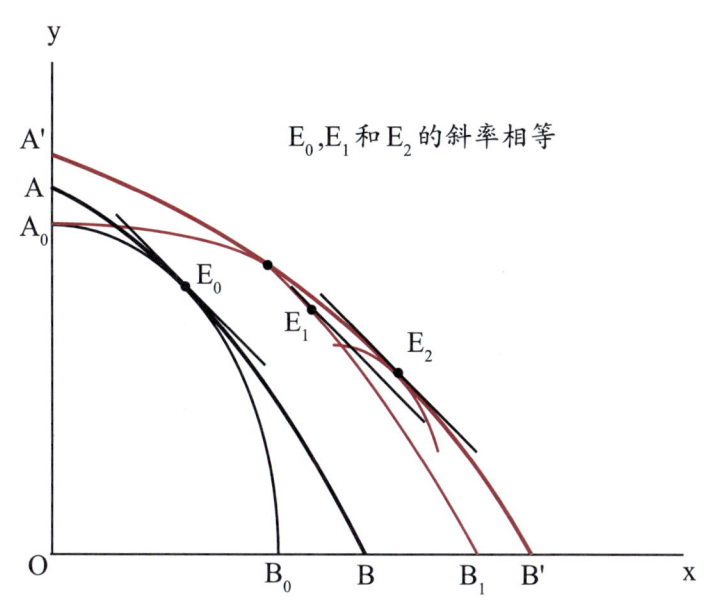

圖 4.12(c)

不過後兩圖形是討論勞動增加的情形，而前兩個圖形則是針對資本的增加。其次，圖 4.12(a) 中，原長期均衡 E_0 和新長期均衡 E_2 位在同一水平線上，表示雖然工資在短期間會上升，但長期均衡達到時，工資將回復資本增加前的水準。這並非偶然，而是必然的結果。為什麼呢？因為產品價格在資本增加前和增加後並沒有改變，在長期，根據因素價格均等化定理，所有生產因素的價格在資本增加前後也就相等了。

可移動要素變動

最後來看可移動生產因素 L 變動的影響。圖 4.13 中，經濟體系原處於長期 (短期) 均衡點 E_0。假定勞動力增加了圖 4.13(a) 和圖 4.13(b) 中 $O_Y O_Y' = LL'$ 的數量。根據上一小節，圖 4.10 的討論，我們知道短期均衡移到 E_1，兩部門產量均增加，工資由 w_0 下降到 w_1，但兩部門特定要素的價格均上升。由於 Y 部門是勞動密集部門，故工資下降對 Y 部門成本的減輕較大，因此 Y 部門資本價格上升的程度會超過 X 部門資本價格上升的程度。在長期時，資本將由 X 部門

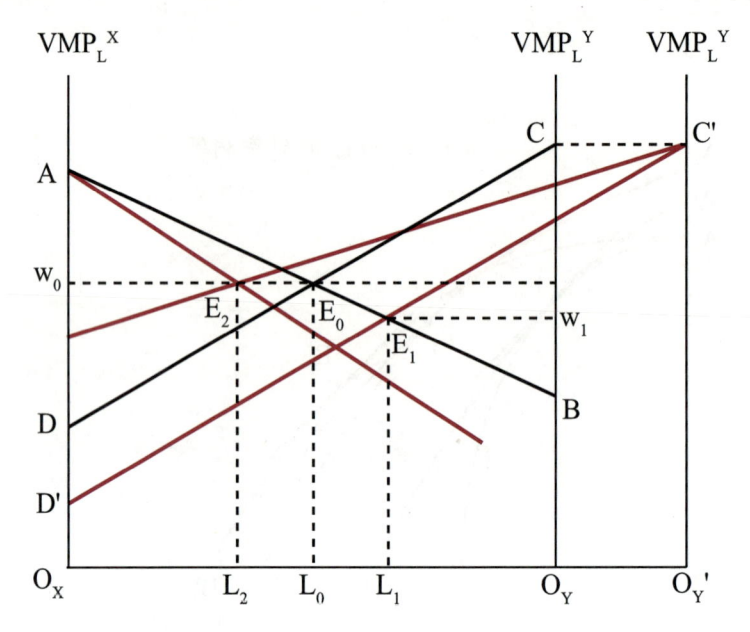

圖 4.13(a)

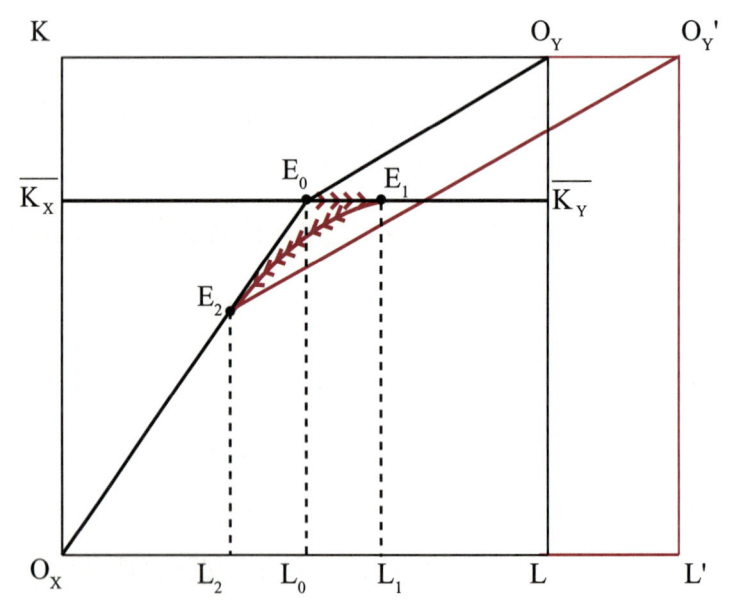

圖 4.13(b)

Chapter 4 特定要素模型

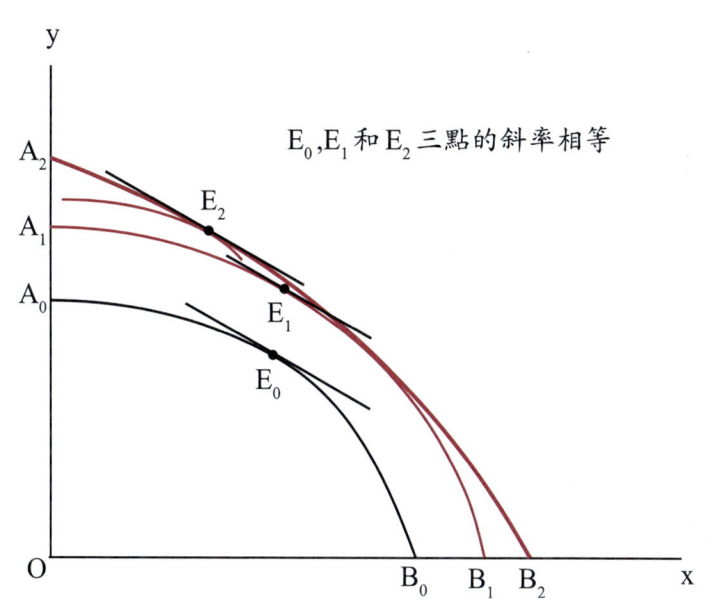

圖 4.13(c)

(圖中標示：E_0, E_1 和 E_2 三點的斜率相等)

向 Y 部門移動，故圖 4.13(a) 中兩部門勞動邊際產值曲線 AB 與 C'D'，比例地往左移動；直到 AE_2 與 $C'E_2$。但因 X 部門所釋出的資本超過 Y 部門所能吸收的程度，而所釋出的勞動又無法滿足 Y 部門的需要，於是 w/r 開始上升，兩部門也會以資本取代勞動。結果是，在往長期均衡調整過程中，兩部門同時增加資本勞動比例，故圖 4.13(b) 中由短期均衡 E_1 調整到長期均衡 E_2 的軌跡為一凹性的曲線。在圖 4.13(c) 中，勞動力增加後，均衡由 E_0 先調整到短期生產可能曲線 A_1B_1 上的 E_1，再隨資本的流動，移到長期生產可能曲線 A_2B_2 上。讀者請特別注意，在長期均衡點 E_2，有一條短期生產可能曲線與長期生產可能曲線相切 (為什麼？)。圖 4.13(b) 和圖 4.13(c) 也清楚顯示，相較於 E_0，當 E_2 達到時資本密集的 X 產品因勞動力增加而減產，而勞動力密集的 Y 的產量則增加，這正是上章的瑞普辛斯基定理所告訴我們的結果。

另外，圖 4.13(a) 顯示，當長期均衡 E_2 達到時，工資回到勞動增加前的水準，和圖 4.12(a) 一樣，這是因產品價格沒有改變以及因素價格均等化所隱含的必然結果，不再重複。

國際貿易

　　在結束本章之前，我們特別指出三點：首先，特定要素模型隱含的所得分配問題比 HO 模型下還要複雜，不僅產品相對價格變動可能導致所得重分配，任何因素稟賦的變動也有所得重分配的效果。而在相對價格變動的情況下，其結果也不像 HO 架構下之明確，因為可自由移動的生產因素擁有者的實質所得或福利到底上升或下降，還受到其偏好的影響。其次，特定要素模型還清楚顯示，短期利益和長期利益未必一致。例如，在 X 產品價格上升的情況下，勞工在短期間福利雖然可能提高，但在長期則福利必然下降。反之，Y 部門資本擁有者在短期雖會受損，但長期則必然是贏家。也因為特定要素模型這種能同時掌握各不同團體短期與長期福利消長的特性，它被廣泛應用於各種政治經濟學的討論中。最後，只要維持每一種產品都使用一種特定要素和一種部門間可以自由移動的生產因素的假設，特定要素模型就很容易可以推展到多種產品的模型，而且其主要分析結果和本章所得到的也大致相同。當然，如果允許超過一種生產因素可以自由移動，或不同特定要素可移動的時程不同，那就會變得非常複雜而超出本章所定義的特定要素模型架構了。

Chapter 4 特定要素模型

習題

1. 是非題：試判別下列各敘述為「是」或「非」，並詳細說明是或非的理由
   (a) 在特定要素模型中，某一產品的價格上升，必然使得該產品特定要素擁有者的福利上升，另一產品特定要素擁有者的福利下降。
   (b) 在特定要素模型中，若可在兩部門自由移動的生產因素增加，則所有特定要素擁有者的福利必然上升。
   (c) 在特定要素模型中，貿易雖然可以帶來利得，但一般而言貿易型態並無法確定。
   (d) 在特定要素模型中，若兩產品的價格同比例上升或下降，則對所有生產因素擁有者的福利並不會有影響。

※2. 假定一個國家以資本和勞動力生產農產品 (X) 和高科技產品 (Y)。兩種產品的生產函數均為固定規模報酬，且具有邊際報酬遞減的特性。在短期內，勞動力雖可在 X 和 Y 兩部門自由移動，但資本則是無法移動的特定要素。長期間，資本和勞動力均可在兩部門自由移動，且農產品為勞動密集產品，高科技產品為資本密集產品。假設該國在國際市場上為小國，在自由貿易均衡時，該國出口高科技產品，進口農產品。試分析下列事件如何影響各種生產因素擁有者的短期和長期福利。
   (a) 該國對外貿易條件惡化，即國際市場上其出口品相對價格下降。
   (b) 高科技部門將部份資本移往國外投資。
   (c) 高科技部門進口外籍勞工 (假定外籍勞工的 生產力和本國勞工完全相同)。

國際貿易

Chapter 5 不完全競爭、新貿易理論與新新貿易理論

5.1 背景

前面三章所介紹的傳統貿易理論，有一個共同特點，就是貿易產生的原因是比較利益的存在，而比較利益之所以存在則是由於國與國之間存在某些差異；在李嘉圖模型中，這個差異為兩國生產技術不同，而在 HO 模型，甚至特定要素模型中，兩國間的差異則在於各國擁有的因素稟賦不同。傳統貿易理論也隱含了三個重要的結果：首先，國際貿易主要應該是在具有互補性質的國家間進行，亦即兩國間差異愈大，愈有透過貿易互通有無，從而彼此獲利的空間。以 HO 模型來說，就是資本豐富國家和勞動豐富的國家間具有較大的貿易空間。其次，兩國間的貿易型態應直接反映各國在不同產品生產上的比較利益，因此所進行的是一種**產業間的貿易** (inter-industry trade)。第三，貿易基本上是一種間接進出口生產因素的行為，因此，除了假設單一生產因素的李嘉圖模型外，HO 模型與特定要素模型都隱含貿易會帶來強烈的所得重分配效果。

不可否認地，傳統貿易理論可以相當程度解釋現實世界的貿易現象，及其所帶來的結果。我們很清楚地看到熱帶地區國家輸出椰子、鳳梨、香蕉，換取溫帶

國際貿易

國家的小麥、玉米以及油藏豐富國家的石油和天然氣；我們也看到人力資本豐富國家出口高科技產品，而自人力資本貧乏國家進口簡單加工的服飾、玩具等製造品。而這些國家間的貿易除了帶來一般生活水準的提升外，其所衍生的所得分配問題卻也同時在各國國內，以及國與國間造成貿易政策改變的緊張與壓力。

雖然如此，戰後，特別是 1960 年代以來，有關國際貿易的實證研究一再顯示，現實世界中許多貿易的發展並無法以傳統貿易理論來解釋，有些貿易行為甚至與傳統貿易理論的預期背道而馳。資料顯示，二次大戰後國際貿易增加最快速的，並不是發生於資源稟賦或技術差異最大的**已開發國家** (developed countries) 和**開發中國家** (developing countries) 之間，而是在資源稟賦與技術水準相當類似的已開發國家之間，而且這種現象還有與時俱增的趨勢。尤有進者，這些貿易資料同時顯示，這類快速增加的貿易，主要是國與國之間類似產品的交易；例如德國和法國彼此出口汽車到對方；美國一方面自丹麥進口農產品，又同時出口大量農產品到丹麥等。雖然，這種**產業內貿易** (intra-industry trade) 的現象可能純粹源自統計分類的結果，但一般學者均同意，即使在相當細微的分類下，產業內貿易佔全球貿易的重要性仍然是愈來愈大。然而，很明顯地，在傳統貿易理論中，是不可能發生一個國家同時在某一產業的生產具有比較利益和**比較不利益** (comparative disadvantage)，因而也就不可能容許產業內貿易存在。最後，在諸如**歐洲經濟共同體** (European Economic Community) 成立以及美國和加拿大締結汽車貿易協定之後，這些參與國之間的貿易量雖然急速增加，但我們卻沒有發現多少因所得分配變動所引起的政治經濟問題，這也與傳統貿易理論的預期相去甚遠。總結而言，我們可以說，傳統貿易理論固然提供了解釋部份貿易現象的堅實基礎，但它卻同時對其他一部份重要的貿易活動完全缺乏解釋能力。這對國際貿易理論本身以及任何貿易理論研究者都是一大缺憾，因此早自 1960 年代中期即有不少學者嘗試提出各種學說，以期解釋這些來自實證研究的困惑，其中最受到重視的概念為**規模經濟** (economies of scale)。

當然，規模經濟本身並不是個嶄新的概念，亞當史密斯即是以規模經濟作為解釋分工專業化的核心，只不過隨著貿易理論模型化的發展，這個觀念反而逐

Chapter 5　不完全競爭、新貿易理論與新新貿易理論

漸自正式的貿易理論中消失。在繼續說明之前，或許應先澄清兩種不同的規模經濟的概念：**內部規模經濟** (internal economies of scale) 和**外部規模經濟** (external economies of scale)。所謂內部規模經濟，指的是廠商的**長期平均成本** (long run average cost，LRAC) 隨著該廠商本身生產數量增加而持續下降的現象，如圖 5.1(a) 所示。在此，廠商長期平均成本之所以降低，完全是因為廠商生產規模擴大後，可以更有效地運用、組織廠商 "內部" 生產資源 (如進行分工、專業生產) 所造成，與廠商所處的市場環境無關，因而稱為 "內部規模" 經濟。反之，即使廠商長期平均成本如圖 5.1(b)LRAC 所示的正常形狀，但若因廠商所屬產業整體產量增加，導致該產業所使用的生產因素供給增加以致價格下降，結果將會使廠商整條長期平均成本曲線下移到圖 5.1(b) 中的 LRAC'，這就是外部規模經濟，因為導致 LRAC 下降的原因並非來自廠商內部，而是來自外部環境改變。

　　修習過個體經濟學的同學，對圖 5.1(b) 所描繪的現象或許仍有記憶。這個圖形正是我們推導完全競爭市場中，產業或市場長期供給曲線時所曾經遭遇的，它乃是描述該產業為 **"成本遞減產業"** (decreasing cost industry) 情況下，廠商長期平均成本曲線隨整個產業擴張而往下移動的情形。這個結果告訴我們，外部規模經濟的存在與完全競爭的市場結構並不相互衝突；或者說，完全競爭市場的假設與外部規模經濟是可以並存的。也因為這個原因，要在以完全競爭及一般均衡分析為基石的傳統貿易理論模型中考慮外部規模經濟並沒有理論上的困難。事實上，貿易理論文獻中也早有討論，只不過在外部規模經濟發生時，往往會產生**多重均衡** (multiple equlibrium) 的現象，很難獲得明確且可供統計驗證的假說 (testable hypothesis)，因此發展受到侷限。

　　但內部規模經濟所帶來的問題和外部規模經濟完全不同。由圖 5.1(a) 可看到，當廠商擁有內部規模經濟時，則該廠商只要不斷擴張產量，就可不斷降低平均成本，提高市場競爭力，直到它攫取足夠的市場而不再是個 "價格接受者"。因此，足夠的內部規模經濟必然導致不完全競爭市場結構。但在 1970 年代末期之前，一般均衡分析仍然沒有適當的方法容許不完全競爭市場結構，於是，即使實證學者指出 (內部) 規模經濟很可能是造成產業內貿易的重要原因，內部規

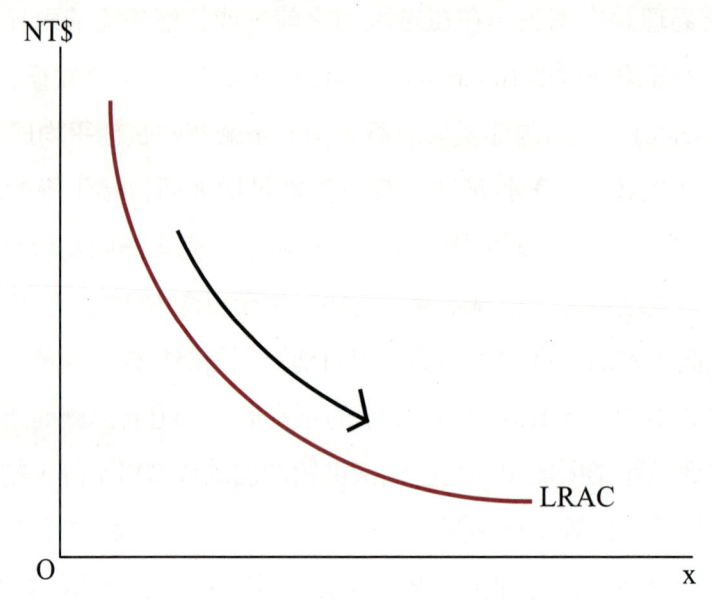

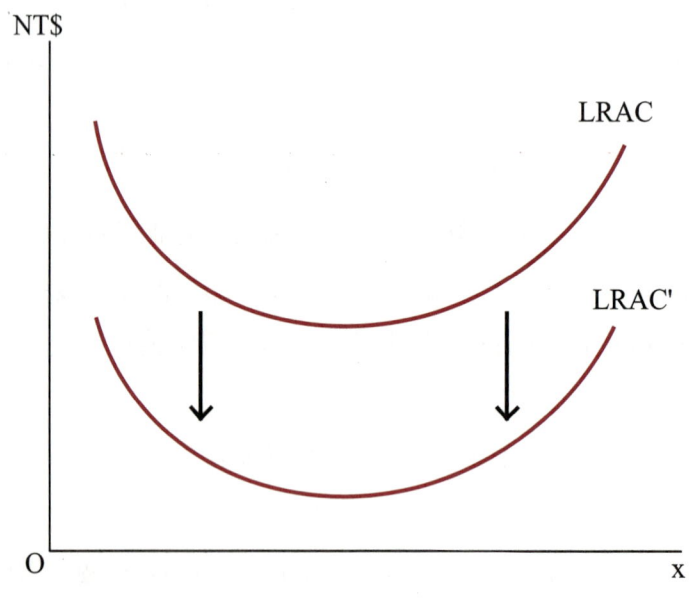

國際貿易

圖 5.1(a)

圖 5.1(b)

Chapter 5 不完全競爭、新貿易理論與新新貿易理論

模經濟及產業內貿易問題仍然無法進入主流貿易理論的殿堂。這種情況,直到 2008 年諾貝爾經濟學獎得主克魯曼 (Paul Krugman) 於 1979 年發表了一篇劃時代的文章方才改觀;而這篇文章所導引出的一系列相關研究及發展,就構成今日所謂的**新貿易理論** (new trade theory)。事實上,這篇文章應是克魯曼能取得諾貝爾桂冠的最主要因素,因此接下來我們就要來討論這篇文章。

5.2 克魯曼模型

基本模型

為了將焦點集中在產業內貿易,並由而證明產業內貿易也可帶來貿易利得,克魯曼考慮一國 (本國) 擁有單一的**張伯倫式獨佔性競爭產業** (Chamberlinian monoplistic competition industry);這種產業的主要特性是:(1) 廠商數量龐大,每一廠商的行為對其他廠商的利潤沒顯著影響,因此廠商做決策時可以完全忽略其他廠商的反應;換句話說,廠商間沒有**策略性互動** (strategic interaction) 問題,因此可避免掉寡佔市場中的複雜現象。(2) 雖然廠商數量龐大,但各廠商生產的都是**異質產品** (differentiated product),因此個別廠商仍擁有一定的價格制定能力,由而所面對的是一條彈性很大 (但不是無窮大) 的需求曲線。(3) 在長期間廠商可以毫無限制地自由進出市場,故所有廠商的長期利潤均等於零。

在上述市場結構下,克魯曼進一步假設本國所有消費者均具有相同的偏好,而這偏好可以下列效用函數來表示:

$$\mathcal{U} = \sum_{i=1}^{n} \mathcal{V}(c_i), \quad \mathcal{V}' > 0, \quad \mathcal{V}'' < 0, \quad \mathcal{V}(0) \geq 0 \tag{5.1}$$

上式中 c_i 代表第 i 類產品 (variety i) 的消費數量,$\mathcal{V}$ 則是消費任何一類產品的**次效用函數** (sub-utility function)。這個效用函數有幾個值得注意的特點:(i) 對任一類產品而言,次效用函數都一樣是 $\mathcal{V}$,因此不同種類產品所提供的效用完全相同,消費者並不會特別偏愛某一種類。(ii) 次效用函數為嚴格凹性 ($\mathcal{V}'' < 0$),代

表消費任一類產品的邊際效用遞減；因此，消費 5 單位第一類產品所獲得的效用，不如消費第一至第五類產品各一單位的效用。正因為如此，這個效用函數常被稱為代表 **"喜好多樣化"** (love of variety) 的偏好。

接著來看有關生產技術的假設。為了排除國際貿易可能來自成本的差異以及所得重分配問題，克魯曼假定廠商雖然生產不同種類的產品，但其成本函數完全相同，且只使用勞動一種生產因素。具體點說，任何生產 x_i 單位 i 類產品廠商的長期成本函數均可寫成

$$\ell_i = \alpha + \beta \cdot x_i \tag{5.2}$$

其中 ℓ_i 為生產 x_i 單位 i 類產品的勞動使用量，α 和 β 則分別是以勞動衡量的固定成本和邊際成本。讀者應特別小心，(5.2) 是以勞動而非貨幣表示的成本函數，但我們可很容易將其改為貨幣表示的形式。假定貨幣工資為 w，將 (5.2) 左右兩邊乘以 w 即得到用貨幣衡量的成本函數

$$w \cdot \ell_i = \alpha \cdot w + \beta \cdot w \cdot x_i \tag{5.2'}$$

將 (5.2) 除以 x_i 即得到長期平均成本函數 (AC_i)

$$AC_i = \frac{\ell_i}{x_i} = \frac{\alpha}{x_i} + \beta \tag{5.3}$$

由圖 5.2 可清楚看到 AC_i 為一以縱軸及水平線 $AC_i = \beta$ 為漸進線的直角雙曲線，因此廠商生產技術具有內部規模經濟的特性。這個特性的一個重要含義是每一種類產品只會由一家廠商生產，因為任何一家均可透過增加該類產品產量將其他生產同類產品的廠商逐出市場。反過來，每一家廠商也只會生產一類產品，因為生產多類產品必然使每一類產品產量比其他只生產一類產品的廠商產量來得少，平均成本高，而無法在市場上競爭。結果是，市場上每家廠商都只生產一類產品，故產品種類剛好等於市場上廠商的數目。

最後，假定本國人口數量為 L，且每一個人都是勞工，則我們可得到下列產

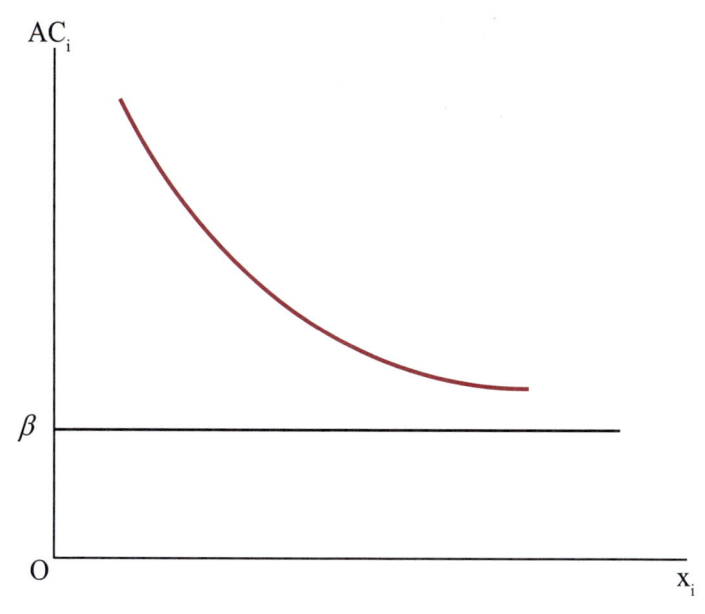

Chapter 5　不完全競爭、新貿易理論與新新貿易理論

圖 5.2

品市場與勞動市場的均衡條件：

$$x_i = L \cdot c_i,\ i = 1,\cdots,n \tag{5.4}$$

$$L = \sum_{i=1}^{n} \ell_i = \sum_{i=1}^{n}(\alpha + \beta \cdot x_i) \tag{5.5}$$

封閉經濟均衡

因為每一位消費者也是一位工人，故每一消費者的貨幣所得均是 w。為了追求效用極大化，每個人所面對的問題都是

$$\max_{c_1,\cdots c_n} \mathcal{U} = \sum_{i=1}^{n} \mathcal{V}(c_i)$$

$$\text{s.t.}\ \sum_{i=1}^{n} p_i c_i = w \tag{5.6}$$

(5.6) 式中 p_i 代表第 i 類產品的價格，因此第二個式子代表消費者所面對的預算限制。由熟知的消費者理論得知效用極大化的一階條件包括預算限制及

$$v'(c_i) = \lambda \cdot p_i, \quad i = 1, \cdots, n \tag{5.7}$$

上式中，λ 為**拉格朗日乘數** (Lagrange multiplier)，代表消費者貨幣所得 (w) 的邊際效用。由一階條件可聯立解出消費者的各類產品的需求函數 $c_i(p_1, p_2, \cdots, p_n, w)$，$i = 1, 2, \cdots, n$ 及 $\lambda(p_1, p_2, \cdots, p_n, w)$。將 $\lambda(p_1, p_2, \cdots, p_x, w)$ 代回 (5.7) 可知，任一其他種類產品價格若要影響第 i 類產品的購買，只能透過其對所得邊際效用 λ 的影響來達到。雖然我們無法在此嚴謹證明，但當廠商數量 (產品種類) 非常龐大，每一產品佔每人支出份額極小時，任何產品價格變動對 λ 的影響也都很小，因此可直接在此假設 λ 並不受任何價格變動的影響，而將最適解寫成 $\lambda(w)$。將 $\lambda(w)$ 代入 (5.7) 得到

$$v'(c_i) = \lambda(w)p_i \tag{5.7'}$$

很顯然地，(5.7') 即隱含消費者對第 i 類產品的需求函數，故我們可透過對 (5.7') 全微分求得對第 i 類產品的需求彈性 ε_i。將 (5.7') 全微分可得

$$v''dc_i = \lambda dp_i$$

故

$$\varepsilon_i = -\frac{dc_i}{dp_i} \cdot \frac{p_i}{c_i} = -\frac{\lambda}{v''} \cdot \frac{v'/\lambda}{c_i}$$
$$= -\frac{v'}{v'' \cdot c_i} \tag{5.8}$$

另一方面，從生產第 i 類產品廠商的角度來看，其所面對的市場需求彈性為 $e_i = -\frac{dx_i}{dp_i} \cdot \frac{p_i}{x_i}$。利用 (5.4) 可得 $c_i = x_i/L$，再將其代入 (5.7') 同樣可得到

Chapter 5　不完全競爭、新貿易理論與新新貿易理論

$$e_i = -\frac{dx_i}{dp_i} \cdot \frac{p_i}{x_i} = -\frac{v'}{v'' \cdot c_i} = \varepsilon_i \tag{5.9}$$

因為 (5.9) 式對任何 i 都成立，故我們知道，任一廠商不僅其成本函數相同，它所面對的需求曲線也完全一樣，完全滿足獨佔性競爭市場中**對稱性的假設** (symmetry assumption)。如此一來，廠商雖各自生產不同類別的產品，但必然都生產相同的產量，訂定相同的價格，而每一消費者所消費的各類產品也必然相等。因此，在接下來的討論中可將符號直接簡化成 $p_i = p$，$x_i = x$，$c_i = c$。

有了廠商的需求函數後，就可來看廠商的行為。為了追求利潤極大，廠商將生產到 MR = MC 的水準。由 (5.9) 及個體經濟學得知 $MR = p \cdot \left(1 - \frac{1}{\varepsilon}\right)$。因 MR 以貨幣表示，故 MC 也應用貨幣表示。由 (5.2') 得知，$MC = \beta \cdot w$，故利潤極大化的條件成為

$$p \cdot \left(1 - \frac{1}{\varepsilon}\right) = \beta \cdot w \tag{5.10}$$

或

$$\frac{p}{w} = \frac{\varepsilon}{\varepsilon - 1} \cdot \beta \tag{5.10'}$$

我們將 (5.10) 改寫成 (5.10') 的主要原因是，一般均衡模型只能決定均衡相對價格，無法決定絕對價格。不過，(5.10') 仍無法決定相對價格，因為 ε 是 c 的函數。因此，我們需要另一個包括 p/w 和 c 的條件來共同決定 p/w 和 c。這個條件即是長期均衡利潤等於零的條件，或 p = AC。但這是以貨幣或絕對價格表示，我們可將其兩邊除以 w，變成用勞動表示，再利用 (5.3) 即可得到利潤為零的條件：

$$\frac{p}{w} = \frac{\alpha}{x} + \beta \tag{5.11}$$

或

$$\frac{p}{w} = \frac{\alpha}{L \cdot c} + \beta \tag{5.11'}$$

現在可由 (5.10') 和 (5.11') 聯立求解均衡的 p/w 和 c，但因 ε 為 c 的函數，因此只能利用圖解方式進行**定值分析** (qualitative analysis)。

將 (5.10') 對 c 微分可得

$$\frac{d(p/w)}{dc} = -\frac{\beta}{(\varepsilon-1)^2} \cdot \frac{d\varepsilon}{dc} \tag{5.12}$$

克魯曼認為，產品消費量少是反映產品價格較高，消費者的價格彈性也會較大，所以直接假設 dε/dc < 0，於是 p/w 和 c 之間就有正向關係，而 (5.10') 在 c–p/w 平面上就會是一條如圖 5.3(a) 中正斜率的曲線 PP。值得注意的是 PP 曲線必然高於水平線 p/w = β，因為 ε > 1 (為什麼？)。PP 曲線為正斜率的經濟意義為：當消費者對某類產品的消費量增加時，其需求彈性跟著下降，廠商的壟斷力量於是上升，故可提高價格以獲取更大利潤。

至於利潤為零的條件 (5.11')，讀者當可很輕易得知，這是一條以縱軸和 p/w = β 為漸進線的直角雙曲線，如圖 5.3(a) 中的 ZZ 曲線。因為 c 增加時，廠商的產量 x = L·c 也會增加，內部規模經濟使得長期平均成本下降，故維持利潤等於零的價格也就跟著下降了。圖 5.3(a) 中 PP 和 ZZ 兩曲線的交點 E_0 即決定了封閉經濟下的均衡價格 $(p/w)_0$ 和各類產品的均衡消費量 c_0。圖 5.3(b) 和圖 5.3(a) 唯一的差別在於 PP 為一條水平線，這是假設需求彈性固定，因而 dε/dc = 0 所得到的結果。我們特別在此描繪圖 5.3(b) 的情形，是因為在一些重要的次效用函數 (例如 $\mathscr{V}(c_i) = c_i^{\theta}$，$0 < \theta < 1$) 中，只要產品種類夠多，需求彈性就會固定。

決定了均衡消費量 c_0，透過 (5.4) 就可得到各廠商的均衡產量 $x_0 = L \cdot c_0$。最後，將 x_0 代入 (5.5) 式可得

$$L = \sum_{i=1}^{n}(\alpha + \beta \cdot x_0) = n(\alpha + \beta \cdot x_0) \tag{5.13}$$

由此可解得均衡廠商家數 (或產品種類)

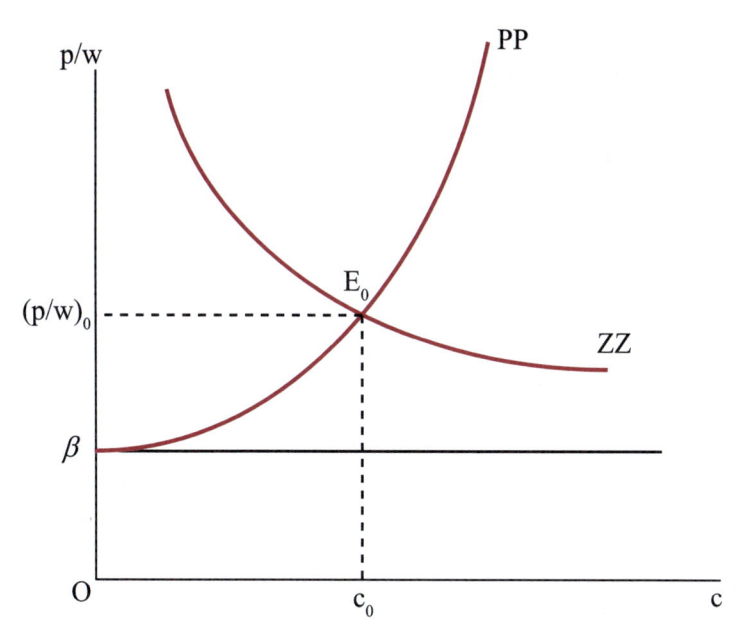

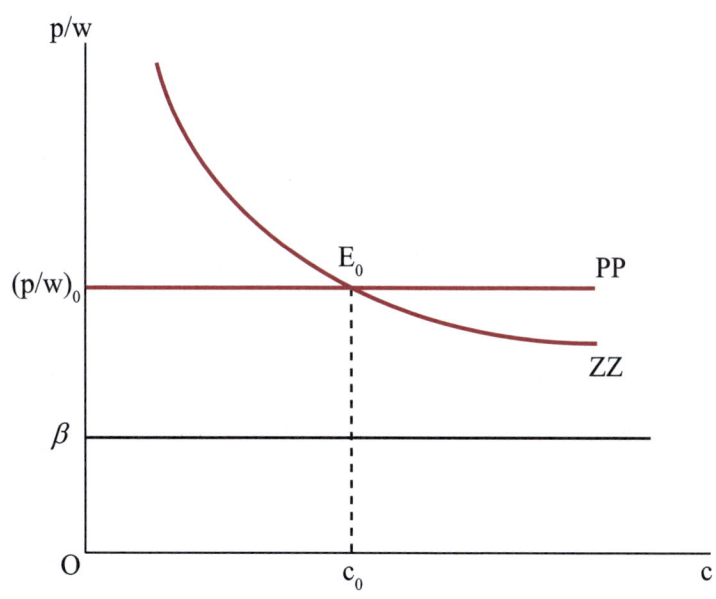

Chapter 5 不完全競爭、新貿易理論與新新貿易理論

圖 5.3(a)

圖 5.3(b)

$$n_0 = \frac{L}{\alpha + \beta \cdot x_0} = \frac{L}{\alpha + \beta \cdot L \cdot c_0} \tag{5.14}$$

於是封閉經濟均衡完全決定。

開放經濟均衡與產業內貿易

現在來討論本國開放與外國自由貿易的影響。為了讓問題儘量簡化並避免其他因素的干擾，假定外國消費者的偏好以及生產技術 (成本函數) 和本國完全相同，但外國總人口數為 L^*。由前面討論立即得知，只要將 (5.11') 中的 L 改為 L^*，再與 (5.10') 結合即可得到外國封閉經濟的均衡 $((p^*/w^*)_0, c_0^*, x_0^*, n_0^*)$。

在兩國開放自由貿易後，對兩國而言，只是本國所面對的消費者數目由 L 增加到 $L + L^*$，而外國所面對的消費人數由 L^* 增加到 $L + L^*$ 而已。因此，貿易的影響就和人口增加的影響類似。我們可就本國的情形來說明。圖 5.4 複製圖 5.3 中封閉經濟均衡 E_0。現在本國面對的消費者人數由 L 上升到 $L + L^*$。因 (5.10') 和消費者人數無關，故 PP 曲線不受影響；但 (5.11') 則顯示，在任何一 c 值下，消費人數增加均導致 p/w 下降，因此開放貿易後會使圖 5.4 中 ZZ 曲線往下移動到 Z'Z'。其經濟意義相當簡單：由於 c 值固定，故每類產品總產量因消費人數增加而增加，透過內部規模經濟使得平均成本下降，因此維持零利潤的價格也跟著下降。

圖 5.4 顯示，開放貿易的結果使均衡點由 E_0 移到 E_T。先來看圖 5.4(a) 的情形，貿易使得消費者對每一類產品的消費量減少，且產品的相對價格也下降。那廠商的產量和產品種類又如何變化呢？因 $x = L \cdot c$，而 L 上升到 $(L+L^*)$，c 則由 c_0 下降到 c_T，故似乎無從得知廠商產量 x 的增減。但事實並非如此悲觀。由 (5.11) 可得到

$$x = \frac{\alpha}{p/w - \beta} \tag{5.15}$$

因 $p/w - \beta > 0$，故在相對價格由 $(p/w)_0$ 下降到 $(p/w)_T$ 後，廠商的產量也會由 x_0 上升到 $x_T = (L+L^*) \cdot c_T$。最後，將 (5.14) 中的 x_0 以 x_T 取代即得到

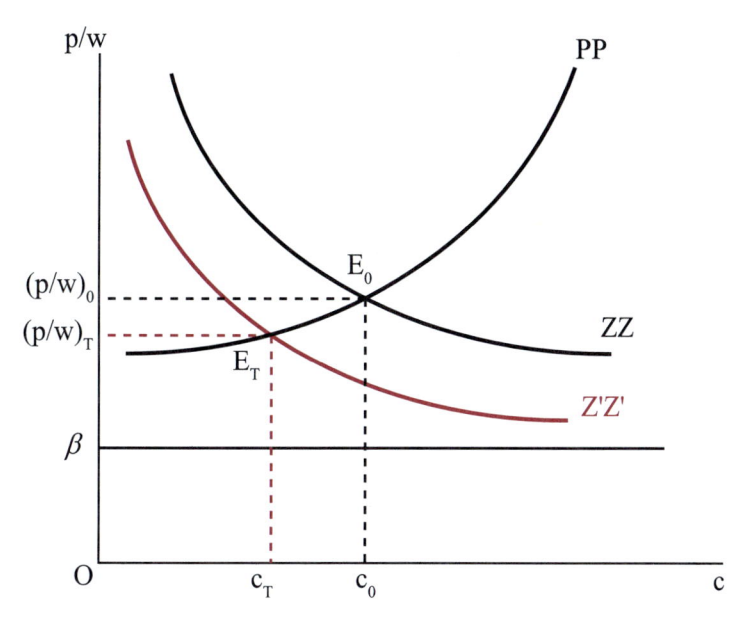

Chapter 5 不完全競爭、新貿易理論與新新貿易理論

圖 5.4(a)

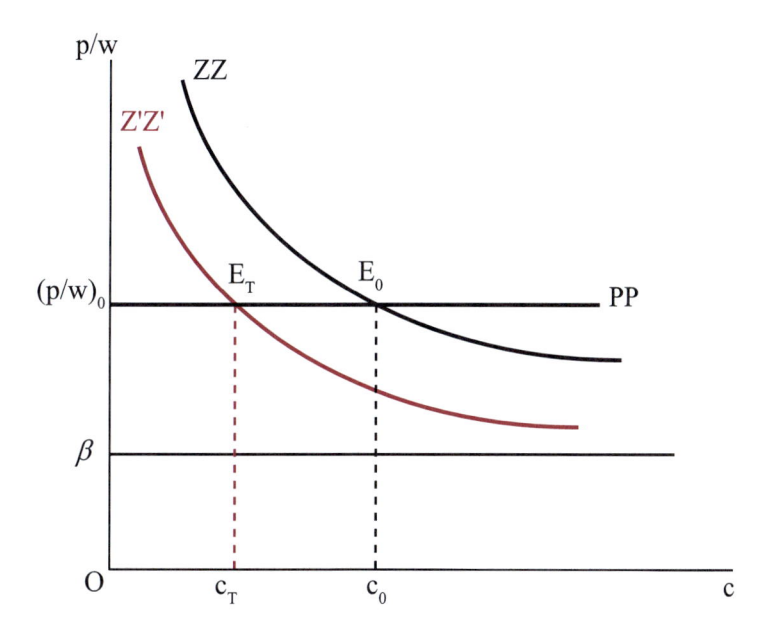

圖 5.4(b)

$$n_T = \frac{L}{\alpha + \beta \cdot x_T} = \frac{L}{\alpha + \beta \cdot (L + L^*) \cdot c_T} \tag{5.16}$$

因 $x_T > x_0$，故知 $n_T < n_0$，亦即開放貿易的結果使得本國廠商數目 (或產品種類) 減少。

完全相同的過程，可得到外國開放經濟均衡時有：$c_T^* < c_0^*$，$(p^*/w^*)_T < (p^*/w^*)_0$，及

$$x_T^* = (L + L^*) \cdot c_T^* = (L + L^*) \cdot c_T \tag{5.17}$$

$$n_T^* = \frac{L^*}{\alpha + \beta \cdot x_T^*} = \frac{L^*}{\alpha + \beta \cdot (L + L^*) \cdot c_T} \tag{5.18}$$

(5.17) 中 $c_T^* = c_T$ 是因為貿易後，除了勞動力不能在兩國間移動外，兩國實質上已成為一國，且所有消費者的偏好都相同而得到。和本國情形一樣，開放貿易使得外國廠商數目 (產品種類) 減少，但每一廠商生產的數量增加。另外，比較 (5.16) 和 (5.18) 可清楚看到

$$\frac{n_T}{n_T^*} = \frac{L}{L^*} \tag{5.19}$$

亦即本國與外國生產產品種類的比例剛好就是兩國人口的比例，因此人口較多的國家所生產的產品種類就愈多。最後，將 (5.16) 和 (5.18) 相加得到

$$n_T + n_T^* = \frac{L + L^*}{\alpha + \beta \cdot (L + L^*) \cdot c_T} \tag{5.20}$$

或

$$n_T + n_T^* = \frac{1}{\dfrac{\alpha}{L + L^*} + \beta \cdot c_T} \tag{5.20'}$$

(5.20) 即是兩國開放貿易後消費者所能消費的產品種類。將 (5.14) 改寫成

Chapter 5 不完全競爭、新貿易理論與新新貿易理論

$$n_0 = \frac{1}{\frac{\alpha}{L} + \beta \cdot c_0}$$

(5.14')

比較 (5.20') 和 (5.14')，因 $\alpha/(L+L^*) < \alpha/L$，$\beta \cdot c_T < \beta \cdot c_0$，故知 $n_T + n_T^* > n_0$。同樣道理可知 $n_T + n_T^* > n_0^*$。我們因而得到一個重要結論：在 $d\varepsilon/dc < 0$ 的情形下，開放貿易將使兩國同時獲得貿易利得，而貿易利得則來自消費者所能消費的產品種類增加以及產品價格下降 (或實質所得 w/p 上升)。

那在需求彈性固定 (即圖 5.4(b)) 時結果又是如何呢？讀者若已熟知上述分析過程，當可立即得到下列開放貿易的結果：(i) 消費者對每類產品的消費量減少，(ii) 產品價格不會改變，(iii) 經由 (5.15) 得知廠商產量也不會改變，(iv) 由 (5.16) 得知廠商數目 (或產品種類) 不會變，(v) 消費者能消費的產品種類增加。因此，即使在這種情況下，貿易仍可經由增加產品種類而帶來利得。

上面詳細說明開放貿易會有貿易利得，但卻似乎沒有看到貿易的現象，我們完全不知道貿易型態為何。這是個有趣的問題，也是建立在內部規模經濟的貿易模型的共同特性。前面的分析只告訴我們，開放貿易後，本國會生產 n_T 類而外國會生產 n_T^* 類產品，但我們完全不知道那些類產品在那個國家生產。我們所知道的就是，每一類產品只會由一家廠商在一個國家生產，至於為何會如此，模型無法決定，而克魯曼本人則將其歸諸 "歷史的偶然" (accident of history)。另一方面，因為所有消費者都是 "喜好多樣化"，因此一定會向他國購買本國不生產的產品類別，結果就有了這唯一產業內不同類產品間的產業內貿易。事實上，我們可很輕易地進一步說明，這兩國間的貿易是平衡的。

由上面分析，我們得知下列幾項結果：(i) 因兩國偏好及成本函數相同，故圖 5.4 中的 PP 線可同時代表本國和外國的 PP 線，(ii) ZZ 曲線除了技術外，完全取決於市場的大小，亦即消費者的數目，故圖 5.4 中的 Z'Z' 曲線也同時代表兩國在開放後的零利潤曲線，因此時兩國所面對的市場都是 $L + L^*$，(iii) 由此可知 E_T 同時代表本國和外國貿易後的均衡，故 $(p/w)_T = (p^*/w^*)_T$。(iv) 又因對稱性假設保證各類產品的價格都相等，所以得知兩國在貿易後的工資也必然相等。如果將貿

易後的工資記為 w_T，則兩國開放貿易後的國民所得分別為 $w_T \cdot L$ 和 $w_T \cdot L^*$。

另一方面，每位消費者對所有市場上生產的 $n_T + n_T^*$ 類產品都會消費相同的數量 c_T。因此，本國會將國民所得中 $n_T^*/(n_T + n_T^*)$ 的份額用來進口外國產品，故本國的進口總值 (M) 等於

$$M = w_T \cdot L \cdot \left(\frac{n_T^*}{n_T + n_T^*} \right) \tag{5.21}$$

但由 (5.19) 可得

$$\frac{n_T^*}{n_T + n_T^*} = \frac{L^*}{L + L^*} \tag{5.22}$$

結合 (5.21) 和 (5.22) 得到

$$M = w_T \cdot L \cdot \left(\frac{L^*}{L + L^*} \right) = \frac{w_T \cdot L \cdot L^*}{L + L^*} \tag{5.23}$$

同理，外國會花費 $n_T/(n_T + n_T^*)$ 的國民所得進口本國產品，故其進口值 (M^*) 等於

$$\begin{aligned} M^* &= w_T \cdot L^* \cdot \left(\frac{n_T}{n_T + n_T^*} \right) \\ &= w_T \cdot L^* \cdot \left(\frac{L}{L + L^*} \right) \\ &= \frac{w_T \cdot L \cdot L^*}{L + L^*} \end{aligned} \tag{5.24}$$

由 (5.23) 和 (5.24) 得知 $M = M^*$，因此在克魯曼模型中，開放經濟達到均衡時，正如任何開放經濟模型一樣，貿易也必然平衡。

※ 5.3 統合經濟模型

克魯曼模型雖然成功地將內部規模經濟納入嚴謹的貿易理論，並以之解釋產業內貿易現象，然而這畢竟是個相當簡化的模型，它並無法用來描述現實國際貿

Chapter 5 不完全競爭、新貿易理論與新新貿易理論

易中產業內貿易和產業間貿易同時存在的事實。因此,在克魯曼模型提出後,就有不少貿易理論學者開始嘗試將此模型和傳統貿易模型結合,以期同時考慮比較利益所帶來的產業間貿易以及規模經濟所導致的產業內貿易。但最後,且最完整地完成這項工作的則是克魯曼和另一位貿易學者霍普曼 (Elhanan Helpman),他們將 HO 模型和上一節的克魯曼模型作了巧妙的結合,這也是本小節要介紹的主要內容—**統合經濟模型** (integrated–economy model)。

HO 模型的重述

為了清楚解釋統合經濟模型可以用來描述產業內貿易與產業間貿易同時並存的現象,在此先以另一種方式重述第三章中的 HO 定理。我們首先假設整個世界原是一個國家,或稱為一個統合的世界經濟體 (an integrated world economy),在這統合經濟體中所有資源與物品均可自由移動。假定這個統合經濟體擁有 K_W 的資本和 L_W 的勞動力,並以之生產 X 和 Y 兩種產品。進一步假定統合經濟體中消費者的偏好與生產技術與第三章中 HO 模型完全相同,則我們立即得知這個統合經濟體會達到一個均衡,稱為**統合均衡** (intergrated equilibrium)。圖 5.5 為統合經濟體的箱形圖,其水平邊長代表勞動量 L_W,垂直邊長代表資本量 K_W。假定圖中 Q 點代表統合均衡下資源在 X 和 Y 兩部門的分配,則 OQ 代表使用於 X 部門的資源向量 (L_X^W, K_X^W),QO* 或 OQ' 代表使用於 Y 部門的資源向量 (L_Y^W, K_Y^W)。很清楚地,$K_X^W/L_X^W > K_Y^W/L_Y^W$,這正反映 X 是資本密集產品,而 Y 是勞動密集產品。又因 $L_X^W + L_Y^W = L_W$,$K_X^W + K_Y^W = K_W$,故達成充分就業。另外,由第三章的討論,我們也知道 Q 點必然位於生產契約線上,而 X 和 Y 兩部門等產量曲線在此點的共同切線的斜率則代表勞動和資本的相對價格 w/r。最後,由附錄 A【性質 1】,我們知道統合均衡下 X 和 Y 的產量可分別以 $\overline{OQ}$ 和 $\overline{QO^*}$ 的長度表示。

現在假定因某種原因,將這個統合經濟體分成兩個國家,稱為本國和外國,本國分得 (K, L) 而外國分得 (K*, L*) 的資源;當然,$K + K^* = K_W$,$L + L^* = L_W$,而資本和勞動則無法在兩國間移動。圖 5.5 中將此資源分配點以 E 表示,則以

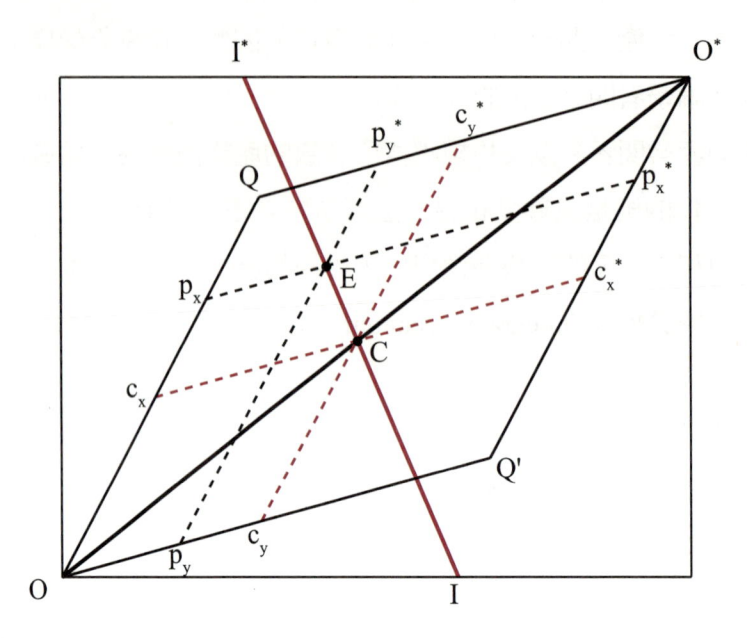

圖 5.5

O 和 E 兩點及原箱形圖兩邊所形成的箱形圖 (未畫出) 即是代表本國資源的箱形圖。反之，由 E 和 O^* 與原箱形圖兩邊所形成的另一箱形圖 (未畫出) 則是代表外國資源的箱形圖。因 E 點位於對角線 OO^* 上方，故上述的資源分割隱含本國為資本豐富國家，外國為勞動豐富國家。

由 E 點分別繪出平行於 OQ 和 QO^* 兩條虛線，與平行四邊形 OQO^*Q' 分別交於 p_y，p_y^*，p_x，p_x^* 四點。現在可清楚看到，只要本國生產 $\overline{Op_x}$ 數量的 X 和 $\overline{Op_y}$ 數量的 Y，則代表兩部門資源使用的向量 Op_x 和 Op_y 之和剛好就是本國所擁有的資源向量 OE，因此達到充分就業。同樣道理，只要外國生產 $\overline{O^*p_x^*}$ 的 X 和 $\overline{O^*p_y^*}$ 的 Y 即可達到充分就業。因 $\overline{Op_x}+\overline{O^*p_x^*}=\overline{Op_x}+\overline{p_xQ}=\overline{OQ}$，$\overline{Op_y}+\overline{O^*p_y^*}=\overline{p_y^*Q}+\overline{Q^*p_y^*}=\overline{QO^*}$，故我們知道在分割成兩國後，生產方面和統合經濟下並沒有什麼改變。另一方面，所有消費者也和過去完全一樣，所以消費面也不會改變。於是我們立即得知，這樣的分割方式所得到的均衡與統合均衡完全相同。

雖然我們無法在此嚴謹證明，但讀者只要嘗試幾種不同的兩國分割方式即可

Chapter 5 不完全競爭、新貿易理論與新新貿易理論

得知，只要分割點 E 位於平行四邊形 OQO^*Q' 之內，則分割後的均衡必然就是原有的統合均衡。但即使如此，這只代表分割前後全世界兩種產品的總生產和總消費都沒改變而已，並不代表兩國兩種產品的生產與消費各自都相同。現在以本國為例來說明。

我們知道，分割後本國將生產 $\overline{Op_x}$ 的 X 產品和 $\overline{Op_y}$ 的 Y 產品，但對兩產品的消費又分別是多少呢？由於本國和外國消費者具有完全相同的位似偏好，由第三篇位似偏好的性質得知，兩國對 X 產品的需求與其所得或 GDP 成固定比例，即

$$x = \alpha_x \cdot (GDP/p_x) \tag{5.25}$$
$$x^* = \alpha_x^* \cdot (GDP^*/p_x) \tag{5.26}$$

上兩式中 GDP/p_x 和 GDP^*/p_x 分別為以 X 產品表示的本國和外國的國內生產淨額或國民所得；α_x 與 α_x^* 分別是本國與外國 GDP 中花在 X 產品的比例。但因兩國偏好相同，且面對相同的統合均衡價格，故 $\alpha_x = \alpha_x^*$，於是 (5.25) 與 (5.26) 隱含

$$\frac{x}{x^*} = \frac{GDP}{GDP^*} \tag{5.27}$$

亦即兩國消費 X 的比例與兩國 GDP 的比例相同。事實上，相同的過程可告訴我們兩國消費 Y 產品的比例也是等於兩國 GDP 的比值。

本國所得或 GDP 可寫成

$$GDP = w \cdot L + r \cdot K \tag{5.28}$$

由熟知的技巧，我們知道，給定不同的 GDP 值，我們可在圖 5.5 中繪出一條斜率為 w/r 的等值–GDP 線 (iso–GDP line)。圖中以 O 為原點，通過 E 點的 I'I 即是代表本國的 GDP 線，因而以勞動衡量的本國 GDP 為 OI。同樣過程與原理，以 O^* 為原點，I^*I 即是代表外國 GDP 水準的線，故以勞動衡量的外國 GDP^* 為 O^*I^*。利用 $\triangle OCI$ 與 $\triangle O^*CI^*$ 相似以及上述結果，可將 (5.27) 改寫成

143

$$\frac{x}{x^*} = \frac{\overline{OI}}{\overline{O^*I^*}} = \frac{\overline{OC}}{\overline{O^*C}} \tag{5.27'}$$

通過 C 點畫出分別平行於 $p_y p_y^*$ 與 $p_x p_x^*$ 的直線 $c_y c_y^*$ 和 $c_x c_x^*$，可進一步將 (5.27') 改寫成

$$\frac{x}{x^*} = \frac{\overline{OC}}{\overline{O^*C}} = \frac{\overline{Oc_x}}{\overline{c_x Q}} = \frac{\overline{Oc_x}}{\overline{O^*c_x^*}} \tag{5.27''}$$

因兩國 X 的總產量為 $\overline{OQ}$，(5.27'') 表示，本國消費了 $\overline{Oc_x}$ 的 X，而外國則消費了 $\overline{c_x Q} = \overline{O^*c_x^*}$ 的 X。由於本國生產的 X 為 $\overline{Op_x}$，故其中 $\overline{c_x p_x}$ 出口到外國，使得外國可消費自己生產的 $\overline{O^*p_x^*}$ 再加上 $\overline{c_x p_x} = \overline{c_x^* p_x^*}$ 而成為 $\overline{O^*c_x^*}$。

同樣道理，本國消費的 Y 產品 $\overline{Oc_y}$ 遠超過自己所生產的 $\overline{Op_y}$，故其中 $\overline{p_y c_y} = \overline{p_y^* c_y^*}$，剛好是外國 Y 的生產 ($\overline{O^*p_y^*}$) 超過其消費 ($\overline{O^*c_y^*}$) 的部份。由此可知，在兩國開放貿易均衡時，資本豐富的本國出口 $\overline{c_x p_x}$ 的資本密集產品 X，而勞動豐富的外國則出口 $\overline{p_y^* c_y^*}$ 的勞動密集產品，這正是 HO 定理。

圖 5.5 除了可如上重述 HO 定理外，讀者還可自行嘗試證實下列兩項結果：第一，將 E 點沿著 I^*I 線向 C 點靠近，兩國的貿易將愈來愈少，到了極端情況，當 E 點與 C 點重合時，兩國即不再有任何貿易。這個結果並不令人意外，因為只要兩國分割點愈靠近對角線 OO^*，則兩國的因素稟賦比率 K/L 和 K^*/L^* 就愈接近，表示兩國愈來愈相同，則因素稟賦差異所造成的比較利益也逐漸消失，貿易量以及貿易利得當然也就不斷下降了。而當 E 點在 OO^* 線上時，兩國的因素稟賦比例完全相同，實質上代表兩國不再有任何差異存在，因此不可能經由貿易獲取利得，貿易也就毫無必要了。這也是本章一開始提到，HO 模型隱含國際貿易具有互補性質的原因。第二，以 O 為原點，我們知道 E 點的座標代表本國的因素稟賦 (L, K)。同樣道理，以 O 為原點，本國的消費點 C 的座標，將其記為 (L_C, K_C)，可視為本國消費的勞動與資本力的數量。如此一來，$K - K_C > 0$ 可視為本國透過貿易所出口的資本，而 $L_C - L < 0$ 則是本國經由貿易所進口的勞動力。換句話說，正如我們在第三章解釋因素價格均等化定理時所提到的，產品只是載具，經由最終產品的交易，國際間所進行的實質上是隱含於產品中的生產因素的

Chapter 5　不完全競爭、新貿易理論與新新貿易理論

交易。

產業內貿易與產業間貿易

　　充分了解利用統合經濟模型說明 HO 定理，要將產業內貿易和產業間貿易結合於同一模型中，至少在觀念上就沒有什麼困難了。回到圖 5.5 的統合經濟模型；假定我們考慮一個與圖 5.5 只有唯一一點不同的經濟體系，即 X 產品成為前一節克魯曼模型中的異質產品，每一廠商雖然生產不同種類的產出，但其成本函數完全相同，且都具有內部規模經濟性質。霍普曼和克魯曼 1985 年書中主要是將原克魯曼模型中單一生產因素 (勞動力) 擴展到使用資本和勞動力兩種生產因素的情況。由於這些是屬於技術性的問題，遠超出本書範圍，我們不在此討論。重點是，在上述模型下，只要適當選擇產品衡量單位，我們仍然得到本國貿易後將生產 $\overline{Op_x}$ 單位的 X 和 $\overline{Op_y}$ 單位的 Y，而外國則生產 $\overline{O^*p_x^*}$ 單位的 X 與 $\overline{O^*p_y^*}$ 單位的 Y。另一方面，本國和外國 X 和 Y 的消費分別是 $(\overline{Oc_x}, \overline{Oc_y})$ 與 $(\overline{O^*c_x^*}, \overline{O^*c_y^*})$。很清楚地，本國必須自外國進口 $\overline{p_yc_y} = \overline{O^*p_y^*} - \overline{O^*c_y^*}$ 的 Y 產品；這正是 HO 定理所告訴我們的，勞動豐富的外國，在勞動密集產品的生產具有比較利益，故開放貿易後會出口勞動密集產品 Y。當然，為了進口 $\overline{p_yc_y}$，本國就必須出口資本密集產品到外國以進行交換。但在這方面，HO 定理的內涵就必須適度加以修正。

　　由於 X 是異質產品，且因內部規模經濟的緣故，每一類產品只由一家廠商生產。因此，圖 5.5 中本國所生產這組 X 產品 $\overline{Op_x}$ 和外國所生產的那組 X 產品 $\overline{O^*p_x^*}$ 都是不同種類。但兩國消費者一樣都要消費所有種類的 X 產品，故本國和外國同時會將其所生產的各類 X 產品部份出口到對方，於是就有了克魯曼模型中的產業內貿易現象。不過，由圖 5.5 可看出 $\overline{Op_x} > \overline{O^*p_x^*}$，即本國生產的 X 的數量比外國多，再加上相同位似偏好，本國將有 $\overline{Op_x} - \overline{Oc_x} = \overline{c_xp_x}$ 的**淨出口** (net export)。因此，整體而言，資本豐富的本國仍是會出口資本密集產品 X，以交換自外國進口 $\overline{p_yc_y}$ 的 Y 產品。

　　上面統合經濟模型的貿易型態可以圖 5.6 更清楚說明。圖中上、下兩條橫線

145

國際貿易

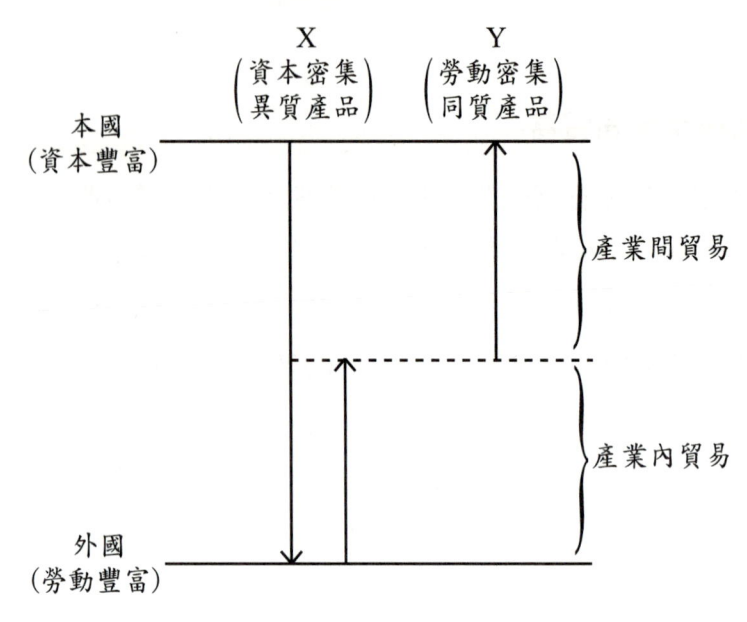

```
                    X              Y
                 (資本密集)      (勞動密集)
                  異質產品)      同質產品)
    本國      ├─────────────┬─────────────┤  ┐
  (資本豐富)  │             │      ↑      │  │
              │             │      │      │  │
              │             │      │      │  ├ 產業間貿易
              │             │      │      │  │
              │             │      │      │  │
              │      ↑      │      │      │  ┘
              ├ ─ ─ ─│─ ─ ─ ┼ ─ ─ ─│─ ─ ─ ┤  ┐
              │      │      │      │      │  │
              │      │      │      │      │  ├ 產業內貿易
              │      │      │      │      │  │
    外國      │      ↓      │      │      │  ┘
  (勞動豐富)  └─────────────┴─────────────┘
```

圖 5.6

間的長度代表進出口值,箭頭則代表產品在兩國間的流動方向。就異質產品 X 來看,我們同時看到本國出口到外國和外國出口到本國的產業內貿易。但因相對於 Y,X 為資本密集產品,故資本豐富的本國出口值大於外國的出口值,所以本國在 X 產品的貿易上為淨出口國。本國在 X 部門的淨出口餘額,即用來購買外國同值的 Y 產品,這部份就是產業間貿易。

總結而言,由霍普曼和克魯曼的統合經濟模型,我們可得到下列幾個重要結論:

(1) 現實社會中所存在的產業間貿易與產業內貿易確實可由一統合經濟模型來描述;其中產業間貿易反映了傳統貿易理論,特別是 HO 模型,所強調的比較利益因素,而產業內貿易則是來自異質產品與內部規模經濟。值得強調的是,來自這兩種貿易的利得彼此並不衝突,而是具有互補性的。

(2) 雖然基於比較利益的產業間貿易型態可清楚確定,但產業內貿易型態則完全無法事先預期 (unpredictable),而是取決於某種歷史上的偶然事件。

(3) 產業間貿易和產業內貿易的相對重要性取決於本國和外國因素稟賦的相似程度。當兩國因素稟賦愈相似時 (即，圖 5.5 中因素分割點 E 愈靠近對角線 OO* 時)，產業內貿易所佔比例就愈大。在 E 位於 OO* 上的極端情況下，兩國間將只存在產業內貿易，而沒有產業間貿易。反之，當 E 離 OO* 愈遠時，產業間貿易的比重就愈大；在極端情況下，若 E 位於 QO* 線上，則外國將專業化生產 Y 產品，本國專業化生產 X 產品，兩國間將只有產業間貿易而無產業內貿易。

(4) 除了因素稟賦差異影響兩國**貿易量** (volumn of trade) 外，兩個國家的相對大小 (relative country size) 也會影響貿易量大小。例如，讀者應可很容易由圖 5.5 看出，當兩國相對因素稟賦相同時 (即 E 位於 OO* 線上)，如果兩國大小完全相同 (即 E 為 OO* 的中點)，則兩國間的產業內貿易將達到最大。

5.4 相互傾銷模型

克魯曼的獨佔性競爭模型，成功地突破不完全競爭市場結構在貿易理論中的侷限，但敏感的讀者或許已注意到，該模型的產業內貿易及對貿易利得的詮釋，完全植基於異質產品與內部規模經濟兩個性質，跟不完全競爭的市場結構本身毫無關聯。然而，布蘭德 (James Brander) 和克魯曼進一步證明，在容許廠商在國際間進行**差別取價** (price discrimination) 的情況下，**傾銷** (dumping) 本身即可能導致國際貿易，而不須具備比較利益或內部規模經濟的前提。這正是這小節所要討論的主題，但在討論貿易之前，讓我們先簡要說明傾銷的意義。

傾銷

讀者在個體經濟學，特別是有關獨佔廠商的討論中，通常會接觸到差別取價的問題。粗略地說，差別取價是指具有價格制定能力的廠商，針對不同消費者或不同銷售單位產品訂定不同價格的現象；其中最常見的一種型式稱為**第三級差別取價** (third-degree price discrimination)，這是指對具有不同特性的購買群索取不

國際貿易

同價格,但對同一購買者,不論其購買數量多寡均索取相同價格。因第三級差別取價要求廠商在訂價之時就能清楚辨別不同消費群的特性,這在國際貿易上顯得特別自然,因為國內、外的消費者分屬兩個不同的國家。尤有進者,廠商進行差別取價的一個必要條件是不同價格的市場彼此必須是**隔離的** (segmented),亦即購買者無法以較低價格購買,再以較高價格轉售,這在有高運輸成本及各種貿易政策管制的國際貿易上更容易滿足。因此,從事國際貿易的廠商在不同國家市場間進行第三級差別取價的作為可說是理所當然。國際貿易中所謂的傾銷,就是指廠商在本國市場和外國市場進行第三級差別取價,且在外國市場的銷售價格較本國市場銷售價格低的現象。

圖 5.7 以一簡單的例子來說明傾銷現象。假定本國只有一獨佔廠商生產 X 產品,其所面對的國內市場需求曲線為 AB,而邊際收益曲線則是 AR。除了在本國銷售產品外,此本國獨佔廠商也可在外國市場上銷售其產品。在此假設該廠商在外國市場上只是個價格接受者,其所面對的價格為 p_x^*。從圖上可清楚看到,只要此廠商銷售的數量不超過 x_1,它就只會在國內市場銷售,因而面對的邊際

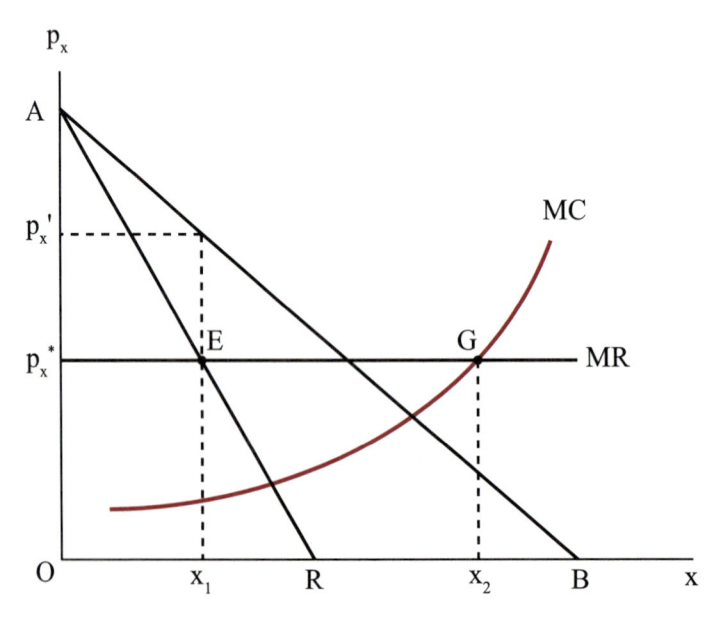

圖 5.7

Chapter 5　不完全競爭、新貿易理論與新新貿易理論

收益曲線為 AE。但只要銷售數量超過 x_1，賣在本國市場的邊際收益就低於賣到國外的價格 p_x^*，因此在銷售量超過 x_1 之後，此廠商就會以價格 p_x^* 出口產品到外國，故該廠商所面對的邊際收益曲線變成 EMR。換句話說，在國內外市場可以隔離情況下，此廠商所面對的邊際收益曲線成為 AEMR。由利潤極大化的條件 MR = MC 得知，此廠商均衡點為 G，總產量為 x_2，其中 x_1 單位以 p_x' 的價格在國內市場銷售，而 $x_2 - x_1$ 單位則以 p_x^* 出口到外國，於是有了國內價格 p_x' 高於國外價格 p_x^* 的傾銷現象。

瞭解了傾銷的意義後，接著就可來探討傾銷本身如何帶來國際貿易，以及其隱含的福利意義。不過，在進行此分析之前，我們要特別強調，圖 5.7 雖描述的是一種本國廠商在外國市場為價格接受者的極端情況，但這個結果並不需要如此極端的假設。熟悉第三級差別取價的讀者應很清楚，只要廠商所面對的外國需求彈性大於本國市場的需求彈性，以追求利潤最大化為目標的廠商就必然會有傾銷的措施。

相互傾銷

為了排除任何其他影響貿易的因素，在此考慮一種極端的情形：兩個完全相同的國家內各有一生產同質產品 X 的獨佔廠商，它們使用完全相同的生產技術，面對完全相同的需求。圖 5.8 描繪邊際成本固定下兩國封閉經濟均衡；由上述假設得知，$x_M = x_M^*$，$p_x^M = p_x^{*M}$。因此，如果不允許廠商在兩國市場間從事差別取價，則即使開放自由貿易，也不會真的有貿易發生。但如果廠商可在兩個市場進行差別取價，且假定兩廠商採取**庫諾競爭** (Cournot competition) 策略，則國際貿易就可能發生。為什麼呢？

為了便於說明，將圖 5.8(b) 外國市場重繪於圖 5.9。從本國廠商觀點來看，在庫諾行為下，外國廠商將不會改變其產量 x_M^*，因此外國市場中仍有 C^*B^* 的需求未被滿足。於是本國廠商可就這部份**剩餘市場** (residual market)，依 MR = MC 的條件，得到均衡點 E'，此時本國廠商在外國市場將以低於國內價格 $p_x^M = p_x^{*M}$ 的價格 p_x[12] 在國外市場銷售，因此有了傾銷現象。假設本國對應於均衡點 E'

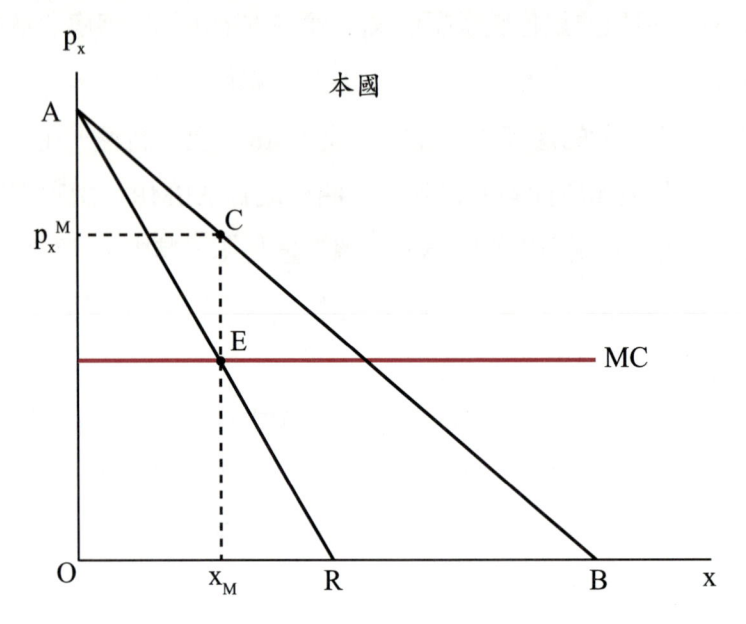

圖 5.8(a)

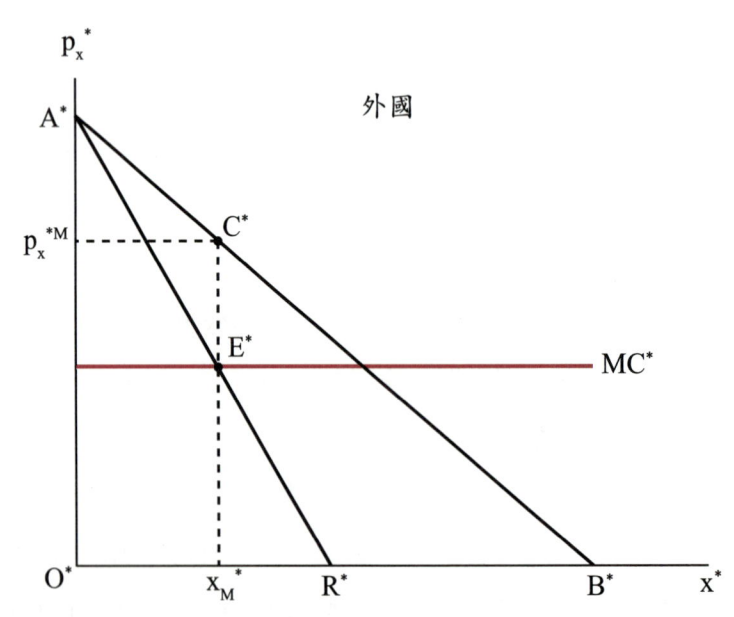

圖 5.8(b)

Chapter 5　不完全競爭、新貿易理論與新新貿易理論

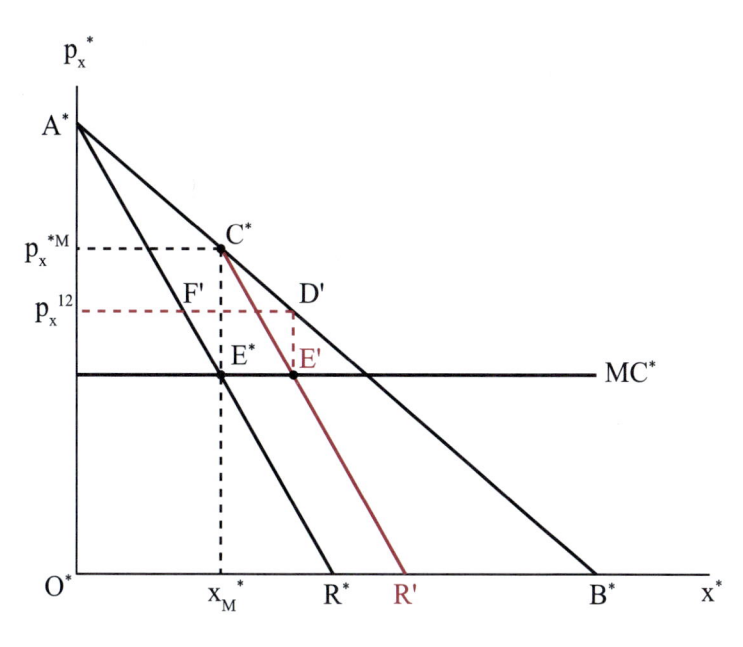

圖 5.9

的銷售量為 x_{12} (未繪出)，則經由此傾銷行為，本國廠商可獲取圖 5.9 中 $E^*E'D'F'$ 面積的利潤。何以本國廠商在國內市場不願銷售超過 x_M 的數量，但卻願在國外市場多銷售 x_{12} 呢？根本的問題在於，本國廠商在本國市場多銷售一單位產品將會使國內價格下降，因此不但額外這單位產品賣出的價格小於 p_x^M，而且將使前面所賣的 x_M 單位的產品價格同時下降。由圖 5.8(a) 可知，這將使其邊際收益低於邊際成本，利潤降低。但如果這額外一單位產品是賣在國外，雖然其價格仍會低於 p_x^M，不過這卻不會影響其在國內市場的銷售價格，於是這在國外市場額外賣一單位的價格就是它的邊際收益。由圖 5.9 可知，這個邊際收益仍高於邊際成本 $x_M^* E^*$，本國廠商利潤因而會增加。事實上，國外市場中原本銷售的 x_M^* 單位的價格也會因本國廠商額外銷售這一單位而下降，只是這個損失是由外國廠商承擔罷了。

當然，外國廠商面對本國廠商的「突擊」，在庫諾行為假設下，也會認定本國廠商不會改變其在外國市場銷售量 x_{12}，然後再就剩餘市場生產其利潤最大的產量，如此一來，外國市場就成了典型的雙佔市場。完全相同的邏輯，外國廠商

也會進入本國市場，使本國市場變成雙佔市場。在前述兩國各方面完全相同的假設下，容許傾銷的結果將使兩國由原本完全相同的獨佔市場均衡，變成兩國完全相同的雙佔市場均衡。

我們可將上述結果用一簡單的數學模型來說明，以加深讀者的印象。因兩國結果完全一樣，在此只以本國市場討論即可。假定本國市場需求函數為線性

$$p_x = a - b(x + x_{21}) \tag{5.29}$$

上式中 x 和 x_{21} 分別代表本國和外國廠商的銷售量。廠商生產過程沒有固定成本，且邊際成本為固定 c。為了便於後面的討論，我們進一步假定產品出口必須支付每單位 t 元的運費 (當然，t = 0 時代表沒有運費)。讀者應很容易可以得知，在封閉經濟下 (即 $x_{21} = 0$)，本國獨佔廠商的最適產量和價格分別為

$$x_M = \frac{a - c}{2b} \tag{5.30a}$$

$$p_x^M = \frac{a + c}{2} \tag{5.30b}$$

當貿易開放且容許傾銷後，由前面分析得知，兩國市場都會變成雙佔市場。本國廠商的利潤函數可寫成

$$\pi = \{[a - b(x + x_{21})]x - c \cdot x\} + \{[a - b(x^* + x_{12})]x_{12} - (c + t)x_{12}\} \tag{5.31}$$

上式中 x_{12} 代表本國廠商在外國市場的銷售量，$[a - b(x^* + x_{12})]$ 則是外國市場的價格。因此，(5.31) 中第一個大括號為本國廠商銷售 x 於本國市場所獲得的利潤，第二個大括號則是本國廠商出口 x_{12} 到外國市場所獲得的利潤。利潤極大化的一階條件為：

$$\frac{\partial \pi}{\partial x} = a - 2bx - bx_{21} - c = 0 \tag{5.32a}$$

$$\frac{\partial \pi}{\partial x_{12}} = a - bx^* - 2bx_{12} - (c + t) = 0 \tag{5.32b}$$

Chapter 5 不完全競爭、新貿易理論與新新貿易理論

利用一階條件及在均衡時 $x^t = x^{*t}$，$x_{21}^t = x_{12}^t$ (加右上標 t 代表含運費時的均衡值) 的事實，可解得本國廠商在兩市場的最適銷售量：

$$x^t = \frac{a-c+t}{3b} \tag{5.33a}$$

$$x_{12}^t = \frac{a-c-2t}{3b} \tag{5.33b}$$

當然上述結果只有在 $a - c - 2t > 0$ 下方有意義。觀察這兩個銷售量，我們立即發現，在沒有運輸成本 (t = 0) 的情況下，廠商在兩個市場所處環境完全相同，故在兩個市場的最適銷售量也完全相等。但當出口到外國必須支付運輸成本時，本國廠商在本國市場的最適銷售量必然超過其出口到外國市場的數量。這個結果一點也不意外，因為本國廠商在本國銷售的邊際成本 (c) 較外國廠商在本國廠商銷售的邊際成本 (c + t) 來得低，故有較高競爭力，自然能佔有較大的市場；相對應地，本國廠商在外國市場競爭力較弱，市場份額也就比外國廠商小。

但不管是否存在運輸成本，這裡最重要的結論是，在均衡時 $x_{12}^t = x_{21}^t > 0$。換句話說，即使兩國完全相同，沒有比較利益或規模經濟問題，容許兩個獨佔廠商對他國市場進行傾銷，就可使等量的同質產品在兩國間進行交易。這種奇特的現象，就是布蘭德和克魯曼所稱的**相互傾銷** (reciprocal dumping)。這是個相當不可置信的結果；特別是，在出口須支付運輸成本的情況下，因為這代表純粹的、不必要的資源浪費而已。因此，一個有趣的問題是，這兩個國家是否因相互傾銷而獲利呢？這就是我們接下來要探討的福利問題。

※相互傾銷與福利

首先來看 t = 0 的情形。圖 5.10 中 AB 為本國市場的需求曲線。為了不使圖形過份擁擠，圖中略去 MR 曲線。x_M 和 p_x^M 分別代表封閉經濟下本國獨佔廠商的銷售量和價格。封閉經濟下**消費者剩餘** (consumer surplus，CS) 為三角形 1 的面積，而**生產者剩餘** (producer surplus，PS) 為長方形 2 + 4 + 5 的面積，故封閉經濟下的社會福利 W_0 為

國際貿易

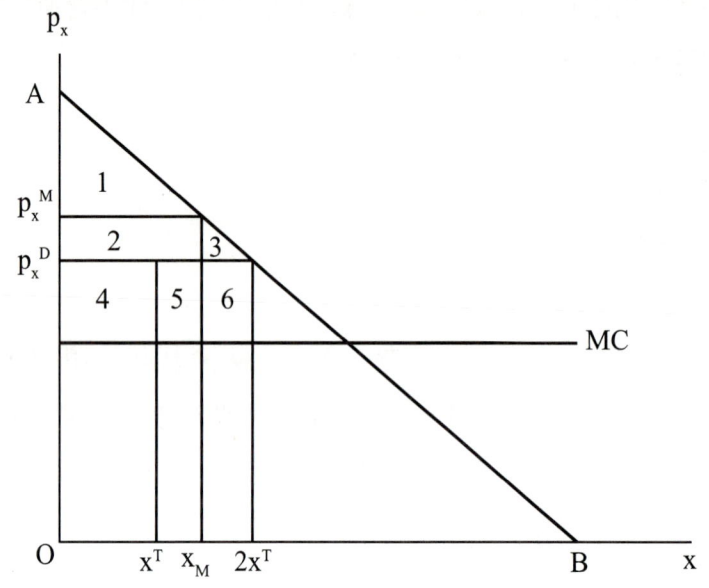

圖 5.10

$$W_0 = CS + PS = 1 + 2 + 4 + 5 \tag{5.34}$$

兩國開放自由貿易後，因沒有運費，故廠商在本國和外國的銷售量同為 $x^T = (a-c)/3b$，上標 "T" 代表運費為零的情況。由對稱性得知此時本國市場銷售量為 $2x^T$，價格為 $p_x^D < p_x^M$ (見圖 5.10)。因此自由貿易下消費者剩餘為 $1 + 2 + 3$，生產者剩餘包括賺自國內市場的 4 以及賺自外國市場的 $5 + 6$ (為什麼？)，於是開放經濟下的社會福利 W_T 為

$$W_T = CS + PS = 1 + 2 + 3 + 4 + 5 + 6 \tag{5.35}$$

開放貿易對福利的影響為

$$\Delta W = W_T - W_0 = 3 + 6 \tag{5.36}$$

很明顯地，只要不需運費，開放自由貿易必然可使兩國福利改善。這個原理很簡單，開放貿易打破了國內廠商的獨佔局面，削弱了壟斷力量，使得市場競爭增

154

Chapter 5 不完全競爭、新貿易理論與新新貿易理論

加，結果是市場上銷售的產品增加，價格下降。換句話說，即使是等量同質產品的交換，貿易仍可透過增進市場競爭而獲利 (pro-competition gains from trade)。

讀者或許已經預期到，如果出口產品必須支付運費時，那麼開放貿易並不必然使本國福利上升，因為經由運費所支付的代價可能遠超過增進競爭所獲得的利益。事實正是如此，現在以圖 5.11 來說明。如同前面的分析，封閉經濟下的福利可寫成

$$W_0 = 1 + 2 + 4 + 5 + 7 + 8 \tag{5.37}$$

開放貿易後本國廠商在本國市場銷售 x^t，獲取 4 + 7 的生產者剩餘。但因出口需要運費，使得本國在外國銷售的邊際成本成為 $MC + t$，因此只能銷售 $x_{12}^t < x^t$ 的數量。利用兩廠商對稱性關係，可知在外國銷售 x_{12}^t 的生產者剩餘正是圖 5.11 中的 5 + 6。而在市場銷售 $x^t + x_{12}^t$ 時，市場價格成為 p_x^D，故消費者剩餘為 1 + 2 + 3，故開放經濟的社會福利為

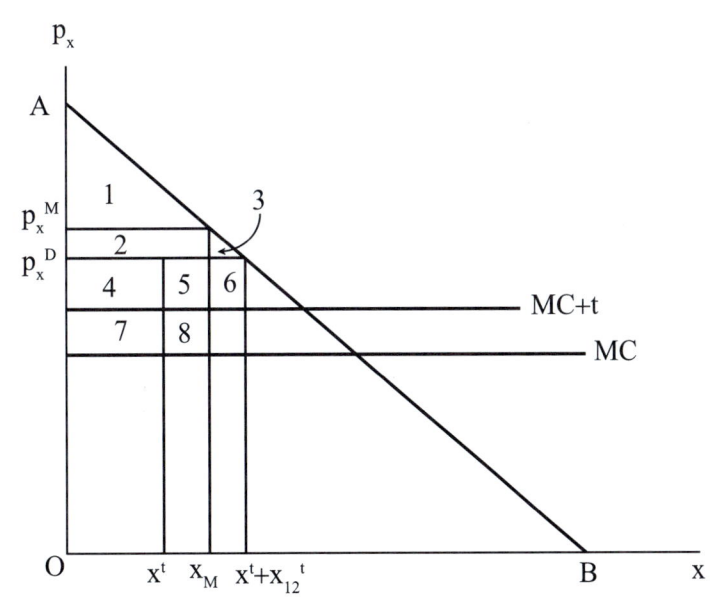

圖 5.11

$$W_t = 1 + 2 + 3 + 4 + 7 + 5 + 6 \qquad (5.38)$$

因此，開放貿易對福利的影響為 (5.38) – (5.37)，即

$$\Delta W = W_t - W_0 = 3 + 6 - 8 \qquad (5.39)$$

其中 3 + 6 正是增進競爭所帶來的利益，而 8 則是代表浪費資源於運送相同產品所造成的損失。一般而言，我們沒辦法確定 3 + 6 與 8 何者較大，因此也就無法確定在交互傾銷模型下，貿易開放對福利是否有正面的影響。不過，由 (5.36) 我們已經知道，在沒有運費的情況下，本國福利必然上升，因此我們可以推論，只要運輸成本不要太高，相互傾銷所帶來競爭增加的利得仍將超過因運費所造成的損失。然而，這種好處將隨著單位運輸成本的提高而逐漸消失，甚至由正轉負。有趣的是，福利並不會因運費持續上升而毫無止境地降低，因為隨運費不斷上升，出口量也會開始減少，使得總運費損失跟著減少，而福利的下降也跟著減少。可以預期地，當運費高到使出口完全停止時，兩國福利也就會回到封閉經濟的水準 W_0。上述結果可以圖 5.12 描繪，圖中 t_1 為相互傾銷下，使得因競爭增加

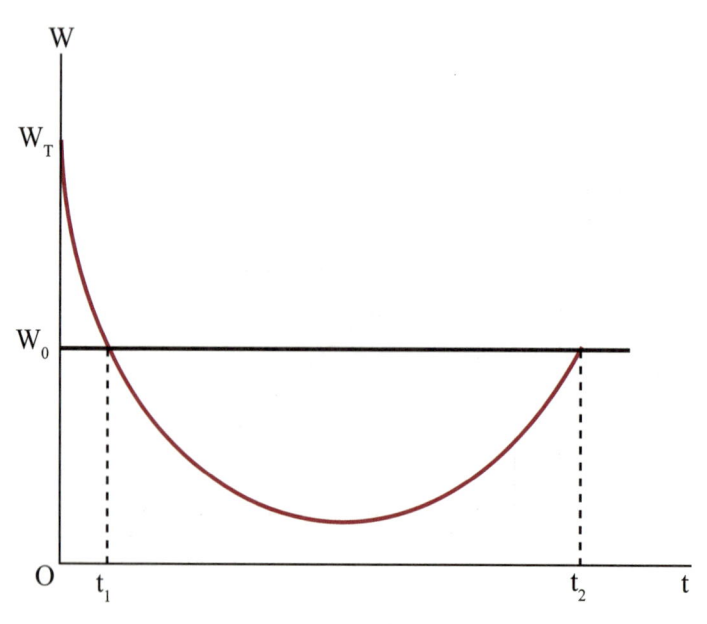

圖 5.12

所獲得的貿易利得剛好被運費損失抵銷的單位運輸成本，而 t_2 則是使得兩國出口完全消失時所謂的**禁止性單位運輸成本** (prohibitive unit transportation cost)。

※5.5　新新貿易理論

　　傳統貿易理論及新貿易理論都是以整個國家或產業為分析對象，至於廠商的角色則是透過代表性廠商的假設加以簡化。這種簡化假設的最大好處是便於進行一般均衡分析。然而，這個假設也忽略了國際貿易活動中一個最基本的事實，即，廠商才是真正從事國際貿易的主體，不是產業，更不是國家。過去，由於缺乏詳細的廠商生產與進、出口貿易資料，這種假定同一產業內所有廠商均相同的代表性廠商分析法及所獲致的結論，並未引起重大的質疑，但這個情況在 1990 年代中期以後有了轉變，導致新一代所謂的**"新新貿易理論"** (new new trade theory) 的興起。由於新新貿易理論仍處於萌芽階段，且代表性著作均相當複雜，不是本書所能詳細討論，故在此我們將只概要性的介紹其產生的背景原因，目前所獲致的重要成果，以及未來可能的發展方向。

新新貿易理論產生的背景

　　如上所說，過去由於缺少有關廠商的生產、貿易資料，以至各種貿易理論模型均建立在代表性廠商假設上。平心而論，這種假設雖然明顯背離現實，但在缺乏明確且重要的反證資料下，不失為進行理論分析的一個最自然與最理想的選擇，而揆諸其在傳統與新貿易理論發展歷程中所扮演的角色，我們絕不可輕忽這個假設的重要貢獻。然而，隨著資訊科技的發展，對大量資料收集、儲存與處理能力的提升，1980 年代以來，先進國家 (特別是美國) 有關**廠商層次的資料** (firm–level data) 已日趨完備。於是，自 1990 年代中期以來，利用這些廠商層次資料所進行的實證研究遂大量出現；其中，在貿易方面又以達特茅斯學院 (Dartmouth College) 伯納德 (Andrew Bernard) 教授所領導的研究團隊成果最為豐碩。現在，我們就來看這一系列實證研究的主要結果。

主要實證結果

　　在介紹這些實證結果之前,我們必須先提醒讀者,到目前為止,由於資料限制,主要結果均來自"美國等先進國家""製造業"的"出口"資料。雖然,零星進口資料顯示,進口廠商和出口廠商基本上具有相同的特質,但這應不是最後結論。另一方面,少數開發中國家資料雖也得到類似先進國家資料的分析結果,但同樣也存在不同的現象。至於製造業以外的其他產業,特別是服務業,廠商層次資料的分析則仍付之闕如。有了這層認知之後,接著就來看這些實證結果:

(1) 出口只是極少數廠商的商業行為,絕大部份廠商只在本國市場銷售。以美國為例,2000 年時,全國五千五百萬家廠商中,只有 4% 有從事出口業務;即使出口活動最興盛的製造業,在 2002 年時也只有 18% 的廠商有出口。但這種現象並不限於美國,2000 年時日本製造業中,出口商也僅佔 20%;即使不屬先進國家的智利,其製造業中有從事出口活動的廠商比例也不過 21%。雖然各國對製造業的定義存有差異,調查對象也不完全相同,但上面的數字仍不可否認地透露著相同的訊息,即出口活動只是少數廠商的行為。

(2) 在實際從事出口活動的廠商中,彼此的差異也相當巨大,通常是,極少數廠商佔了出口總值的大部。2002 年,美國前 1% 大出口廠商輸出全國出口總值的 81%,而前 10% 大出口廠商所佔出口總值比例更高達 96.3%。英國出口集中情況雖不如美國,但其前 1% 與 10% 大出口廠商在 2003 年仍分別佔該國出口總值的 42% 與 80%。前述 1999 年智利資料同樣顯示出口集中於少數大出口廠商的現象,該國前 1% 大出口廠商雖只佔出口總值 49%,但前 10% 大出口廠所佔出口值的比例則直追美國,達 96.5%。

(3) 雖然出口僅是少數廠商的行為,甚至極少數廠商又主宰了大部份國家的出口,但就製造業而言,即使在相當細分的三分位資料中,仍清楚顯示各個不同的製造業都有廠商從事出口。雖然如此,伯納德等人分析 2002 年的美國出口資料也發現,相對於勞動密集產品,美國出口廠商有偏向資本密集產品的現象。以出口廠商數佔廠商總數的比率來說,資本較密集的電腦、電子產品以及電器設備兩產業分別達到 38%，而化學製品業則達 36%；反過來，勞動密集的服飾業與木材製品業只有 8%，印刷及相關產業只有 5%。從出口值佔各產業生產總值來看也有類似的結果，電腦、電子產品出口比率為 21%，為所有 21 種製造業最高者，紡織品產業佔 12%，服飾業則出口了 14%。

(4) 出口廠商和非出口廠商間存在極大差異。由 2002 年美國製造業資料，他們很明確地發現：

(i) 不論以雇用員工人數或產值衡量，出口廠商規模均比非出口廠商大。例如，在適當控制不同製造業的差別後，伯納德等學者估計，在 2002 年，美國出口廠商比非出口廠商多雇用了 97% 的員工，多生產了 108% 的產值。

(ii) 出口廠商一般而言，較非出口廠商採用較為資本密集與**技術密集** (skill-intensive) 的生產方式。伯納德等估計，出口廠商較非出口廠商資本密集和技術密集程度分別高了 12% 和 11%。這個結果與利用歐洲資料分析所得到的結果相當一致。

(iii) 出口廠商較非出口廠商具有更高的生產力。依據不同的指標，伯納德等得到美國出口廠商較非出口廠商生產力大約高出 3%～11%；而前述歐洲資料估計結果差異更大，達到 15%～31%。這個發現後來在學界引發了一連串有關貿易與生產力關係的理論與實證研究，議題的焦點在於：到底是"生產力較高的廠商才會從事出口活動"，還是"廠商因從事出口活動才使生產力提高"。前者一般稱為廠商的**自我選擇效果** (self-selection effect)，亦即只有生產力足夠高的廠商有能力克服從事國際貿易的各種有形、無形成本，而自我選擇成為一個出口者。後者則強調，廠商因為參與國際貿易競爭，為了滿足外國買主或消費者的需求，因此必須在技術上力求不落人後，甚至有所突破，由而導致生產力的提高，因而也常稱為**"出口學習效果"** (learning by exporting effect)。

國際貿易

　　讀者若仔細審視這些實證結果,當會發現,有些和傳統或新貿易理論的預期是一致的,但有些則不是任何前面我們討論過的模型所能夠解釋。例如,美國製造業中,資本和技術密集的部門,出口商和出口值的比重均較其他製造業部門高,大致是反映出美國是個資本與技術豐富國家的事實,這與傳統比較利益理論的觀點一致。但另一方面,傳統貿易理論在代表性廠商的模型設定下,則完全無法解釋何以只有少數廠商從事出口,何以在三分位分類下,所有 21 種製造業都有廠商從事出口。雖然,後者與克魯曼的新貿易理論模型的預期相同,但新貿易理論模型同樣無法交待何以在每一製造業部門都只有少數廠商出口產品,而大部份廠商則只在國內銷售。

　　除了廠商間的差異外,這些實證文獻還發現了另一個重要的現象,即

(5) 貿易自由化會提高整個產業的生產力,因而使整個國家獲利。我們知道,傳統貿易理論中,貿易利得是來自各國專業生產其具有比較利益的產品,而新貿易理論中的貿易利得則是由於市場擴大使得廠商生產能發揮規模經濟,並使消費者所能消費的產品種類增加。但這兩種理論對整個產業生產力的改變基本上從未觸及。反之,這些新的實證文獻顯示,由於廠商間存在著差異性,貿易自由化所帶來的激烈競爭將導致高生產力廠商進入市場並擴增其產量,而低生產力廠商則會逐漸萎縮,終至退出市場,結果是資源由低生產力廠商流向高生產力廠商,使得整個產業的生產力提高,貿易利得因而產生。此外,如果貿易自由化同時導致增加**競爭效果** (pro-competitive effect),則貿易利得將可更進一步提高。

新新貿易理論—異質廠商貿易模型

　　和產業內貿易的重要性導致新貿易理論的發展類似,1990 年代中期以來一系列實證研究成果也對傳統與新貿易理論構成了挑戰,我們急需發展一套足以涵蓋這些實證現象的貿易理論模型。雖然最近幾年已有不少貿易理論學者嘗試將傳統貿易模型加以擴展,建立起**異質廠商貿易模型** (heterogeneous firm trade

Chapter 5　不完全競爭、新貿易理論與新新貿易理論

model)，但這其中以梅利茨 (Marc Melitz) 於 2003 年所提出的模型最受到重視。事實上，梅利茨模型的完整性及可塑性 (flexibility) 已使它成為強調廠商差異性的新新貿易理論最基礎、最主要的分析工具。遺憾的是，該模型的複雜性遠超出本書水準，因此接下來我們僅就其主要特點、架構與分析結果作簡要的介紹。

梅利茨模型是自克魯曼的獨佔性競爭新貿易理論模型演化而來。更明確點說，和克魯曼模型一樣，梅利茨也是考慮一個國家只有一獨佔性競爭產業，該產業中每一廠商使用勞動力生產一種品質相同的**水平差異產品** (horizontally differentiated product)，生產技術也呈現規模經濟的特質。但和克魯曼模型不同，梅利茨假定不同廠商具有不同的生產力。為了掌握這個生產力的差異，梅利茨假定任何一想要進入該產業的廠商都必須支付一筆**進入成本** (entry cost)，這進入成本支出後即成為**沉沒成本** (sunk cost)。由於該筆進入成本賦予廠商自一固定的生產力分配中取得某一特定技術的權利，我們可將進入成本想像成廠商投資於某一新類別產品的研發支出，其研發成果則直接反映在生產該類新產品的邊際成本上。當然與任何研發行為一樣，研發成果具有不確定性，因此各廠商的生產力也就不同，而且生產力決定以後就無法再改變。由於生產過程含有固定成本，故研發成果不佳，生產力太低 (或邊際成本太高) 的廠商若從事生產將會遭受損失，結果只得退出市場。

至於生產力夠高，可存在於市場的廠商，還須進一步考慮是否要將產品銷售到國外市場或僅在國內市場銷售。但不管進入國內或國外市場，廠商都得另外再支付**進入市場的固定成本** (fixed entry cost)，只是進入國內市場的固定成本較進入國外市場的固定成本低而已。在上述設定下，市場上的潛在廠商將會有三個選擇結果：生產力最低的廠商會退出市場，生產力中等的廠商只會在國內市場銷售，只有生產力高到的一定程度的廠商可同時出口產品與銷售在國內市場。我們可利用生產力與邊際成本間的負向關係，以圖 5.13 來說明上述結果。圖 5.13 中，廠商生產的邊際成本由原點往右持續上升。我們可根據進入本國市場的固定成本及國內市場的需求情況，決定一高 (邊際成本) 門檻，只要廠商生產的邊際成本高過此高門檻，其生產利潤即成負值，因而就會選擇退出市場。同樣地，根

161

國際貿易

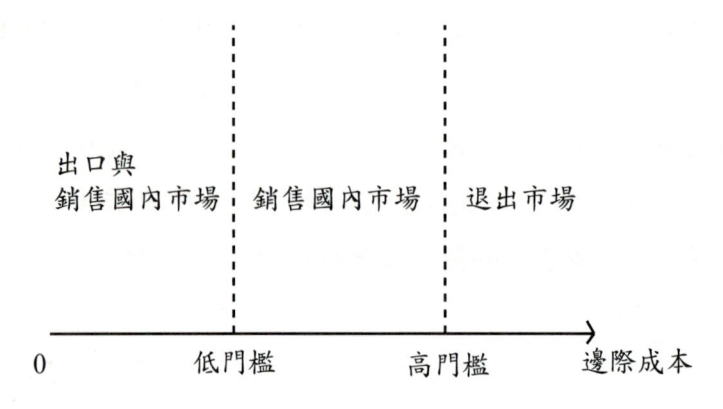

```
            出口與
          銷售國內市場    銷售國內市場    退出市場
    ─────────┼──────────┼─────────→
    0       低門檻       高門檻      邊際成本
```

圖 5.13

據進入國外市場的固定成本，出口的運輸成本，以及國外市場的需求狀況，可以決定一低 (邊際成本) 門檻。當廠商生產的邊際成本高於此低門檻時，出口將使該廠商蒙受損失，故這些廠商只會銷售於國內市場。唯有生產力夠高，生產邊際成本夠低的廠商方能克服出口所牽涉的高成本，由出口獲利而進入國外市場。當然，有能力出口的高生產力廠商必然也能在國內市場銷售。

　　利用上述模型，梅利茨進一步證明，當運輸成本下降或其他貿易障礙減少等貿易自由化發生時，會使圖 5.13 中的低門檻往右移動，亦即進入國外市場的門檻降低了。於是一方面原本就已從事出口的廠商會擴增生產，提高出口量；另一方面，一些原只能銷售於國內市場的廠商也會開始從事出口。但這些生產力較高廠商產量的增加，會同時增加它們對勞動力的需求，從而帶動工資全面上升，導致圖 5.13 中的高門檻往左移動，迫使原已處於淘汰邊緣的低生產力廠商退出市場。貿易自由化產生了汰弱留強的功能，使勞動力由生產力較低的廠商移轉到生產力較高的廠商，從而提高整個產業的生產力。不僅如此，在這個移轉過程中，還可進一步發現生產力較高的出口商，其產出與雇用勞動力增長的速度，較生產力低的非出口商來得更為快速。讀者應可清楚看到，梅利茨模型清楚回應了許多前面所提到的實證結果。經由廠商生產力差異與國際貿易的交互作用，它解釋了生產力高的廠商如何"自我選擇"從事出口；貿易自由化如何促進整體產業生產力的提高，以及何以出口廠商通常相對於非出口廠商生產力較高、規模較大與支付較高工資等現象。

　　除了梅利茨模型外，新新貿易理論的另外一個重要進展則是由伯納德、芮汀 (Stephen Redding) 和蕭特 (Peter Schott) 所完成。他們於 2007 年將異質廠商貿易模型引進克魯曼和霍普曼的統合經濟模型中，提出所謂的**"統合異質廠商模型"** (integrated heterogeneous firm model)。這是一個兩國、兩產業和兩生產因素模型；其中兩個產業均由生產異質產品的一組連續廠商 (a continuum of firms) 所組成。各廠商間的生產力均不同，兩產業的因素集中度不同，而兩國的因素稟賦也不一樣。在統合異質廠商模型架構下，他們發現：傳統的比較利益原理決定那個國家在那個產業的出口較多；水平產品差異和規模經濟則帶來了產業內貿易；而貿易成本所隱含的廠商自我選擇則使得有些廠商只銷售於國內市場，其他廠商則會從事出口。

　　和梅利茨模型一樣，貿易自由化所引起的產業內資源重分配會使兩個產業的生產力提高，但在此，具有比較利益的產業，其產業生產力提高的更多；這個結果擴大了兩國之間原本存在的比較利益差距，進一步增進貿易利得。除此之外，更重要的是，這個模型所隱含的貿易自由化對所得分配的影響。由於兩個產業的生產力都因貿易自由化而提高，這將使所有產品類別的價格下降，導致兩種生產因素實質所得上升。如果生產力的提高程度夠大，就有可能使得一國相對稀少的生產因素因貿易自由化而獲利，這與傳統貿易模型中 SS 定理的預期背道而馳。當然，這麼令人振奮的結果是否真的出現，完全取決於模型中相關參數的大小，因此基本上是一個實證的問題，無法在理論上進行更深入的討論，而有關新新貿易理論的介紹也就此打住。最後，我們摘取伯納德等人 2007 年在經濟前瞻期刊 (Journal of Economic Perspectives) 一文中，比較不同貿易理論模型解釋現實貿易現象能力的表格 (表 5.1)，供讀者作一全面性的回顧，也作為有關貿易理論討論的總結。

國際貿易

表 5.1

貿易理論、模型	傳統貿易理論	新貿易理論	統合經濟模型	異質廠商貿易模型	統合異質廠商貿易模型
代表性著作	李嘉圖 (1817) 赫克斯 (1919) 歐林 (1933)	克魯曼 (1979,1980)	霍普曼、克魯曼 (1985)	梅利茨 (2003)	伯納德、芮汀、蕭特 (2007)
貿易事實 1.貿易					
a.產業間貿易	O	X	O	X	O
b.產業內貿易	X	O	O	O	O
c.產業內出口者和非出口者	X	X	X	O	O
2.貿易和生產力					
a.產業內出口者比非出口者生產力高	X	X	X	O	O
b.貿易自由化提高整個產業生產力	X	X	X	O	O
3.貿易和勞動市場					
a.產業間勞動力重分配	O	X	O	X	O
b.貿易自由化同時引起產業內就業創造與就業毀滅	X	X	X	O	O
c.貿易自由化影響所得分配	O	X	O	X	O

註：1. 取材自 Bernard. A. B., J. B., Redding, S. J., and Schott, P. K., "Firms in International Trade", Journal of Economic Perspectives 21, 2007, p.107.
    2. 表中 O 代表該貿易理論或模型可解釋所對應之貿易事實；X 則代表該貿易理論或模型無法用來解釋對應的貿易事實。

Chapter 5　不完全競爭、新貿易理論與新新貿易理論

習題

1. 解釋下列各小題中兩個名詞的意義，並說明它們之間的關係。

   (a) 內部規模經濟，產業內貿易

   (b) 傾銷，相互傾銷

   (c) 新貿易理論，新新貿易理論

2. 是非題：試判別下列各敘述為「是」或「非」，並詳細說明是或非的理由

   (a) 產業間貿易來自比較利益，產業內貿易則因內部規模經濟而發生。

   (b) 和產業間的貿易一樣，兩國擁有勞動力的相對大小可以決定產業內的貿易型態。

 ※(c) 當兩國因素稟賦愈類似時，兩國間的產業內貿易量就愈大。

 ※(d) 若容許傾銷，則可能發生相同產品在兩國間雙向流動，因而使全球福利下降。

3. 試說明新新貿易理論和新貿易理論的主要差別，並討論兩者貿易利得的根源有何不同。

※**4.** 在克魯曼模型中，假定 (5.1) 式的效用函數可寫成

$$u = \sum_{i=1}^{n} c_i^{\theta}, \quad 0 < \theta < 1$$

   (a) 試導出代表性廠商利潤極大化的條件，由而得到 PP 曲線。

   (b) 試導出代表利潤為零的 ZZ 曲線。

   (c) 利用 (a) 和 (b) 的結果，解出均衡 c、x、n 和 (p/w)。

   (d) 試圖解說明何以開放貿易會使該國福利上升。

國際貿易

Chapter 6 完全競爭下的貿易政策：部份均衡分析

雖然前面幾章中，我們利用各種不同的貿易模型說明，一般而言自由貿易會為參與貿易的國家帶來整體利得，但不可諱言的事實是，自古以來，幾乎沒有任何國家真正實行過百分之百的自由貿易。每個國家基於不同的目的，或多或少、直接間接地都會採取一些政策，干預國際貿易的進行，這些政策都可籠統地稱為**貿易政策** (trade policy)。由於貿易政策無所不在，因此就產生了幾個問題：首先，這些貿易政策的施行，對一個國家的生產、消費、貿易、福利會有什麼影響？其次，這些不同的貿易政策間是否存在一些關係，或存在著優劣次序？第三，最根本的，政府何以會採行某些特定的貿易政策？這些政策又如何形成？最後，面對加速進行的**全球化** (globalization) 趨勢，全世界或不同的國家又是採取那些應對的貿易措施？在接下來幾章中，我們將從理論的觀點，嘗試回答上面這些問題。

當然，貿易政策種類繁多，我們不可能逐一探討，事實上也無法完成如此龐大的工作。因此，除了在本章一開始，簡單地就貿易政策加以分類介紹外，接下去將僅就幾種較重要、較具代表性的貿易政策進行分析。

從最粗略的分類來說，我們可將貿易政策分為**關稅** (tariff) 政策和**非關稅** (non–tariff) 政策。由於任何貿易政策的施行，多少都會阻礙自由貿易的進行，

國際貿易

一般也將後者稱為**非關稅性貿易障礙** (non-tariff trade barriers，NTBs)。雖然關稅有時也可指**出口稅** (export tax)，但習慣上則大部份指**進口稅** (import tax 或 import tariff)。不過，從分析的角度來看，有關進口關稅的分析方法可完全直接引用於分析出口關稅，或進口補貼及出口補貼。至於非關稅貿易政策，傳統上以**進口限額** (import quota) 最重要。但在**關稅暨貿易總協定/世界貿易組織** (General Agreement on Tariffs and Trade/World Trade Organization, GATT/WTO) 架構下，進口限額除了在特別狀況下並不被允許，因此其他類型的非貿易障礙，如**出口自動設限** (voluntary export restraint，VER)、**政府採購協定** (government procurement agreement)、**自製率要求** (local content requirements)、以及衛生、安全標準及通關手續等各種行政干預反而日漸增加。儘管如此，在這一章中，我們將先利用部份均衡分析法說明關稅、補貼和限額這幾個傳統上最重要的貿易政策，而將其他較重要的非關稅貿易障礙留待後面再行介紹。

6.1 進口關稅：小國模型

進口關稅的課徵，一般有兩種方式：**從量稅** (specific tax) 和**從價稅** (ad valorem tax)；顧名思義，前者是依據進口數量課稅，後者則依據進口價格課稅。更明確點來說，從量進口稅是就每一單位進口品課徵一定數量的稅額；例如，從國外進口一單位產品的價格為 p^*，從量稅為 t_s，則此產品進到國內後的銷售價格即為 $p = p^* + t_s$。反之，從價進口稅則依進口品的單位價格，課徵一定比率的稅收，在上例中，若政府改徵從價進口稅，且將**稅率** (tariff rate) 訂為 t_a，則該產品在國內的售價即成為 $p = (1 + t_a) \cdot p^* = p^* + t_a \cdot p^*$，其中 $t_a \cdot p^*$ 就是政府由從價稅所得到的稅收。

上面的說明指出了兩個重要的觀念：首先，當我們談到從量進口稅時，指的是政府就進口品每單位收取的稅額，因此的單位是貨幣；但當我們談到從價進口稅時，指的是就進口總值課徵一定比例的稅收，因此 t_a 是稅率，沒有任何單位。其次，雖然 t_s 和 t_a 單位不同，概念有異，但在外國產品價格 p^* 給定的前提

Chapter 6 完全競爭下的貿易政策：部份均衡分析

下，如果兩種課徵方式所收到的稅收 (或國內價格) 相同的話，則由前面的討論得知

$$t_s = t_a \cdot p^* \tag{6.1}$$

或

$$t_a = \frac{t_s}{p^*} \tag{6.1'}$$

因此，在 p^* 給定的前提下，只要知道 t_a，就可以由 (6.1) 算出 t_s；只要知道 t_s，就可由 (6.1') 得到 t_a。換句話說，t_a 和 t_s 雖然單位不同，但彼此之間卻有一對一的對應關係，故沒有必要分別探討從量稅和從價稅的影響，我們可完全視實際需要及方便程度，決定採用那一種課徵方式進行分析。但一般而言，在部份均衡分析中採用從量稅較簡單，在一般均衡分析時採用從價稅較方便，這也是本書所要遵行的方式。

現在，假定本國在國際市場上為一小國，即本國為國際市場上的價格接受

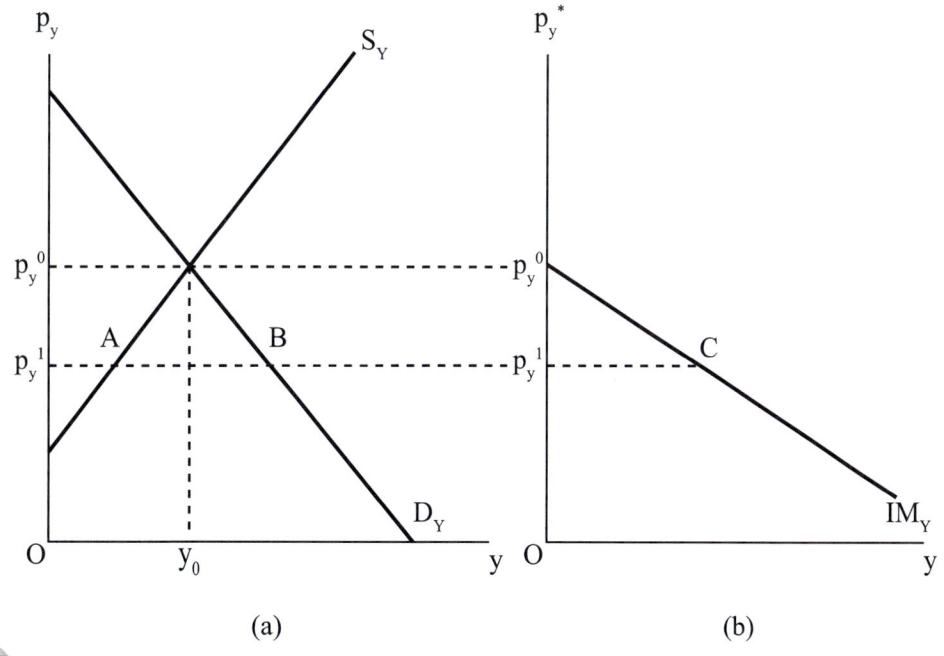

● 圖 6.1

國際貿易

者,則就本國所進口的產品 Y 而言,本國在國際市場上所面對的為一水平的供給曲線,其縱軸截距 p_y^* 即是 Y 產品的國際市場價格 (見圖 6.2(b))。因此,只要決定本國在國際市場中 Y 產品的需求曲線即可決定本國的均衡進口量。假定圖 6.1(a) 中 S_y 和 D_y 分別為本國市場中 Y 產品的供給和需求曲線,則封閉經濟的均衡價格為 p_y^0。很清楚地,只要 Y 的價格超過 p_y^0,本國的需求就可完全由本國的供給來滿足,因此本國沒有必要自外國進口Y,此時進口量為 0。反過來,如果價格較 p_y^0 低,如圖中之 p_y^1,則國內需求量 $p_y^1 B$ 大於供給量 $p_y^1 A$。因此,如果容許自國外市場以 $p_y^* = p_y^1$ 的價格購買 Y,本國將會進口 $AB = p_y^1 B - p_y^1 A$ 的數量。圖 6.1(b) 橫軸為本國 Y 產品的進口量,縱軸代表 Y 產品的國際價格。由上面討論得知在圖 6.1(b) 中,當 $p_y^* = p_y^0$ 時進口量為 0,而當 $p_y^* = p_y^1$ 時進口量為 $p_y^1 C = AB$。我們可針對任何 $p_y^* < p_y^0$ 的價格,重複上述過程,以得到不同價格下的進口量,並將其價格與進口量組合描繪於圖 6.1(b) 中,最後再將這些點連接起來,即可得到圖中 IM_Y 這條本國 Y 產品的進口需求曲線。熟悉個體經濟學中**超額需求曲線** (excess demand curve) 的讀者應已發現,所謂本國 Y 產品進口需求

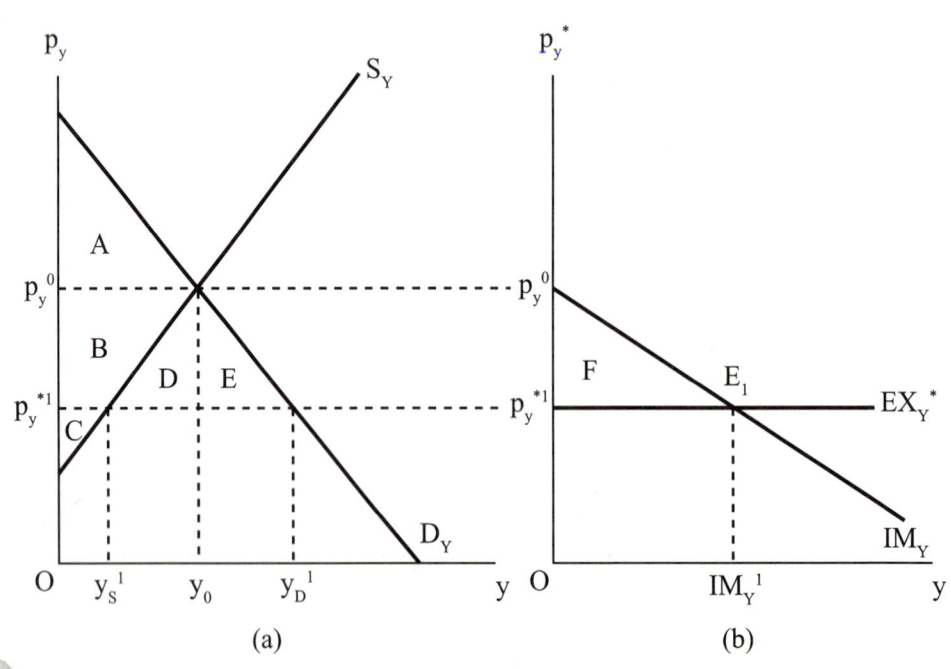

圖 6.2

曲線，只不過是本國 Y 產品市場中，價格小於封閉經濟均衡時的超額需求曲線罷了。換句話說，我們可將 Y 的進口需求曲線寫成

$$IM_Y(p_y^*) = D_y(p_y) - S_y(p_y)，\quad p_y = p_y^* \leq p_y^0 \tag{6.2}$$

切記，在自由貿易下國內外產品價格相等，故 $p_y^* = p_y$。

假定本國原為封閉經濟，則 Y 的國內均衡價格和交易量分別如圖 6.2(a) 中的 p_y^0 和 y_0。現在假定本國開放對外自由貿易，則由前面解說得知本國 Y 產品進口需求函數為圖 6.2(b) 中之 IM_Y。因本國為小國，故在國際市場 (圖 6.2(b)) 中，面對的是截距 p_y^{*1} 的水平國際市場供給曲線 EX_Y^*。由於我們假設 Y 為本國進口品，故隱含 $p_y^0 > p_y^{*1}$。由圖 6.2(b) 可清楚看到，在自由貿易下，面對固定的國際市場價格 p_y^{*1}，本國將會進口 IM_Y^1 的數量。又因自由貿易下國內外價格完全相等，故本國國內價格 $p_y = p_y^{*1}$，此時國內廠商提供 y_S^1 的數量，消費者則購買 y_D^1 的數量，兩者的差距 $y_D^1 - y_S^1$ 就是本國自由貿易下的進口量，即 $IM_1 = y_D^1 - y_S^1$。

圖 6.2 也可以告訴我們開放自由貿易會帶來貿易利得。在封閉經濟均衡下，福利水準為消費者剩餘 $CS_0 = A$ 和生產者剩餘 $PS_0 = B + C$ 之和，即

$$W_0 = CS_0 + PS_0 = A + B + C \tag{6.3}$$

自由貿易下，消費者因可在較低的價格下消費更多的數量，故消費者剩餘增加到 $CS_T = A + B + D + E$，生產者剩餘則因價格下降、生產減少而成為 $PS_T = C$，故自由貿易的福利水準為

$$\begin{aligned}W_T = CS_T + PS_T &= (A + B + D + E) + C \\ &= (A + B + C) + D + E \\ &= W_0 + D + E\end{aligned} \tag{6.4}$$

由此可知，開放自由貿易使得福利上升了 (D + E)，這就是前面幾章所一再強調的貿易利得，只不過在部份均衡分析中福利是以生產者剩餘和消費者剩餘表示，

國際貿易

而非以社會無異曲線表示罷了。最後，讀者應可輕易證實，圖 6.2(a) 中 D + E 的面積，和圖 6.2(b) 中 F 的面積是相等的，因此貿易利得也可以 F 來表示。

接著來看本國政府對 Y 的進口課徵每單位 t_s 從量關稅的效果。圖 6.3 中，假定本國原處於自由貿易，國內外 Y 產品的價格均為 p_y^{*1}，本國進口 $IM_1 = y_D^1 - y_S^1$ 的 Y。現在政府基於某些因素，決定對每單位進口的 Y 產品課徵 t_s 元的關稅，則 Y 產品的國內價格成為

$$p_y = p_y^* + t_s \tag{6.5}$$

因本國為小國，無法影響 p_y^*，故課徵的關稅，完全反映在國內價格上。在圖 6.3(b) 中，政府課進口關稅，使得本國消費者(或進口商)所面對的外國**出口供給曲線** (export supply curve) 由 EX_Y^* 往上平移 t_s 的距離到 EX_Y^{*t}，均衡點由 E_1 移到 E_t。關稅課徵後，本國進口的 Y 減少，成為 $IM_t = y_D^t - y_S^t$。由圖 6.3(a) 可看到，關稅因提高進口品的國內價格 (切記，國際價格仍是 p_y^{*1}，沒變)，使得本國 Y 產品的需求量減少 ($y_D^t < y_D^1$)，生產量增加 ($y_S^t > y_S^1$)，後者即一般所稱的**關稅保**

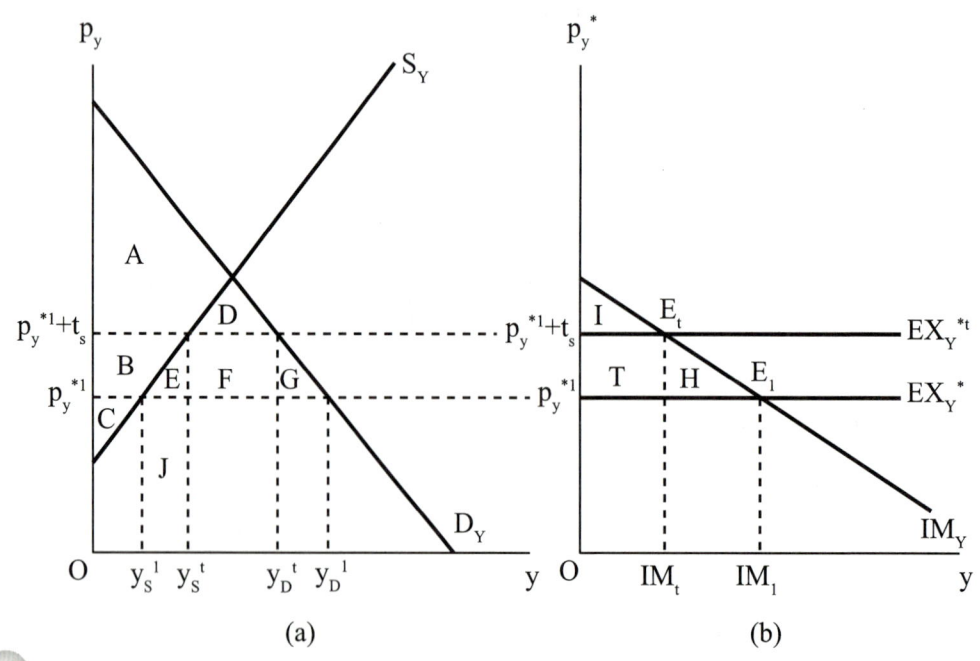

圖 6.3

Chapter 6　完全競爭下的貿易政策：部份均衡分析

護效果。

由前面的討論得知，自由貿易下的福利水準為

$$W_T = A + B + C + D + E + F + G \tag{6.6}$$

課徵關稅後，社會福利除了消費者剩餘 (CS_t) 和生產者剩餘 (PS_t) 外，還要加上政府的關稅收入 $t_s \cdot IM_t$，因為這些稅收政府終將以某種形式 (例如：直接平均退還給人民，或從事公共建設) 由本國人民享用。因課徵關稅後本國消費者和生產者所面對的價格為 $p_y^{*1} + t_s$，故由圖 6.3(a) 得知 $CS_t = A + D$，$PS_t = B + C$，而關稅收入為 $t_s \cdot IM_t = t_s \cdot (y_D^t - y_S^t) = F$。因此，政府課徵關稅後的福利水準為

$$\begin{aligned} W_t &= CS_t + PS_t + t_s \cdot IM_t \\ &= (A + D) + (B + C) + F \end{aligned} \tag{6.7}$$

將 (6.7) 減去 (6.6) 就可得到進口關稅對本國福利的影響

$$\Delta W = W_t - W_T = -(E + G) \tag{6.8}$$

由此可知，任何國際市場上的小國，只要對進口品課徵關稅，必然導致福利下降，造成**無謂損失** (deadweight loss)。由 (6.8) 和圖 6.3(a) 可清楚看到，這個無謂損失包含 E 和 G 兩個小三角形，其中 G 代表消費者面對稅後較高價格，因而減少消費所造成的消費者剩餘的減少，稱為**消費扭曲損失** (consumption distortion loss)。至於 E，則是因關稅保護效果所帶來的損失，為什麼呢？因為關稅保護的結果，使本國多生產了 $y_S^t - y_S^1$ 單位的 Y 產品。為了多生產這些產品，本國須花費的生產成本為 E + J (記得，供給曲線的高度代表邊際成本)，但如果不要自己生產，而由外國進口的話，只要花費 $p_y^{*1} \cdot (y_S^t - y_S^1) = J$ 的成本就夠了。換句話說，因為課徵關稅而使得本國獲取 $y_S^t - y_S^1$ 數量的 Y 的代價增加了 E，這當然是種福利損失。由於這部份的損失是由擴充國內生產而來，故一般稱**生產扭曲損失** (production distortion loss)。值得一提的是，上面兩個損失，我們都加上**扭曲** (distortion) 兩字，這是指關稅的課徵，扭曲了自由市場的價格，使得國內價格

p_y 和國際市場價格 p_y^* 產生差距，因而導致資源配置無法達到經濟效率而言。最後，再請讀者自行證實，政府的關稅收入也可以圖 6.3(b) 中的 T 來表示，而關稅造成的無謂損失 E + G 則剛好等於圖 6.3(b) 中的 H。

6.2 進口關稅：大國模型

大國情況的分析方法和小國完全相同，只不過大國不再是國際市場上的價格接受者，而是透過其在國際市場的購買量可以影響國際市場價格的國家，因此它所面對的外國出口供給曲線不再是水平，而是正斜率的曲線。雖然大小國之間只存在這個看似微小的差別，但就貿易政策而言，則有不可忽視的意義。圖 6.4 和圖 6.3 基本上相同，只不過 EX_Y^* 曲線為正斜率罷了。假定本國原處於自由貿易的均衡，即圖 6.4(b) 中的 E_1 點。此時 Y 產品國內外市場價格均為 p_y^{*1}，本國生產 y_S^1，消費 y_D^1，進口 $IM_1 = y_D^1 - y_S^1$ 的 Y 產品，社會福利為

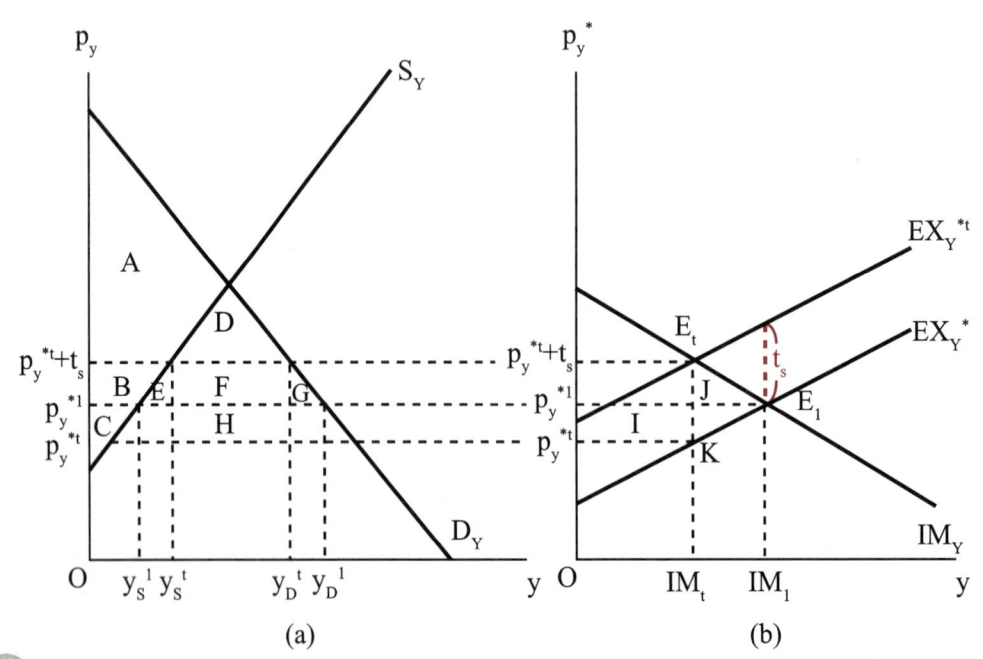

圖 6.4

Chapter 6 完全競爭下的貿易政策：部份均衡分析

$$W_T = CS_T + PS_T$$
$$= (A + B + D + E + F + G) + C \tag{6.9}$$

如果本國對 Y 的進口課徵每單位 t_s 元的從量關稅，則本國所面對的外國出口供給曲線 EX_Y^* 往上平移 t_s 的距離，成為 EX_Y^{*t}，新的均衡點為圖 6.4(b) 中的 E_t。課稅後國內市場的價格為 $p_y = p_y^{*t} + t_s$，其中 t_s 由本國政府收取，p_y^{*t} 則是支付給外國的價格。面對較高的價格，國內生產者產量增加了 $y_S^t - y_S^1$，而消費者的消費量則減少了 $y_D^1 - y_D^t$，因此進口由 IM_1 下降到 $IM_t = y_D^t - y_S^t$。和小國情形相同，進口關稅具有保護效果，但也帶來生產扭曲損失 (E) 和消費扭曲損失 (G)。但因本國減少自國際市場的購買數量，使得國際市場價格由 p_y^{*1} 下降到 p_y^{*t}，這代表了本國貿易條件改善 (為什麼？)，因此福利有可能上升。

透過福利變動分析，可更清楚看到這點。課徵關稅後的福利為

$$W_t = CS_t + PS_t + t_s \cdot IM_t$$
$$= (A + D) + (B + C) + (F + H) \tag{6.10}$$

(6.10) 減去 (6.9) 得到

$$\Delta W = W_t - W_T = H - (E + G) \tag{6.11}$$

因此，大國課徵進口關稅，除了和小國一樣，有生產扭曲損失 (E) 和消費扭曲損失 (G) 外，還多了一項正的 H 的利益。由圖 6.4(a) 可清楚看到，H 乃是因貿易條件改善所獲得的利得，因為過去進口 $IM_t = y_D^t - y_S^t$ 必須以 p_y^{*1} 的價格購買，但課關稅後只須以 p_y^{*t} 的價格購買，可節省下 $(p_y^{*1} - p_y^{*t}) \cdot IM_t$ 的支出。一般而言，我們不知道 H 和 (E + G) 何者較大，因此 (6.11) 中福利到底上升或下降也就無法確定了。

※最適關稅

為了進一步了解福利的變化，現在我們將分析重點由圖 6.4(a) 移轉到

6.4(b)。讀者應可很容易確認，圖 6.4(a) 中的 H 和圖 6.4(b) 中的 I 完全相同，而圖 6.4(a) 中 E + G 的面積也剛好等於圖 6.4(b) 中 J 的面積 (請務必確認！)，因此 (6.11) 可改寫成

$$\Delta W = I - J \tag{6.11'}$$

為了便於說明，假定 IM_Y 和 EX_Y^* 均為線性，且可表示成

$$IM_Y = a - b \cdot p_y^{*D}, \quad a, b > 0 \tag{6.12}$$
$$EX_Y^* = c + d \cdot p_y^{*S}, \quad c, d > 0 \tag{6.13}$$

且

$$p_y^{*D} - p_y^{*S} = t_s \tag{6.14}$$

在自由貿易下，$t_s = 0$，故 $p_y^{*D} = p_y^{*S} = p_y^{*1}$。由 (6.14) 得到 $p_y^{*D} = p_y^{*S} + t_s$，將其代入 (6.12)，再利用國外市場均衡條件 $IM_Y = EX_Y^*$，與 (6.13) 聯立解得

$$p_y^{*D} = \frac{a-c}{b+d} + \frac{d \cdot t_s}{b+d} \tag{6.15}$$

$$p_y^{*S} = \frac{a-c}{b+d} - \frac{b \cdot t_s}{b+d} \tag{6.16}$$

$$IM_t = \frac{a \cdot d + b \cdot c}{b+d} - \frac{b \cdot d \cdot t_s}{b+d} \tag{6.17}$$

由 (6.15) 和 (6.16) 得知，當 $t_s = 0$ 時

$$p_y^{*D} = p_y^{*S} = p_y^{*1} = \frac{a-c}{b+d} \tag{6.18}$$

同樣，由 (6.17) 得知，當 $t_s = 0$ 時進口量為

$$IM_1 = \frac{a \cdot d + b \cdot c}{b+d} \tag{6.19}$$

Chapter 6 完全競爭下的貿易政策：部份均衡分析

因此，(6.19) 和 (6.18) 為圖 6.4(b) 中自由貿易均衡點 E_1 的座標；(6.17) 和 (6.15) 為課徵關稅 t_s 後的均衡點 E_t 的座標；而 (6.17) 和 (6.16) 為圖 6.4(b) 中 K 點的座標。有了上述三點座標後，我們就可算出 I 和 J 兩區域的面積分別為

$$I = (p_y^{*1} - p_y^{*S}) \cdot IM_t = \frac{(a \cdot d + b \cdot c) \cdot b \cdot t_s - b^2 \cdot d \cdot t_s^2}{(b+d)^2} \tag{6.20}$$

$$J = \frac{1}{2}(p_y^{*D} - p_y^{*1}) \cdot (IM_1 - IM_t) = \frac{1}{2} \cdot \frac{b \cdot d^2 \cdot t_s^2}{(b+d)^2} \tag{6.21}$$

注意，(6.20) 中之 p_y^{*S} 在圖 6.4(b) 中為 p_y^{*t}，(6.21) 中之 p_y^{*D} 在圖中為 $p_y^{*t} + t_S$。(6.20) 和 (6.21) 顯示，I 和 J 均為 t_s 的函數，故可得到

$$\frac{dI}{dt_s} = \frac{(a \cdot d + b \cdot c) \cdot b}{(b+d)^2} - \frac{2b^2 \cdot d \cdot t_s}{(b+d)^2} \tag{6.22}$$

$$\frac{d^2I}{dt_s^2} = -\frac{2b^2 \cdot d}{(b+d)^2} < 0 \tag{6.23}$$

$$\frac{dJ}{dt_s} = \frac{b \cdot d^2 \cdot t_s}{(b+d)^2} \tag{6.24}$$

$$\frac{d^2J}{dt_s^2} = \frac{b \cdot d^2}{(b+d)^2} > 0 \tag{6.25}$$

(6.23) 和 (6.25) 分別告訴我們，I 為 t_s 凹函數，J 則為 t_s 的凸函數。由 (6.20) 和 (6.21) 得知，當 $t_s = 0$ 時，I = J = 0；但由 (6.22) 和 (6.24) 又可得到，在 $t_s = 0$ 時，I 和 J 的斜率分別為

$$\left.\frac{dI}{dt_s}\right|_{t_s=0} = \frac{(a \cdot d + b \cdot c) \cdot b}{(b+d)^2} > 0 \tag{6.26}$$

$$\left.\frac{dJ}{dt_s}\right|_{t_s=0} = 0 \tag{6.27}$$

國際貿易

根據上面所得到的資訊,我們可繪出圖 6.5(a) 之 I 和 J 的圖形,I 和 J 兩條曲線必然相交於圖中的 N 點 (為什麼?)

記得,圖 6.5(a) 中 I、J 兩曲線的垂直距離為 ΔW,即 (6.11')。假定本國原採取自由貿易,即 $t_s = 0$,則福利水準將是圖 6.5(b) 中的 W_T。現在,想像本國開始對進口品課微量關稅,則我們發現,當 t_s 由 0 轉為正值時,福利跟著上升 (見圖 6.5(b)),只有在 t_s 提高到 t_s^0 的水準時,福利才不再增加 (因 $\Delta W = 0$)。如果本國進一步將進口關稅提高到超過 t_s^0,則因 I < J,$\Delta W < 0$,圖 6.5(b) 中的福利也跟著下降;當 t_s 達到圖 6.5(b) 中 $\overline{t_s}$ 的水準時,因進口關稅已經太高,以致本國不再進口 Y 產品,本國就回到封閉經濟,其福利也降到 W_0。由於 $\overline{t_s}$ 是使得國際貿易消失的關稅,一般將其稱為禁止關稅 (prohibitive tariff)。另外,由圖 6.5 我們也清楚看到,當 I = J (或 $\Delta W = 0$) 時,本國的福利水準達到最高。換句話說,具有影響國際市場價格的大國,可利用其價格影響力,透過關稅的課徵,使其福利達到高過自由貿易的水準,而使其福利達到最高的關稅 t_s^0 則稱為最適關稅 (optimum tariff)。

在前一節中,我們得到小國課徵關稅,必然會招致生產扭曲和消費扭曲損失而使福利下降。由本節大國模型的分析,我們就可更清楚看到,其根本原因乃在小國無法影響國際價格,所以沒有貿易條件改進的利得,I 永遠等於 0,故只剩下上述兩個扭曲損失。也因為如此,使小國福利達到最大的關稅水準乃是零關稅;換句話說,小國的最適關稅 $t_s^0 = 0$,自由貿易為其最好的貿易政策。

結束本小節之前我們提醒讀者,雖然在此所討論的為進口關稅,但完全同樣的分析方法可用來分析進口補貼。到目前為止,我們均隱含假定 (6.5) 中的 t_s 為正值,代表對進口品課稅,而所謂補貼,事實上就是負的課稅,所以只要容許 $t_s < 0$ 就可以了。或者我們可保留 $t_s > 0$ 的假設,而定義 $s_s = -t_s$,則 s_s 就是政府對每單位進口品進行的從量補貼;如此一來 (6.5) 就可改寫成

$$p_y = p_y^* - s_s \tag{6.28}$$

接下來的分析,只要在方向上做必要調整,就與進口關稅的分析方法完全相同

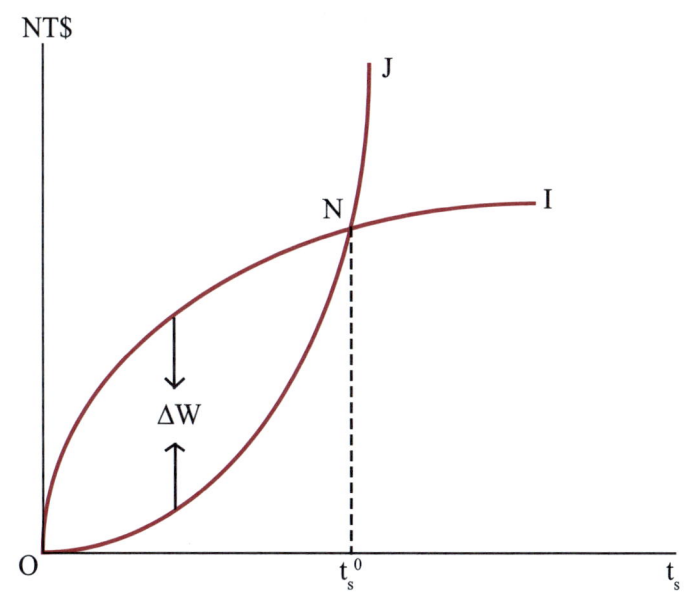

Chapter 6 完全競爭下的貿易政策：部份均衡分析

圖 6.5(a)

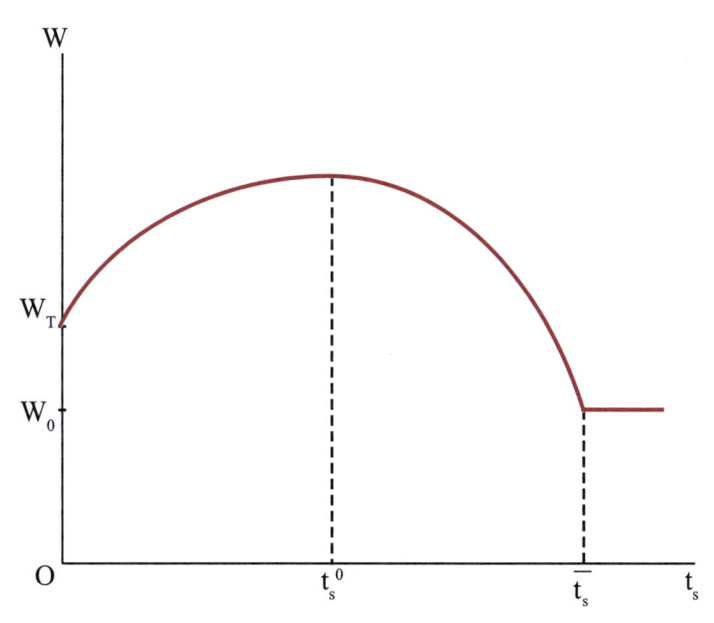

圖 6.5(b)

了。讀者應嘗試看看，以測試自己的理解程度。

6.3 出口補貼

和進口情形類似，政府也可對其出口加以課稅或補貼，而這些課稅或補貼可以是從量，也可以是從價。在這一小節中，我們將以政府對出口品進行從量補貼為例，說明政府出口補貼對國內生產、消費、及福利的影響。我們只分析從量補貼，是因：(1) 在出口品國際價格給定情況下，它和從價補貼也有一對一的對應關係；(2) 出口課稅的分析方法和出口補貼基本上完全相同，只是方向相反而已；(3) 出口補貼在現實貿易政策上較出口課稅更為普遍。

當然，我們也可和分析關稅時一樣，就出口國為大國和小國兩種情形分別加以討論，但從前面關稅分析中我們知道，這兩種情形的差別只是大國較小國多了一個貿易條件效果而已。因此，為了減少重複，在此將以大國為討論對象，而在必要時提醒讀者小國情行所該進行的修正。假定本國出口 X 產品，則我們須先由本國國內 X 產品的供給和需求曲線，導出本國在國際市場的出口供給曲線。圖 6.6(a) 為本國國內 X 產品的供需情形，p_x^0 為封閉經濟下國內 X 產品的均衡價格，故我們知道，只有在國際市場價格高於 p_x^0 時，本國方會開始出口 X 產品。如果讀者完全理解 6.1 節中如何導出 Y 產品的進口需求曲線，那就很容易理解 X 產品的出口供給曲線正是價格大於或等於 p_x^0 時，本國 X 產品的超額供給曲線，如圖 6.6(b) 中之 EX_X。

現在來討論本國對 X 出口每單位補貼 s_s 元的效果。圖 6.7(a) 為本國市場中 X 產品的供需曲線，E_0 為封閉經濟均衡，p_x^0 為封閉經濟均衡價格。圖 6.7(b) 中 EX_X 為開放經濟下本國對 X 產品的出口供給曲線，IM_X^* 則是國際市場上外國對 X 產品的進口需求曲線。在此 IM_X^* 為負斜率，代表本國在國際市場上為大國，若本國為小國，則 IM_X^* 為一水平線。自由貿易的均衡為圖 6.7(b) 中的 E_1 點，國內外 X 的價格為 p_x^{*1}，本國生產 x_S^1，消費 x_D^1，出口 $EX_1 = x_S^1 - x_D^1$。自由貿易下本國的福利水準 W_T 為生產者剩餘 PS_T 和消費者剩餘 CS_T 之和，即

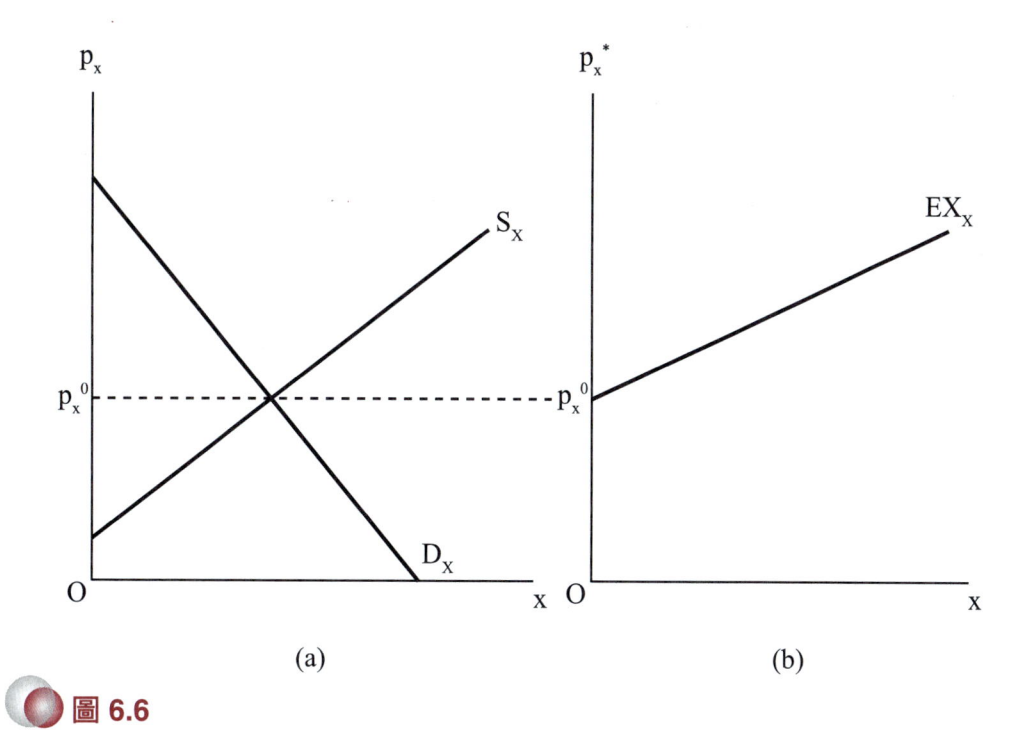

Chapter 6 完全競爭下的貿易政策：部份均衡分析

圖 6.6

$$W_T = CS_T + PS_T$$
$$= (A + B + C) + (D + E + F + G + H + I) \tag{6.29}$$

假定本國政府對出口品每單位補貼 s_s 元，則出口品銷售在國外的價格 p_x^* 加上所獲得的補貼應該等於銷售在國內的價格 p_x。若 $p_x > p_x^* + s_s$，則沒有人願意賣到國外；反之，若 $p_x < p_x^* + s_s$，則沒有廠商願意銷售於國內市場。因此，在一般 X 產品即使在補貼後仍同時在國內外銷售的前提下，應該有下列關係

$$p_x = p_x^* + s_s \tag{6.30}$$

從國際市場需求者的角度來看，這代表其面對的本國出口供給曲線由 EX_X 往下平移 s_s 的距離，成為 EX_X^S。國際市場均衡點在本國對出口補貼後移到 E_s，國際市場上 X 的價格因本國出口補貼下降到 p_x^{*S}。但本國廠商實際收到的價格則是 $p_x^{*S} + s_s$，因而本國 X 的生產由圖 6.7(a) 的 x_S^1 增加到 x_S^S，但本國消費者面對此

國際貿易

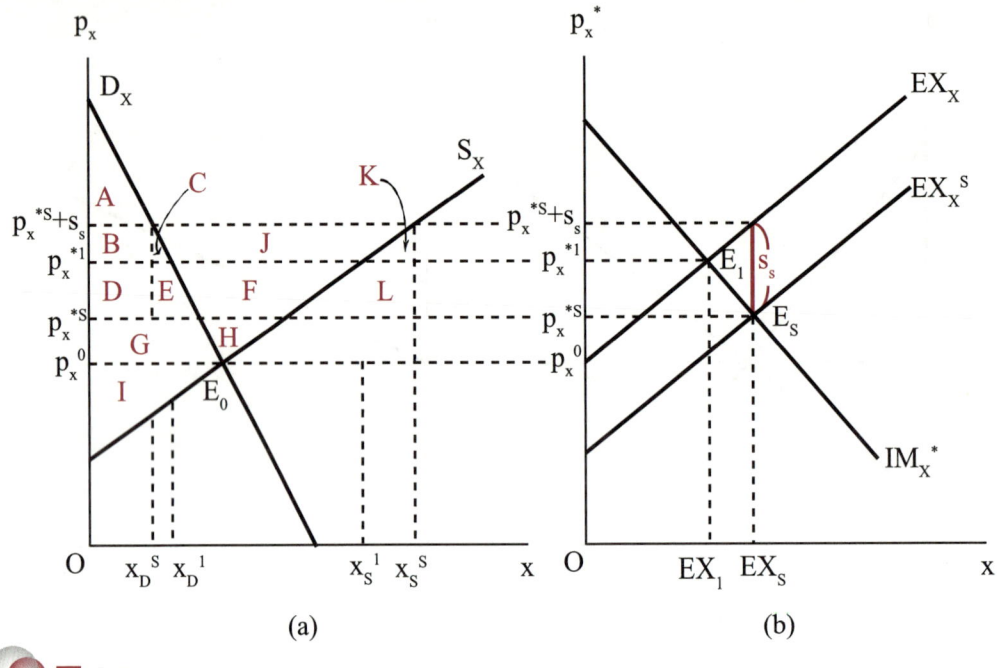

圖 6.7

較高的價格則將購買量由 x_D^1 減少到 x_D^S，於是補貼後本國的出口由 EX_1 增加到 $EX_S = x_S^S - x_D^S$。出口補貼確實能夠達到增加出口的目的，但本國福利是否也增加了呢？

在政府進行出口補貼政策下，本國的福利 W_S 由三個部份構成：消費者剩餘 (CS_S)、生產者剩餘 (PS_S) 和政府的補貼支出。但其中政府補貼支出為一減項，因為政府無法憑空拿出這些錢，而是必須由經濟體系中其他部門抽出這些資源，故其他部門的損失必須在計算整體福利時減掉，於是我們可得到

$$W_S = CS_S + PS_S - s_s \cdot (x_S^S - x_D^S)$$
$$= (A) + (B + C + J + D + E + F + G + H + I)$$
$$- (C + J + K + E + F + L) \tag{6.31}$$

將 (6.31) 減去 (6.29) 就代表政府從事出口補貼所造成的福利變動

182

$$\Delta W = W_S - W_{FT}$$
$$= -(C+K) - (E+F+L) < 0 \qquad (6.32)$$

很明顯地，本國政府對出口品 X 進行出口補貼，必然使本國福利下降。為什麼呢？(6.32) 將這些福利損失拆解成兩部份，第一部份 C 和 K 分別代表出口補貼帶來的消費扭曲損失和生產扭曲損失，這兩個損失產生的原理和進口關稅下的消費扭曲損失與生產扭曲損失類似，讀者可自行闡釋其意義。至於第二部份 E + F + L，則是來自貿易條件惡化的損失。我們知道，出口補貼造成出口品國際市場供給增加，使得其國際市場價格由 p_x^{*1} 下降到 p_x^{*S}，因此出口 X 產品的總收入較原有價格減少了 $EX_S \cdot (p_x^{*1} - p_x^{*S})$ 或 $(x_S^S - x_D^S) \cdot (p_x^{*1} - p_x^{*S})$，這剛好就是 E + F + L 的面積。所以，和進口課稅相較，出口補貼是個相當不智的政策，它不但和進口稅一樣帶來生產和消費扭曲損失，而且也造成貿易條件惡化，進一步折損社會福利，但進口關稅則會改善貿易條件，部份抵銷，甚至超越消費和生產扭曲損失而使社會福利上升。

和進口關稅的討論一樣，本小節雖是以出口補貼為對象，但完全相同的方法可運用到出口關稅，我們只要容許 $s_s < 0$，或定義 $t_s = -s_s$，則 (6.30) 就可用來分析出口課稅的各種效果。事實上，我們很鼓勵讀者進行這項嘗試，並將所得到的結果與出口關稅的結果做比較，相信你會發現一些意想不到的結果與樂趣。最後要提醒讀者，在本國為小國時，唯一的差別是圖 6.7(b) 中的 IM_X^* 為一水平線，本國貿易政策無法影響 X 的國際市場價格，沒有貿易條件效果，故 (6.32) 中第二部份消失。小國對出口作補貼仍會因生產和消費扭曲損失而使福利下降，但因不會有貿易條件惡化的進一步損失，故福利減少較大國輕微。

6.4　進口限額與外國出口自動設限

了解進口課稅的分析方法後，探討進口限額和出口自動設限的效果也就很簡單了。同樣為了減少重複，我們只討論大國的情況，小國則留給讀者自行練習。

國際貿易

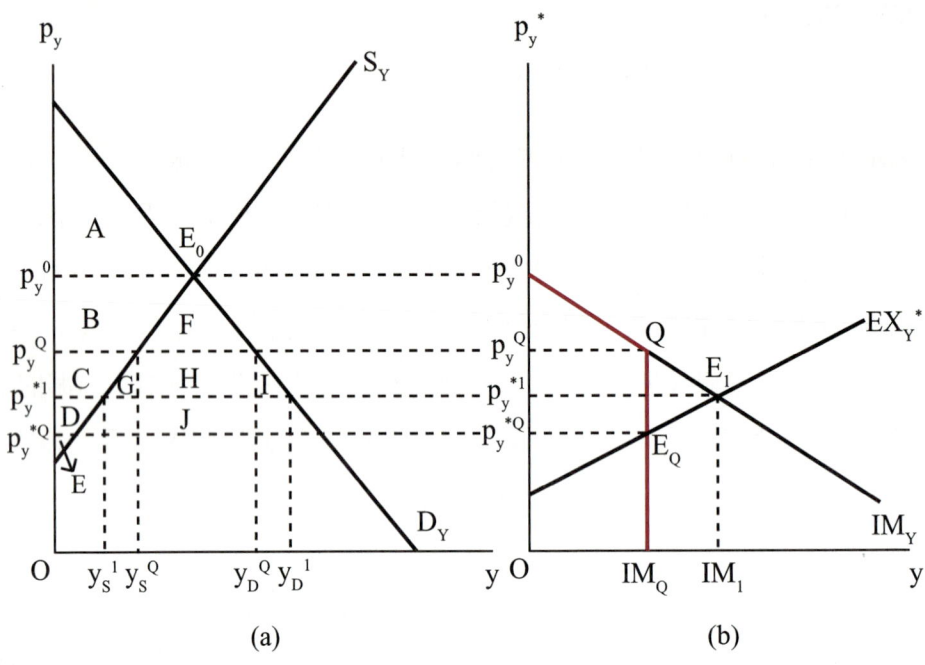

圖 6.8

圖 6.8 中開放經濟均衡點為 E_1，自由貿易下國內外 Y 產品的價格為 p_y^{*1}，本國進口 $IM_1 = y_D^1 - y_S^1$ 的 Y 產品。現在，政府決定將 Y 產品的進口限制到 $IM_Q < IM_1$ 的水準，則本國原本的進口需求曲線在進口量超過 IM_Q 時不再有效，因此設定進口限額 IM_Q 之後的進口需求曲線成為圖 6.8(b) 中紅色的 $p_y^0 Q\ IM_Q$。於是，本國對進口設限後國際市場的均衡為 E_Q，均衡價格為 p_y^{*Q}。但在 p_y^{*Q} 價格下，IM_Q 的進口量無法消除國內市場的超額需求，因此 Y 產品的國內市場價格開始上升。由圖 6.8 可以看到，只有當 Y 的國內價格上升到 p_y^Q 的水準時，國內的超額需求 $y_D^Q - y_S^Q$ 方等於 IM_Q，也就是進口額剛好等於國內市場的超額需求，消除 Y 產品價格持續上升的壓力，因而使市場回復均衡。換句話說，大國對進口品設限的結果，將使其進口品的國際價格下降 ($p_y^{*Q} < p_y^{*1}$)，國內價格上升 ($p_y^Q > p_y^{*1}$)，使得本國 Y 產品的消費量減少 ($y_D^Q < y_D^1$)，生產量增加 ($y_S^Q > y_S^1$)；和課進口關稅一樣，進口設限也具有保護本國進口品產業的效果。

接著來看進口限額對本國福利的影響。我們知道，在自由貿易下的福利為

(圖 6.8(a))

$$W_T = CS_T + PS_T$$
$$= (A + B + F + C + G + H + I) + (D + E) \tag{6.33}$$

至於進口額度限制在 IM_Q 時福利水準 (W_Q) 為何？在此必須特別注意的是，除了消費者剩餘 (CS_Q) 和生產者剩餘 (PS_Q) 外，還必須考慮本國進口商因進口設限所獲得的超額利潤。這是因為在進口額度限制於自由貿易水準之下時 (如圖 6.8 中之 IM_Q)，必然會因國內外市場的阻隔或分離 (segmentation)，而使得國內價格高於國際價格；如圖 6.8 中所示，設限後 Y 產品的國內市場價格 p_y^Q 高過國際市場 p_y^{*Q}，因此任何擁有進口產品權利的人，每進口一單位 Y，就可獲取 ($p_y^Q - p_y^{*Q}$) 的超額利潤。現在，因總進口量為 $IM_Q = y_D^Q - y_S^Q$，故全部超額利潤為 $(p_y^Q - p_y^{*Q}) \cdot (y_D^Q - y_S^Q)$，此即是圖 6.8(a) 中 H + J 的面積，在國際經濟學上將其稱為**限額租** (quota rent，QR)。由於一般而言，進口國政府在採取限額政策時，都將進口權授給本國進口商，故限額租仍是由本國享有，所以是本國福利的一部份。由此可知

$$W_Q = CS_Q + PS_Q + QR$$
$$= (A + B + F) + (C + D + E) + (H + J) \tag{6.34}$$

(6.34) 減去 (6.33) 就是限額的福利效果

$$\Delta W = W_Q - W_T$$
$$= J - (G + I) \tag{6.35}$$

與進口關稅的效果類似，大國對進口設限，會帶來消費扭曲損失 (I) 和生產扭曲損失 (G)，但也會有因貿易條件改善而獲得利得 (J)；但一般而言，我們不知那個效果較大，故大國對進口設限是否使福利增加也就無從得知了。另一方面，如果進行設限的是小國，則因其面對的是彈性無窮大的外國出口供給曲線，不可能有貿易條件改善效果，所以設限只會帶來生產和消費扭曲損失，福利也就必然下降

了。

讀者到此應該有兩個疑問：首先，限額的分析，雖然過程和某些細節與課進口關稅有所不同，但結果和進口關稅似乎完全一樣，事實是否真的如此？其次，上面計算限額下的經濟福利時，我們說一般而言政府會將進口權利授與本國進口商，故限額租歸本國所有。問題是這是否是必然的？是否有可能因為某種緣故，限額租反而歸出口國或外國出口商擁有呢？在完全競爭市場假設下，第一個問題的答案是肯定的，但我們留待下一小節再來討論，在此先來看第二個問題。

在實施進口限額政策下，任何擁有進口權利的人將可獲取限額租。實務上，政府雖然有各種不同的分配限額的方式，但將此權利授與外國廠商的例子幾乎不存在；不過，在上世紀七、八十年代盛極一時的出口自動設限政策，雖然表面上不是本國政府將進口限額權利給予外國廠商，但實際效果則完全相同。所謂出口自動設限，乃是由決定對其進口產品設限的國家和出口國協商，由出口國「自願地」將出口量 (或出口值) 限制在進口國所希望達到的數額。因此，和圖 6.8(b) 中，進口限額會引起本國進口需求曲線改變不同，在出口自動設限下，發生變動的是外國的出口供給曲線。圖 6.9 和圖 6.8 在實施貿易政策前完全相同；自由貿易下的均衡為 E_1，進口量為 IM_1，國內外價格均為 p_y^{*1}。為了便於和進口限額政策作比較，我們假定，政府決定將圖 6.8 中原先採用的進口限額政策以出口自動設限取代，且維持相同的進口數量。如此一來，圖6.8中進口限額下的進口需求曲線 $p_y^0 Q\ IM_Q$ 又回復到 IM_Y (圖 6.8 和圖 6.9)。但因出口國現在自動將出口額限制在 IM_Q 的水準，故外國的出口供給曲線將成為圖 6.9(b) 中的 $U\ V\ IM_{VER}$，因而出口自動設限下的均衡點將成為圖 6.9(b) 中的 E_{VER}。於是外國出口商將以 p_y^Q 的價格將 IM_Q 的 Y 產品賣給本國，而國內生產者和消費者面對價格 p_y^Q，會將生產量和消費量分別調整到 y_S^Q 和 y_D^Q。因兩種政策下的進口量均為 IM_Q，故圖 6.9(b) 中的點 E_{VER} 實際就是圖 6.8(b) 中的 Q；反之，圖 6.8(b) 中的點 E_Q 也剛好是圖 6.9(b) 中的 V。我們很清楚看到，只要兩種政策下進口量相同，生產和消費量也會相同。

那進口限額和 VER 的差別在那裏呢？我們知道，在進口限額下，本國因減

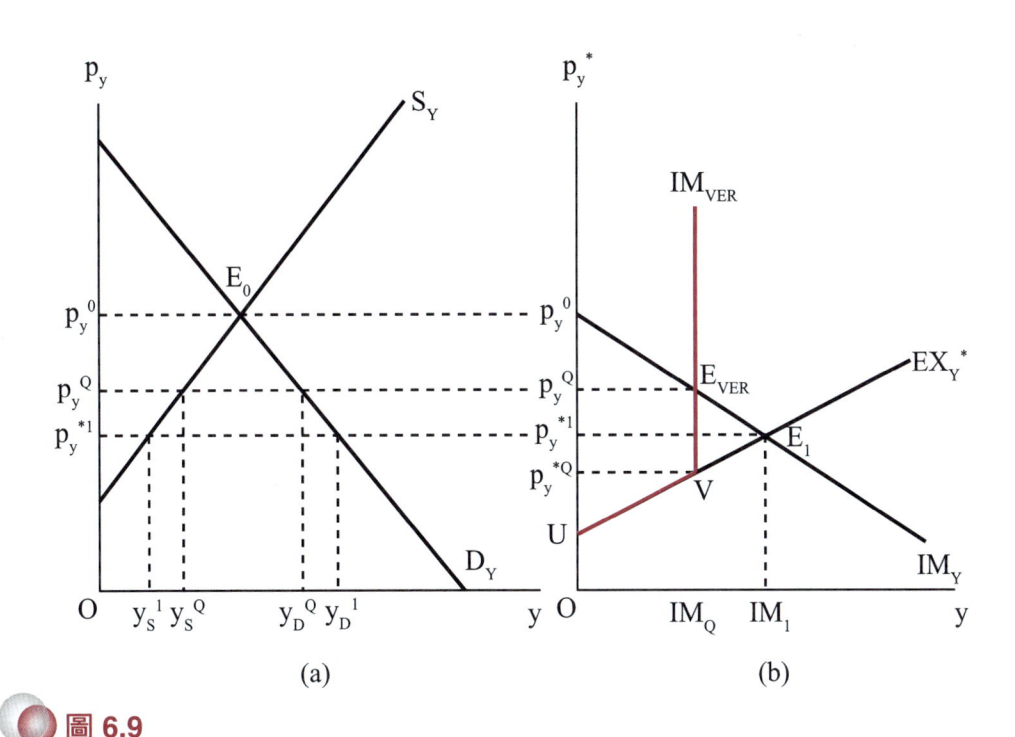

Chapter 6 完全競爭下的貿易政策：部份均衡分析

圖 6.9

少進口而降低國際市場上 Y 產品的需求，促使國際市場 Y 產品價格由 p_y^{*1} 下降到 p_y^{*Q}，貿易條件改善。雖然本國進口商可以 p_y^{*Q} 進口產品，但卻在國內以 p_y^Q 的價格銷售，故本國進口商完全取得這些限額租。但在出口自動設限下，國際市場因出口國限制出口而使得供給減少，導致價格上升到 p_y^Q，結果是本國貿易條件惡化，而本國進口商的買賣價格均為 p_y^Q，完全沒有超額利潤。那限額租那裏去了呢？答案是由外國取得出口權利的出口商拿走了。原本外國出口 IM_Q 所獲取的貿易利得只有圖 6.9(b) 中三角形 p_y^{*Q} U V 的面積，但在 VER 政策下則可得到梯形 p_y^Q U V E_{VER} 面積的貿易利得，其中長方形 p_y^Q p_y^{*Q} V E_{VER} 就是因其貿易條件改善所額外獲得的好處。由於 p_y^Q p_y^{*Q} V E_{VER} 的面積是 $(p_y^Q - p_y^{*Q}) \cdot IM_Q$，正好就是進口限額下的限額租，因此我們知道，將進口限額政策以 VER 取代，就是將所有限額租透過貿易條件惡化，雙手奉送出口國罷了。

由上面的討論，可知在進口量同為 IM_Q 下，採取 VER 政策時本國的福利成為 (請見圖 6.8(a))

$$W_{VER} = CS_{VER} + PS_{VER}$$
$$= (A + B + F) + (C + D + E) \qquad (6.36)$$

將 (6.36) 減去 (6.33) 即得 VER 對福利的影響

$$\Delta W = W_{VER} - W_T$$
$$= -(G + H + I) < 0 \qquad (6.37)$$

因此，採取 VER 必然使進口國福利下降。

一個有趣的問題是，既然 VER 政策對福利的影響永遠不如進口限額，那麼為何會有國家願意採行？為何 VER 在上世紀七、八十年代會大行其道呢？這些問題牽涉相當複雜的政治經濟層面，並沒有簡單的答案。但一般認為有兩個重要的原因：首先，最重要的，在 GATT/WTO 架構下，除了極少數特別狀況，進口限額是不被允許的 (illegal)，但 VER 則未違反國際貿易法律。其次，在實務上，限額雖可為進口國保有限額租，但這些限額租的分配則往往是個非常令人頭疼的政治經濟問題，如果再考慮爭奪這些限額租的**競租** (rent seeking) 行為所造成的資源浪費，有些國家也會選擇將這個燙手山芋交給出口國去處理。某種程度上，這個考量也可解釋，何以許多採取出口自動設限的國家通常是在被迫的情況下，不甘不願地接受進口國的請求。事實上，如美國 1981 年要求日本對美出口自動設限的案例所清楚顯示的，日本乃是在美國強大的貿易報復壓力下而不得不接受美國的要求。因此，雖名為出口自動設限，但絕大部份是非意願性的出口自動設限 (involuntarily voluntary export restraints)。

6.5 關稅與限額的等價

現在回到關稅與進口限額的問題。前面已經提到，在完全競爭市場下，關稅和限額的效果是完全相同的，在此我們要較詳細、較精確來說明這個**關稅和限額等價** (equivalence of tariff and quota) 的問題。

Chapter 6　完全競爭下的貿易政策：部份均衡分析

圖 6.10 中，E_1 為自由貿易均衡，p_y^{*1} 為國內外市場價格，本國進口 $IM_1 = y_D^1 - y_S^1$。E_t 則是本國對進口品課徵 t_s 從量進口關稅下的均衡，課徵關稅後本國國內價格為 $p_y^{*t} + t_s$，國際價格為 p_y^{*t}，本國進口 $IM_t = y_D^t - y_S^t$，政府的關稅收入為 F + H。相對於自由貿易，課徵關稅後福利變動為

$$\Delta W = H - (E + G) \tag{6.38}$$

假定政府決定以進口限額取代進口關稅，但將進口量限制在原本關稅下的進口量 IM_t，則由圖 6.8 的討論得知，本國的進口需求曲線成為 $p_y^0 E_t IM_t$，而所面對的外國出口供給曲線則為 EX_Y^*。因此，進口限額下的均衡點為圖 6.10(b) 的 K，國際價格為 p_y^{*t}，國內價格將上升到 $p_y^{*t} + t_s$，進口量為 $IM_t = y_D^t - y_S^t$。到目前為止，讀者應已發現，只要進口量相同，關稅和限額所造成的結果完全相同。尤有進者，只要限額租 F + H 歸本國進口商所有，則從本國整個國家觀點來看，相較於自由貿易下的福利變動仍是 (6.38)。也就是這個緣故，文獻上常稱在完全競爭市場下，關稅和限額是等價的。

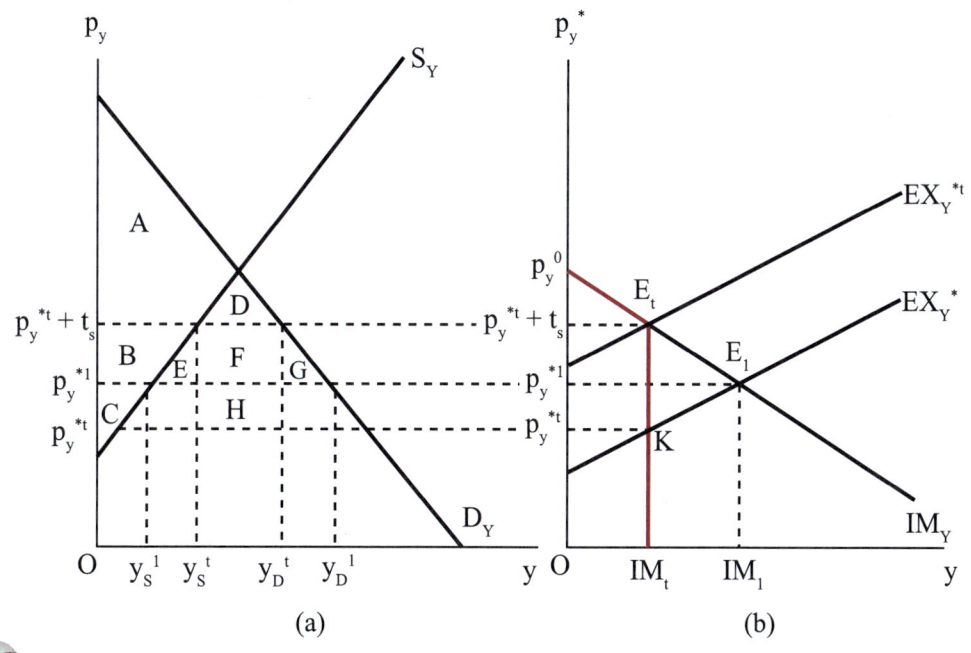

圖 6.10

國際貿易

　　但讀者務必認清,所謂關稅和限額等價的關係,僅止於上述對國內生產、消費、價格和整體福利的影響而已,事實上這兩種貿易政策仍有些重要的差異。首先,雖然同樣進口量下,兩種政策所導致的國內均衡價格相同,但其調整過程則不一樣。在關稅政策下,是國內價格先上升到 $p_y^{*t} + t_s$,然後生產者擴張生產,消費者減少購買量,直到國內超額需求下降到 IM_t,使得國際市場達到均衡。反過來,在進口限額政策下,國際市場價格因本國限額而下降,在此價格下,進口量並無法滿足國內的超額需求,因而國內市場價格開始上升,供給量增加,需求量減少,只有當國內價格上升到 $p_y^{*t} + t_s$ 時,方使得進口量 IM_t 剛好等於國內超額需求,國內市場才達到均衡。簡單地說,關稅政策直接影響國內價格,再帶動國際價格的調整;反之,限額政策則直接影響國際價格,再帶動國內價格調整。關稅和限額政策第二個重要不同是在所得分配上。我們知道,關稅由政府收取,因此政府如何使用這些關稅,就會影響社會中不同人的福利。經濟學中最常見的假設是,政府將關稅收入平均退回給每一位國民,雖然不一定成立,但不失為一中性的假設。但在限額下則非如此。我們已經知道,限額租會歸於擁有進口權利的進口商,政府如何分配進口限額執照 (license) 就直接影響所得分配,於是擁有執照分配權的官僚就掌握分配限額租的權利,結果是進口商為了取得進口執照,便開始採用包括關說、施壓、賄賂等競租手段,直接導致實質資源的浪費。這也是為什麼一般認為採取進口限額將會比進口關稅沒有效率的原因之一。第三,在政策施行上,關稅的課徵或調整,必須經過民意機構立法程序,但進口限額則屬執政者的行政裁量權。這正說明何以行政單位基本上偏好限額政策,因其較為即時、有效,但也因為不受立法部門監督,再加上巨大的利益分配權力,容易滋生弊端。

　　上面所提關稅和進口限額的差異乃在"關稅與限額等價"的前提下,但最重要的問題恐怕是"關稅與限額等價"這個命題本身到底多麼可靠。很不幸地,這個等價性確實不那麼可靠,事實上,這只是在完全競爭、靜態均衡這兩個極端嚴格的條件下所獲得的結果。在此,我們以兩個例子說明關稅與限額如何容易不等價 (non-equivalence),而為了便於作圖,下面分析均假定本國在國際市場上為一

Chapter 6　完全競爭下的貿易政策：部份均衡分析

小國。

進口品需求持續增加

　　為了說明在動態調整情況下，關稅和限額並不會等價，我們考慮在討論時程中，本國對進口品 Y 的需求增加的情形。圖 6.11 中，原本本國的供給和需求曲線為 S_Y 和 D_Y^1，故在國際市場的進口需求曲線為 IM_Y^1，E_0 為自由貿易均衡。如果本國對進口品課徵t_s的進口關稅，則均衡點為 E_t^1，進口品國內價格成為 $p_y^* + t_s$，進口量為 $IM_t^1 = y_D^t - y_S^t$。當政府不採用進口稅，而將進口限額限制為 IM_t^1 時，國際市場的均衡點為 E_Q，但國內市場的價格同樣會上升到 $p_y^* + t_s$，使得國內消費量 y_D^t 和生產量 y_S^t 的差距剛好等於 IM_t^1，於是在不考慮分配問題時，我們得到關稅和限額等價的結果。

　　假定在討論期間內，政府若採進口關稅，其進口單位稅額均維持 t_s；同樣地，若政府採用進口限額政策，其限額量也固定在 IM_t^1 的水準。現在，考慮在此期間內，國內對 Y 產品的需求由 D_Y^1 上升到 D_Y^2，則我們知道本國進口需求曲線將由圖 6.11(b) 中的 IM_Y^1 右移至 IM_Y^2。如果政府採用進口關稅政策，則新的均衡點成為圖 6.11(b) 中的 E_t^2。很明顯地，進口品的國內價格仍是 $p_y^* + t_s$，國內產量仍是 y_S^t，只是因需求增加，使得國內消費量增加到 y_D^2，故進口量也由 IM_t^1 擴增至 $IM_t^2 = y_D^2 - y_S^t$。反過來，如果政府採取的是進口量維持在 IM_t^1 水準的限額政策，則當國內需求增加，導致 IM_t^1 外移到 IM_t^2 後，國際市場的均衡點仍是圖 6.11(b) 中的 E_Q，但因國內需求較過去大，故進口品國內價格必須上升到 p_y^Q，方能使國內市場的超額需求完全消除。由圖中可清楚看到，限額下國內市場的價格 p_y^Q 較關稅下的 $p_y^* + t_s$ 高，因此限額政策和關稅政策下國內的生產和消費不再相同，關稅與限額等價的關係也就消失了。事實上，我們可清楚看到，在維持進口量不變的前提下，隨著國內需求的增加，此限額所對應的等價的關稅是一直在上升的。換句話說，在動態市場環境下，我們可很安全地說，關稅和限額是不等價的。在這個例子中，我們所考慮的是需求變動的情形，但讀者應很容易證實，不管是供給變動，或國際市場發生變動，上述結論仍然是成立的。

國際貿易

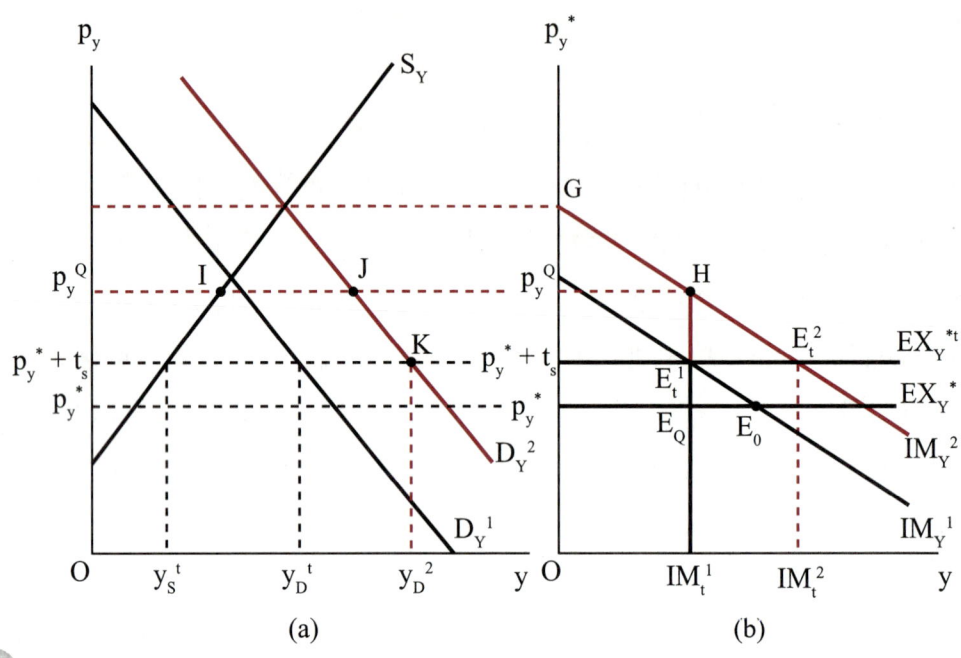

圖 6.11

國內市場為獨佔

接著來看，當完全競爭市場的假設不成立時，進口限額和關稅兩種政策的關係。在此，我們考慮國內市場為一獨佔市場的情形，但必須特別指出的是，在許多其他不完全競爭市場結構，或國際市場為不完全競爭市場時，同樣可以得到和這邊類似，關稅與限額不等價的結果。

圖 6.12 中，D_Y 為本國對 Y 產品的需求曲線，MC_Y 則為國內獨佔廠商生產 Y 的邊際成本線，EX_Y^* 為國際市場中外國的出口供給曲線。在自由貿易下，本國獨佔廠商不可能訂定超過 p_y^* 的價格，因沒有人願意以高於國際市場價格 p_y^* 向國內獨佔者購買產品。因此，在國內市場價格等於 p_y^* 之下，本國獨佔廠商提供 y_S^1 的產量，消費者消費 y_D^1 的數量，兩者的差額 $y_D^1 - y_S^1$ 即是本國在自由貿易下的進口量。現在，假定政府對 Y 的進口課徵每單位 t_s 的從量關稅，在小國的假設下，國內價格成為 $p_y^* + t_s$，本國獨佔廠商生產提高到 y_S^t，進口量也因關稅課徵而減少到 $y_D^t - y_S^t$。

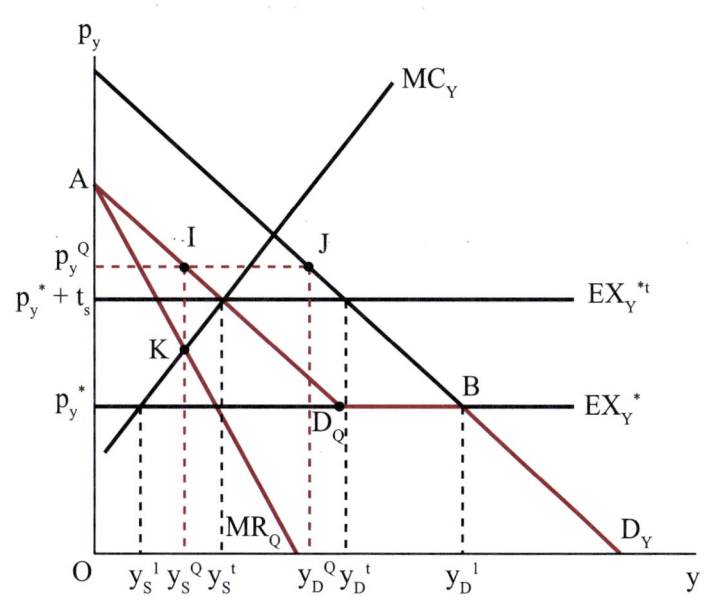

Chapter 6 完全競爭下的貿易政策：部份均衡分析

圖 6.12

如果政府決定以進口限額取代關稅，但維持與關稅下相同的進口量 $y_D^t - y_S^t$，則效果會是如何呢？當然，在進口限額下，本國所面對的國際市場價格仍是 p_y^*。但國內獨佔廠商所面對的需求曲線成為 AD_QBD_Y。其中 AD_Q 是當價格等於或高於 p_y^* 時，在每一價格下將 D_Y 減去進口限額量 $y_D^t - y_S^t$ 而得到。至於 BD_Y 部份則是因為只要國內獨佔廠商訂定低於 p_y^* 價格時，就不會自國外進口任何產品，因此限額並不會有作用，所以不用減去限額量。在此情況下，為了達到利潤最大，獨佔廠商將會生產到其生產邊際成本等於對應於 AD_QBD_Y 之邊際收益的產量。圖 6.12 中，我們只畫出對應於 AD_Q 部份的邊際收益曲線為 MR_Q（因其他部份與討論無關），故獨佔廠商的均衡為 K，均衡產量為 y_S^Q，其所訂定的價格為 p_y^Q。在國內市場的價格為 p_y^Q 時，消費者總消費為 y_S^Q 再加上進口數量 $IJ = y_D^t - y_S^t = y_D^Q - y_S^Q$。我們可以清楚看到，以進口限額取代進口關稅之後，縱使進口量完全相等，但國內價格較關稅下提高了，消費量則較關稅下降低，我們不再有完全競爭市場下關稅和限額等價的結果。雖然我們不在此比較兩種政策下的福利效果，但即使不考慮所得分配問題，讀者應可很容易證明，當本國國內為獨佔市場時，關稅下的福利必然較限額下的福利高 (試試看！)。

　　為什麼會有上述結果呢？道理其實很簡單，就是關稅政策雖然為獨佔廠商提供了保護效果，但這種保護是有限度的，只要獨佔廠商試圖將價格提高到 p_y^* + t_s 之上，它仍然會因國外較便宜產品的大量流入而失去市場。換句話說，在關稅政策下，透過進口可能大量增加，可以有效抑制獨佔廠商在國內的**壟斷力量** (monopoly power)。但在進口限額下則非如此，只要進口限額用盡，不管國內廠商再怎麼提高價格，國外較便宜的產品也是沒辦法進入國內市場，因此限額政策實質上是維持了獨佔廠商在國內市場的獨佔地位，它就可充分運用其壟斷力量，以榨取更多消費者剩餘，增加自身的利潤了。

6.6　有效保護率

　　前面有關關稅的討論，不管是大國或小國，都顯示對進口品課關稅必然有保護效果，使得國內進口品產業的生產因關稅課徵而擴張。不過，這個結果之所以成立有兩個重要的前提：首先，在大國情況下，關稅所導致的貿易條件改善程度不能過大；其次，更重要的是進口品並不使用任何進口中間財進行生產，或政府只對最終產品課稅。

※梅茨勒矛盾

　　先來看第一個問題。比較圖 6.3 和圖 6.4，可以清楚看到，在小國情況下，關稅乃是完全反映在國內價格上；但當進口國為大國時，課徵進口關稅會使進口品國際價格下跌 (貿易條件改善)，因此外國出口商承擔了部份稅收，故國內價格上升程度比關稅小。由此可知，大國課徵關稅的保護效果永遠不如小國，而且貿易條件改善程度愈大，保護效果就愈小。於是，一個有趣的問題是，大國課徵關稅後，是否有可能使貿易條件改善到完全失去保護效果，甚至反效果的程度。基本上，我們可以很安全地說，不太可能如此。但因這是國際經濟理論上曾經熱烈討論的課題，且與第三章中的 SS 定理有密切關係，因此在此稍做介紹。由於這

Chapter 6 完全競爭下的貿易政策：部份均衡分析

是一種相當極端的狀況，所以如果回到類似圖 6.4 中那種正常的供需曲線，是絕對不可能得到這樣的結果。那又必須怎樣一種"非正常"的情況呢？圖 6.13 為本國進口品的國際市場供需曲線，相當於圖 6.4(b)。讀者很清楚看到，圖 6.13 和圖 6.4(b) 最顯著的不同為外國出口供給曲線 EX_Y^* 為負斜率 (但仍比 IM_Y 陡)。圖中 E_1 為自由貿易下的均衡，本國在 p_y^{*1} 的價格下進口 IM_1 的數量。現在，考慮政府對每單位進口品課徵 t_s 元的關稅。由於 EX_Y^* 處於"非正常"的形狀，故不適用如圖 6.4 中移動 EX_Y^* 的作法。反之，我們可利用個體經濟學中所得到，在完全競爭市場下政府對供給者課稅和對消費者課稅效果完全相同的結果，移動進口需求曲線。前面移動外國出口供給曲線的作法，乃是將 (6.14) 改寫成

$$p_y^{*D} = p_y^{*S} + t_s \tag{6.14'}$$

這是指政府向銷售者課徵關稅。若政府改向購買者課徵關稅，則上式成為

$$p_y^{*D} - t_s = p_y^{*S} \tag{6.14''}$$

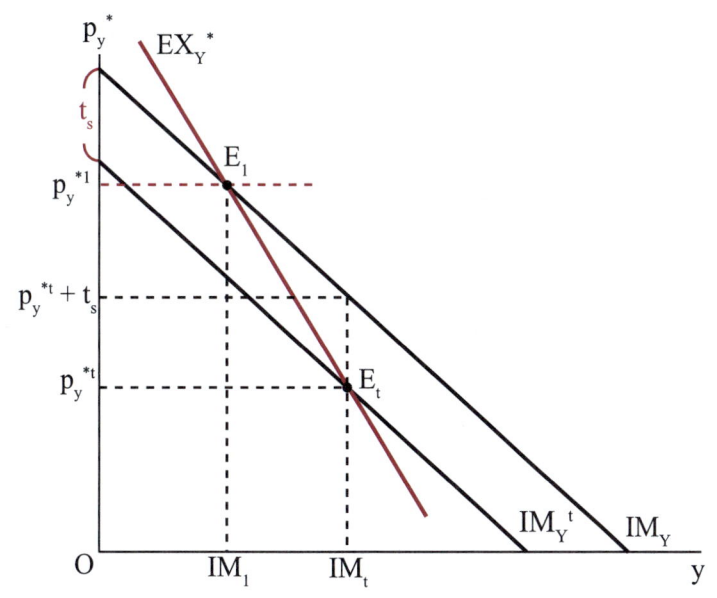

圖 6.13

這表示，在向購買者課徵關稅的情況下，EX_Y^* 不會改變，但 IM_Y 則在課稅後往下平移 t_s 的距離，成為圖 6.13 中的 IM_Y^t。於是，課徵進口稅後國際市場的均衡城為 E_t，本國進口品國際市場的價格下降到 p_y^{*t}，貿易條件改善。因國內生產者和消費者所面對的價格仍是進口價格再加上關稅，故課稅後國內市場的價格為 $p_y = p_y^{*t} + t_s$。由圖 6.13 可清楚看到，因本國貿易條件改善的程度 $p_y^{*1} - p_y^{*t}$ 遠大於所課徵的單位稅收 t_s，故課徵關稅後，進口品的國內價格 $p_y^{*t} + t_s$ 反而小於課稅前的國內價格 p_y^{*1}，完全達不到保護本國進口品產業的效果。事實上，在圖 6.13 進口品國內價格下降的情況下，本國 Y 產品生產量反而下降，需求量則增加，以致課徵進口關稅反而使本國進口由 IM_1 上升到 IM_t。前述這種課徵關稅反而使進口品國內 (相對) 價格下降的現象於 1949 年由經濟學者梅茨勒 (Lloyd Metzler，1913－1980) 提出，故一般稱之為**梅茨勒矛盾** (Metzler paradox)。由於梅茨勒矛盾導因於"非正常"的外國出口供給曲線所引起的貿易條件的過度改善，故在理論上雖有其重要性，但在現實社會中則很難找到具體例證。

接著來看第二個問題，即生產過程中是否使用進口中間財，以及進口中間財是否課稅的問題。當生產過程只使用**初級生產因素** (primary factor)，如勞動、資本、土地時，前面所討論的進口關稅的保護效果就沒什麼問題。但現在的生產方式，通常是個相當迂迴，相當多階段的生產過程，因此除了本國的初級生產因素外，往往也大量使用進口的**中間產品** (intermediate input) 或中間財。從本國角度來看，本國初級生產因素所獲得的報酬才是構成本國所得或福利的部份。經濟學上將生產之後支付給這些初級生產因素的報酬稱為**增值** (value added)，亦即每單位最終產品的增值就是這最終產品的售價扣除購買中間產品的支出。由此可知，進口關稅對某一產品部門是否具有保護效果，端視其是否能提高該產品的增值而定。很明顯地，當政府只對最終產品課徵進口稅時，在正常狀況下必然可提高最終產品在國內的價格，由而提高該單位產品的增值，達到保護效果。問題是，在當代各國相當複雜的**關稅結構** (tariff structure) 下，政府通常不僅對最終產品課稅，而且也對中間產品課稅。如此一來，對最終產品的**名目關稅** (nominal tariff) 是否真能反映該關稅的**有效保護** (effective protection) 程度就值得存疑。為了解決

Chapter 6 完全競爭下的貿易政策：部份均衡分析

這個疑問，我們就必須有一考慮整體關稅結構的衡量保護程度的指標，這也就是**有效保護率** (effective rate of protection，ERP) 這個概念產生的原因。

如上面所提到的，一國課徵關稅能達到怎樣的保護效果是取決於其對產品增值 (或初級生產因素報酬) 的影響，因此最直覺的方式就是看相對於自由貿易下，課稅後增值的變化程度。如果分別以 VA_{FT} 和 VA_t 代表自由貿易和課徵關稅後單位產品的增值，則一關稅架構下對某一產品部門 j 的有效保護率就可寫成

$$ERP_j = \frac{VA_t^j - VA_{FT}^j}{VA_{FT}^j} \tag{6.39}$$

其中

$$VA_t^j = p_j^* \cdot (1+t_j) - \sum_i a_{ij} \cdot (1+t_i) \cdot p_i^* \tag{6.40}$$

$$VA_{FT}^j = p_j^* - \sum_i a_{ij} \cdot p_i^* \tag{6.41}$$

上兩式中，p_j^* 為進口品 j 的國際市場價格，p_i^* 則是進口中間財 i 的國際價格；a_{ij} 為生產一單位 j 產品所使用的進口中間財 i 的數量，而 t_j 和 t_i 則分別為對 j 產品與進口中間財 i 課徵的從價進口稅率。在此提醒讀者幾點：第一，在計算有效保護率時，通常採用從價關稅的觀念；事實上，ERP 本身就是一種從價 (從增值) 的觀念；第二，一般計算 ERP 時，均隱含假定進口國是小國，即 p_j^* 和 p_i^* 均是固定；第三，同樣地，投入產出係數 a_{ij} 也假定是固定的。這些假定可以使有效保護率的觀念清楚、簡化，並易於計算；當然，放寬這些假定可能會造成相當大的問題，但這已不是本書的重點，不再進一步討論。

將 (6.40) 和 (6.41) 代回 (6.39)，加以整理之後可得到

$$ERP_j = t_j + \frac{\sum_i a_{ij} \cdot (t_j - t_i) \cdot p_i^*}{p_j^* - \sum_i a_{ij} \cdot p_i^*} \tag{6.42}$$

上式很清楚地告訴我們下列幾個結果：

國際貿易

1. 當生產過程不使用進口中間財時，即所有 $a_{ij} = 0$，則有效保護率和名目稅率是一樣的，即 $ERP_j = t_j$。事實上，在前面的討論中，我們就隱含地作了這個假設。

2. 當所有中間財的進口稅率與最終產品進口稅率相等時，有效保護率和名目稅率也是相同。

3. 當最終產品的進口稅率大於所有中間財的進口稅率時，有效保護率會大於最終產品的名目稅率。

4. 當最終產品的進口稅率小於所有中間財的進口稅率時，有效保護率小於最終產品的名目稅率，甚至有可能使有效保護率成為負值。

　　如前所言，大部份國家的關稅結構都很複雜，不但同時包含各種關稅和補貼，以及非關稅障礙，對不同加工層次的產品通常也課徵不同的稅率；因此，ERP 應較名目稅率更能精確衡量一國關稅結構對不同產業部門的保護程度，從而得知其對整個國家資源配置的影響，因為國內初級資源必然會往報酬較高或有效保護程度較高的部門移動。最後，在現實社會的關稅結構中，我們常發現各國所課徵的稅率有隨著產品加工程度增加而提高的**關稅逐段上升** (tariff escalation) 現象，故各國對最終產品的保護往往較名目稅率高得多。例如，曾經有研究顯示，阿根廷 1969 年對木製品的 (名目) 進口關稅為 76%，但其 ERP 卻高達 1308%！有效保護率的重要性由此可獲得證實。

　　在結束本章之前，讀者或許有一個疑問，既然前面有關貿易理論的探討，主要都是採用一般均衡分析方法，那在此何以又要以部份均衡分析法討論貿易政策呢？在此我們指出三個主要理由：首先，部份均衡分析的供給、需求模型是大家最熟悉的分析工具，直接將其引用到開放經濟中相當簡單，又可很清楚地描述各種關稅、補貼，甚至進口限額等貿易措施對生產、消費和社會福利的影響；第二，在現實社會中，許多貿易政策的施行，常是針對某一特定產品，因而只要該產品並不是一個經濟體系所依賴的重大部門，那對整體經濟的影響應該有限，則部份均衡分析已足以掌握主要的貿易政策效果；第三，部份均衡分析因不牽涉較為抽象、複雜的社會無異曲線和生產可能曲線等概念,因此估計貿易政策的福利效果時相當簡單。在小國模型中,我們只要估計圖 6.3(a) 中 E 和 G 兩塊代表生產扭曲和消費扭曲損失的三角形面積即可;而在大國模型中只要再加上圖 6.4(a) 中代表貿易條件效果的長方形 H 的面積。而只要市場資料足夠,透過對需求和供給彈性的估計,上述三個面積的求得並不困難,因此部份均衡分析也就常常被用來作為評估某一貿易政策效果的最基本、最初步的工具。當然,正如其名所隱含的,部份均衡分析忽略了經濟體系各部門間,特別是生產因素部門的互動關係,因此在某些情況下 (例如對多種不同產品同時分別進行課稅或補貼) 可能會得到相當不可靠的結果及政策意涵。為了彌補這個缺憾,我們將在下一章中,說明如何利用一般均衡模型分析各種主要貿易政策的效果。

國際貿易

習題

1. 解釋下列各小題中兩個名詞的意義,並說明它們之間的關係。
   (a) 進口限額,出口自動設限
   (b) 關稅保護效果,有效保護率

2. 是非題:試判別下列各敘述為「是」或「非」,並詳細說明是或非的理由
   (a) 小國課徵進口關稅會使貿易量減少、福利下降;同樣原理,小國對進口補貼可使貿易量增加、福利提高。
   (b) 因大國對出口品進行補貼將使其貿易條件惡化,故大國對出口品補貼會使該國福利下降。
   (c) 因大國對進口品課關稅會使其貿易條件改善,故大國對出口品課稅會使其貿易條件惡化。
   (d) 從對進口國福利的角度來看,在同樣的進口量下,課徵進口關稅優於實施進口限額,實施進口限額優於出口自動設限。

3. 試以圖形分別說明小國及大國對其出口品實施出口自動設限的福利效果。

※4. 假定一小國利用生產補貼 (production subsidy) 增加該國 X 產品的生產。試圖解說明在下列兩種情況下,此生產補貼對該國 X 產品的生產、消費及全國福利的影響。
   (a) X 為該國的出口品。
   (b) X 為該國的進口品。

Chapter 7 完全競爭下的貿易政策：一般均衡分析

和部份均衡分析一樣，本章將分別大國和小國模型，就進口關稅和限額兩個最重要的貿易政策作詳細的說明，至於進出口補貼以及 VER 等其他貿易政策則會在必要時再加以交待。

7.1 進口關稅：小國模型

小國模型分析方法基本上是第三、四兩章一般均衡分析的延伸，亦即利用生產可能曲線和社會無異曲線標示自由貿易的均衡，再來看本國對進口品課關稅後，對於均衡的生產、消費和社會福利有什麼影響。圖 7.1 中，TT 為本國的生產可能曲線。假定 X 和 Y 在國際市場的價格為 p_x^T 與 p_y^T，國內市場價格則為 p_x 與 p_y，在自由貿易下，$p_x = p_x^T$，$p_y = p_y^T$。又因本國為小國，面對給定的國際市場相對價格 $p^T = p_x^T/p_y^T$，故本國廠商將選擇生產點 p_1 以極大化利潤。當產出組合為 (x_s^1, y_s^1) 時，本國的 GDP = $p_x \cdot x_s^1 + p_y \cdot y_s^1 = p_x^T \cdot x_s^1 + p_y^T \cdot y_s^1$，因此通過 p_1 且斜率等於 p^T 的切線 p_1c_1 遂成為本國自由貿易下的預算線。消費者為追求最大福利，會在預算線上選取滿足 MRS = $p_x/p_y = p_x^T/p_y^T$ 的消費組合進行消費，此即圖 7.1 中的 c_1 點。因此，在自由貿易下，本國生產點為 p_1，消費點為 c_1，本國出

國際貿易

圖中標示：
- TT 在 p_1 點斜率 $= \dfrac{p_x^T}{p_y^T} = p^T$
- TT 在 p_t 點斜率 $= p = \dfrac{p_x}{p_y} = \dfrac{p^T}{1+t_a}$

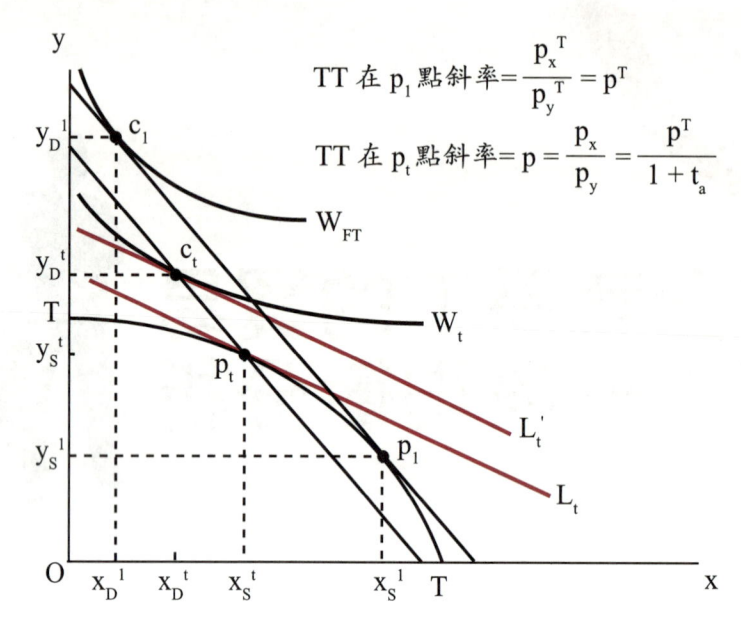

圖 7.1

口 $EX_1 = x_S^1 - x_D^1$ 的 X 產品，進口 $IM_1 = y_D^1 - y_S^1$ 的 Y 產品，且貿易達到均衡，即，$p_x^T \cdot EX_1 = p_y^T \cdot IM_1$，社會福利水準為 W_{FT}。在此值得一提的是，描繪圖 7.1 自由貿易均衡過程中，我們並未對生產技術、生產因素或社會福利函數作任何如 HO 模型或特定要素模型的特殊假設；僅有的兩個要求是生產可能曲線如圖中的凹性形狀，反映邊際機會成本遞增，而社會無異曲線呈凸性，反映邊際替代率遞減。一般稱滿足這兩個性質的一般均衡模型為**標準模型** (standard model)，這也是接下來討論中我們要採用的模型。

現在假定本國政府決定對進口品 Y 課徵 t_a 的從價進口關稅，則 Y 產品的國內與國際價格就有下列關係

$$p_y = (1+t_a)\cdot p_y^T \tag{7.1}$$

因此，課徵關稅後，國內、外相對價格的關係成為

Chapter 7　完全競爭下的貿易政策：一般均衡分析

$$p = \frac{p_x}{p_y} = \frac{p_x^T}{(1+t_a) \cdot p_y^T} = \frac{p^T}{1+t_a} \tag{7.2}$$

因 p^T 固定不變，而 $t_a > 0$，故知政府課徵進口關稅後，國內 X 產品的相對價格相較於自由貿易下降。以圖7.1為來看，直線 $p_1 c_1$ 的斜率仍然代表國際市場的相對價格，但斜率代表國內市場相對價格的直線則會如圖中之紅色直線 L_t 般，較 $p_1 c_1$ 平坦。由於國內生產者和消費者係根據國內價格作生產和消費決策，故在面對較為平坦的價格線時，生產者將會選取 p_t 點的產出組合以極大化利潤。比較 p_1 和 p_t 兩點，我們清楚看到，由於 X 產品國內相對價格下降，使得生產者將資源移往價格相對上升的 Y 產品，故 X 的產量減少 ($x_S^t < x_S^1$)，Y 的產量增加 ($y_S^t > y_S^1$)。

接著來看課稅後的均衡消費點。均衡消費點必須滿足兩個條件：(1) 以國際價格衡量的貿易必須平衡，即以國際價格計算的進口值和出口值必須相等，因為在一期模型中不可能有借貸的存在，所以不可能有貿易順差或逆差。(2) 消費者必須在國內相對價格及以國內價格計算的所得下達到福利極大。我們已知道課稅後的生產點為 p_t，故以國際價格計算，總產值為 $p_x^T \cdot x_S^t + p_y^T \cdot y_S^t$ 的等值–GDP 線，就可以通過 p_t 點，斜率為 p^T 的直線 $p_t c_t$ 來表示 (為什麼？)。因貿易必須平衡的另一種意義就是以國際價格計算的消費總值 $p_x^T \cdot x_D^t + p_y^T \cdot y_D^t$ 剛好等於以國際價格計算的生產總值，故我們知道課稅後的消費點也必須在 $p_t c_t$ 這條直線上。

問題是，在那個地方呢？首先，我們可排除 p_t 點及其右下方部份。因為如消費點在 p_t，則根本不會有國際貿易，而如果是在 p_t 點右下方，則代表在課稅後本國出口 Y 產品，進口 X 產品，那對 Y 課進口關稅就毫無意義了。因此，課稅後的消費點必然在 $p_t c_t$ 線上，且在 p_t 點的左上方部份。因為消費點必須滿足福利極大化的條件 MRS $= p = p_x/p_y$，故我們只要由 p_t 這點，沿直線 $p_t c_t$ 往左上方移動，直到通過某一點的社會無異曲線的斜率剛好等於國內相對價格即可。圖 7.1 中，c_t 點就是同時滿足貿易平衡與社會福利極大兩個條件的消費點，因此 c_t 就是課徵進口關稅後的均衡消費點。很明顯地，關稅課徵之後，本國仍出口 X 產品

國際貿易

$x_S^t - x_D^t$，進口 Y 產品 $y_D^t - y_S^t$，但進出口的數量均較自由貿易時縮小，而社會福利也因此下降到 W_t。這個結果本在意料之中，畢竟關稅是一種貿易障礙。

上面所找出的 c_t 點還有一個小問題必須澄清。我們知道，當生產點在 p_t 時，以本國價格計算的總產值 $p_x \cdot x_S^t + p_y \cdot y_S^t$，可以通過 p_t 點，斜率等於 p_x/p_y 的直線 L_t 來表示，但 L_t 並不代表本國的全部所得，因此也不是本國在課關稅後的預算線。為什麼呢？因為本國的所得，除了來自生產外，還包括關稅收入，故課關稅後的預算線必然位於 L_t 的上方。雖然政府可以任何方式支用這些關稅收入，但在一般均衡分析中，通常假設政府將這些稅收直接平均退還給人民。由於前面找出 c_t 點的過程裡，已考慮了人們在其擁有的所得下，面對相對價格 p_x/p_y 時所做的最適選擇，故無異曲線 W_t 在 c_t 點的切線 L_t' 就剛好代表包含關稅收入下的預算線。換句話說，L_t' 和 L_t 之間的垂直距離就是以 Y 產品衡量的關稅總收入。反過來說，政府退還關稅收入乃是使得人們選擇的消費總值 (L_t') 超過生產總值 (L_t) 的原因。

圖 7.1 所顯示的關稅課徵效果和上一章部份均衡分析並沒什麼不同；關稅的課徵，具有保護效果，使本國進口品產業生產增加，進口量減少，社會福利惡化。但除此之外，它更進一步告訴我們，進口部門的擴充，乃是以出口部門的萎縮為代價，也因此導致出口減少，由而維持了貿易的平衡。然而，這個結果卻也指出了進口關稅另一更深層的含意。

※拉納對稱定理

我們知道，對進口品課徵進口關稅可能是為了保護進口品產業，但也有不少國家，特別是開發中國家，課關稅的主要目的乃在政府財政收入。從這個角度看，只要政府能獲取收入，課稅的對象或許並不那麼重要，因此，除了對進口品課稅外，政府也可能對出口品課稅。現在，我們就假設，政府基於某些考量，決定以同量的出口稅 t_a 取代前面的進口稅，那結果又會是怎樣呢？在政府僅對出口課稅時，Y 產品的國內、外價格不再有差異，即此時 $p_y = p_y^T$。但 X 產品的國內外價格就不再相等了；更明確點說，p_x 和 p_x^T 間的關係成為

$$p_x = \frac{p_x^T}{1+t_a} \tag{7.3}$$

所以，本國對出口品課從價稅後，國內的相對價格為

$$p = \frac{p_x}{p_y} = \frac{p_x^T/(1+t_a)}{p_y^T} = \frac{p_x^T}{(1+t_a) \cdot p_y^T} = \frac{p^T}{1+t_a} \tag{7.4}$$

比較 (7.2) 和 (7.4)，我們立即發現，只要從價稅的稅率相同，則不管是對進口品課稅，或對出口品課稅，國內的相對價格完全相同。兩者的差異只在課進口關稅時，所有產品的絕對價格為課出口關稅的 $(1 + t_a)$ 倍而已。由於國內的生產消費決策僅取決於產品的相對價格，故圖 7.1 及其相關分析結果，在對出口品課徵同樣從價稅率時也就完全成立。這種只要稅收支用方式相同 (圖 7.1 假定平均退還給全民)，則對出口品和對進口品課徵相同從價稅具有完全相同效果的結論，早在 1936 年就由經濟學者拉納 (Abba Lerner，1903 – 1982) 證明成立，故文獻上將它稱為**拉納對稱定理** (Lerner's symmetry theorem)。

拉納對稱定理可說是相當神奇，它告訴我們：(1) 只要知道如何分析進口關稅，就不用再花精力於探討出口關稅；(2) 進口關稅下降的效果會因出口關稅提高而抵銷；(3) 進口關稅表面上看來只是在抑制消費者對進口品的消費，但實際上它也扮演著對出口者課稅的另一種角色。另外，雖然上面的結果是在兩種產品且本國為小國的模型中得到，但事實上，這個定理在大國、多種產品，甚至存在非貿易財時，只要對所有出口品或所有進口品都課徵同樣的從價關稅，結果仍然成立。儘管如此，在此我們必須特別強調，這個神奇的結果也是建立在幾個重要的假設下：亦即，關稅課徵的方式必須是從價稅，政府對關稅收入的支用方式必須相同，以及貿易必須平衡；最後這個貿易必須平衡的要求也是為什麼我們只能在一般均衡架構下方有拉納對稱定理的原因。

生產扭曲損失和消費扭曲損失

我們已經知道，政府課關稅必然使小國的福利遭受損失。在部份均衡分析

中，這些福利損失又可明確地畫分成生產扭曲損失和消費扭曲損失。現在問題是，我們是否也可以將圖 7.1 中，福利由 W_{FT} 下降到 W_t 拆解成上述的生產和消費扭曲損失？邏輯上，應該是可以的，但如何拆解呢？

圖 7.2 複製圖 7.1，但僅保留必要符號以免過度複雜。圖中 p_1、c_1 和 W_{FT} 分別是自由貿易下的生產點、消費點和福利水準，而 p_t、c_t 和 W_t 則是課徵進口關稅後的生產點、消費點及福利水準。關稅課徵使得福利下降了 $\Delta W = W_{FT} - W_t$。雖然關稅課徵的結果會使國內生產者面對較自由貿易下高的 Y 的相對價格，但如果我們設想一種情況，讓消費者在課關稅後仍能以原本的國際價格 (也就是自由貿易下的國內價格) 購買產品，那結果又是如何呢？由於生產者面對的是課關稅後的國內相對價格，故仍會選取生產點 p_t。但因消費者面對的價格為 p_x^T 和 p_y^T，故其預算線應該是通過 p_t 點，且平行於 p_1c_1 的直線 p_tc_t。為了追求社會福利極大，消費點將是在 p_tc_t 上且滿足 MRS = p^T 的消費組合，如圖 7.2 中之 c_t'。因 W_t 和 p_tc_t 相交於 c_t，由無異曲線凸性的性質，我們知道 c_t' 必然位於 c_t 的左上方，因而其所達到的福利水準 W_t' 也必然高於 W_t。但因 p_tc_t 位於 p_1c_1 的左下方，故 W_t' 仍然低於 W_{FT}。換句話說，即使消費者所面對的是未受扭曲的價格，但因

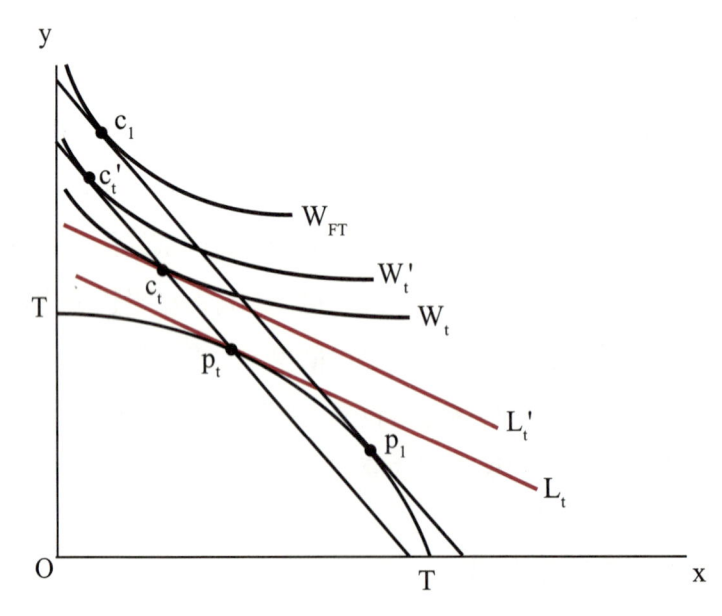

圖 7.2

生產者在關稅所帶來的扭曲價格下將生產點由 p_1 移到 p_t，遂使福利下降了 W_{FT} – W_t'，很明顯地，這部份正是代表生產扭曲損失。但不要忘記，前面只是想像消費者面對的價格仍是自由貿易的價格而已，因此 c_t' 也只是在這個想像的下的消費點。事實是，消費者仍得和生產者一樣，面對關稅扭曲後的國內價格，因此真正的消費點是在 c_t。由想像的消費點 c_t' 到真正的消費點 c_t，正是因消費者面對了扭曲的價格所造成，因此由 W_t' 到 W_t 的福利損失就是消費扭曲的損失。這個結果和部份均衡分析完全一致，關稅所導致的福利損失，包含生產扭曲損失和消費扭曲損失兩部份。

上述將關稅所造成的福利損失進行拆解的過程，還可告訴我們關稅的另一層含意，即對進口品 Y 課徵進口關稅可以看成是同時對進口品 Y 進行生產補貼與消費課稅。因為在第一階段生產點由 p_1 移到 p_t，而消費點由 c_t 移到 c_t' 時，消費者並未受到任何干預，但生產者卻因 Y 產品國內相對價格 $1/p$ 上升而將資源自 X 的生產移往 Y 的生產，這個效果與政府對 Y 的生產者進行生產補貼完全相同。但在生產點移到 p_t 後，生產者就不再受到任何進一步干預，反而是消費者面對的 Y 產品相對價格上升，使消費者自想像中 c_t' 的移至 c_t，這個結果又等同於政府對 Y 產品的消費課徵消費稅。這種將進口關稅分解成對進口品進行生產補貼與消費課稅的解釋，隱含相當重要的政策意義。例如：政府為了某種原因想要將進口品 Y 的生產提高到一定水準 (如對應於圖 7.2 中 p_t 點的水準)，那麼最好是採用對 Y 進行生產補貼，而非借助關稅的保護效果。因為生產補貼只會讓福利由 W_{FT} 下降到 W_t'，但關稅卻使福利由 W_{FT} 下降更多到 W_t。同樣道理，如果政府想抑制 Y 的消費水準，則採用消費課稅的福利成本必然小於進口關稅的福利成本 (試試看，你應該可以證明這點！)。

說明了一般均衡模型下小國課徵關稅的效果後，接著來看大國的情況。由第六章知道，大國和小國的差別僅在於前者具有影響國際價格 p^T 的能力，而小國則無。因此，理論上我們也可利用類似圖 7.1 的圖形分析大國課徵進口關稅的效果。但事實上，因 p^T 和 p 要同時變動，以圖 7.1 進行分析相當不便，甚至相當困難，故在此我們要使用另一種特別適合於分析大國貿易政策的分析工具，稱為

提供曲線圖 (offer curve diagram)。嚴謹的提供曲線導出頗費工夫，我們將其置於附錄 B，有興趣深入了解的讀者請自行參考，在此則直接引用個體經濟學中關於消費者行為的分析方法，作簡要的介紹。

7.2　提供曲線與國際均衡

大部份讀者或許對提供曲線感到陌生，但事實上，每一位修過經濟學原理的讀者都已經接觸過這個觀念，只不過，當時並不使用這個名詞而已。在消費者行為分析中，為了導出個人需求曲線，我們都會利用無異曲線和預算線找出消費者均衡，然後改變其中某一產品的價格 (因而改變兩產品的相對價格)，再找出新 (相對) 價格下的均衡點；在不同 (相對) 價格下重複上述過程，再將這些均衡點連接起來，即得到**價格消費曲線** (price consumption curve)。這條價格消費曲線，過去稱為**相互需求曲線** (reciprocal demand curve)，也稱為**提供曲線** (offer curve)。只是隨著時代演變，相互需求曲線的名字幾乎已經完全被價格消費曲線取代，而提供曲線則逐漸專用於國際貿易分析中。由此可知，國際貿易中所謂的提供曲線，基本性質和價格消費曲線一樣，它是不同相對價格下最適點連接而成，只不過在這邊所指的相對價格是國際市場的相對價格，或一國的貿易條件，而所謂最適點是指最適的進出口組合而已。

由於提供曲線乃是不同貿易條件下的最適進出口組合連接而成，因此所牽涉到的不再是產品的生產和消費平面，而是進口品和出口品平面。為了在進、出口品平面上導出提供曲線，我們就必須在進、出口品平面上描繪出一國不同貿易條件下的預算線，以及代表不同社會福利水準的**貿易無異曲線** (trade indifference curve)。然後再將兩者結合以決定不同貿易條件下的均衡點 (即最適進出口組合)，由而得到該國的提供曲線。

預算線

在開放經濟模型中，一個國家的預算限制乃是，以國際價格衡量時，該國

(本國) 的生產總值和消費總值必須相等，即

$$p_x^T \cdot x_S + p_y^T \cdot y_S = p_x^T \cdot x_D + p_y^T \cdot y_D \tag{7.5}$$

上式可改寫成

$$p_x^T \cdot (x_S - x_D) = p_y^T \cdot (y_D - y_S) \tag{7.5'}$$

根據我們的假設，本國出口 X，進口 Y，故 $EX_X = x_S - x_D > 0$，$IM_Y = y_D - y_S > 0$，於是 (7.5') 成為

$$p_x^T \cdot EX_X = p_y^T \cdot IM_Y \tag{7.6}$$

或

$$IM_Y = \frac{p_x^T}{p_y^T} \cdot EX_X = p^T \cdot EX_X \tag{7.6'}$$

上式中 $p^T = p_x^T/p_y^T$ 正是本國所面對的貿易條件。由於 (7.6') 乃是直接由預算限制式 (7.5) 推導而來，故它也可解釋成在進出口平面上的預算限制。很明顯地，(7.6') 在 $EX_X - IM_Y$ 平面上正好是一條由原點出發，斜率等於 p^T 的射線。圖 7.3 中描繪出斜率分別為 p_1^T、p_2^T 和 p_3^T 的三條預算線 Op_1^T、Op_2^T 與 Op_3^T。因 $p^T = p_x^T/p_y^T$ 代表本國出口品相對進口品的國際價格，故隨著 p^T 由 p_1^T 上升到 p_2^T 再上升到 p_3^T，乃是代表本國所面對的貿易條件不斷改善。而隨著本國貿易條件改善，本國的預算線也以原點為軸心，往逆時鐘方向旋轉。

貿易無異曲線

接著來看貿易無異曲線；任何一條貿易無異曲線為使整個經濟體達到某一固定福利水準的所有進、出口的組合。先來看圖 7.4 的原點 O，該點代表本國既不出口 X 產品，也不進口 Y 產品，故原點 O 可代表本國處於封閉經濟的均衡，而通過原點的貿易無異曲線 TIC_0 則是代表福利水準剛好等於封閉經濟福利水準 W_0 的貿易無異曲線。因此，接下來的工作就是找出 TIC_0 上 O 以外的其他各點。描

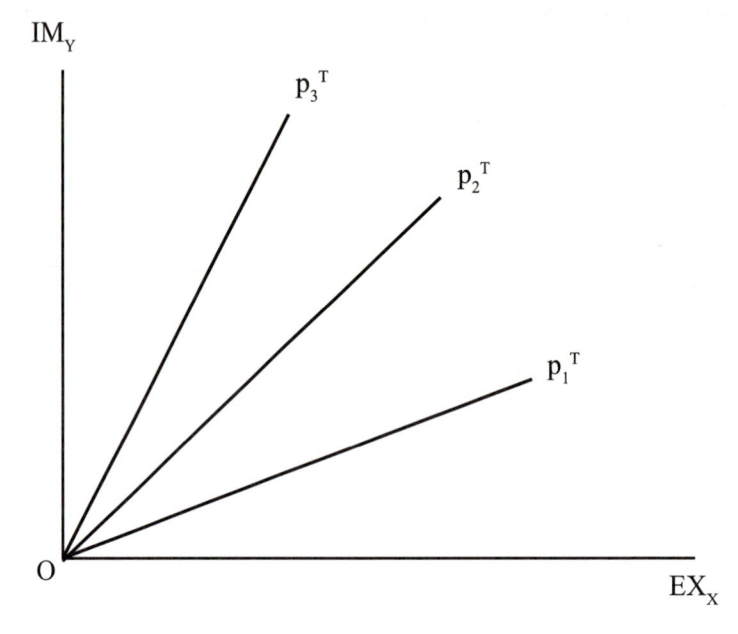

國際貿易

◉ 圖 7.3

繪貿易無異曲線的方法和描繪消費者無異曲線的方法完全一樣。現在考慮由原點 O，沿橫軸移到 EX_X^1 這點。在其他情況不變下，本國將 EX_X^1 的 X 產品輸出給外國，但這代表在 EX_X^1 這點，本國 Y 產品的消費沒有改變，但 X 產品的消費卻減少了 EX_X^1。在一般產品具有**未飽和性** (nonsatiation 或 nonsaturation) 的假設下，本國在 EX_X^1 點的福利必然較在 O 點的福利低。如果我們要維持 EX_X^1 的出口量，又要回復到 O 點的福利水準，唯一的辦法就是要進口一些 Y 產品來彌補 X 出口的損失。由 EX_X^1 點垂直往上移動，即代表 X 的出口維持在 EX_X^1 水準下，不斷增加 Y 的進口，因而增加本國 Y 產品的消費量，故隨著這個往上移動，本國的福利也逐漸上升。假定當 Y 的進口量增加到 IM_Y^1 時，即移到圖 7.4 中的 A_1 點時，本國福利剛好回到封閉經濟的水準 W_0，則 A_1 和 O 就是同在代表福利水準為 W_0 的貿易無異曲線 TIC_0 上。我們可以同樣過程，思考由 EX_X^1 移到 EX_X^2、EX_X^3，再到 EX_X^4，以得到圖中的 A_2、A_3 和 A_4，再將 O、A_1、A_2、A_3 和 A_4 以一平滑曲線連接起來，即可得到圖 7.4 中的貿易無異曲線 TIC_0。完全相同的道理和過程，我們可以描繪出，如圖 7.4 中 TIC_2 與 TIC_3 的無窮多條貿易無異

Chapter 7　完全競爭下的貿易政策：一般均衡分析

曲線以得到一**貿易無異曲線圖** (trade indifference map)。

讀者或許會對圖 7.4 中的貿易無異曲線感到不習慣，甚至不解，因此有必要將貿易無異曲線的性質作進一步說明。第一，和任何無異曲線一樣，讀者可很輕易自行證明，貿易無異曲線不可能彼此相交。第二，當橫軸代表一國的出口，縱軸代表進口時，貿易無異曲線必如圖 7.4 中所示，為正斜率、凸性的曲線。雖然，X 和 Y 都是滿足未飽和性的**好產品** (goods)，但因出口代表本國 X 消費的減少，故如將"出口"本身視為一種產品，則"出口"就是**壞產品** (bads)；反之，進口的增加則可增加本國 Y 的消費，所以"進口"為一好產品，所以在出口－進口平面上的貿易無異曲線就成正斜率。另一方面，由社會無異曲線為凸性所隱含的邊際替代率遞減得知，只要本國以固定的數量不斷增加出口的話，那麼為了彌補出口所造成的社會福利損失所須增加的進口就必須不斷提高。圖 7.4 中，$OEX_X^1 = EX_X^1 EX_X^2 = EX_X^2 EX_X^3 = EX_X^3 EX_X^4$，即出口的增加量維持不變，但我們可清楚看到，由 O 點經 A_1、A_2、A_3、到 A_4 的垂直距離不斷增加，使得 TIC_0 的斜率隨著出口增加而提高，故 TIC_0 成為一凸性曲線。換句話說，凸性的貿易無

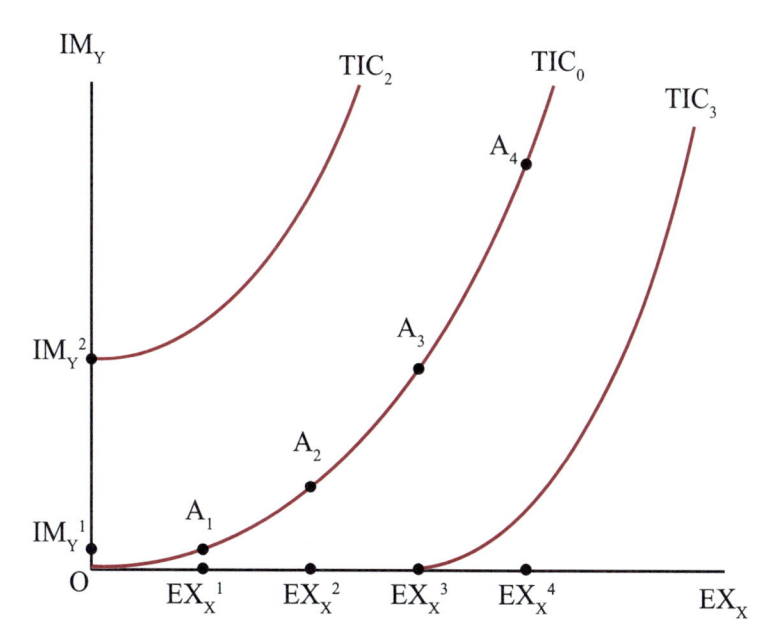

圖 7.4

異曲線正是反映 X 和 Y 在消費上的邊際替代率遞減的現象。事實上，在附錄 B 中第 (B.7) 式，我們進一步證明了貿易無異曲線的斜率就等於社會無異曲線上相對應點的邊際替代率。第三，上面所提，出口 (EX_X) 為壞產品，進口 (IM_Y) 為好產品的性質也告訴我們，位於愈上方的貿易無異曲線，代表愈高的社會福利水準。因此，在圖 7.4 中，TIC_2 的福利大於 TIC_0 的福利，而 TIC_3 的福利則小於 TIC_0 的福利。第四，因 O 點是封閉經濟的均衡點，由附錄 B 的推導過程，我們可進一步得知，TIC_0 在 O 點的斜率正好代表封閉經濟下，本國均衡的相對價格。

提供曲線

現在將圖 7.3 和 7.4 結合以得到本國在國際市場上的提供曲線。本國的目的是，透過國際貿易追求福利極大。圖 7.5 中，我們繪出代表不同貿易條件的四條預算線 Op_0^T、Op_1^T、Op_2^T 和 Op_3^T，其中 Op_0^T 的斜率剛好是本國封閉經濟均衡價格。由前面討論得知 Op_0^T 和 TIC_0 相切於原點，表示當國際市場價格等於本國封閉經濟均衡價格時，本國福利達到最大的最適選擇就是維持封閉經濟，不必和外國進行貿易。但隨著出口品國際相對價格由 p_0^T 上升到 p_1^T，貿易條件改善了，本國會開始出口 X 產品以進口相對便宜的 Y 產品。如圖所示，當貿易條件為 p_1^T 時，預算線和 TIC_1 相切於 A_1，這是使本國福利達到最大的進出口組合，此時福利也由 TIC_0 上升到 TIC_1。同樣道理，我們可找出任何貿易條件下的均衡點，如圖中之 A_2 與 A_3，再將所有貿易條件下的均衡點連接起來，即可得到如圖 7.5 中的提供曲線 $OA_1A_2A_3$，或 OC。

提供曲線 OC 也有一些重要的性質，有興趣的讀者請參考附錄 B，但在此我們要特別指出幾點：首先，提供曲線必由原點出發，且離原點愈遠的點代表愈高的社會福利水準，這是反映前面幾章所一再強調的開放經濟會有貿易利得的事實。第二，圖 7.5 只考慮國際相對價格高於本國貿易前相對價格 p_0^T 的情況，因此 OC 曲線僅限於第一象限，這是因為我們一直假定本國會出口 X、進口 Y 的結果。如果放寬這個假設，則國際相對價格可能小於 p_0^T，而 OC 曲線也會進入

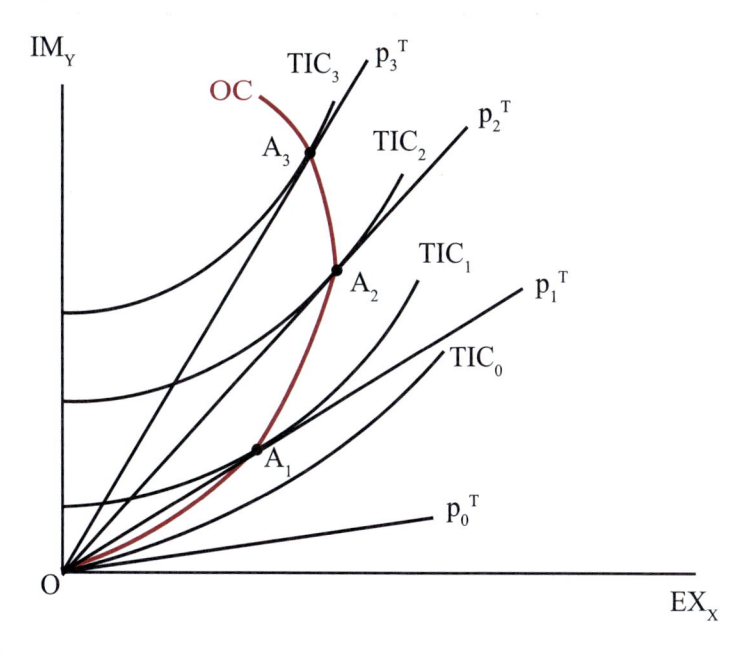

Chapter 7 完全競爭下的貿易政策：一般均衡分析

圖 7.5

第三象限，使本國成為進口 X、出口 Y。但為了減少可能的混淆，在接下來的分析中，我們會一直維持本國為 X 產品出口國、Y 產品進口國的假設。第三，由前面提供曲線導出過程，可清楚看到，只要給定任何一貿易條件，則其對應的預算線與提供曲線的交點，必有一條貿易無異曲線與該預算線彼此相切。這個性質只不過是將前面推導提供曲線的過程反推回去而已，一點也不稀奇，但過去教學經驗顯示，這個重要的性質卻讓不少同學感到困擾，因此讀者務必將其確實弄清楚。第四，如附錄 B 所示，提供曲線在原點 O 的斜率也代表本國封閉經濟下的均衡價格，換句話說，提供曲線 OC 和貿易無異曲線 TIC_0 在原點 O 是彼此相切的。另外，值得一提的是，圖 7.5 中的提供曲線是代表自由貿易下的提供曲線，當政府採取諸如關稅或限額等貿易政策時，本國的提供曲線也會跟著改變，讀者將在下一小節的討論中看到這點。最後，圖 7.5 中的提供曲線看起來包含了正斜率與後彎的負斜率部份，這並不是必然的結果，而是取決於貿易無異曲線背後的社會無異曲線的形狀，在接下來的討論中，除非有特別需要，我們均會以正斜率的提供曲線為討論對象。

國際貿易

國際均衡

　　提供曲線也可用來描繪國際均衡，但為了達到這個目的，就必須先行導出外國的提供曲線。很幸運地，和導出本國提供曲線完全相同的方法，可得到圖 7.6 的外國提供曲線 OC^*。圖 7.6 和圖 7.5 一樣，橫軸代表一國 (外國) 的出口品數量，縱軸則代表進口品數量。但在兩國模型中，本國出口的 X，剛好就是外國進口的 X，本國進口的 Y 剛好就是外國出口的 Y，亦即 $EX_X = IM_X^*$，$IM_Y = EX_Y^*$；因此，我們可利用這個關係將 OC 和 OC^* 畫在同一個圖中 (見圖 7.7)。圖 7.7 中，Op_0 為 OC 曲線在原點的切線，其斜率代表本國封閉經濟的均衡價格 p_x^0/p_y^0；同理，Op_0^* 切 OC^* 於原點，其斜率為外國貿易前均衡相對價格 p_x^{*0}/p_y^{*0}。因 $p_x^0/p_y^0 < p_x^{*0}/p_y^{*0}$，故知本國在 X 產品的生產具有比較利益，開放貿易後本國會出口 X、進口 Y，且兩國均會有貿易利得。圖 7.7 中，OC 和 OC^* 相交於 E_1 點，接下來我們要證明 E_1 為自由貿易的均衡點，而 E_1 和原點 O 連線的斜率即代表自由貿易下的均衡相對價格。

　　圖 7.8 和圖 7.7 基本上相同，但加上 Op_1^T 和 Op_2^T 兩條射線，其中 Op_1^T 通

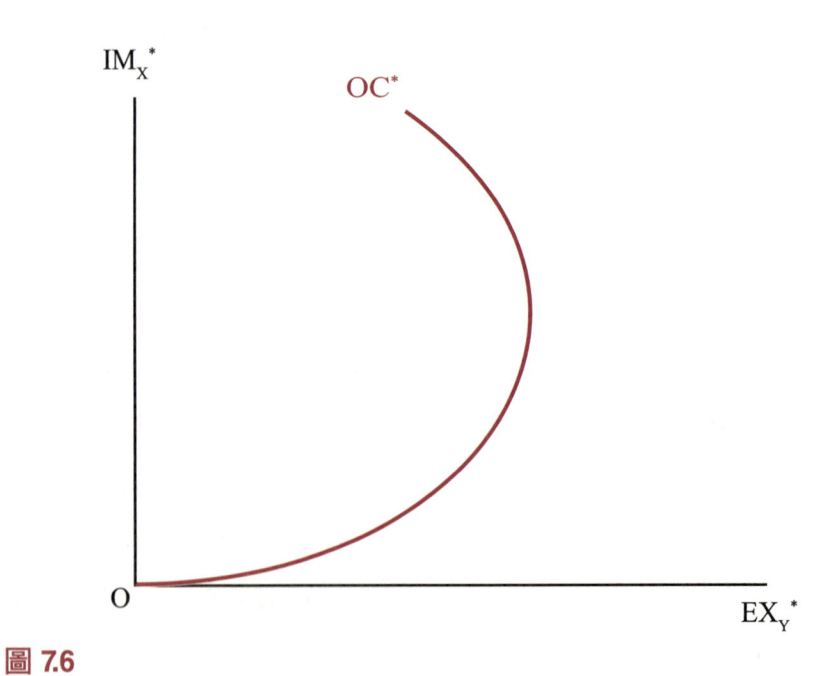

圖 7.6

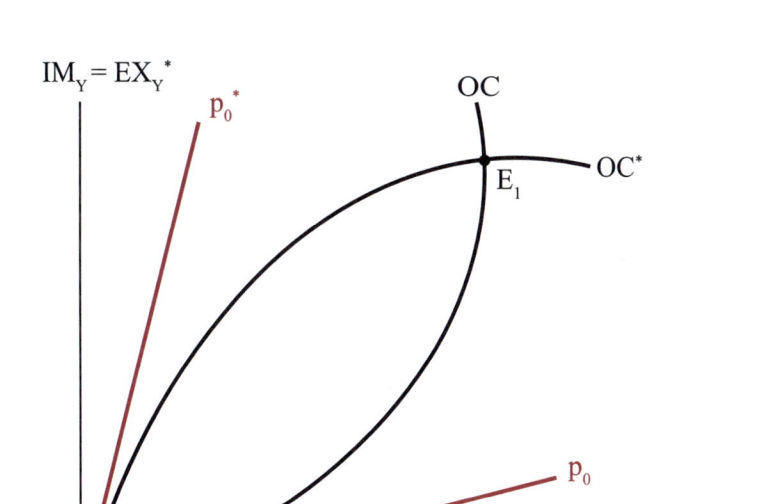

Chapter 7 完全競爭下的貿易政策：一般均衡分析

圖 7.7

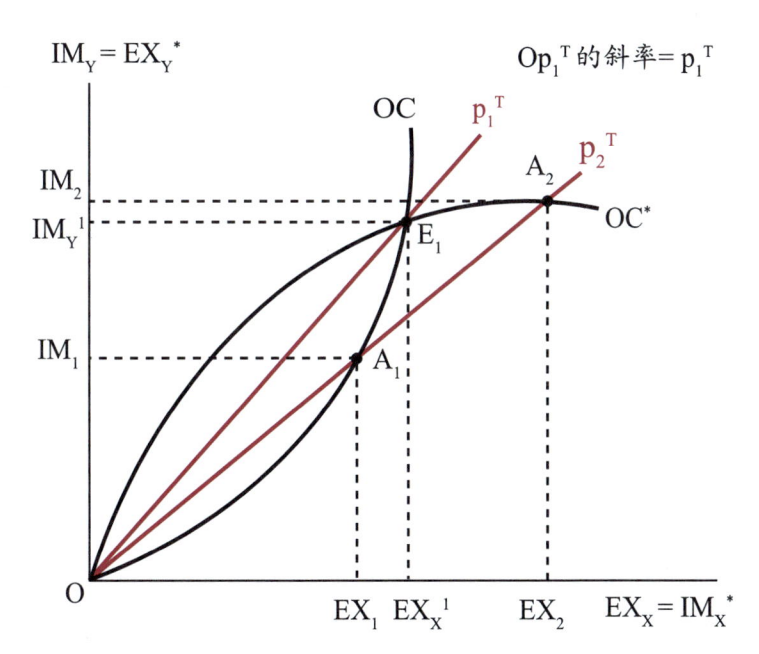

圖 7.8

過 OC 和 OC* 的交點 E_1。Op_2^T 代表兩國面對國際相對價格 p_2^T 時的預算線。因 Op_2^T 與本國提供曲線相交於 A_1 點,故知在此貿易條件下,本國將出口 EX_1 的 X 產品,進口 IM_1 的 Y 產品;同樣道理,由 Op_2^T 和外國提供曲線 OC* 的交點 A_2 得知,在這個貿易條件下,外國將進口 EX_2 的 X 產品,出口 IM_2 的 Y 產品。由於 $EX_1 < EX_2$,$IM_1 < IM_2$,所以國際市場上 X 產品會有超額需求,Y 產品會有超額供給,這將迫使 X 的價格往上調升,而 Y 的價格往下調降,結果國際市場上的相對價格 p_2^T 就會開始上升,兩國所面對的預算線也會由 Op_2^T 往左上方旋轉。但讀者很快會發現,只要相對價格沒有調整到 p_1^T 的水準,國際市場中 X 仍會有超額需求,Y 仍會有超額供給,促使相對價格繼續上升。只有當相對價格調到 p_1^T 的水準,方使兩國的預算線成為 Op_1^T,此時本國進口的 Y 的數量剛好等於外國出口的 Y 的數量 IM_Y^1,本國出口的 X 的數量剛好就是外國進口的 X 的數量 EX_X^1,於是兩種產品市場都達到均衡,國際市場相對價格不再有調整的壓力,因而 p_1^T 遂成為開放經濟下的均衡價格。雖然上面的分析是由 $p_2^T < p_1^T$ 出發,讀者只要清楚前述調整過程,應可輕易得知,即使 $p_2^T > p_1^T$,市場機能同樣會使貿易條件調整到 p_1^T 以達到均衡。這就是為什麼我們前面提到,OC 和 OC* 的交點 E_1 為自由貿易的均衡點,而 E_1 和原點 O 的連線 Op_1^T 的斜率代表均衡相對價格或均衡貿易條件的原因。

比較圖 7.7 和圖 7.8,我們立即發現,均衡貿易條件 p_1^T 乃介於兩國貿易前的相對價格之間,即 $p_0 < p_1^T < p_0^*$,這正是我們在傳統貿易理論中所得到的結論。而透過出口具有比較利益的產品 X(Y),本國 (外國) 的均衡點由 O 移到 E_1,代表兩國同時獲取了貿易利得,這都是我們已熟悉的結果。事實上,前面第二至第四章傳統貿易理論,都可利用這裏所介紹的提供曲線圖型來進行分析。利用提供曲線分析的另一個優點是,它可很清楚地顯示,從整個世界資源配置的角度來看,自由貿易的均衡為一**柏萊圖最適境界** (Pareto optimum),因而達到經濟效率。為什麼呢?圖 7.9 中,E_1 為自由貿易均衡,均衡貿易條件為 p_1^T。由前述提供曲線的第三項性質得知,在預算線 Op_1^T 與 OC 的交點 E_1,必然有一本國貿易無異曲線,如圖中之 TIC_1 與 Op_1^T 相切;同理,在該點亦有一外國的貿易無異曲

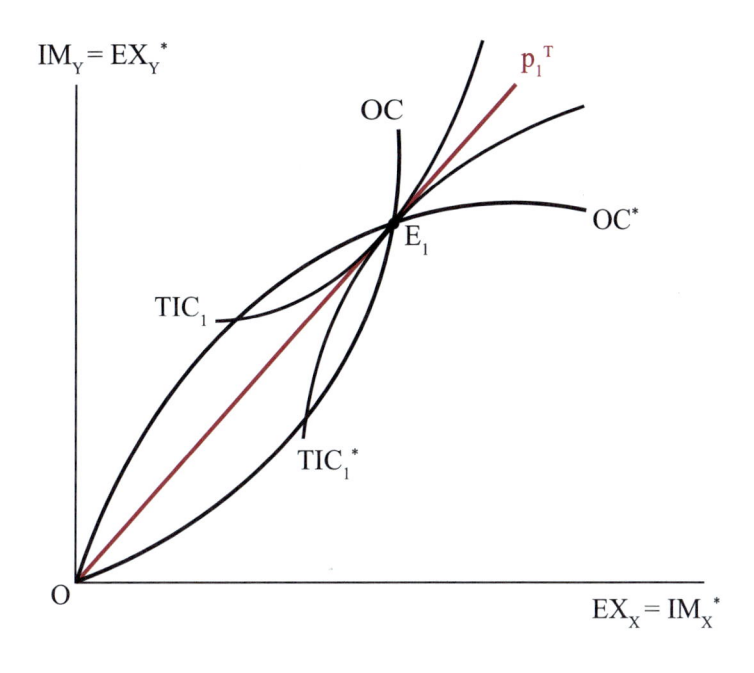

Chapter 7 完全競爭下的貿易政策：一般均衡分析

圖 7.9

線 TIC_1^* 與 Op_1^T 相切。但這隱含 TIC_1 和 TIC_1^* 在 E_1 點也是彼此相切的，根據附錄 B，(B.7) 式可以得到，在 E_1 點 $MRS = MRS^*$，剛好滿足柏萊圖最適境界的條件。也就是說，從 E_1 點出發，我們不可能增加任何一個國家的福利，而不以另外一個國家福利的下降作為代價。

小國的國際均衡

上面有關國際均衡的分析均假定兩國為大國，但提供曲線分析法也可直接引用到小國模型中。現在假定本國為一小國，根據定義，小國不管如何改變其生產、消費，都無法影響國際價格。反過來說，這表示小國乃是在一給定的貿易條件下決定進出口數量。因此，如果國際市場價格如圖 7.10 中之 p_1^T，則只要將本國之提供曲線 OC 繪出，我們立即得知本國面對此貿易條件，將出口 EX_1 的 X，進口 IM_1 的 Y，而 E_1 即是自由貿易的均衡。事實上，在這裏我們可直接將 Op_1^T 解釋成外國的提供曲線，所以自由貿易的均衡仍是兩國提供曲線的交點，而該交點與原點連線的斜率即是均衡貿易條件。如此一來，分析原理和大國情形完全一

圖 7.10

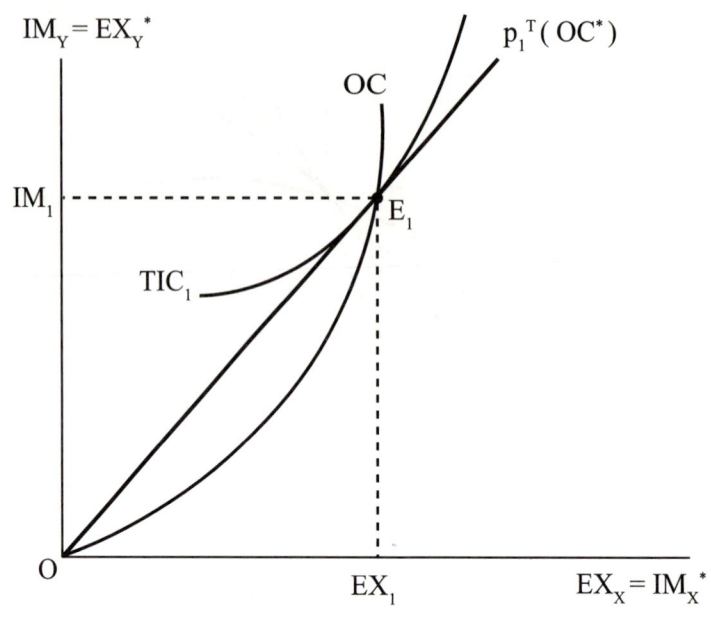

樣，只不過小國所面對的是一條直線形的外國提供曲線而已。

7.3 進口關稅：大國模型

　　了解利用提供曲線分析國際均衡的方法後，就可來分析本國對進口品課徵關稅的效果。為了避免混淆，我們先不考慮梅茲勒矛盾發生的可能性。由於本國課徵關稅直接影響國內的相對價格，生產者和消費者的決策跟著調整，由而改變本國的進、出口數量，故分析大國課徵進口關稅效果，最重要的就是確定關稅如何影響本國的提供曲線。換句話說，我們要決定，在任一給定的國際價格下，當本國對進口品課徵 t_a 的從價進口關稅時，本國的最適進出口數量會有什麼改變。這個工作看似有些棘手，但並沒那麼困難；事實上，前面圖 7.1 的討論已經隱含了我們所要的結果。圖 7.11 中繪出本國自由貿易下的提供曲線 OC 及兩個國際相對價格 p_1^T 和 p_2^T。先假定國際價格為 p_1^T，則在自由貿易下本國會選擇 A_1 所代表的進、出口組合。現在本國對進口品課徵關稅，如果國際價格仍然

圖 7.11

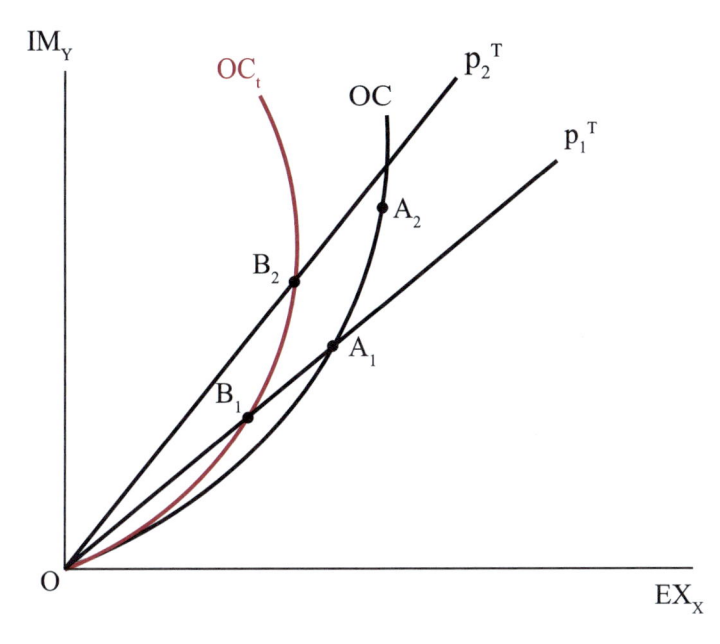

保持不變，則由圖 7.1 的分析，我們知道，本國的進、出口數量將同時減少。因此，課徵關稅後，面對國際價格 p_1^T，本國選擇的最適進、出口組合點將位於 A_1 和原點 O 之間；換句話說，在給定 p_1^T 下，本國課徵關稅將會使 A_1 點沿射線 Op_1^T 向原點移動到如圖 7.11 中的 B_1 點。同樣地，如果給定的國際價格為 p_2^T，則課進口關稅將使進、出口組合由 A_2 移到 B_2。針對所有可能的國際價格，重複上述過程，即可得到如圖中由 O 點出發，經過 B_1、B_2 點的**關稅扭曲的提供曲線** (tariff–distorted offer curve) OC_t。

值得一提的是關稅扭曲的提供曲線與貿易無異曲線間的關係。圖 7.12 中，OC 和 OC_t 分別是自由貿易及課徵 t_a 從價進口關稅下的提供曲線。由前面推導 OC 的過程得知，面對任一國際相對價格 p_1^T，必然有一貿易無異曲線 TIC_1 與 Op_1^T 相切於其與 OC 的交點 A_1。因 TIC_1 是唯一和預算線或國際價格線 Op_1^T 相切的貿易無異曲線，故知在 Op_1^T 與關稅扭曲的提供曲線 OC_t 的交點 B_1，貿易無異曲線必不可能再與 Op_1^T 相切，而是如圖中所示，TIC_2 在 B_1 點與 Op_1^T 相割的情況。而且，很清楚地，關稅的課徵，阻礙了貿易的進行，使各國無法充份發揮

國際貿易

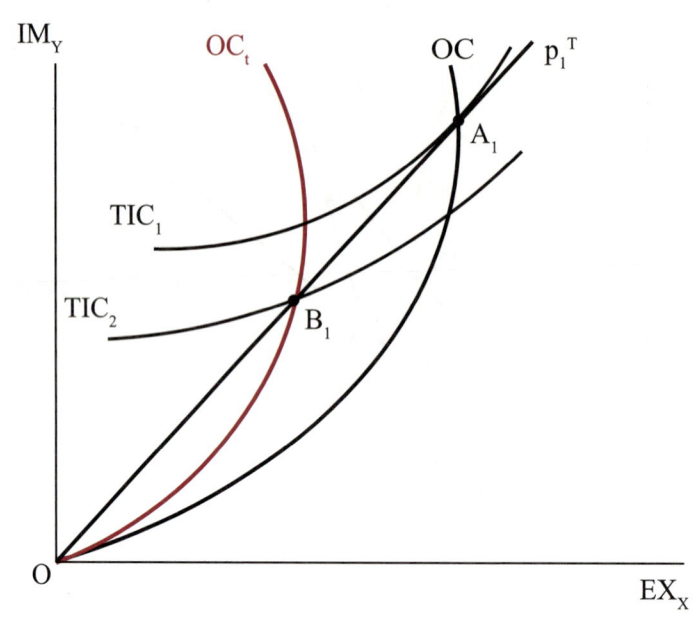

圖 7.12

其比較利益，導致社會福利下降，故 TIC_2 位於 TIC_1 之下方。

現在可以正式來看大國課徵進口關稅的效果。圖 7.13 中，自由貿易下的均衡為 E_1，均衡貿易條件為 p_1^T，本國的福利水準為 TIC_1 (外國福利水準 TIC_1^* 未畫出以免圖形過度複雜)。當本國對進口品 Y 課關稅後，本國的提供曲線成為 OC_t，與外國提供曲線 OC^* 相交於 E_2，此即是本國課關稅後的國際均衡。和自由貿易的均衡相較，我們立即發現：(1) 本國課徵關稅的結果使得其出口品 X 的國際價相對價格由 p_1^T 上升到 p_2^T；亦即，和部份均衡分析的結果一樣，大國課徵關稅會使其貿易條件改善。(2) 我們知道課徵關稅必然使國內外價格不同，因而帶來生產扭曲損失和消費扭曲損失。但圖 7.13 顯示，課徵關稅後，本國福利由 TIC_1 上升到 TIC_2，表示 (1) 中貿易條件改善效果遠大於生產扭曲和消費扭曲效果之和。不過，這並不是必然的結果。由於最後的均衡點必然位於外國提供曲線 OC^* 上，因此只有當關稅課徵後的均衡位於 OC^* 上的 E_1 和 A 這兩點之間，方可能使本國福利增加。如果稅率過高，使 OC_t 交 OC^* 於 O、A 兩點之間，則因價格扭曲過大，生產扭曲和消費扭曲損失將較貿易條件改善所帶來的好處還大，使

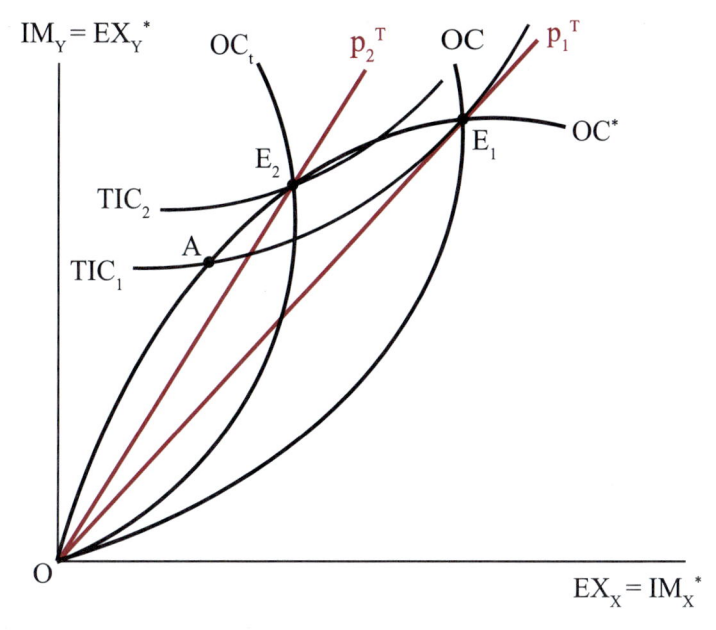

Chapter 7 完全競爭下的貿易政策：一般均衡分析

圖 7.13

得福利下降。(3) 前面提到自由貿易均衡 E_1 為一柏萊圖最適境界，但因 TIC_2 與 p_2^T 是相交而非相切，而通過 E_2 的外國貿易無異曲線 (未畫出) 則與 Op_2^T 相切，故兩國貿易無異曲線在 E_2 不可能彼此相切，E_2 不是一柏萊圖最適境界。所以，關稅的均衡必然無法使全世界的資源配置達到經濟效率。(4) 因外國通過 E_2 點的貿易無異曲線位於通過 E_1 點的貿易無異曲線上方，表示本國課徵關稅雖可提高自身的福利，但卻必然以外國福利的下降為代價。因此，藉由關稅的課徵，改善貿易條件，提高社會福利，乃是一種典型的**以鄰為壑的政策** (beggar thy neighbor policy)。在這種情況下，一個可能的結果就是外國不會坐以待斃，而是會採取**報復** (retaliation) 行動以減少損失，甚至懲罰率先啟動關稅政策的國家，我們將在後面再回到這個問題。在此，我們先來檢視課徵關稅後的國內外價格的關係。

國內價格與國外價格

在一般均衡架構下，國內外相對價格的關係為 (7.2) 式，如果是自由貿易，則 $t_a = 0$，$p = p^T$。圖 7.13 中，自由貿易下的均衡國際價格為 p_1^T，此時預算線

國際貿易

Op_1^T 與貿易無異曲線 TIC_1 相切於均衡點 E_1。由前面所提貿易無異曲線的第二個性質，我們知道貿易無異曲線在均衡點 E_1 的斜率，剛好等於社會無異曲線均衡點的邊際替代率。因此，國際均衡點貿易無異曲線的斜率就是國內市場的均衡相對價格，這正是自由貿易下 $p = p^T$ 的另一種詮釋。我們可將上述原理引用到課徵關稅後的均衡國內相對價格與均衡貿易條件上。圖 7.14 中，E_1 為自由貿易均衡，E_2 為本國課徵關稅後的均衡；課徵關稅後，本國貿易條件由 p_1^T 改善到 p_2^T。但課徵關稅後的國內價格呢？由前面的討論得知，國內課稅後的均衡價格 p^2 乃是 TIC_2 在 E_2 的斜率。從幾何觀點來看，我們有

$$p_2^T = \frac{E_2E}{OE} \tag{7.7}$$

$$p_2 = \frac{E_2C}{BC} = \frac{E_2C}{OE} \tag{7.8}$$

將 (7.7) 和 (7.8) 代入 (7.2)，整理後得到

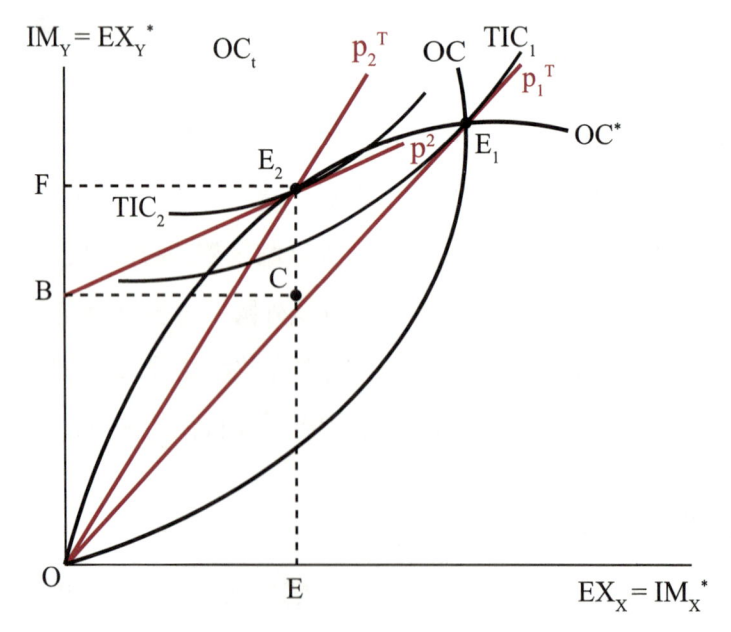

圖 7.14

Chapter 7 完全競爭下的貿易政策：一般均衡分析

$$t_a = \frac{CE}{E_2C} = \frac{BO}{FB} \tag{7.9}$$

此即為從價關稅稅率的幾何意義。尤有進者，根據國際價格，本國出口 OE 的 X 產品，可交換回 E_2E = OF 的進口品 Y。但從國內生產者及消費者的觀點，出口 OE = BC 的 X 產品，卻只換回 E_2C = FB 的 Y 產品。何以同樣的出口量，從整個國家來說，所交換回來的進口品數量 OF，較從私人的生產及消費者多出了 BO 呢？這個差距就是代表 BO 乃是在從價稅率 (7.9) 之下政府所徵收以 Y 產品表示的稅收。

※梅茨勒矛盾

在圖 7.13 和圖 7.14 的討論中，我們都隱含假設課徵進口稅後，不致產生梅茨勒矛盾的現象；亦即對進口品課徵進口關稅必然使國內進口品的相對價格上升，達到保護本國進口產業的效果。以數學符號表示，即

$$\frac{1}{p_2} = \frac{p_y^2}{p_x^2} > \frac{p_y^1}{p_x^1} = \frac{1}{p_1} = \frac{1}{p_1^T} \tag{7.10}$$

但我們已知道，大國課徵關稅必可改善其貿易條件，使出口品相對價格上升，進口品相對價格下降。現在問題是，貿易條件如果改善程度過大，是否可能產生在新的貿易條件下，即使加上關稅仍然使進口品國內相對價格較課稅前低的現象？當這個現象真的發生時，我們稱其為發生了梅茨勒矛盾，因為課徵進口關稅，非但達不到保護進口產業的目的，反而使其受害。

在前一章部份均衡分析中已經指出，理論上這種可能性是存在的，但卻必須在很不尋常的狀況下方會出現 (見圖 6.13)。在一般均衡架構下，我們同樣無法排除梅茨勒矛盾發生的可能性，且和部份均衡分析的結果類似，這也必須在很不尋常的狀況下才會發生；更明確點說，梅茨勒矛盾只會發生在外國的提供曲線有"後彎"或負斜率的情況。圖 7.15 中外國的提供曲線 OC^* 明顯具有"後彎"形狀，且自由貿易的均衡點 E_1 即位在此"後彎"部份，此時國內外均衡相對價格

國際貿易

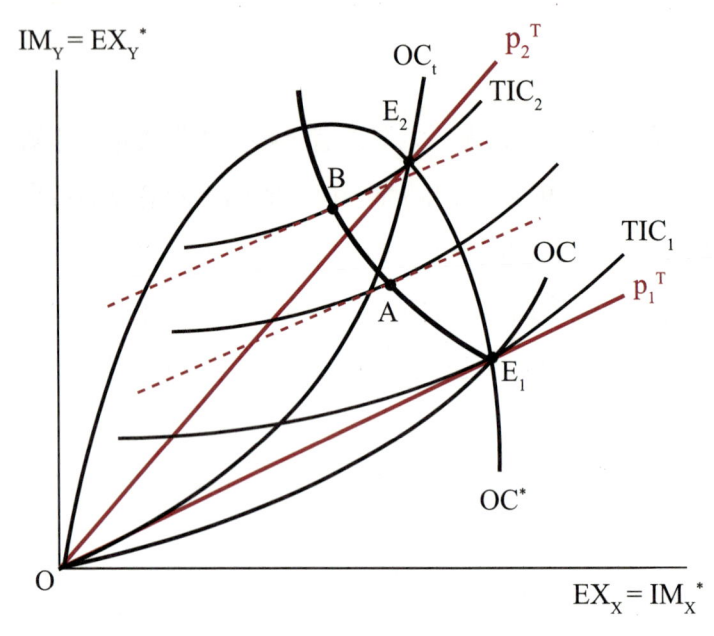

圖 7.15

均是 p_1^T。若本國課徵進口關稅後的均衡點為 E_2，均衡貿易條件為 p_2^T，則此時本國國內相對價格為 TIC_2 在 E_2 點的斜率，將其記為 p_2。因此，只要 $p_2 > p_1^T$，或 $1/p_2 < 1/p_1^T$，即表示課徵關稅後進口品 Y 的國內相對價格較課徵關稅前低，而有梅茨勒矛盾現象。為了比較 TIC_1 在 E_1 點的斜率和 TIC_2 在 E_2 點的斜率何者較大，我們可在圖中描繪一組平行於 Op_1^T 的直線 (如圖中所示兩條虛線)，再將這組平行線與 TIC 曲線的切點連接起來成為圖中的 E_1AB 曲線。E_1AB 這條曲線上任何一點即代表通過該點的 TIC 的斜率均等於 p_1^T，或課稅前國內外產品的均衡相對價格。由於 TIC_2 和 E_1AB 相交於 B 點，故知 TIC_2 在 B 點的斜率為 p_1^T。又因課稅後的均衡點 E_2 位於 TIC_2 上，且是在 B 點的右上方，根據貿易無異曲線具有凸性的性質，我們知道 TIC_2 在 E_2 點的斜率 p_2 必然大於其在 B 點的斜率 p_1^T，即 $p_2 > p_1^T$，代表在圖 7.15 所描繪的情況下，本國課徵進口關稅確實造成梅茨勒矛盾。

好奇的讀者或許會問，圖 7.15 和圖 6.13 所描繪的這兩種不尋常情況，是否有任何相通之處？雖然，要將部份均衡分析和一般均衡分析直接進行比較是有些

Chapter 7 完全競爭下的貿易政策：一般均衡分析

風險，但基本上我們可說，其實兩者所代表的意義是一致的。由附錄 B 所定義的出口供給彈性，讀者可輕易證明，"後彎"的外國提供曲線代表其出口供給彈性為負值，這剛好就對應到圖 6.13 中負斜率的外國出口供給曲線 EX_Y^* (因此，在部份均衡分析下所定義的外國出口供給彈性也會是負值)。也就是說，兩種分析方法得到的結果是一致的、互通的；梅茨勒矛盾發生的必要條件是外國出口供給彈性為負。

最適關稅

前面討論圖 7.13 本國課徵關稅後的均衡時提到，只要稅率不要太高，使得均衡點位於 OC^* 上 A 和 E_1 之間，則本國必可透過進口關稅提高本國社會福利。這個結果和上一章部份均衡分析的結果完全相同；因此，我們也可在一般均衡分析的架構下，探討使得本國福利達到最大的最適進口關稅問題。很幸運地，利用提供曲線與貿易無異曲線討論最適關稅，事實上較部份均衡分析更為簡單。

圖 7.16 中 OC 和 OC^* 分別是本國與外國自由貿易下的提供曲線，自由貿易

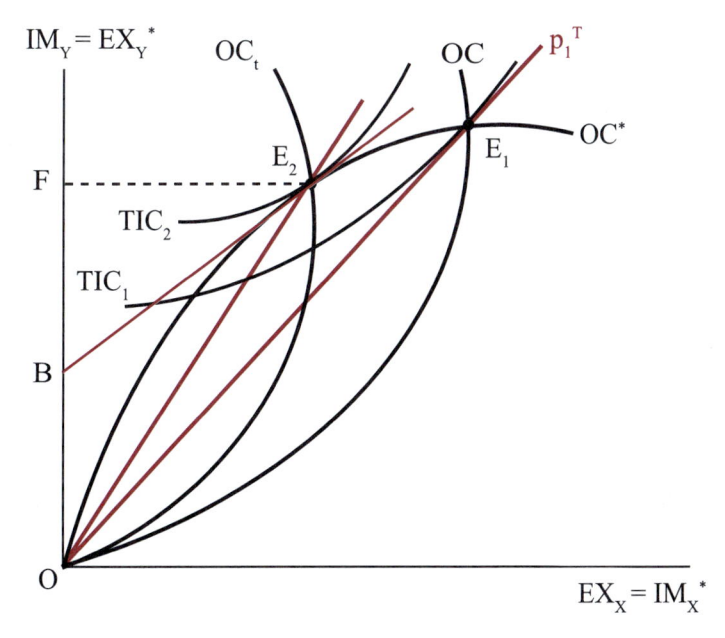

圖 7.16

的均衡為 E_1，均衡貿易條件為 p_1^T，而此時本國的福利水準為 TIC_1。前面的分析告訴我們，只要本國課徵進口關稅，則隨著關稅稅率的提高，均衡點就會沿著 OC^* 由 E_1 向原點 O 移動。因此，我們只要在 OC^* 上找出使得本國福利達到最大的的點，然後將進口稅率調整到使本國經關稅扭曲的提供曲線經過該點即可，而對應於這條關稅扭曲的提供曲線的進口稅率就是最適關稅。那又如何找到 OC^* 上使本國福利達到最大的點呢？很簡單，我們只要看通過 OC^* 那個點的本國貿易無異曲線位置最高即可。學過消費者行為的讀者大概已經發現，只有當本國 TIC 與 OC^* 相切時，這條 TIC 才是代表 OC^* 上使本國福利達到最大的貿易無異曲線。換句話說，我們只要找出 OC^* 上與本國某一貿易無異曲線相切的點，則最適關稅就可決定了。圖 7.16 中，TIC_2 和 OC^* 相切於 E_2，故對應於通過 E_2 這點的關稅扭曲的本國提供曲線 OC_t 的進口稅率就是最適關稅。

但這個最適關稅的稅率又是多少呢？由 (7.9) 得知，圖 7.16 中最適關稅稅率剛好是

$$t_a^0 = \frac{BO}{FB} \tag{7.11}$$

如果讀者曾經研讀過附錄 B，那將很容易發現，就"外國"而言，(7.11) 只不過是 (B.18) 的倒數而已。也就是說，本國的最適進口關稅稅率，剛好就是"外國"在圖 7.16 中，稅後均衡點 E_2 的出口供給彈性的倒數。

在繼續探討關稅報復或貿易戰爭之前，我們請讀者自己嘗試證實：結合圖 7.13 的討論以及圖 7.16 的最適關稅，就可得到像部份均衡分析中有關進口關稅和本國福利水準的關係；更明確點說，我們可由上面討論得到圖 6.5(b) 的圖形，只是將其中的從量關稅 t_s 以從價關稅 t_a 取代而已。另外，讀者只要掌握拉納對稱定理以及進、出口補貼就是負的進、出口課稅這個原理，應可輕易得知，對進、出口進行補貼，必然會導致本國貿易條件惡化，福利降低。最後，只要充分理解最適關稅的意義，讀者也同樣可利用提供曲線的圖形，說明小國的最適進口關稅為零；也就是說，自由貿易永遠是小國最適的貿易政策。

Chapter 7　完全競爭下的貿易政策：一般均衡分析

※貿易戰爭

現在，我們來看貿易戰爭的問題。到目前為止，有關本國課徵進口關稅的各種效果的討論中，一直有一個隱含的假設，就是外國完全不會採取任何反制行動。但這種假設，除了在相當特殊的情況下，或者有其他非經濟因素的考量，否則恐怕不切實際。為什麼呢？前面我們得到一個相當重要的結論：本國即使可透過進口關稅的課徵提高福利，這也是一種以鄰為壑的政策；換句話說，不管本國福利是否因課徵關稅而改善，外國福利必將因此受損。在這種情況下，為了維護其自身利益，外國採取對應的報復措施幾乎是必然的結果。因此，問題是，如果這種情形真的發生，結果會是怎樣呢？

為了便於討論，我們假定兩國在整個過程中，所採取的都是讓各自福利達到最大的最適關稅。在圖 7.17 中，假定兩國原處於自由貿易均衡點 E_1；然後，本國決定採取最適關稅政策，結果本國提供曲線由 OC 變成 OC_t，均衡點由 E_1 移到 E_2，本國福利雖然增加，但外國福利則受損；因此，面對本國提供曲線 OC_t，外國也會採用最適關稅，使其提供曲線由 OC^* 移到 OC_t^*，將均衡點由 E_2 移到

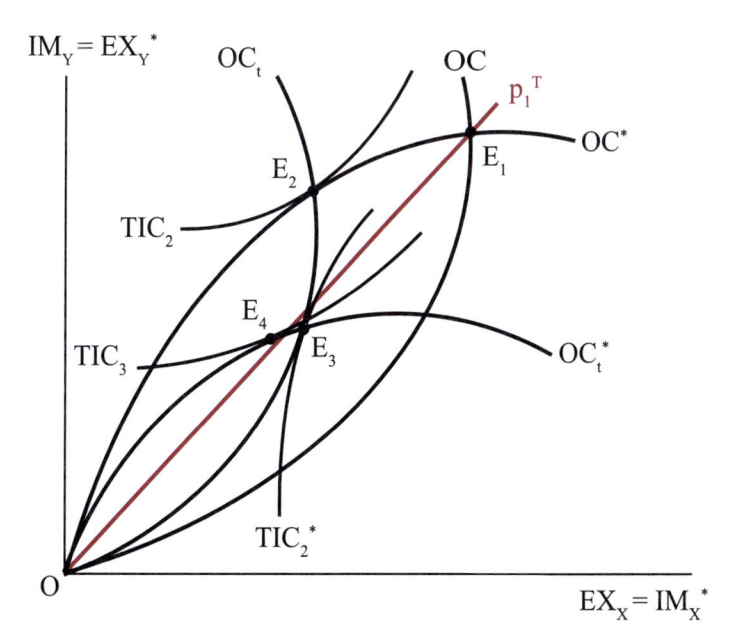

圖 7.17

國際貿易

E_3。雖然,我們在圖 7.17 中並未明確畫出,但讀者可自行確定,在 E_3 這點,外國的福利水準 TIC_2^* 雖比不上自由貿易下的福利水準,但必然較在 E_2 點高。本國在面對外國新的提供曲線 OC_t^* 時,又可採取對應的最適關稅,將均衡點由 E_3 移到 E_4 (圖中未畫出通過 E_4 的本國提供曲線),然後外國又可根據通過 E_4 的本國提供曲線,制定新的最適關稅,如此循環下去。上述說明清楚顯示一個結果,即兩國彼此進行報復或關稅戰爭必然會使貿易的數量持續下降,但也留下幾個待解決的問題:首先,這種關稅戰爭是否會持續下去,直到兩國不再有任何貿易為止?或者,兩國有可能在貿易消失之前就停止貿易戰爭?其次,如果貿易戰爭真能在貿易消失之前就停已停止,那是否有可能有國家從貿易戰爭中獲利?最後,有沒可能發生貿易戰爭既不會導致貿易完全消失,但又無法停止的情形?

　　要回答上述問題之前,我們必須先知道在什麼情況下兩國會停止貿易戰爭,或者說會達到均衡。讀者如果仔細回顧上一段有關圖 7.17 的說明,特別是「在面對另一國的提供曲線下,採行最適關稅」這個概念,應該已經發現,這和寡佔市場中的庫諾 (Cournot) 競爭行為是完全一樣的,因此**庫諾均衡** (Cournot equilibrium) 或**庫諾—納許均衡** (Cournot–Nash equilibrium) 的概念就可直接應用到這邊來。也就是說,當面對另一個國家的提供曲線時,如果兩個國家都沒意願再改變關稅稅率,那就已經達到均衡,關稅戰爭也就停止。我們可利用圖 7.18 來說明這種關稅戰爭均衡的概念。圖 7.18 中,E_1 為自由貿易的均衡。本國在面對外國提供曲線 OC^* 下,採取最適關稅,使其提供曲線移到 OC_t,得到新的均衡點 E_2。但面對 OC_t,外國也會採取最適關稅,將提供曲線移到 OC_t^*,使得均衡點由 E_2 移到 E_3。現在,圖中顯示,本國的貿易無異曲線 TIC_3 和 OC_t^* 正好相切於 E_3 這點。因此,面對 OC_t^*,本國採取最適關稅的提供曲線將仍是 OC_t;但在 OC_t 下,我們已經知道,外國採取最適關稅的提供曲線也還是 OC_t^*,由而兩國沒任何改變其進口關稅的動機,均衡點 E_3 也就會永遠維持下去,兩國關稅戰爭停止,且同時有正的進出口數量,本國的福利水準為 TIC_3,外國的福利水準為 TIC_2^*。因此,兩國是可能在貿易完全消失之前就停止貿易戰爭的。但是,關稅報復或貿易戰爭是否也可能持續下去,直到兩國貿易完全消失呢?直覺上,我

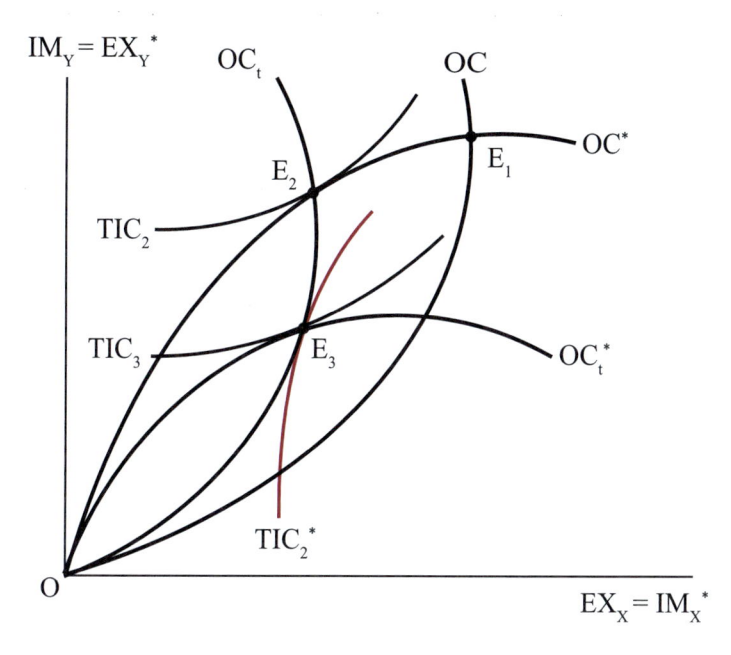

Chapter 7 完全競爭下的貿易政策：一般均衡分析

圖 7.18

們似乎沒法排除這種可能性；不過，從理論的角度來看，只要兩國採用的都是關稅這個貿易工具，我們可證明，貿易完全消失的情況並不會發生。為了說明這個重要的結果，我們接下來介紹另一種找尋貿易戰爭均衡的方法。

圖 7.19 中 OC 和 OC* 分別為本國與外國自由貿易下的提供曲線，OC$_1^*$ 和 OC$_2^*$ 則是外國對其進口品 Y 課徵 t_a^{*1} 與 t_a^{*2}($t_a^{*1} < t_a^{*2}$) 時的提供曲線。本國貿易無異曲線 TIC$_1$、TIC$_2$ 和 TIC$_3$ 分別與 OC*、OC$_1^*$、OC$_2^*$ 相切於 A$_1$、A$_2$ 和 A$_3$ 三點。由前面的討論得知，通過 A$_1$、A$_2$ 和 A$_3$ 的三條本國提供曲線所隱含的正是本國面對外國自由貿易，進口關稅 t_a^{*1} 與 t_a^{*2} 之下的最適關稅。因此，我可將 A$_1$、A$_2$、A$_3$ 視為上述三個外國進口關稅下的 "最適反應點"。事實上，針對任何外國進口關稅下的提供曲線，我們都可找到一本國貿易無異曲線與其相切的最適反應點，然後將這些最適反應點以一平滑曲線連接起來，即得到圖中 RA 這條由所有最適反應點所形成的本國的 **"反應曲線"** (reaction curve)。換句話說，本國反應曲線就是面對任何外國關稅水準的最適反應點所形成的軌跡。反應曲線有幾個特性值得注意。隨著外國逐漸提高其進口關稅，貿易量也跟著減少，於是本國透

國際貿易

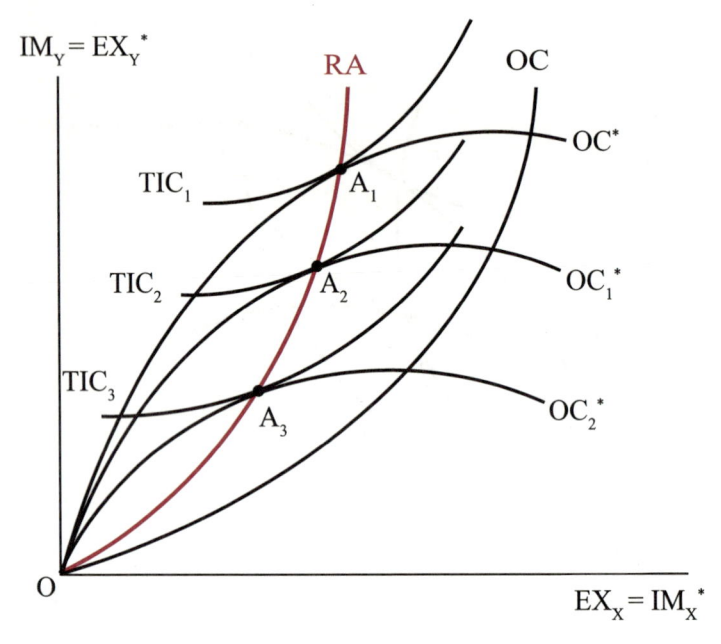

圖 7.19

過課徵最適關稅所能獲得的貿易條件改善的效果也將逐漸減弱，故最適關稅也會逐漸降低。特別是，當外國關稅趨近於禁止關稅時，本國的最適關稅也將趨近於零；也就是說，當外國採取禁止關稅時，本國最適反應乃是採取自由貿易。雖然我們無法在此嚴謹證明，但上述性質隱含，本國的反應曲線 RA 在原點 (代表外國課禁止關稅，故本國沒有出口 X) 乃是和本國自由貿易下的提供曲線 OC 彼此相切，亦即 RA 在原點的斜率正好就是本國封閉經濟下的均衡價格。然而，只要外國不採取禁止關稅，則本國對應的最適關稅必然大於零，最適反應點必然位於 OC 的左方，故除了原點外，RA 也必然都在自由貿易提供曲線的左邊。

我們可以完全相同的方式，導出外國的反應曲線 RA^* (見圖 7.20)；同樣地，RA^* 必然位於圖 7.19 中外國自由貿易提供曲線 OC^* 的右下方，但在原點則兩者彼此相切，且其在原點的斜率代表外國貿易前的均衡價格。圖 7.20 結合兩國的反應曲線；雖然理論上 RA 和 RA^* 可能有任何數量的交點，但為了簡化說明，我們假定，除了原點外，他們只交於 N 這一點。由前面導出 RA 和 RA^* 的過程，我們立即得知 N 乃是關稅戰爭下的均衡點，因為該點表示，在給定對方的關稅

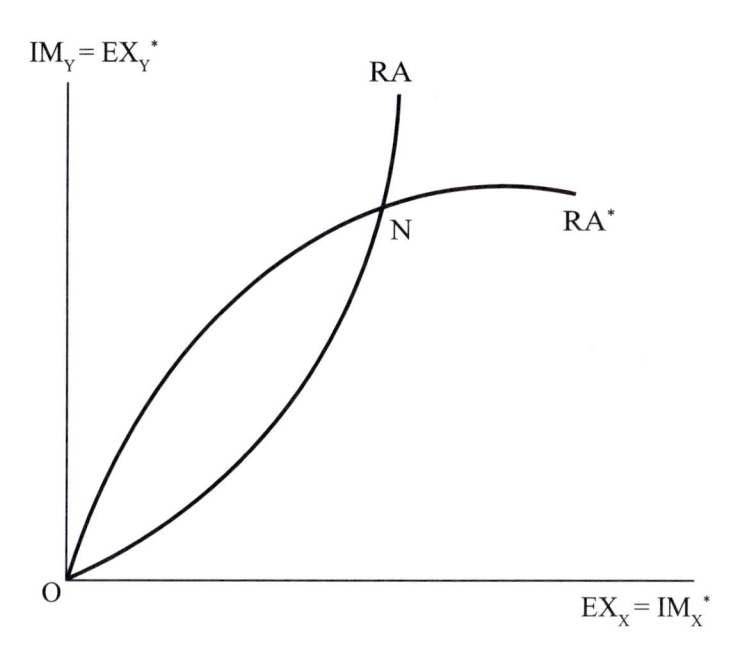

Chapter 7 完全競爭下的貿易政策：一般均衡分析

圖 7.20

下，本身所採取的都是最適反應的關稅，故兩國都沒有改變自身關稅稅率的動機。但在此要特別強調的是，RA 和 RA* 的另一交點 O 並不是一個均衡點。為什麼呢？因為原點代表對手國採取了禁止關稅，以本國來說，此時最適關稅為零；但面對本國採取自由貿易 (即零關稅)，外國的最適關稅必然小於禁止關稅，於是貿易就發生了，整個體系離開原點，兩國進行另一回合關稅戰爭，直到抵達 N 點為止。雖然我們無法保證 N 點不會很接近原點，以致貿易接近消失，但至少在目前的簡單模型下，我們可以得到一個重要結果：當兩國以關稅做為貿易工具時，貿易戰爭將不會導致貿易完全消失。

前面提到 RA 必然位於 OC 的左上方，RA* 必然位於 OC* 的右下方，由此可知，圖 7.20 中均衡點 N 必然是在 OC 和 OC* (見圖 7.21) 所圍成的"眼形" OE_1O 的內部。這個結果顯示，雖然發生了關稅戰爭，但仍可能有國家因此獲利。圖 7.21 中，E_1 為自由貿易的均衡，自由貿易下本國和外國的福利水準分別為 TIC_1 和 TIC_1^*。由圖可清楚看到貿易無異曲線 TIC_1 和 TIC_1^* 將"眼形" OE_1O 內部分割成 A、B 和 C 三個區域。A 區代表本國福利高於自由貿易福利水準的進出口組

國際貿易

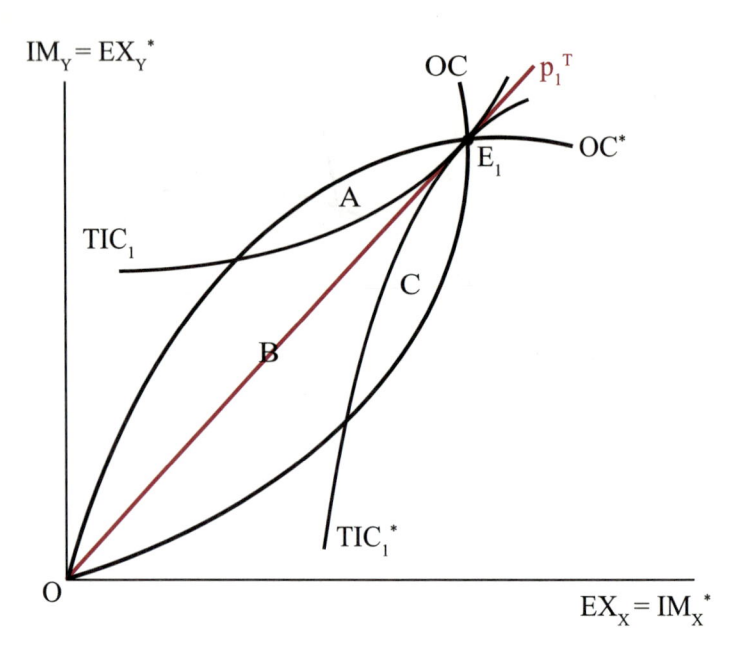

圖 7.21

合，C 區則是外國福利高於自由貿易福利水準的進出口組合，但 B 區的進出口組合將同時使兩國福利低於自由貿易水準。現在很清楚地，若貿易戰爭均衡 N 位於 A(C) 區，則本國 (外國) 在貿易戰爭後仍然獲利。當然，如果 N 落在 B 區，則兩國都會因貿易戰爭而受損。

最後，我們再提醒讀者，本小節有關貿易戰爭的討論，乃是在有唯一均衡的簡化假設下進行。理論上，當然無法排除 RA 與 RA* 相交超過一次的**多重均衡** (multiple equilibra) 的可能性，甚至在某些特殊狀況下，兩國可能陷入永無止息的**循環貿易報復** (tariff cycle)。但不管如何，上面所得到的貿易不會因關稅戰爭而完全消失，以及可能有一國因貿易戰爭而獲利這兩個重要結論，並不會因這些複雜的狀況而改變。

7.4 限額與出口自動設限

利用提供曲線，我們也可分析進口限額和出口自動設限等貿易政策的效果，

Chapter 7 完全競爭下的貿易政策：一般均衡分析

並進而探討關稅與進口限額等價與否的問題。圖 7.22 中，自由貿易的均衡點為 E_1，此時本國出口 EX_1 的 X 產品，進口 IM_1 的 Y 產品。如果本國政府基於某些理由，決定將進口 Y 的數量限制在 IM_2 的水準之下，則此進口限額的政策效果為何呢？首先，讀者應記得，提供曲線 OC 乃是告訴我們，在各個貿易條件下，本國願意從事的進出口組合。由圖 7.22 可清楚看到，只要貿易條件 (或國際價格) 小於或等於 OA 線的斜率，則本國的進出口組合將與進口設限前完全相同；也就是說，在本國採取進口限額後，本國提供曲線仍然包括 OC 中的 OA 部份。但只要國際價格超過 OA 的斜率，如 p_1^T，則因本國市場想進口的數量 IM_1 已超過限額 IM_2，違反進口限額，因此 E_1 就不再是限額政策下的提供曲線上的一點。反之，在面對貿易條件 p_1^T 時，本國最多就是進口 IM_2；但面對 p_1^T 而只能進口 IM_2 的限制下，本國所願出口的 X 數量只有 EX_2 而已，因此，當國際價格為 p_1^T，且有 IM_2 的進口限額時，圖 7.22 中的 B 點遂成為限額下的提供曲線上的一點。根據這個原理，讀者可推得，對應於超過 OA 斜率的貿易條件，本國的進出口組合點都會在水平線 A B E_2 IM_2 上。也就是說，當本國將進口限制在 IM_2 之

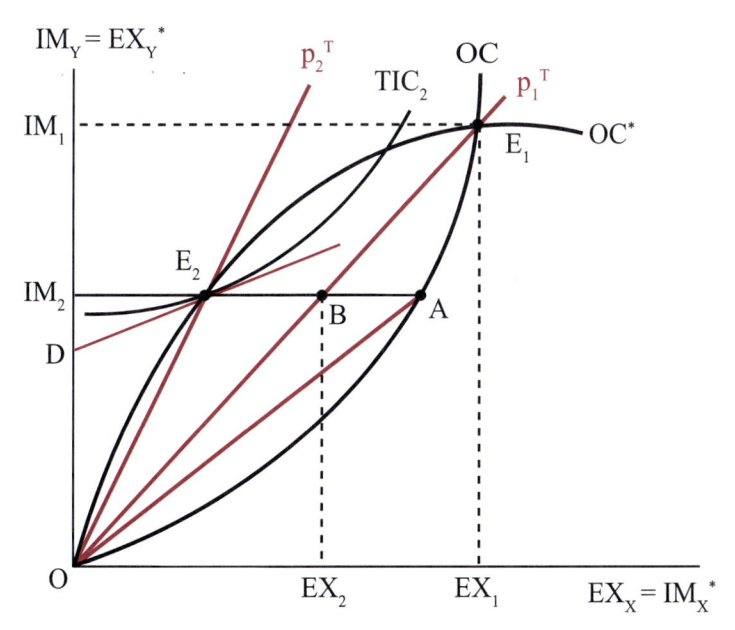

● **圖 7.22**

233

下時，本國的提供曲線成為 O A IM$_2$。因此，本國提供曲線與外國提供曲線 OC* 的交點為 E$_2$，此即是本國採取限額政策下的均衡點；國際價格成為 p$_2^T$，本國貿易條件相較於自由貿易改善 (p$_2^T$ > p$_1^T$)，而限額下國內的相對價格為通過 E$_2$ 點的貿易無異曲線 TIC$_2$ 在該點的斜率，即圖 7.22 中 E$_2$D 的斜率。

讀者如果比較圖 7.22 和圖 7.14 的說明，當很容易發現，為了達到限制進口量為 IM$_2$ 的目的，本國必然可以找到一進口關稅稅率，使得在此稅率下的提供曲線剛好通過 E$_2$ 這點，結果是在此稅率下，不但進口量等於 IM$_2$，出口量、貿易條件以及國內相對價格也和進口限額政策下完全相同，我們再度得到部份均衡分析中所得到的關稅和限額等價的結論。當然，讀者應切記，這個等價並不包括所得分配，因為關稅收入乃是歸政府或全民所有，而限額租則由進口商取得。

我們可利用相同的原理，分析出口自動設限的效果。假定本國政府決定將圖 7.22 中的進口限額 IM$_2$，改由外國以出口自動設限的方式達成，則如圖 7.23 所示，本國的提供曲線將仍是 OC，但外國的提供曲線則不再是 OC*。為什麼呢？由圖 7.23 可知，只要本國貿易條件(國際價格)超過 p$_2^T$，則外國的出口量將小於

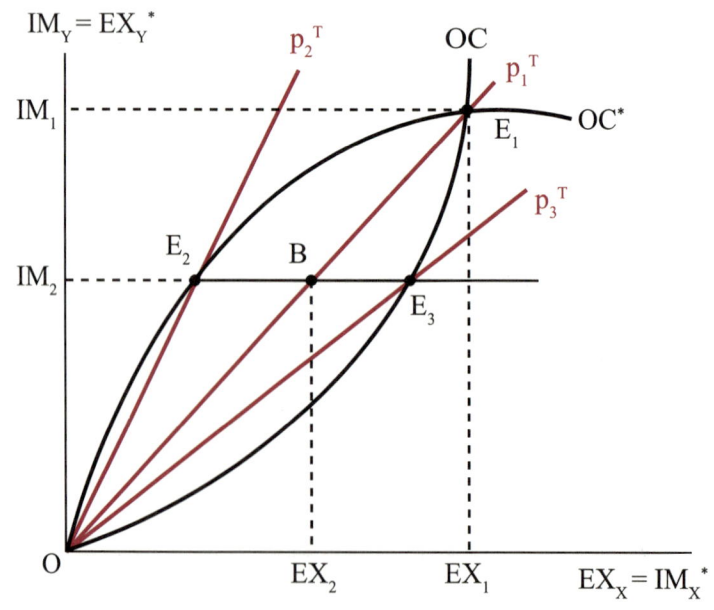

圖 7.23

IM$_2$，不違反出口限額，因此 OC* 的 OE$_2$ 部份仍是出口自動設限下外國的提供曲線。但只要本國貿易條件小於 p_2^T，情況就不同了。以自由貿易下的國際價格 p_1^T 為例，面對這個價格，外國希望出口 IM$_1$ 的 Y 以換取 EX$_1$ 的 X 的進口。但因 IM$_1$ 超過限額 IM$_2$，所以只得將出口量壓低到 IM$_2$ 的水準。但當價格為 p_1^T 時，外國出口 IM$_2$，只能換取 EX$_2$ 的 X 的進口，故圖中 B 點成為自動出口設限下，外國提供曲線上的一點。同樣道理，我們得知，在國際價格小於 p_2^T 時，外國提供曲線將是水平線 E$_2$ B E$_3$。也就是說，在外國出口限額 IM$_2$ 之下，外國的提供曲線成為 O E$_2$ B E$_3$。因此，外國出口自動設限下的均衡點為 E$_3$，本國貿易條件惡化，由自由貿易下的 p_1^T 下降到 p_3^T。雖然圖 7.23 中並未畫出兩國貿易無異曲線，但讀者可很輕易查證，本國在 E$_3$ 點的社會福利較 E$_1$ 點為低，但外國則正好相反，其在 E$_3$ 的福利較自由貿易下 (E$_1$) 高。由前面的討論，我們已經知道，當本國採取進口限額 IM$_2$ 時，均衡點為 E$_2$，本國福利因貿易條件改善而高於自由貿易水準。由此可知，在同樣的進口量下，本國採進口限額 (或等價的關稅政策) 可改善貿易條件，提高福利，但出口自動設限政策則會惡化貿易條件，使社會福利下降，這個結果和部份均衡分析所得到的結果完全一致。

※7.5 關稅與限額的不等價

上小節利用一般均衡分析，我們再度得到關稅和限額等價的結論。但正如部份均衡分析一樣，這種等價關係僅在相當特殊的情況下方才成立；在此我們要再以兩個例子，進一步說明兩者可能不等價的現象。

限額戰爭

7.3 節有關貿易戰爭的討論，我們得到兩個重要結論：(1) 當兩國以關稅做為政策工具時，貿易戰爭雖會使貿易數量減少，但不致完全消失；(2) 相對於自由貿易均衡，關稅戰爭的結果仍有可能使一國獲利。現在問題是，如果兩國政府改採限額政策從事貿易戰爭，上述兩個結論是否仍然成立？

國際貿易

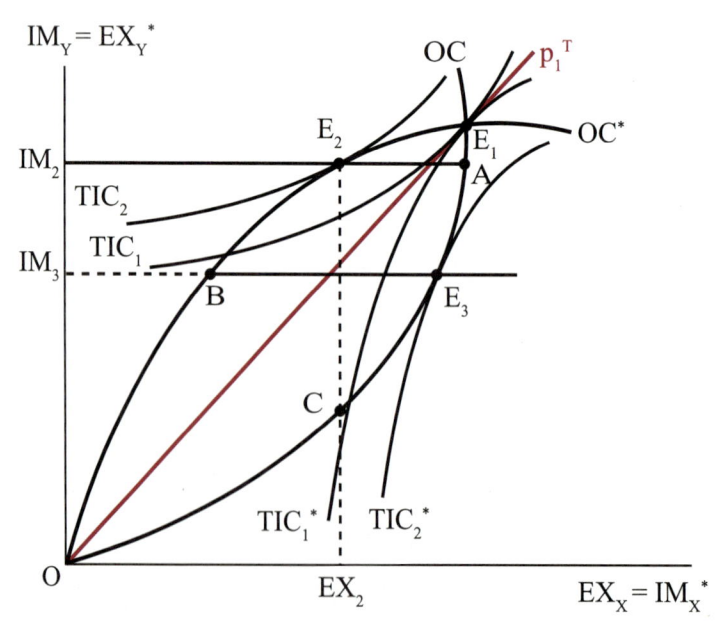

圖 7.24 中，E_1 為自由貿易均衡，貿易條件為 p_1^T，兩國福利水準分別為 TIC_1 和 TIC_1^*。面對外國提供曲線 OC^*，本國可達到最高的福利水準為 TIC_2。假定本國採取使其福利達到最大的 **"最適進口限額"** (optimum import quota) 政策，將進口量限制在 IM_2，使得其提供曲線成為 $OCAE_2 IM_2$，則可將均衡點移至 E_2，社會福利提高到 TIC_2。但外國會因本國的限額政策受損，於是採取相應的報復措施。面對本國的提供曲線 $OCAE_2 IM_2$，外國應採取那種政策方可提高其福利呢？假定外國也採取最適限額政策，我們可分三種情況來考慮：(1) 如果使外國福利達到最高的貿易無異曲線 TIC_2^* 與本國提供曲線 $OCAE_2 IM_2$ 相切於 OC 部份，那外國同樣可使用進口限額政策，將均衡點移到該切點；(2) 如果 TIC_2^* 和 $OCAE_2 IM_2$ 相切於如圖 7.24 所示的 CA 範圍 (如 E_3)，則外國採取任何進口限額政策都不會發生效果，因為在這個範圍內外國的進口量都會大於本國所願出口的數量 EX_2。因此，為了使 E_3 成為均衡，外國只能採取最適出口限額政策，將其提供曲線扭曲成 OBE_3。如此一來，$OCAE_2 IM_2$ 和 OBE_3 就相交於 E_3，E_3 成為均衡點，外國福利會相對於 E_2 時改善。(3) 若 TIC 剛好和 $OCAE_2 IM_2$ 相切於

圖 7.24

A 點，即 E_3 和 A 重合，則即使外國採用最適出口限額政策，均衡也無法確定。因為在這種情況下，本國提供曲線 O C A E_2 IM_2 與外國提供曲線 OE_2A 在 E_2A 這部份彼此重合，其上任何一點都可能成為均衡。為了使均衡儘量靠近 A 點以確保較高的社會福利，外國會將出口限額設在稍微低於 IM_2 的水準，結果均衡會落於 O C A E_2 IM_2 上稍低於 A 點的地方，假定其為圖中之 E_3。本國面對外國提供曲線 O B E_3，將會回報以一稍低於 IM_3 的進口限額；如果持續下去，讀者將會發現，每一個國家、每一回合的報復都必然會使其進口量減少，使得兩國的貿易量向零趨近。換句話說，縱使透過限額戰爭不致使兩國貿易真正完全消失，但絕不可能像關稅戰爭那樣，可能存在如圖 7.20 所示的具有足夠貿易量的均衡 N。也因為限額戰爭必然使兩國貿易量趨近於零，消除了所有可能的貿易利得，所以兩個國家的福利必然都會因此而低於自由貿易下的福利水準。由此可知，前面有關以關稅從事貿易戰爭的兩個重要結論，在兩國以限額作為政策工具時就不成立了。事實上，讀者可自行驗證，上述有關限額戰爭的結論，即使在只有一個國家使用限額作為報復工具時，仍然是成立的。

兩國同時採用關稅或限額政策

上個例子說明兩國進行限額戰爭的結果很可能和進行關稅戰爭的結果不同，而且限額戰爭的均衡絕不可能優於關稅戰爭的均衡。不過，由於強調貿易報復的動態過程，這些結果給人取決於動態行為假設的印象。在這一個例子中，我們將進一步說明，即使在一個完全競爭的靜態世界裏，只要兩國同時採用相同的政策工具，則關稅和限額將永遠不可能等價。

圖 7.25 中，E_1 為自由貿易的均衡，p_1^T 為自由貿易下的均衡價格。現在假定兩國同時對進口品課徵進口關稅，使得關稅扭曲的提供曲線分別成為 OC_t 和 OC_t^*，則兩者的交點 E_2 即是兩國採用關稅政策下的均衡點。圖 7.25 中，為了簡化圖形，我們刻意使 E_2 位於自由貿易的價格線 OE_1 上，但這並不是必然的結果。如果我們可以找到兩個國家的進口限額，使 E_2 成為此兩限額下的均衡，那麼我們就可說關稅和限額是等價的。問題是，可能嗎？

圖 7.25

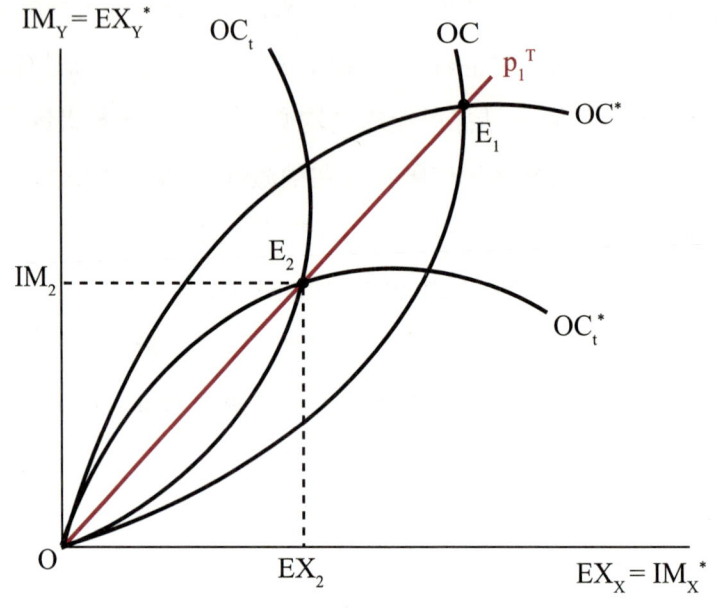

圖 7.26 之 OC 和 OC^*、E_1、E_2 均複製自圖 7.25。如果兩國採用限額，則唯有本國將進口限額訂為 IM_2，外國將進口限額限制在 EX_2，方可能使兩國進口限額下的提供曲線 O A IM_2 和 O B EX_2 相交於 E_2，而使 E_2 成為一個均衡點。但除了 E_2 外，此兩國限額下的提供曲線還有另外兩個交點 M 和 N，它們也可能成為均衡點。現在，更重要的是，我們可證明 E_2 為一**不穩定均衡點** (unstable equilibrium)，故兩國採取限額政策的均衡不是在 M 點，就是在 N 點。

假定圖 7.26 中，一開始國際市場價格並非 p_1^T，而是 p_2^T，則由本國提供曲線 O A IM_2 得知，本國將出口 EX_3 的 X 產品，但在 p_2^T 價格下，外國要進口的 X 產品的數量則是 EX_2，於是 X 產品市場有超額需求，這會使 X 產品價格上升。反之，讀者也可由圖上得知 (未標出來)，Y 產品在國際市場上會有超額供給，促使其價格下降。結合兩個市場，我們知道 X 產品的相對價格會由 p_2^T 不斷上升，直到價格線通過 M 點時市場方恢復均衡。同樣道理，若一開始時市場價格低於 p_1^T，則 X 市場會有超額供給，Y 市場會有超額需求，這將促使 X 的相對價格持續下降，直到價格線通過 N 點方才達到均衡。由此可知，除非價格剛好是 p_1^T 的

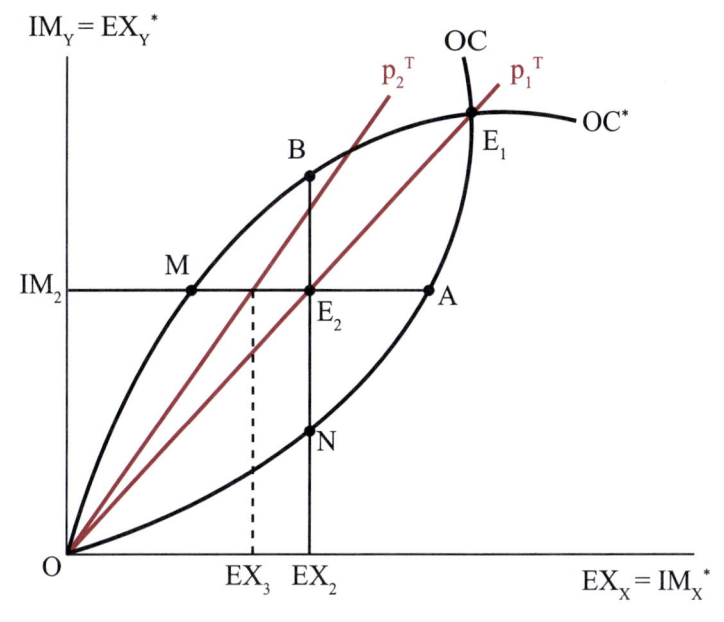

Chapter 7 完全競爭下的貿易政策：一般均衡分析

圖 7.26

極端狀況，E_2 不可能成為市場均衡，故一般而言，兩國採取限額政策的均衡不是在 M，就在 N 點。但這正隱含，一般而言，兩國採用關稅政策的均衡 E_2，是無法以兩國採用限額政策來達到的。

事實上，讀者可進一步證實，只要兩國均採用進口關稅政策，均衡點必然位於 OC 和 OC* 兩條提供曲線所圍成的"眼形" OE_1O 的**內部** (interior)；或者說兩國均採進口關稅政策時所有可能均衡點的集合正好就是"眼形" OE_1O 的內部。反之，當兩國同時採用進口限額政策時，所有可能的穩定均衡點的集合則是"眼形" OE_1O 的**邊界** (boundary)。但是這兩個集合並沒有交集，因此兩國同時採用進口關稅政策和兩國同時採用進口限額政策絕對不可能是等價的。值得順便一提的是，上述分析也顯示，如果只有一個國家採取進口關稅或限額政策，則均衡點必然都在"眼形" OE_1O 的邊界上，故兩者在這種情況下會有等價的結果，也就不令人意外了。

國際貿易

習題

1. 解釋下列各小題中兩個名詞的意義，並說明它們之間的關係。

(a) 貿易無異曲線，提供曲線

(b) 最適關稅，梅茨勒矛盾

2. 是非題：試判別下列各敘述為「是」或「非」，並詳細說明是或非的理由

(a) 一國永遠可以藉由課徵進口關稅來保護該國的進口品產業。

(b) 在完全競爭市場架構下，一國對出口品進行出口補貼必然使其福利下降，但對其出口品課徵出口稅則有可能使其福利上升。

(c) 若兩國進行貿易戰爭後貿易條件和貿易戰爭前相同，則貿易戰爭的結果必然使兩國福利都下降。

3. 詳細說明關稅和限額等價的意義，並舉一非本章所提的例子說明關稅和限額不等價的情形。

※**4.** 試以一般均衡分析法，分別就本國為大國及小國兩種情況，說明下列外國所採貿易政策對本國進口、出口及福利的影響。

(a) 外國對其出口品進行出口補貼。

(b) 外國對其進口品實施進口限額。

Chapter 8 不完全競爭下的貿易政策

　　除了第六章 6.5 節圖 6.12 說明關稅與限額不等價的例子外,前面兩章關於貿易政策,特別是關稅與限額的討論,都是在完全競爭的架構下進行。雖然,作為介紹各種貿易政策的分析方法及其可能結果,完全競爭市場的假設具有相當重要的功能,但不可否認的,在現實世界中,完全競爭市場結構即使存在,也僅是極少數的例外,大部份產品市場都屬於不完全競爭市場。因此,為了將相關討論更拉近現實,就有必要針對不完全競爭市場結構下的貿易政策加以探討。當然,不完全競爭市場種類繁多,且有些相當複雜,我們無法在此全面涵蓋。本章將只針對較為簡單,且發展較為完整的獨佔和寡佔市場,詳細介紹此兩種市場結構下,關稅與限額政策的效果,並在可能範圍內探討關稅和限額的等價性問題。

　　雖然我們只以獨佔和寡佔兩種市場結構為對象,但在國際貿易上他們卻可能以不同的型態出現,因而分析結果也就不同。為了較有系統地說明,我們將依下列次序進行討論:(1) 進口品國內市場為獨佔,(2) 進口品由國外獨佔廠商提供,(3) 進口品由一家國內與一家國外廠商提供,(4) 本國與外國各一家獨佔廠商在第三國進行雙佔競爭。

國際貿易

8.1　進口品國內市場為獨佔

這正是圖 6.12 所描繪的市場結構；國內獨佔廠商所面對的國內市場需求曲線為圖 8.1 中的 AB，其對應的邊際收益曲線為 AD，而此獨佔廠商的邊際成本線為 MC。為了簡化分析，我們進一步假定：(1) 本國為小國，故面對給定的國際市場價格 p_y^*，(2) 不管政府採取何種貿易保護政策，本國都不會因而出口 Y 產品。由熟知的分析得知，在封閉經濟下，本國獨佔廠商將生產 y_M 的數量，訂定 p_M 的價格。若開放自由貿易，則本國獨佔廠商無法訂定超過 p_y^* 的價格，故其面對的需求曲線成為 p_y^*GB，其最適產量成為 y_S，此時本國會進口 $y_D - y_S$ 數量的 Y 產品。換句話說，在小國的假設下，即使國內只有一家廠商生產 Y，該廠商也將完全失去其在國內市場的壟斷力，成為一實質的價格接受者。

關稅的效果

假定政府基於某種理由，對 Y 產品的進口課徵每單位 t 元的進口關稅，則國

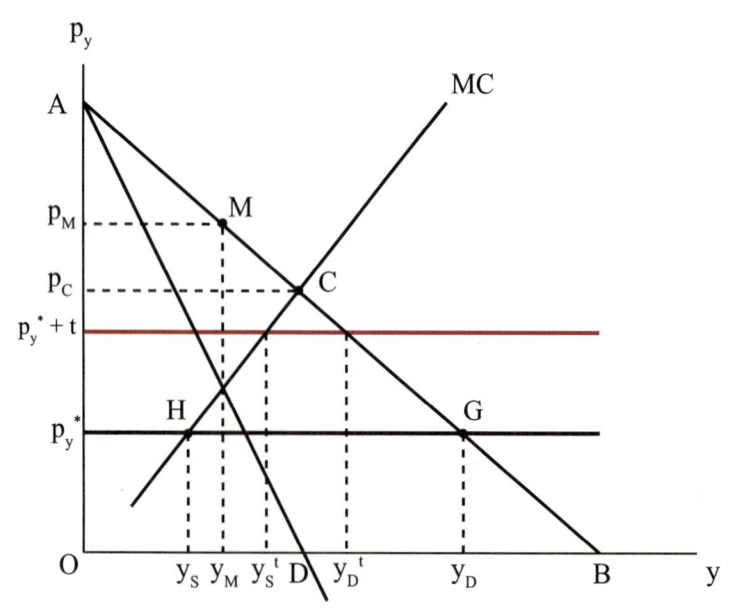

圖 8.1

Chapter 8 不完全競爭下的貿易政策

內消費者和廠商所面對的價格成為 $p_y^* + t$。那關稅的效果又如何呢？很顯然地，這和單位關稅t的大小有直接關係。圖 8.1 中，p_C 為 MC 和需求曲線 AB 交點所決定的價格，這是本國不會進口 Y 產品的最低價格。現在，根據 t 的大小，可分三種情況來檢視關稅的效果。

1. $p_y^* + t < p_C$

   在這種情況下，如圖 8.1 中紅線所示，由於關稅不高，本國仍會繼續進口 Y 產品，如圖中之 $y_D^t - y_S^t$。生產者雖因關稅保護而增加產量 ($y_S^t - y_S$)，但其壟斷力量還是會受到國際市場制約，因此生產決策與競爭廠商無異。從福利效果來看，也和完全競爭的情形相同，相較於自由貿易，關稅帶來了生產扭曲損失與消費扭曲損失 (請在圖 8.1 中找出這兩部份損失)。

2. $p_C \leq p_y^* + t < p_M$

   圖 8.2 顯示，當 $p_y^* + t = p_C$ 時，國內獨佔廠商的最適產量 $p_C C$ 剛好等於市場的需求量，因此在這樣的關稅保護下，本國不會進口 Y，不過因為進口的威脅仍然存在，國內廠商壟斷力量仍然受到壓抑而無法將價格提高到 p_M 的水準。同

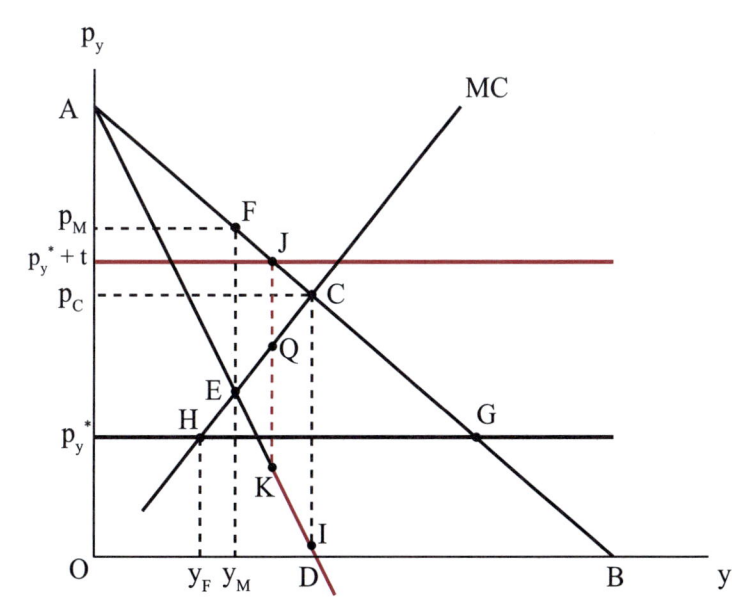

● 圖 8.2

243

樣道理，任何滿足 $p_C < p_y^* + t < p_M$ 的關稅水準，都將使本國獨佔廠商在 $p_y^* + t$ 的價格下，生產剛好滿足國內市場需求的數量。為什麼呢？由於在 (p_C, p_M) 範圍的價格下，不會有實際的進口，因此國內獨佔廠商所面對的需求曲線包括了負斜率的 FC 部份。以圖中紅色水平線 $p_y^* + t$ 為例，在此價格限制下，國內廠商面對的需求曲線成為 $(p_y^* + t)JC$，其對應的邊際收益曲線成為 $(p_y^* + t)JKI$。因 MC 通過邊際收益曲線不連續的 J 點和 K 點之間，故我們知道，其最適產量為 $(p_y^* + t)J$，價格為 $p_y^* + t$。由此可知，在這個範圍內，關稅雖然高到足以消除所有進口，但卻沒有高到可以完全消除**進口威脅** (threat of imports) 的程度，故本國獨佔廠商仍會生產大於封閉經濟下的產量 y_M，並接受低於 p_M 的價格。至於福利效果，很明顯地，當 $p_y^* + t = p_C$ 時，相對於自由貿易下福利損失為 CHG 的面積，因為此時只有生產和消費扭曲損失，而沒有關稅收入。當 $p_y^* + t > p_C$ 時，除了上述 CHG 的損失外，福利損失會隨 t 的提高不斷擴大。在圖 8.2 中，如果關稅課徵後的價格為紅線所示的 $p_y^* + t$，則相較於自由貿易下的福利損失為 CHG + CJQ 的面積 (請確定你知道)。

3. $p_y^* + t \geq p_M$

在這種情況下，加上關稅後的進口品國內價格已經高過 (或至少等於) 此獨佔廠商利潤最大的價格 p_M，廠商沒有任何理由去追隨進口品的價格而降低利潤，因此它仍然會生產 y_M 的數量，訂定 p_M 的價格。換句話說當關稅高到使 $p_y^* + t \geq p_M$ 時，就可完全消除進口威脅，使本國廠商像在封閉經濟時一樣，完全發揮其市場壟斷能力，獲取最大利潤。這種情況可以圖 8.3 來說明。圖中紅線代表加上關稅後的進口品價格，根據前面的分析，此時廠商所面對的需求曲線成為 $(p_y^* + t)JB$，而其對應的 MR 曲線則是 $(p_y^* + t)JKD$，讀者可很輕易證明，只要 $p_y^* + t \geq p_M$，MC 恆與 MR 相交於 E 點，故追求利潤極大的廠商將永遠生產 y_M 的數量，並以 p_M 的價格銷售其產品。由此我們也知道，任何超過 $(p_M - p_y^*)$ 的關稅都是多餘的，因為它永遠不會有效 (binding)。最後，讀者也很容易由圖 8.3 看出，相對於自由貿易，此時的福利損失達到最大，即 FCE 與 CHG 面積之和；或者說，本國的福利回到封閉經濟的水準，過度的保護使

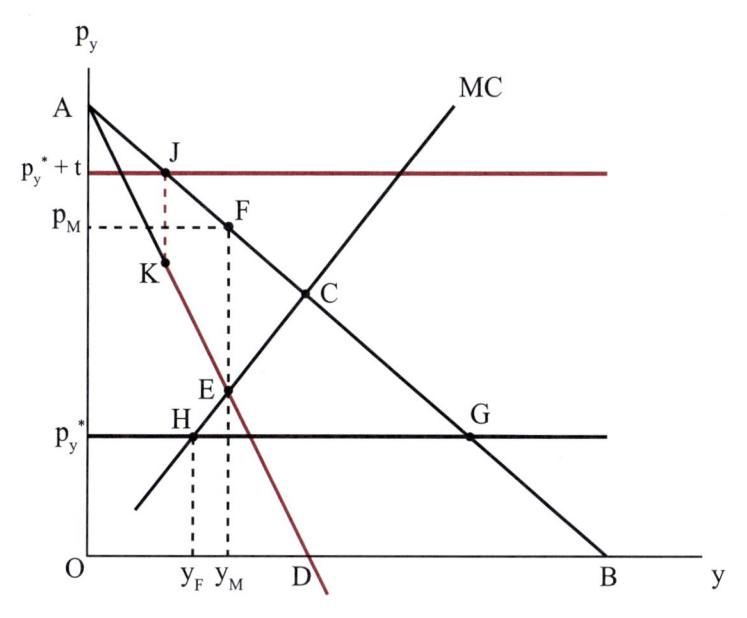

Chapter 8 不完全競爭下的貿易政策

圖 8.3

得貿易利得完全消失。

※進口限額

前面提到，在第六章中我們已經針對同樣進口量下關稅和進口限額的效果進行了比較分析，當時得到的結果是，在國內市場為獨佔的情況下，進口限額政策會導致較關稅政策更高的價格與較少的消費量，因此兩者並非等價。現在，我們要在國內市場為獨佔的前提下，較完整地分析進口限額的效果。圖 8.4 中，AB 為國內獨佔廠商所面對的國內市場需求曲線，AD 則為其對應的 MR 曲線。p_y^* 為本國所面對的國際市場價格，因此在自由貿易下，本國會消費 p_y^*G 的 Y 產品；其中 p_y^*H 由本國獨佔廠商提供，HG 則由國外進口。假定政府決定放棄自由貿易政策，並將進口數量限制在 EG < HG 的水準。如果國內獨佔廠商可將價格訂得比 p_y^* 還低，則本國將不會自外國進口任何產品，因此在價格小於 p_y^* 時，本國獨佔廠商所面對的需求曲線為圖中需求曲線在 G 點以下部份，如 GB。但當價格在 p_y^* 或較 p_y^* 高時，本國就會進口 EG 的數量，故此時廠商所面對的

245

國際貿易

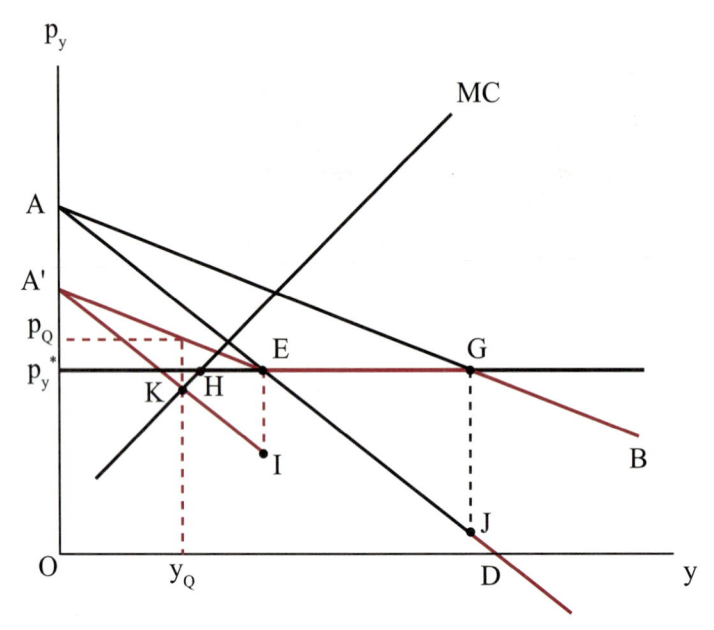

圖 8.4

需求曲線為位於 AG 左邊 EG 距離處的 A'E。總結而言，在 EG 的進口限額下，本國獨佔廠商面對的需求曲線為 A'EGB。根據熟知的平均、邊際關係，我們立即得到對應於需求曲線 A'EGB 的邊際收益曲線包括了 A'I，EG，和 JD 及其以下部份。因廠商的 MC 與此邊際收益曲線相交於 K，因而得知此國內獨佔廠商在限額政策之下會生產 y_Q 的數量，收取 p_Q 的價格。一如預期地，限額政策下，Y 產品的國內消費量 (y_Q + EG) 較自由貿易下減少，價格則較高，福利自然也就下降了。

圖 8.4 及上面的討論，是在進口限額的數量低於自由貿易進口量的假設下進行。問題是，如果容許進口的數量超過自由貿易下的進口量，上面的結論是否仍然成立？直覺上，或許我們會認為這麼「寬大」的進口限額應該不會有效果 (unbinding)，但事實未必如此。圖 8.5 的符號及意義和圖 8.4 基本上相同，兩者主要差別為，在圖 8.5 中，進口限額的數量 EG 大於自由貿易下的進口量 HG。由上面的討論得知，採取此限額後，國內獨佔廠商所面對的國內需求曲線成為 A'EGB，而其對應之邊際收益曲線 (MR) 則包括 A'I，EG，JD 及其以下部份。由

246

Chapter 8 不完全競爭下的貿易政策

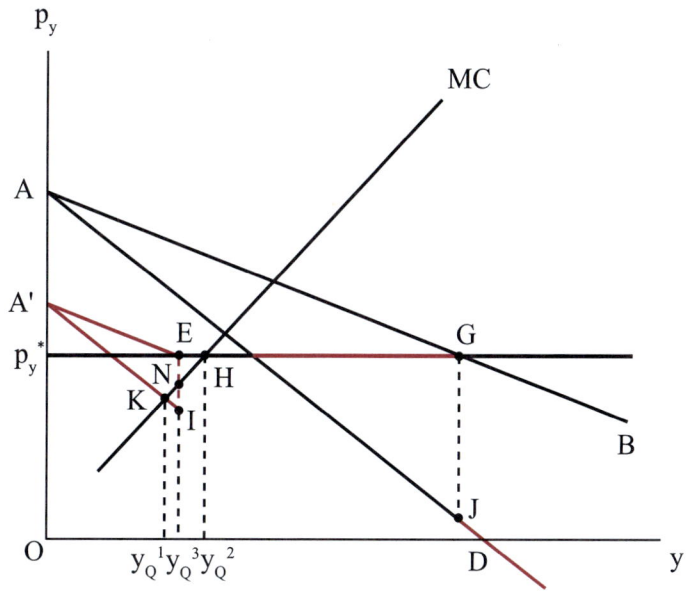

圖 8.5

圖上可清楚看到，廠商的 MC 曲線和 MR 曲線相交於 K 和 H 兩點，因此我們必須比較這兩個交點所對應的產量 y_Q^1 與 y_Q^2，那個能為此廠商帶來較大利潤，以決定最適生產數量。

現在考慮廠商由 y_Q^1 的產量逐漸提高產出水準，則一開始，只要產出水準不到 y_Q^3，每多生產一單位的邊際成本均高於邊際收益，使得廠商利潤逐漸下降。但只要產量超過 y_Q^3，則每多生產一單位的邊際收益都大於邊際成本，使廠商利潤增加，直到產量等於 y_Q^2 時才停止。那廠商的利潤到底在 y_Q^1 的產量或 y_Q^2 的產量較高呢？由邊際量與總量的關係得知，當廠商產量由 y_Q^1 增加到 y_Q^3 時，總損失剛好就是 KIN 的面積；而產量由 y_Q^3 增加到 y_Q^2 的總利潤則是 ENH 的面積。因此只要 ENH 的面積大於 KIN 的面積，則生產 y_Q^2 產量的利潤就較大；反之，若 KIN 的面積大於 ENH 的面積，則廠商利潤最大的產量就是 y_Q^1。由圖可以看出 KIN 和 ENH 的相對大小取決於進口限額的數量；當 E 點向 H 點接近時(亦即限額愈嚴厲時)，KIN 的面積就愈可能大於 ENH 的面積，而使得獨佔廠商生產 y_Q^1 的可能性增加。反過來，限額愈寬鬆時 (或 E 在 H 左邊愈遠時)，廠商

國際貿易

生產 y_Q^2 的利潤較高的可能性就上升。這個結果並不令人意外，當限額數量不斷放寬時，有限額和沒限額根本沒什麼不同，廠商就與面對一個完全開放的市場無異，自然也就會生產自由貿易下的產量 y_Q^2。但在此重要的是，即使限額超過自由貿易下的進口量，限額仍可能提供足夠的保護力量，使得廠商可運用其壟斷力，提高價格，降低產量，獲取更大利潤。

※關稅與限額

一般而言，在國內市場只有一獨佔廠商情況下，關稅和限額並非等價。我們在第六章 (圖 6.12) 已明確證明，在「同樣進口量」下，限額會使國內價格較關稅下高，消費量及福利較關稅下低。也因為如此，一般均認為，相對於關稅政策，限額政策並不足取。不過，在此必須特別強調，上述結果乃在「同樣進口量」這個比較基準下得到的，如果採行其他的比較基準，結果則未必如此。為了說明這點，接下來我們以進口品具有「相同的國內價格」為基準來比較關稅和限額政策。

圖 8.6 中，AB 為國內市場需求曲線，AD 為其對應之 MR。面對國際價格

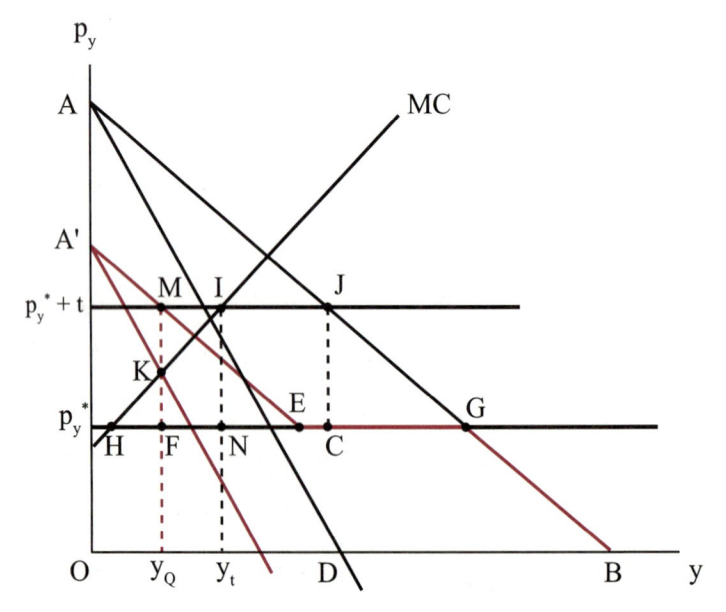

圖 8.6

Chapter 8　不完全競爭下的貿易政策

p_y^*，本國進口量為 HG。若政府課從量關稅，使得國內價格成為 $p_y^* + t$，則進口量成為 IJ。現在，如果政府改用進口限額，並將限額量訂為 EG，則國內獨占廠商所面對的需求曲線成為 A'ECGB，其中對應於 A'E 部份的 MR 曲線為 A'K 及其以下部份 (其餘的 MR 因與討論無關，故未畫出)。由圖中可清楚看出，在限額政策下，本國獨占廠商將生產 y_Q 的數量，並訂定剛好與關稅政策下相等的價格 $p_y^* + t$。很明顯地，限額政策下本國廠商的產量 y_Q 較關稅政策下的產量 y_t 少。如果我們依循傳統有關限額與關稅政策比較的方法，將限額租歸於本國進口商，則相對於自由貿易，限額政策的福利損失 (ΔW_Q) 為

$$\Delta W_Q = (-\text{KHF}) + (-\text{JCG}) \tag{8.1}$$

其中 $-$ KHF 為生產扭曲損失，$-$ JCG 為消費扭曲損失。類似地，在關稅政策下的福利損失為

$$\Delta W_t = (-\text{IHN}) + (-\text{JCG}) \tag{8.2}$$

其中 $-$ IHN 為生產扭曲損失，$-$ JCG 為消費扭曲損失。比較 (8.1) 和 (8.2)，我們發現，由於限定兩種政策下國內價格必須相同，故兩種政策的消費者扭曲損失也就一樣。但兩種政策的生產扭曲損失則不同；將 (8.2) 減去 (8.1) 得到

$$\Delta W_t - \Delta W_Q = -\text{IKFN} \tag{8.3}$$

也就是說，在進口品「國內價格相同」這個比較基準下，我們發現關稅政策所帶來的福利損失是較進口限額政策大。為什麼呢？

由第六章我們已經知道，如果兩政策下的進口量相同，那限額政策下國內的價格一定較關稅政策下高。為了將限額政策下的國內價格壓到與關稅政策一樣，根據前面圖 8.4 與圖 8.5 的討論，只有放寬進口限額一途，這正反映在圖 8.6 中，限額下的進口量 MJ 大於關稅下的進口量 IJ。但限額政策下較大的進口量則進一步抑制了限額的保護效果，使得限額下本國廠商的產量 y_Q 降到關稅政策的產量 y_t 之下。然而，我們已經知道，只要本國廠商的產量超過自由貿易的產

國際貿易

量，就會有生產扭曲損失，而且這種生產扭曲損失是隨著產量的提高而增加，這就是為什麼關稅政策下多了 – IKFN 這塊福利損失的原因。這個例子也告訴我們，關稅與限額是否等價，何者較優的問題事實上是比一般所認知的還要複雜，不同的比較基準，很可能得到完全相反的結論。

※規模經濟

前面的討論均假定國內獨佔廠商的邊際成本為遞增，這個假設在說明關稅和限額效果方面，具有相當重要的簡化分析功能。但不可否認的，在許多情況下，廠商之所以能成為獨佔廠商，很可能是其生產技術具有規模報酬遞增或**規模經濟** (economies of scale) 等特性，以至於在相關產出水準下長期平均成本，甚至長期邊際成本隨著產量增加而遞減，因此我們有必要就此情況加以討論。首先，來看關稅的效果。

圖 8.7 中，雖然此獨佔廠商具有正常的 U 型平均成本曲線，但在本國市場範圍內，其 (長期) 平均成本均處於下降階段，故該廠商在本國市場中基本上處

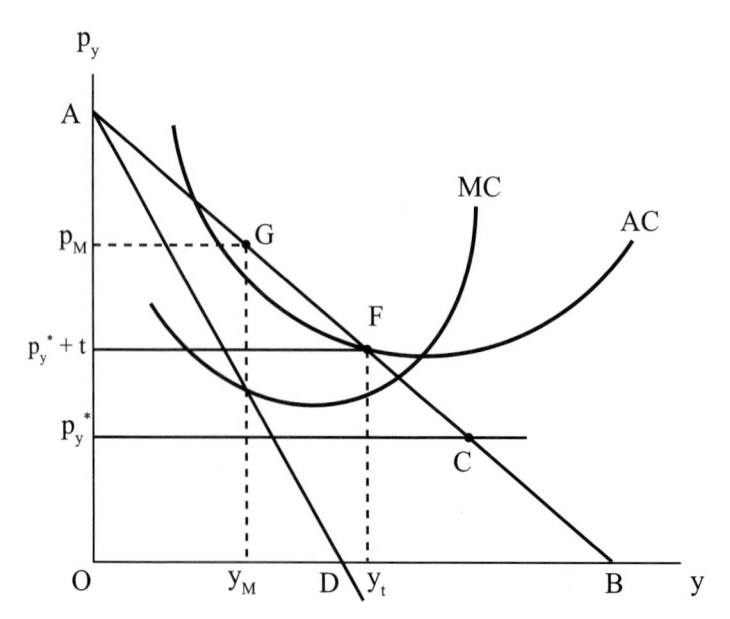

圖 8.7

Chapter 8 不完全競爭下的貿易政策

於**自然獨佔** (natural monopoly) 地位。因此,在封閉經濟下,此廠商將以 p_M 的價格,銷售 y_M 的數量,並獲取超額利潤。若開放自由貿易,因國際市場價格 p_y^* 不管在那一產量下均低於平均成本,那本國廠商將完全放棄生產,而本國則會進口 p_y^*C 的數量。現在,如果本國政府希望透過關稅的方法來幫助或保護本國廠商,我們發現,只要關稅數額無法使國內價格提高至圖中 $p_y^* + t$ 的水準,則廠商仍然不會生產。只有政府課徵每單位 t 的進口稅,使得國內價格上升到 $p_y^* + t$,此廠商方可收支相抵 (break-even),獲取正常利潤,從事生產;文獻上通常稱這個剛好讓國內廠商獲取正常利潤的關稅為**量身訂做關稅** (made-to-measure tariff) 或**科學關稅** (scientific tariff)。只要關稅水準超過量身訂做關稅,則國內市場將完全由此獨佔廠商供應,而當關稅高到使得國內價格水準高過 p_M 時,關稅保護已經完全消除進口的威脅,此廠商的行為就與封閉經濟相同。這些結果和前面邊際成本遞增的情況又有何不同呢?細心的讀者或許已經發現,規模經濟主要的影響乃是造成廠商生產行為的不連續:只要關稅不低於量身訂做關稅水準,則廠商將生產本國市場所需的全部需求量,完全取代進口。因此,不像圖 8.2 中所示,在禁止性關稅 p_C 達到之前,有本國廠商隨著關稅的提高而逐漸增加生產、減少進口的過程。

至於進口限額的效果,我們可以圖 8.8 來說明。圖 8.8 中之需求曲線和成本曲線與圖 8.7 完全相同,但其中紅線 EF,則是將原需求曲線的 AG 部份往左平行移動,直到與 AC 曲線相切而得到。很明顯地,只要進口限額夠寬鬆 (即大於 FG 的數量),那麼限額政策下廠商面對的需求曲線 EFGB 將全部位於平均成本曲線 AC 的下方,則即使有限額政策保護,本國獨佔廠商因為市場太小將永遠不會進行生產。反過來,當限額夠嚴厲 (即小於,或至多等於 FG 的數量),則與前面邊際成本遞增的情況類似,限額政策會實質上保障獨佔廠商在本國的壟斷力量,因此消費者將面對較自由貿易下更高的價格,但卻較少的消費量。弔詭的是,相對於自由貿易,上述較寬鬆的限額政策所帶來的社會福利損失,很可能遠較嚴厲的限額政策來得大。

很顯然地,當關稅大於或等於量身訂做關稅時,不可能找到任何與關稅等價

國際貿易

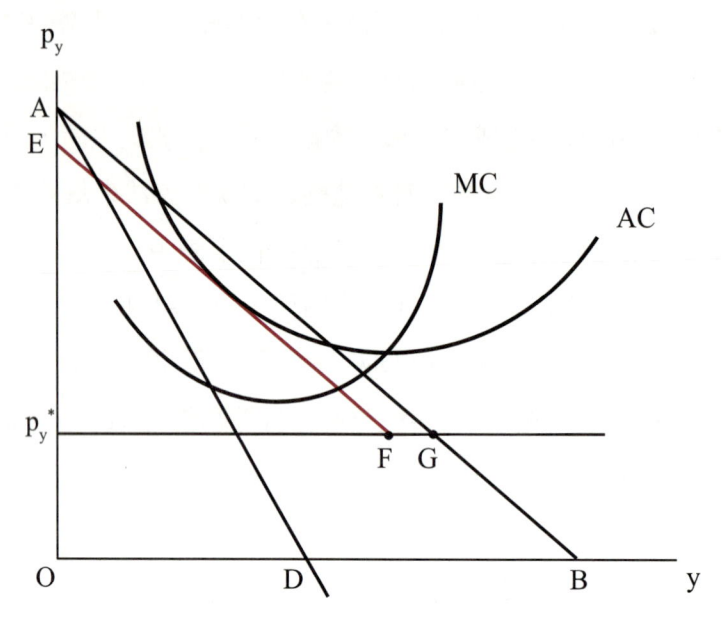

圖 8.8

的進口限額政策，因為在關稅政策下，進口量永遠為零。另一方面，讀者很容易自我查證，當關稅低於量身訂做水準時，除了關稅由政府收取，限額租歸於擁有進口權利的進口商外，兩者的國內價格與福利效果則完全相同。換句話說，就關稅與限額的等價性而言，同樣有著不連續現象：當關稅低於量身訂做關稅時，兩者是等價的，但只要關稅上升到量身訂做水準，或更高，則關稅和限額永遠不可能等價。

8.2 進口市場由國外廠商獨佔

這一小節所要探討的情況和上一小節剛好相反，我們將討論當本國面對國外唯一一家出口商，而本國國內可能完全不生產進口品，或者進口品的國內市場為完全競爭市場的情形。因為國內完全不生產進口品與國內進口品市場為完全競爭市場的基本結果一樣 (為什麼？)，故在接下來的解說中，我們直接假設本國並不生產進口品 Y，如此一來，本國市場 Y 的需求曲線也就是本國對進口品 Y 的進

Chapter 8 不完全競爭下的貿易政策

口需求曲線。為了和上一小節的討論一致，在此同樣假設本國為小國，且進口品需求曲線為線性。

圖 8.9 中，AB 和 AD 分別是本國進口品 Y 的 (進口) 需求曲線及其對應的邊際收益曲線，p_y^* 則是外國獨佔廠商出口到本國的邊際成本，假定其為固定。自由貿易下，均衡點為 E；外國廠商將出口 y_M 到本國，並以 p_M 的價格銷售，賺取 $p_M Q E p_y^*$ 的利潤 (假定固定成本為 0)。現在若本國對進口品課徵每單位 t 的從量稅，則進口品價格成為 $p_y^* + t$，均衡點為 E_t，外國廠商出口減少成 y_t，但銷售價格則提高到 p_t，利潤成為 $p_t Q_t E_t (p_y^* + t)$。

關稅的課徵對本國的福利又有何影響呢？由於本國並不生產 Y，故福利只包括消費者剩餘和關稅收入兩部份。自由貿易下沒有關稅收入，故福利水準為

$$W_{FT} = CS_{FT} = A Q p_M \tag{8.4}$$

反之，課徵關稅後的福利為消費者剩餘 CS_t 和關稅收入 TR 之和

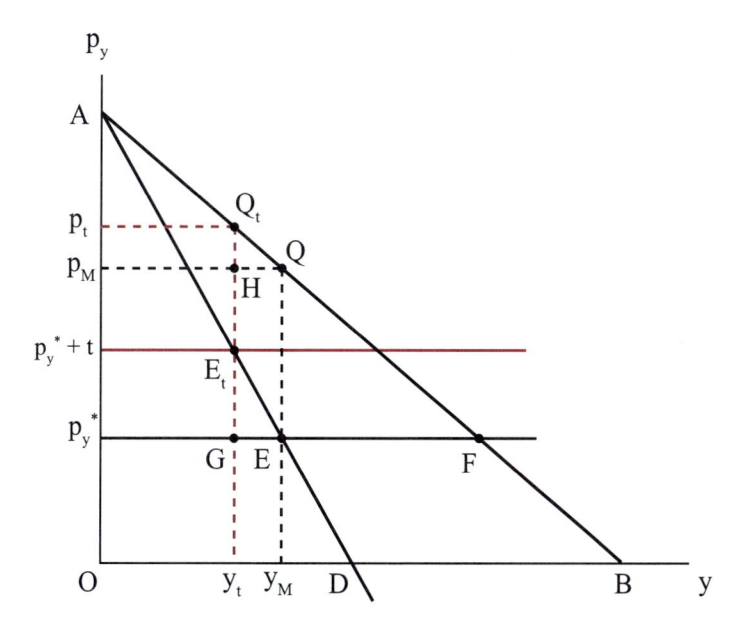

圖 8.9

253

$$W_t = CS_t + TR = AQ_tp_t + (p_t^* + t)E_tG\, p_y^* \tag{8.5}$$

故關稅對本國福利的影響為

$$\Delta W = W_t - W_{FT} = (p_t^* + t)E_tGp_y^* - p_tQ_tQp_M \tag{8.6}$$

在需求曲線為線性時，我們知道邊際收益曲線的斜率為需求曲線的兩倍，故圖 8.9 中 $Q_t H = (1/2)E_t G$，由此可知 $(p_t^* + t)E_tGp_y^* = 2p_tQ_tHp_M$。將此關係代入 (8.6) 即得

$$\Delta W = \frac{1}{2}(p_y^* + t)E_tGp_y^* - Q_tQH = p_tQ_tHp_M - Q_tQH \tag{8.6'}$$

由於國內價格上升程度僅是單位進口關稅的一半，我們知道 $p_t - t < p_M$（見 (8.11) 式），即進口價格或貿易條件因關稅課徵而改善，因此 $p_tQ_tHp_M$ 代表貿易條件改善效果，扣除消費扭曲效果 Q_tQH 即得到關稅課徵的福利效果。雖然圖 8.9 顯示，$p_tQ_tHp_M$ 較 Q_tQH 大，因此課徵進口關稅可提高本國福利，但這並不是必然的結果。讀者可很容易查證，隨著 t 值增加，$p_tQ_tHp_M$ 將逐漸縮小，而 Q_tQH 則不斷增加，甚至使得本國福利因課徵關稅而下降。從上面的描述，我們立即得知，對本國而言，應該可找到一個使本國福利達到最大的關稅水準。現在，我們就以圖 8.9 中的線性 (進口) 需求函數來說明。

假設圖 8.9 中 (進口) 需求函數為 $p_y = a - by$，則其對應的邊際收益曲線為 $MR = a - 2by$。將課徵從量進口關稅 t 之後的進口量 (價格) 記為 $y_t(p_t)$，則由 $MR = p_y^* + t$ 可得

$$y_t = \frac{a - p_y^* - t}{2b} \tag{8.7}$$

由 (8.5)，課徵關稅後的社會福利為

Chapter 8　不完全競爭下的貿易政策

$$W_t = CS_t + TR$$
$$= \left(\int_0^{y_t}(a-bs)ds - p_t y_t\right) + t y_t$$
$$= \left[\left(a y_t - \frac{b y_t^2}{2}\right) - (a - b y_t)y_t\right] + t y_t$$
$$= \frac{b y_t^2}{2} + t y_t \tag{8.8}$$

利用 (8.8) 和 (8.7)，福利極大的一階條件為

$$\frac{dW_t}{dt} = b y_t \frac{dy_t}{dt} + y_t + t \frac{dy_t}{dt}$$
$$= \frac{a - p_y^* - t}{4b} - \frac{t}{2b} = 0 \tag{8.9}$$

因 $d^2 W_t / dt^2 = -(3/4b) < 0$，故福利極大化的二階條件成立。由 (8.9) 解得本國福利極大的從量進口關稅為

$$\bar{t} = \frac{a - p_y^*}{3} > 0 \tag{8.10}$$

上式 $\bar{t}$ 為正值乃是由 (8.7) 中進口量必然為正而來。我們得到一個與完全競爭市場下完全不同的結果！記得，在完全競爭市場中，我們得到小國的最適關稅為 0，或者說，小國的最適貿易政策為自由貿易。但在此，面對外國獨賣廠商，小國仍然可透過關稅的課徵，將福利提升到自由貿易之上。

何以會有這種差異呢？主要關鍵為，在進口品由國外廠商獨佔的情況下，即使本國是小國，但因國外出口商面對的是負斜率的本國進口需求曲線，故在本國課徵進口關稅使得進口量減少時，國外獨佔廠商也就必須調整其銷售價格，以免喪失大量出口，降低利潤。於是，類似於完全競爭市場中的大國，本國可藉由關稅的課徵改善貿易條件，從而提高福利。現在，以圖 8.9 中的線性 (進口) 需求函數來說明，我們知道，在自由貿易下，本國進口 Y 的價格為 p_M。當本國課徵從

量進口稅 t 之後，進口品的國內價格成為 p_t，但 p_t 並不是進口 Y 的價格，因為國外廠商在收到 p_t 後必須支付 t 給本國政府，於是課徵關稅後本國進口 Y 的價格為 $(p_t - t)$。但

$$\begin{aligned}p_t - t &= (p_M - t) + (p_t - p_M)\\ &= (p_M - t) + \frac{t}{2} = p_M - \frac{t}{2} < p_M\end{aligned} \quad (8.11)$$

上式中，$p_t - p_M = t/2$ 乃是由線性 (進口) 需求函數的斜率，為其對應的邊際收益曲線 (AD) 斜率的一半而來。(8.11) 清楚顯示，課徵關稅後，本國進口價格 $(p_t - t)$ 較自由貿易時的進口價格 (p_M) 低；換句話說，縱使本國是小國，但在面對獨佔的外國出口商時，關稅課徵仍可改善本國的貿易條件。而前面的討論正告訴我們，當關稅很低時，貿易條件改善的效果 $p_tQ_tHp_M$ 必然較消費扭曲損失 Q_tQH 大，於是存在 (8.10) 中的「最適關稅」。

在結束討論之前，我們要特別指出兩點：首先，由 (8.11) 可清楚看到，只要 $(p_t - p_M) < t$，則進口關稅的課徵就可改善貿易條件，從而存在「最適關稅」。但 $(p_t - p_M)$ 和 t 分別反映 (進口) 需求曲線及其對應的邊際收益曲線的斜率，由此可知，「最適關稅」存在的充分必要條件為邊際收益曲線的斜率大於 (進口) 需求曲線的斜率。換句話說，上面的結果雖是利用線性 (進口) 需求函數說明得到，但卻可直接推展到任何形式的 (進口) 需求函數。第二，雖然透過「最適關稅」可提高本國社會福利，但圖 8.9 清楚顯示，本國如果以利潤稅取代關稅，則可達到更高的福利水準。我們已知道，自由貿易下，外國出口商的利潤 (假定固定成本為 0) 為 $p_MQEp_y^*$，則 100% 利潤稅可將外國廠商的利潤完全剝奪過來而不影響其最適出口量，使本國福利成為 $AQEp_y^*$。然而，100% 的利潤稅還不是使本國福利達到最大的政策；使本國福利最大的政策是價格管制。圖 8.9 中，如果本國將進口品價格限制為 p_y^*，則外國獨佔出口商將在此價格下出口 p_y^*F 的 Y 到本國，此時本國福利達到最大，為 AFp_y^*。

Chapter 8　不完全競爭下的貿易政策

進口限額

為了簡化討論並便於和進口關稅作比較，在此假定 (進口) 需求曲線較其對應的邊際收益曲線平坦，因此可利用圖 8.9 來說明限額的效果。由圖 8.9 可知，自由貿易下的進口量為 y_M，故本國如要對進口設限，其限額必須小於 y_M 方有意義。現在假定政府進口限額為 y_t，則外國獨佔出口商所面對的 (進口) 需求曲線成為 $AQ_t y_t$，而其對應的邊際收益曲線為 AE_t。圖 8.9 顯示，只要進口量小於 y_M，則在限額 y_t 下出口商的邊際收益 ($E_t y_t$) 就必然大於其出口的邊際成本 (p_y^*)，故廠商會出口 y_t 的數量，並收取其對應的價格 p_t。因此，只要進口的數量相同，Y 產品的國內價格不管是限額或關稅，同樣都是 p_t。但從本國福利的角度來看，由於在關稅政策下，政府可收取稅收 ($p_t^* + t)E_t G p_y^*$，但在限額政策下，這些稅收成為**限額租** (quota rent)，完全歸外國獨佔出口商，故進口關稅政策必然優於限額政策。

8.3　進口品由一家國內廠商與一家國外廠商提供

討論了進口品由國外獨佔廠商提供的情形後，在這一小節我們要將這個模型由國內沒有廠商生產 (或由完全競爭廠商生產) 擴展到國內也只有一家廠商生產進口品的雙佔市場結構。表面上看來，這種模型擴展似乎改變不大，事實不然。最重要的問題是，這個改變使得相對上較單純的獨佔市場變成了**寡佔市場** (oligopoly)，由而產生了廠商間的**策略性互動** (strategic interactions) 問題，因此我們正式進入了**策略性貿易政策** (strategic trade policy) 的範疇。為了讓分析盡量簡化，除了**雙佔** (duopoly) 市場結構外，我們進一步假設：(1) 國內與國外兩個市場是隔離的 (segmented)，即兩個市場各有其需求函數；(2) 需求函數為線性函數；(3) 不管國內或國外廠商，生產的邊際成本均是固定，而且固定成本均等於 0。市場分離的假設加上固定邊際成本，可使我們將注意力集中於本國市場及本國政府的政策，而線性需求函數與沒有固定成本則可使說明更明確、清晰。我們先討論廠商採取庫諾競爭策略，再進行柏臣競爭策略分析。

庫諾競爭：進口關稅

假定本國與外國廠商分別生產同質產品 Y 和 Y*，並在本國市場從事**庫諾競爭** (Cournot competition)，即**定量競爭** (quantity-setting competition)。因兩廠商生產的產品 Y 和 Y* 為同質，故本國對進口品的需求函數可寫成

$$p_y = a - b(y + y^*) \tag{8.12}$$

其中 y 和 y* 分別代表本國與外國廠商銷售量，p$_y$ 則為進口品國內價格。若本國政府對進口課徵每單位 t 的從量進口關稅，則本國與外國廠商的利潤函數分別為

$$\pi = p_y y - cy = (p_y - c)y \tag{8.13}$$
$$\pi^* = p_y y^* - c^* y^* - ty^* = (p_y - c^* - t)y^* \tag{8.14}$$

上兩式中，c 和 c* 分別是本國與外國廠商生產的邊際 (平均) 成本，t 為本國對進口品課徵的單位進口關稅。因兩廠商從事庫諾競爭，故利潤極大化的一階條件分別為

$$\frac{\partial \pi}{\partial y} = (a - c) - 2by - by^* = 0 \tag{8.15}$$

$$\frac{\partial \pi^*}{\partial y^*} = (a - c^* - t) - by - 2by^* = 0 \tag{8.16}$$

其中 (8.15) 為本國廠商的**反應函數** (reaction function)，而 (8.16) 則是外國廠商的反應函數。

因 $\partial^2\pi / \partial y^2 = \partial^2\pi^* / \partial y^{*2} = -2b < 0$，利潤極大化的二階條件均滿足，故可由 (8.15) 和 (8.16) 聯立解得均衡產量：

$$\tilde{y} = \frac{1}{3b}(a - 2c + c^* + t) \tag{8.17}$$

Chapter 8　不完全競爭下的貿易政策

$$\tilde{y}^* = \frac{1}{3b}(a + c - 2c^* - 2t) \tag{8.18}$$

為了闡釋 (8.15)–(8.18) 各式的意義，讓我們先回到自由貿易，即 t = 0 的情況。圖 8.10 中，RR 和 R*R* 分別是自由貿易下本國與外國廠商的反應函數。圖中 RR 和 R*R* 完全對稱，乃是在 c = c* 的假設下得到；RR 與 R*R* 的交點 N 即是自由貿易下兩廠商的均衡銷售量 (8.17) 與 (8.18)。值得特別一提的是，圖 8.10 中 RR 與 R*R* 均為直線，這是因為需求函數為線性且邊際成本固定而來；另一方面，RR 較 R*R* 陡的事實則保證均衡點 N 為一穩定均衡。

圖 8.10 中我們也描繪兩條本國廠商的等利潤曲線 π_0 和 π_1。在庫諾行為假設下，RR 上面的點均代表給定外國廠商產量下，本國廠商利潤最大的產出水準。因此，在 RR 兩邊，只要 y* 給定，利潤必然較低。為了使廠商回到與 RR 上面產出相同的利潤水準，外國廠商產量必須減少以使市場價格上升，於是等利潤曲線在 RR 的左邊為正斜率，而在 RR 的右邊為負斜率，由而得到如圖中頂點在 RR 上的凹性等利潤曲線 π_0 與 π_1。此外，當 y 固定時，生產成本即固定，而 y* 增加則會使產品價格下降，減少收入，故位置較高的等利潤曲線代表較低的利潤，即

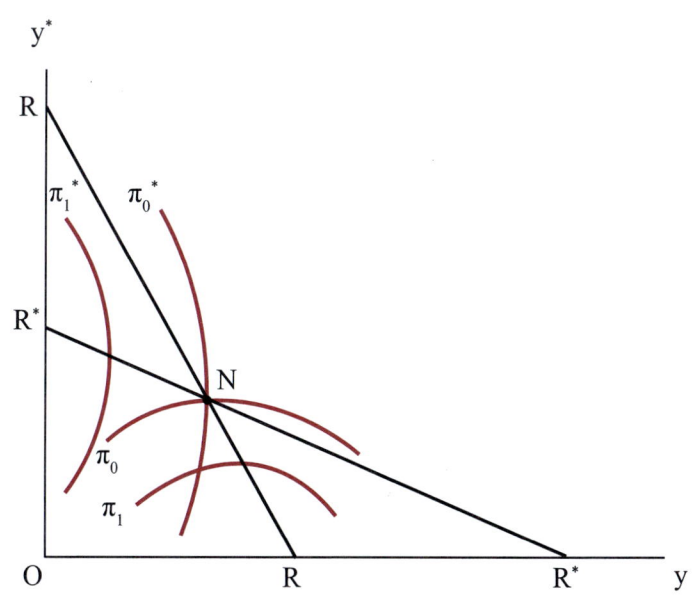

圖 8.10

國際貿易

$\pi_0 < \pi_1$。完全相同的道理，我們可得到圖中外國廠商的等利潤曲線 π_0^* 與 π_1^*，且 $\pi_0^* < \pi_1^*$。

很顯然地，本國廠商如果能夠由 N 點往 π_0 的下方移動，即可提高其利潤，但在庫諾行為假設下，任何這樣的嘗試均會徒勞無功。在這種情況下，政府是否能經由補貼或關稅政策來協助本國廠商就成了重要的課題。我們先來看關稅課徵的效果。由 (8.16) 得知，當政府關稅由 0 變成正數時，只是使外國廠商的反應曲線平行往下移動而已 (請確定你知道！)。事實上，從量關稅的課徵，效果與外國生產的邊際成本 c^* 增加完全相同。圖 8.11 中，$R_t^* R_t^*$ 為政府課徵關稅後外國廠商的反應曲線；如圖上所示，$R_t^* R_t^*$ 位於 $R^* R^*$ 的下方，且與 $R^* R^*$ 平行。課徵關稅後的均衡點為 N_t，位於 RR 上自由貿易均衡點 N 的下方，因此通過 N_t 的等利潤曲線 π_t 所代表的利潤較自由貿易下 (π_0) 高。雖然我們未在圖中明確繪出，但讀者應很容易看出，外國廠商的利潤在本國課徵關稅後下降了。由此可知，政府不但可經由關稅課徵獲得稅收，而且可將部份外國廠商的超額利潤移轉給本國廠商，後者即是策略性貿易政策中所稱的**利潤移轉** (profit–shifting) 效果。運用這個邏輯，我們可知，如果本國政府的目的只是在提高本國廠商的利潤，則會將進口

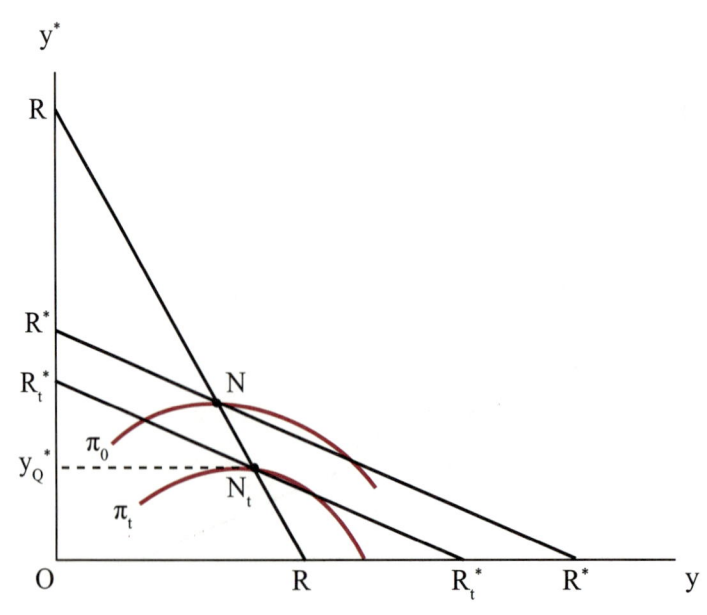

圖 8.11

Chapter 8　不完全競爭下的貿易政策

稅訂在禁止性關稅的水準，使外國廠商完全退出本國市場，而本國廠商則處於圖 8.11 中橫軸上 R 點的獨佔地位。

但一般而言，本國政府應該不會這樣做，因為在本國廠商利潤提高的同時，本國消費者的福利則不斷下降。何以見得呢？由圖 8.11，我們看到 N 和 N_t 均在本國廠商的反應函數 RR 上，而由 (8.15) 可輕易得知 RR 的斜率為 −2，故由 N 到 N_t 移動的垂直距離 (即外國廠商銷售量的減少) 比水平距離 (即本國廠商銷售量的增加) 來得大。但這表示在 N_t 點市場的總銷售量比在 N 點的總銷售量少，於是關稅的課徵將使 Y 產品國內市場價格上升，消費者剩餘減少。我們可更明確地由 (8.17) 與 (8.18) 得到，

$$\tilde{y} + \tilde{y}^* = \frac{1}{3b}(2a - c - c^* - t) \tag{8.19}$$

將 (8.19) 代回需求函數 (8.12) 即得

$$p_y = \frac{1}{3}(a + c + c^* + t) \tag{8.20}$$

當 t = 0，(8.19) 和 (8.20) 即代表自由貿易下的總銷售量與價格。再由 (8.19) 與 (8.20) 可得

$$\frac{d(\tilde{y} + \tilde{y}^*)}{dt} = -\frac{1}{3b} < 0 \tag{8.21}$$

$$\frac{dp_y}{dt} = \frac{1}{3} > 0 \tag{8.22}$$

(3.21) 和 (3.22) 即清楚告訴我們，本國政府課徵進口關稅將使進口品在國內的總銷售量減少，價格上升。值得注意的是，(8.22) 隱含 $dp_y = (1/3)dt$，亦即價格上升的程度並沒有完全反映關稅的增加；但這只是目前模型下所得到的結果，在其他情況下市有可能出現價格上升得比關稅增加還多的現象。

由上面的討論，我們可描繪出圖 8.12 的本國 Y 產品市場圖形，其中 AB 為需求曲線。為了簡化符號，圖中 $z = y + y^*$，下標 N 和 t 分別代表自由貿易及關稅下的數量。N 和 N_t 分別為自由貿易與關稅下的均衡點。關稅課徵使消費者剩

國際貿易

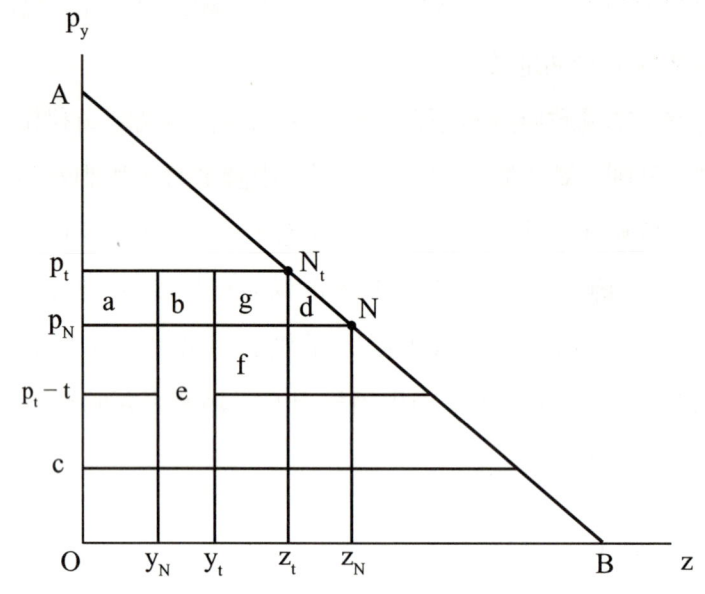

圖 8.12

餘變動了 $\Delta CS = -(a+b+g+d)$，生產者剩餘變動了 $\Delta PS = a+b+e$，其中 a 來自自由貿易下銷售的產品 (y_N) 因價格上升而增加的利潤，b 和 e 則是因產量增加而增加的剩餘 (利潤)。值得一提的是 e 在自由貿易下原屬外國廠商利潤的一部份，現在則成為本國廠商的利潤，故代表前面所提到的利潤移轉效果。最後，本國關稅總收入為 g + f。總結上述，我們可得到課徵關稅的福利效果

$$\Delta W = \Delta CS + \Delta PS + TR$$
$$= e + f - d \tag{8.23}$$

(8.23) 告訴我們，這個福利效果包括負的消費扭曲效果 d，正的利潤轉移效果 e，以及正的貿易條件改善效果 f。f 代表貿易條件改善效果是因為，在自由貿易下進口 Y 的價格為 p_N，但在關稅後的進口價格成為 $p_t - t$，較 p_N 還低，故貿易條件改善了。

現在，比較 (8.6') 和 (8.23) 兩式，並假定在兩種情況下所課徵的從量關稅 t 相等，我們立刻得到一個重要結論：在本國也有獨佔廠商的雙佔市場結構下，若

廠商採用庫諾競爭策略，則本國課徵關稅較只有外國獨佔廠商的市場結構更可能提高本國的社會福利。為什麼呢？首先，(8.23) 較 (8.6') 式多了一項利潤移轉效果；其次，在雙佔模型下，國內產品價格上升了關稅的 1/3 倍，較外國獨佔時上升 1/2 倍還小，因此貿易條件改善的幅度較大，而消費扭曲損失則較小。當然，(8.23) 也隱含，本國應可找到一使本國福利最大的最適進口關稅，但其基本原理和 (8.8) 到 (8.10) 的討論類似，故不再重複。

庫諾競爭：進口限額

當廠商採用庫諾定量競爭策略時，進口限額政策的分析變得相當簡單；因為在庫諾策略下，本國廠商是在假定外國廠商銷售量給定不變的前提下，決定本身最適的產量，而在限額政策下，外國廠商的銷售量已被限定在某一固定水準，所以本國廠商的最適選擇剛好就是其反應曲線 RR 上對應於限額量的點。例如，在圖 8.11 中，若本國政府將進口量限為 y_Q^*，則本國廠商的最適選擇就是 N_t，結果國內的銷售量與價格和關稅為 t 的時候完全相同。當然，與只有外國獨佔廠商的情況一樣，在此，相當於政府關稅收入的限額租會歸於外國廠商。因此，從本國福利的觀點來看，限額政策永遠不如關稅政策。

※柏臣競爭：進口關稅

由於在**柏臣競爭** (Bertrand competition) 策略下，廠商進行的是**定價競爭** (price – setting competition)，因此在兩種產品為同質時，只有兩廠商的邊際成本相等方能同時存在於市場，且均衡產品價格會等於邊際成本。但這個結果與完全競爭市場基本上一樣，不是我們討論的重點，故接下來我們將假設 Y 和 Y* 為異質產品，但為了作圖方便，進一步假定兩廠商生產的邊際成本相同，即 $c = c^*$。在需求曲線為線性的假設下，將本國對 Y 與 Y* 的需求函數設為

$$y = a - p_y + bp_y^* \tag{8.24}$$
$$y^* = a^* + bp_y - p_y^* \tag{8.25}$$

上式中 p_y 和 p_y^* 分別為本國廠商與外國廠商的產品價格。我們假設 $0 < b < 1$。因 $b > 0$，故當某一廠商的產品價格上升時，消費者對另一廠商的需求會增加，表示 Y 和 Y^* 彼此為替代品。另一方面，$b < 1$ 則隱含，任一產品價格變動對該產品需求 (量) 的影響較對另一產品需求的影響來得大。和庫諾模型一樣，假定本國對進口產品 Y^* 課徵每單位 t 元的進口關稅，則本國和外國廠商的利潤函數分別為

$$\pi = (p_y - c)y = (p_y - c)(a - p_y + bp_y^*) \tag{8.26}$$

$$\pi^* = (p_y - c - t)y^* = (p_y - c - t)(a^* + bp_y - p_y^*) \tag{8.27}$$

在柏臣競爭下，兩廠商的利潤極大化的一階條件分別為

$$\frac{\partial \pi}{\partial p_y} = (a + c) - 2p_y + bp_y^* = 0 \tag{8.28}$$

$$\frac{\partial \pi}{\partial p_y^*} = (a^* + c + t) + bp_y - 2p_y^* = 0 \tag{8.29}$$

因 $\partial^2 \pi / \partial p_y^2 = \partial^2 \pi^* / \partial p_y^{*2} = -2 < 0$，利潤極大化之二階條件皆滿足，因此可由 (8.28) 和 (8.29) 兩式聯立求解最適均衡價格：

$$\tilde{p}_y = \frac{1}{4 - b^2}[2(a + c) + b(a^* + c + t)] \tag{8.30}$$

$$\tilde{p}_y^* = \frac{1}{4 - b^2}[2(a^* + c + t) + b(a + c)] \tag{8.31}$$

為了闡釋柏臣競爭的意義，我們先來看自由貿易 (即 $t = 0$) 的情形。將 $t = 0$ 代入(8.29)，則 (8.28) 與 (8.29) 分別為圖 8.13 中，自由貿易下本國的反應曲線 RR 和外國的反應曲線 R^*R^*。和庫諾模型相同，需求函數為線性與邊際成本固定保證 RR 和 R^*R^* 為直線，而 RR 較 R^*R^* 斜率大則保證了均衡的穩定。但和庫諾模型不同，在此，當對手的價格較高時，消費者對本身產品的需求會增加，故最

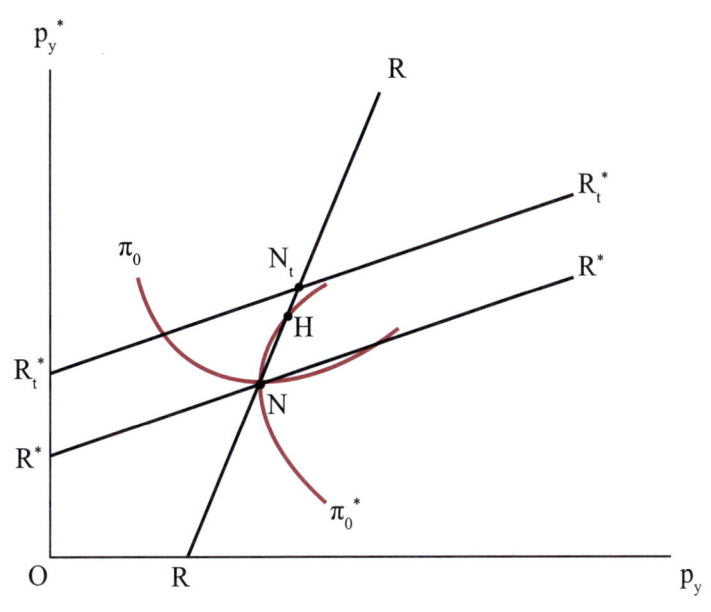

Chapter 8 不完全競爭下的貿易政策

圖 8.13

適的價格也會跟著提高，因而 RR 與 R*R* 均是正斜率。圖中 RR 與 R*R* 的交點 N 即是自由貿易下兩廠商的均衡價格 (8.30) 和 (8.31)。

和前面庫諾模型的討論類似，我們可在圖 8.13 的 $p_y - p_y^*$ 平面上描繪出兩廠商的等利潤曲線。本國的等利潤曲線會如圖中的 π_0，為一組以 RR 為頂點的凸性曲線，其與 RR 交點的斜率等於 0，且愈往上方，代表愈高的利潤水準。反之，外國廠商的等利潤曲線則如圖中的 π_0^*，其與 R*R* 的交點斜率為無窮大，且愈往右邊代表愈高的利潤。因此，在自由貿易下，兩廠商獲得的最大利潤分別為 π_0 與 π_0^*。

接著來看本國對進口品課徵每單位 t 之從量關稅的影響。由 (8.29) 可清楚看到，當 t 值由 0 (自由貿易) 變為正值時，對反應曲線 R*R* 的影響只是使其在 p_y^* 軸的截距上升而已，就好像外國廠商生產的邊際成本上升。因此，在圖 8.13 中，課徵關稅將使 R*R* 平行往上移動至 $R_t^* R_t^*$，課徵關稅的均衡成為 N_t。由於 RR 並不受關稅課徵的影響，故 N_t 必然位於 RR 之 N 點以上部份。由圖可清楚看到，關稅課徵將同時使兩種產品價格上升；又因 RR 的斜率為 $\dfrac{dp_y^*}{dp_y} = 2/b > 1$，

265

國際貿易

故知 p_y^* 上升的比 p_y 還多。這個結果也可由 (8.30) 和 (8.31) 得到：

$$\frac{d\tilde{p}_y}{dt} = \frac{b}{4-b^2} > 0 \tag{8.32}$$

$$\frac{d\tilde{p}_y^*}{dt} = \frac{2}{4-b^2} > 0 \tag{8.33}$$

因 $0 < b < 1$，故知 $\frac{d\tilde{p}_y^*}{dt} > \frac{d\tilde{p}_y}{dt}$。尤有進者，由 $0 < b < 1$ 可進一步得到 $3 < 4 - b^2 < 4$，於是 $\frac{1}{2} < \frac{2}{4-b^2} < \frac{2}{3}$。換句話說，在目前線性需求函數及固定邊際成本的模型下，外國產品價格在課徵從量關稅後上升的程度滿足

$$\frac{1}{2} < \frac{d\tilde{p}_y^*}{dt} < \frac{2}{3} \tag{8.34}$$

或

$$\frac{1}{2} \cdot dt < d\tilde{p}_y^* < \frac{2}{3} \cdot dt \tag{8.34'}$$

比較 (8.34') 和 (8.22)，我們可以看到，相對於庫諾競爭，在柏臣競爭下，外國產品價格的上升反映了較多的關稅，或者說在柏臣競爭下，外國廠商轉嫁了較庫諾競爭更多的關稅給消費者。

雖然兩種產品的價格均上升，但兩種產品銷售量的變動方向則不同。由 (8.24) 和 (8.25) 可得到

$$\frac{d\tilde{y}}{dt} = -\frac{dp_y}{dt} + b\frac{dp_y^*}{dt} \tag{8.35}$$

$$\frac{d\tilde{y}^*}{dt} = b\frac{dp_y}{dt} - \frac{dp_y^*}{dt} \tag{8.36}$$

將 (8.32) 和 (8.33) 代入上兩式即得到

Chapter 8　不完全競爭下的貿易政策

$$\frac{dy}{dt} = \frac{b}{4-b^2} > 0 \tag{8.35'}$$

$$\frac{dy^*}{dt} = \frac{-(2-b^2)}{4-b^2} < 0 \tag{8.36'}$$

我們得到類似庫諾競爭的結果，本國課徵進口關稅使得本國廠商銷售量增加，外國廠商的銷售量下降。

最後，值得一提的是，雖然在庫諾競爭下，本國課徵進口關稅必然使外國廠商利潤下降 (見圖 8.11)，但在柏臣競爭下則未必如此。圖 8.13 中，自由貿易下外國的等利潤曲線 π_0 與本國反應曲線 RR 相交於 N 和 H 兩點，因此 RR 的 NH 部份位於 π_0^* 的右方。在這種情況下，只要進口從量稅t夠小，則 $R_t^*R_t^*$ 上移的程度就不大，而會與 RR 相交於 NH 的範圍，如此一來，不僅本國廠商利潤因關稅課徵而增加，外國廠商利潤也會因關稅課徵而提高。

※柏臣競爭：進口限額

為了便於比較關稅和限額的效果，我們依循傳統的作法，將限額的數量限制在對應於課徵關稅均衡點 N_t (圖 8.13) 時的進口水準 $\tilde{y}^* = a^* + b\tilde{p}_y - \tilde{p}_y^*$。如此一來，外國廠商的需求曲線 (8.25) 成為

$$\tilde{y}^* = a^* + bp_y - p_y^* \tag{8.25'}$$

在柏臣行為假設下，當外國廠商決定其價格時是假定本國廠商的價格 p_y 為給定。但是，在 p_y 和 $\tilde{y}^*$ 給定的情形下，(8.25') 也就同時決定了外國廠商所能選取的價格 p_y^*；換句話說，只要限額是有效的 (binding)，則在柏臣模型下，(8.25') 即是外國廠商的反應函數。然而，限額並不一定有效，故為了說明限額下外國廠商的反應函數，我們首先將圖 8.13 中的反應函數 RR、R^*R^*、$R_t^*R_t^*$ 和均衡 N 與 N_t 複製於圖 8.14。因對應於 N_t 與 $R_t^*R_t^*$ 的進口量為 $\tilde{y}^*$，故知 (8.25') 為通過 N_t 且斜率等於 b 的直線 $HKN_tR_Q^*$。由 (8.29) 得知，R^*R^* 的斜率為 b/2，而 (8.28) 則告訴我們 RR 的斜率為 2/b，故 $HKN_tR_Q^*$ 介於 RR 和 $R_t^*R_t^*$ 之間，且斜率為 R^*R^*

國際貿易

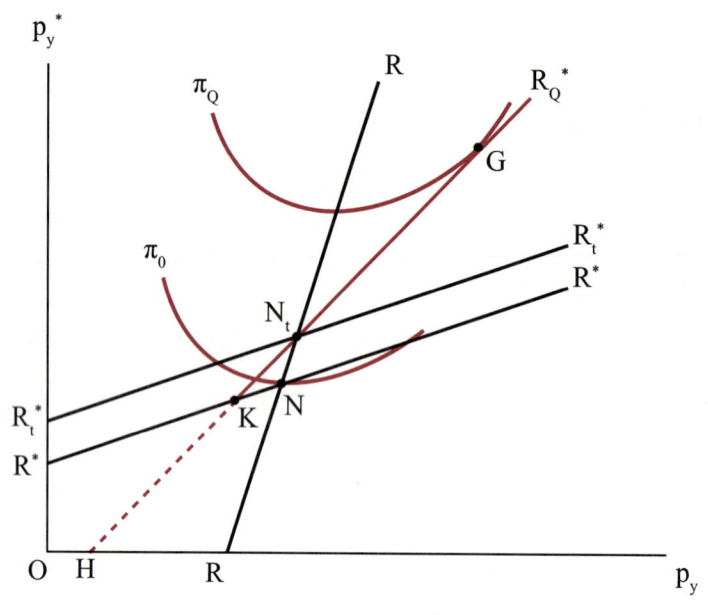

圖 8.14

的兩倍。很顯然地，只要限額是有效的，外國廠商就必然以 $HKN_t R_Q^*$ 為反應曲線。但在限額不是有效 (unbinding) 的情況下，其反應曲線又在那裏呢？

這個問題並不困難，因為只要限額是無效的，那外國廠商就好像在自由貿易下一樣，依本國廠商的訂價，作出對自身最有利的反應。換句話說，只要限額不是有效的，其反應曲線就是 R^*R^*。為了將有效和無效限額下的反應曲線結合在一起，我們可以來看，在 R^*R^* 這條反應曲線上，那些點對應銷售量小於限額量 $\tilde{y}^*$，那些點對應的銷售量大於限額量 $\tilde{y}^*$。因 R^*R^* 上各點均滿足 (8.29)，由 (8.29) 解出 p_y，令 $t=0$ 再將其代入 (8.25) 得到

$$y^* = -c + p_y^* \tag{8.37}$$

(8.37) 表示，當進口產品 y^* 的價格沿著 R^*R^* 不斷提高時，外國廠商的銷售量也就跟著一直增加。但這樣隱含，R^*R^* 在 K 點左下方上各點對應的銷售量均小於 $\tilde{y}^*$，並不違反限額規定 (或限額並不有效)，因此這部份仍是限額政策下的反應曲線。反過來，R^*R^* 上位於 K 點右上方的各點所對應的銷售量均大於 $\tilde{y}^*$，違反

限額要求 (或限額有效)，故不是外國廠商的反應曲線。結合前面的討論，我們立即得知，當本國政府將進口限額訂為課徵關稅的進口水準時，外國廠商的反應曲線成為圖 8.14 中由縱軸上 R^* 點出發的 $R^*KN_tR_Q^*$，其中 R^*K 這部份代表限額無效，而 $KN_tR_Q^*$ 部份則對應於限額有效的情況。

當政府採用限額政策時，一個最重要的後果是它完全改變了兩家廠商間的策略性互動關係。明確點說，限額政策使得本國廠商明確獲知外國反應函數的資訊，因此可使自己成為一個**史塔克柏格價格領導者** (Stackelberg price leader)，在給定的外國廠商反應函數下，制定利潤最大的價格。以圖 8.14 來說，因為外國廠商永遠會在其反應曲線 $R^*KN_tR_Q^*$ 上，故本國廠商可在 $R^*KN_tR_Q^*$ 上選取使自己利潤最大的價格，如圖中的 G 點，使利潤由自由貿易的 π_0 提高到 π_Q。雖然在圖 8.14 中，我們並未描繪外國廠商的等利潤曲線，但讀者應可很輕易得知，外國廠商在 G 點的利潤 π_Q^* 也必然比課徵關稅時的利潤來得大，因為同樣的銷售量，在限額政策下可以較高的價格賣出。也因為這個緣故，有些經濟學者認為，在寡佔模型下，限額政策其實是隱含地助長了國內外廠商的勾結行為 (facilitate tacit collusion)。這個結果的另外一層含意就是，在寡佔模型下，一般而言，關稅和限額並不會有相同的效果，也就是說關稅和限額並不是等價。最後，上述的分析也同樣適用於出口自動設限。因此，在原本為自由貿易的情況下，如果外國出口廠商自動將出口水準設為 $\tilde{y}^*$，結果將使兩家廠商的利潤同時上升，這正是有些學者用來解釋，何以出口自動設限是**「自願的」**(voluntary) 的原因所在。

8.4 本國和外國各一家廠商在第三國進行雙佔競爭

前面三小節有關不完全競爭市場貿易政策的討論，基本上是延續完全競爭市場的討論方向，以本國對進口的管制為主要探討對象，並比較進口關稅和進口限額對本國生產、消費、價格及福利的影響。然而，對應於新貿易理論發展出的不完全競爭市場貿易政策分析，其主要論點的**策略性貿易政策** (strategic trade policy)，重點則完全不同。事實上，由布蘭德和史賓賽 (Brander and Spencer，

1983,1985) 兩人開啟的策略性貿易政策理論乃在指出,在市場為寡佔時,傳統貿易政策分析中所認為對本國一無是處的出口補貼政策,是可能扮演積極的、協助本國廠商擴增利潤的角色。更明確點說,當本國與外國廠商在外銷市場進行庫諾寡佔競爭時,本國政府的出口補貼政策是可扮演改變廠商競爭行為的策略性角色,從而達到將寡佔市場的超額利潤自外國廠商移轉到本國廠商的**利潤移轉** (profit – shifting) 效果。本小節就以布蘭德和史賓賽的模型為出發點,說明策略性貿易政策的意義,然後討論其主要的問題及缺陷。

庫諾競爭:布蘭德—史賓賽模型

為了凸顯政府補貼的策略性角色,布蘭德—史賓賽 1985 年的文章設立了一相當簡化的模型,其主要假設為:

(1) 某一產業只有本國和外國各一家廠商,且兩國均不消費此產品,而將產品輸往第三國進行庫諾訂量競爭。
(2) 兩廠商生產的產品 X 與 X^* 為同質,且本國和外國廠商生產的邊際成本均固定,分別為 c 與 c^*。
(3) 任何一家廠商銷售量增加,必使對手廠商總收益和邊際收益下降。
(4) 除了寡佔市場的壟斷力量以外,沒有任何其他市場扭曲或外部性存在。
(5) 政府先決定貿易 (出口補貼) 政策,廠商再決定最適產量。

第一個假設的主要目的在排除生產國有消費時,貿易政策對消費者福利可能造成的複雜影響。另外,在所有產品都出口的情況下,所謂出口補貼也就等於生產補貼。第二個假設中有關同質產品的假設並非必要,但邊際成本固定則可大量簡化分析,且在銷售市場超過一個時,可達到市場隔離效果,因此是策略性貿易模型常採用的假設。第三個假設用以保證兩家廠商的反應函數具有一定性質;在接下來的討論中,因我們假設需求函數為線性,故這兩個條件將自動滿足。當市場不存在任何壟斷力以外的扭曲或外部性時,廠商的邊際成本 c 和 c^* 就等於社會的邊際成本,因此一國的社會福利與該國廠商所獲得的利潤也就一致了。最

Chapter 8　不完全競爭下的貿易政策

後，政府貿易政策的制定先於廠商的生產決策，是此模型的一個重要假設，因惟有在這種情況下，政府政策方能發揮改變廠商生產行為的策略性功能。

現在假定第三國市場的需求函數為

$$p_x = a - b(x + x^*) \tag{8.38}$$

若生產不包含固定成本，且本國政府對本國廠商出口給予每單位 s 元的從量補貼，則本國和外國廠商的利潤函數分別為

$$\pi = (p_x - c + s)x = [(a - c + s) - b(x + x^*)]x \tag{8.39}$$

$$\pi^* = (p_x - c^*)x^* = [(a - c^*) - b(x + x^*)]x^* \tag{8.40}$$

由熟知的過程，可得利潤極大化的一階條件

$$\frac{\partial \pi}{\partial x} = (a - c + s) - 2bx - bx^* = 0 \tag{8.41}$$

$$\frac{\partial \pi^*}{\partial x^*} = (a - c^*) - bx - 2bx^* = 0 \tag{8.42}$$

(8.41) 和 (8.42) 分別為本國廠商與外國廠商的反應函數。圖 8.15 中，RR 和 R*R* 分別為自由貿易下 (s = 0) 本國和外國廠商的反應曲線。為了作圖方便，我們假定 $c = c^*$，因此庫諾均衡 N 位於由原點出發的 45° 線上，表示均衡時兩家廠商的最適產量相等。現在，如果本國政府對本國廠商的出口進行每單位 s 的從量補貼，則由 (8.41) 可清楚看到，補貼的效果相當於降低廠商的邊際成本，故補貼後針對任何一外國廠商的產量，本國的最適產出水準都會提高，於是 RR 將會往右平行移至 R'R'，補貼後的均衡成為 N_s，本國廠商產量 (出口) 增加，外國廠商產量 (出口) 減少。上述結果也可由 (8.41) 與 (8.42) 聯立求解得到

$$\tilde{x} = \frac{1}{3b}\left[2(a - c + s) - (a - c^*)\right] \tag{8.43}$$

$$\tilde{x}^* = \frac{1}{3b}\left[2(a - c^*) - (a - c + s)\right] \tag{8.44}$$

國際貿易

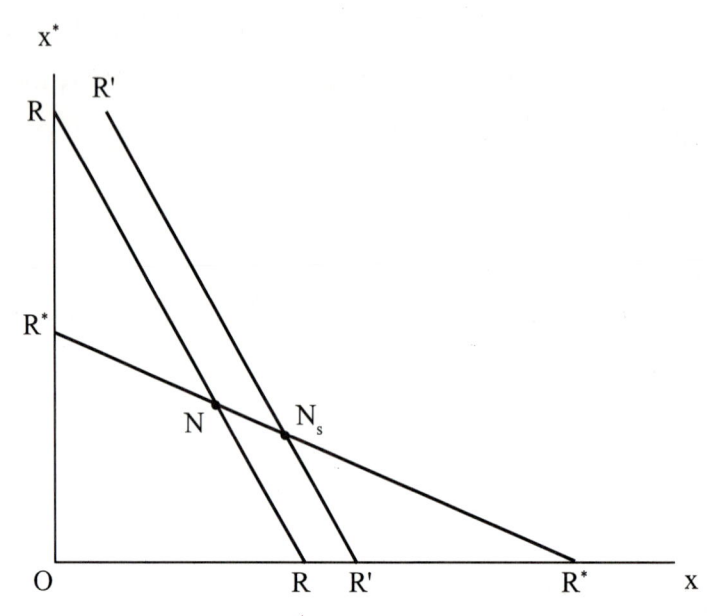

圖 8.15

上兩式在 s = 0 時，即代表自由貿易下兩廠商的均衡產量。很清楚地，當 s 變成正值 (s > 0) 後，$\tilde{x}$ 會增加，$\tilde{x}^*$ 則下降，與上面圖 8.15 的說明完全一致。

將 (8.43) 和 (8.44) 代回 (8.39) 與 (8.40) 即可得到均衡時兩家廠商的利潤

$$\tilde{\pi} = \frac{4}{9b}\left[(a-c+s) - \frac{1}{2}(a-c^*)\right]^2 \tag{8.45}$$

$$\tilde{\pi}^* = \frac{4}{9b}\left[(a-c^*) - \frac{1}{2}(a-c+s)\right]^2 \tag{8.46}$$

當 s = 0 時，(8.45) 和 (8.46) 就是自由貿易下兩家廠商的利潤。我們發現，只要兩家廠商邊際成本相同，則自由貿易下它們的利潤也就相等。另外，(8.45) 和 (8.46) 也顯示，不管本國政府是否補貼本國廠商，基本上兩家廠商均有正的利潤；而在本國政府補貼之後，本國廠商含補貼在內的利潤必然上升，而外國廠商的利潤則必然下降。問題是，即使包含補貼的本國廠商利潤上升，但扣除補貼後本國廠商利潤是否還上升呢？這是一個重要的問題，因為在前面 (1) 和 (4) 兩個假設下，本國廠商 (不含補貼) 的利潤的增加即等於本國福利的增減。由此可知，如果本國廠商扣除補貼後的淨利潤下降，那政府就不應進行補貼；反之，如果淨利潤上升，我們就可探討是否存在最適補貼的問題。

為了確定本國廠商扣除補貼後的淨利潤是否可能為正值，圖 8.16 複製圖 8.15 中自由貿易的反應曲線 RR、R*R* 與均衡 N，並加上自由貿易 (即不含補貼) 的兩條本國廠商的等利潤曲線 π_0 和 π_s。π_0 代表自由貿易下本國廠商利潤水準的等利潤曲線。由於 π_0 在 N 點的斜率為 0，與 R*R* 的斜率不同，故 π_0 與 R*R* 在 N 點為相交，由而 R*R* 必然有一部份 (如圖中之 NH 部份) 位於曲線 π_0 的下方。由等利潤曲線的性質得知，通過 R*R* 上 NH (不含 N 和 H 兩點) 範圍內各點的等利潤曲線均代表較 π_0 更高的 (淨) 利潤。因此，我們必然可找到一適當的補貼，使得圖 8.15 中的 R'R'，通過 R*R* 上 NH 範圍內任何一點，由而提高廠商扣除補貼後的淨利潤，或整個國家的福利。更進一步說，我們可在 NH 範圍內找到一個如圖 8.16 中的 S 點，在該點剛好有一條等利潤曲線 π_s 與 R*R* 相切。如此一來，S 點的產出組合將是在給定的外國廠商反應函數 R*R* 之下，本國廠商 (淨) 利潤，或本國福利達到最高的產出組合。讀者由個體經濟學中應該已經

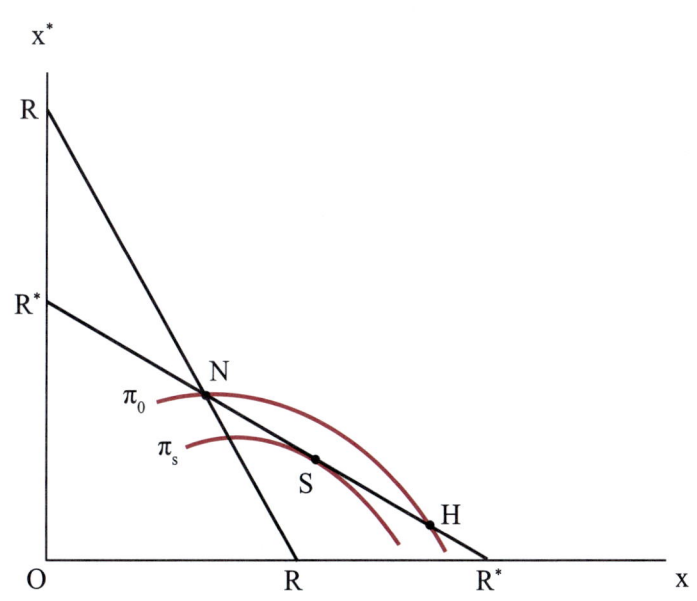

圖 8.16

知道，S 點剛好就是以本國廠商為領導者，外國廠商為追隨者的 **史塔克柏格均衡** (Stackelberg equilibrium)。綜合以上分析，布蘭德與史賓賽得到，在政府可以在廠商決定產量之前制定貿易政策的前提下，本國政府可以採取一最適補貼水準，使得本國廠商補貼後的反應曲線 R'R' 剛好通過 S 點，以達到最大社會福利。因此，他們得到與完全競爭市場下相當不一樣的結果，出口補貼不但不會使本國福利下降，還可透過利潤移轉效果，提高本國社會福利。

因社會福利 (W) 等於扣除補貼後廠商的淨利潤，故可表示成

$$W = \pi - sx \tag{8.47}$$

將 (8.43) 和 (8.45)，補貼下本國廠商的最適產量與利潤，代入 (8.47)，即得到補貼下的福利水準

$$W(s) = \frac{4}{9b}\left[(a-c+s) - \frac{1}{2}(a-c^*)\right]^2 - \frac{s}{3b}\left[2(a-c+s) - (a-c^*)\right] \tag{8.47'}$$

因此，使本國福利達到最大的一階條件為

$$\frac{dW}{ds} = \frac{8}{9b}\left[(a-c+s) - \frac{1}{2}(a-c^*)\right] - \frac{1}{3b}\left[2(a-c+s) - (a-c^*)\right] - \frac{2s}{3b} = 0 \tag{8.48}$$

又因 $\frac{d^2W}{ds^2} = -\left(\frac{4}{9b}\right) < 0$，二階條件成立，故可由 (8.48) 解得最適單位補貼

$$\tilde{s} = \frac{1}{4}\left[2(a-c) - (a-c^*)\right] > 0 \tag{8.49}$$

上式最適補貼大於 0 的結果來自 (8.43) 式，因在自由貿易 (s = 0) 時，本國廠商產出恆為正值。

將 (8.49) 的最適單位補貼代回 (8.43) 即可得到最適補貼下本國廠商的產量

$$\tilde{x} = \frac{a-c}{b} - \frac{a-c^*}{2b} \tag{8.50}$$

熟悉寡佔市場分析的讀者應該已經發現，(8.50) 正好就是在自由貿易下 (s = 0)，本國廠商為**領導者** (leader)，外國廠商為**追隨者** (follower) 時，本國廠商的史塔克柏格均衡產量。由此可知，在布蘭德與史賓賽模型中，本國政府乃是利用其可先於廠商行動制定貿易政策的優勢，透過對本國廠商進行出口 (生產) 補貼的方式，將本國廠商的反應曲線由圖 8.16 中的 RR 往右推移到通過 S 點的位置，使得從事庫諾競爭的本國廠商實質上處於史塔克柏格領導者的地位，達到移轉外國廠商利潤，提高本國福利的目的。

從貿易政策理論發展的角度來看，布蘭德—史賓賽模型確實是一個重要的里程碑，它開啟了往後一系列所謂策略性貿易政策的討論，也在現實社會裏激起了一陣漣漪。但畢竟這是個相當簡化的模型，其結果是在一連串假設之下得到的，當這些假設發生變化時，很可能就有完全不同的結論。在此，我們就以伊頓和葛洛斯曼 (Eaton and Grossman) 1986 年所提出的模型來說明布蘭德—史賓賽結論的脆弱性。

柏臣競爭：伊頓—葛洛斯曼模型

前面已經提到，布蘭德—史賓賽模型雖然假設兩廠商是生產同質產品，但這個假設並不重要，他們的結論在異質產品模型仍然成立。不過，使用異質產品模型還有一個重要好處，即我們可在同樣的模型設定下，探討廠商之間從事訂價競爭的情況，這也正是伊頓—葛洛斯曼模型重點所在。換句話說，伊頓－葛洛斯曼除了將布蘭德—史賓賽模型中的同質產品改為異質產品外，並沒有改變該模型的其他假設，但當他們分析兩廠商從事柏臣競爭時，卻得到與布蘭德—史賓賽完全相反的結論，亦即本國政府極大化社會福利的最適政策為對本國出口商進行出口 (生產) 課稅，而非補貼。

國際貿易

我們當然可設立一類似 (8.24)、(8.25) 的第三國市場需求函數，進行類似 (8.38) 到 (8.50) 的分析，但我們不在此重複這些數學推導，而是利用柏臣競爭模型下的反應函數來說明伊頓－葛洛斯曼的論點。由前面 (8.24) 到 (8.29) 以及圖 8.13 的討論，我們知道當兩廠商從事柏臣競爭時，他們的反應函數將如圖 8.17 中的 RR 和 R*R*。圖 8.17 中，橫軸 p_x 代表本國廠商出口的 X 產品的價格，縱軸 p_x^* 則是外國廠商出口 X* 產品的價格，故 RR 為本國廠商的反應函數，R*R* 為外國廠商的反應函數。很明顯地，圖中 N 點即是自由貿易下的均衡，此時本國廠商的利潤為 π_0。因本國並不消費 X 產品，且不存在其他扭曲，故 π_0 也代表本國福利水準。根據布蘭德—史賓賽的論點，只要政府能在廠商從事訂價競爭之前制定貿易政策，則可將自由貿易的均衡 N，改變成以本國廠商為領導者，外國廠商為追隨者的史塔克柏格均衡 S，從而提高本國福利水準至 π_s。換句話說，政府可透過貿易政策，將本國廠商的反應函數由 RR 移至 R'R'。

問題是，布蘭德—史賓賽所得到的利用出口補貼的政策可以達到這個目的嗎？答案是，不可能，正好相反。圖 8.17 顯示，本國反應函數由 RR 右移至 R'R'，代表給定外國廠商任何一價格下，本國廠商的最適價格提高了。圖 8.18

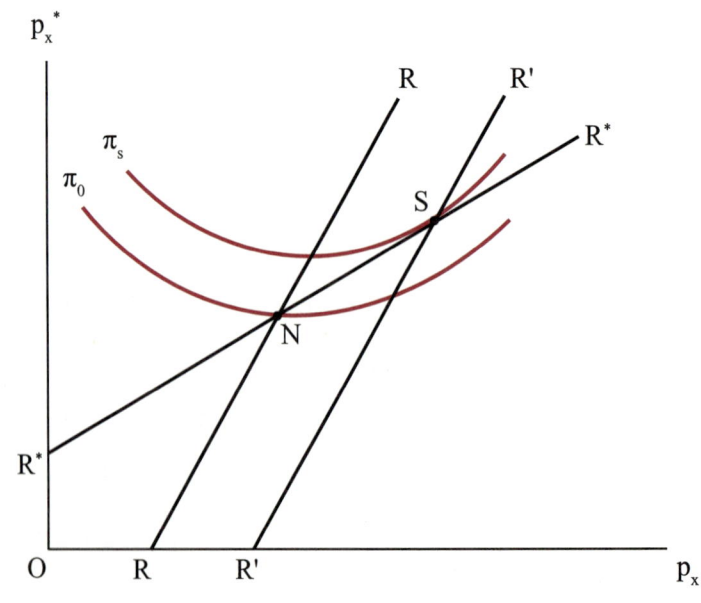

圖 8.17

Chapter 8 不完全競爭下的貿易政策

中，AB 為給定外國廠商任一價格 p_x^{*0} 時本國廠商面對的需求曲線，而 AD 為其對應的邊際收益曲線。在本國廠商邊際成本為 c 的假定下，對應於 p_x^{*0}，本國廠商的最適價格為 p_x^0。現在，若 p_x^{*0} 維持不變，但政府對本國廠商課徵每單位 t 的出口稅，則本國廠商的出口邊際成本成為 c + t，因而最適價格也上升到 p_x'。這告訴我們，欲將圖 8.17 中的 RR 往右移到 R'R'，本國政府就必須對本國廠商的出口課稅，而非補貼。事實上，如果對出口進行補貼，RR 就會往左移動，離 S 點反而愈遠。這個結果和布蘭德—史賓賽的結果同樣令人驚訝，它清楚地顯示，布蘭德—史賓賽的結果是多麼地脆弱，多麼地不可靠。這也提醒我們，要將簡化模型下所得到的理論結果轉化成現實的政策必須非常小心，否則效果可能適得其反。

當然，布蘭德—史賓賽模型的問題並不僅止於此，後續的研究指出，在許多情況下，諸如本國廠商數目增加，考慮政府預算限制時，政府最適政策多偏向出口課稅，而非出口補貼。此外，即使政府的最適政策是出口補貼，在政策落實的層面上仍有許多問題待解決，例如：政府是否有足夠的資訊確定那些廠商，甚至產業是真正屬於該補貼的對象？補貼的機會成本有多大？因為對某一廠商或產業

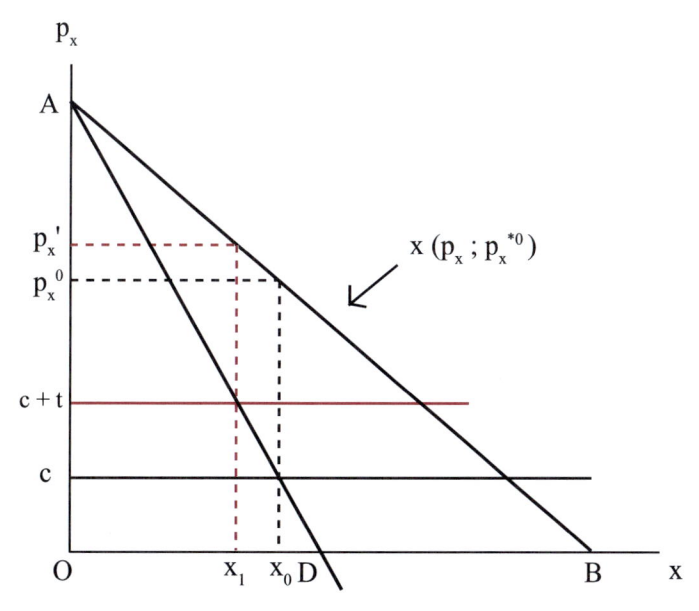

圖 8.18

國際貿易

的補貼，必然隱含對其他廠商或產業課稅，或減少補貼。最後，我們已經看到，本國廠商在扣除補貼後的利潤之所以會提高，乃是將外國廠商的利潤移轉過來；也就是說，布蘭德—史賓賽的策略性貿易政策乃是一典型的以鄰為壑的貿易政策，因此很可能遭致外國政府的貿易報復，結果可能反而得不償失了。

Chapter 8　不完全競爭下的貿易政策

習題

1. 解釋下列各小題中兩個名詞的意義，並說明它們之間的關係。
   (a) 規模經濟，科學關稅
   (b) 策略性貿易政策，利潤移轉

2. 是非題：試判別下列各敘述為「是」或「非」，並詳細說明是或非的理由
   (a) 當小國進口品國內市場為獨佔時，進口關稅的課徵必然可以保護國內廠商的壟斷力量。
   (b) 當小國進口品國內市場由一國外廠商獨佔時，若進口關稅與進口限額所帶來的進口量相同，則進口國的福利在關稅政策下必然較進口限額政策下高。
   (c) 任何國家均不可能利用出口補貼政策提高其福利。

3. 在圖 8.1 中，根據進口關稅大小三種情況，圖解說明課徵進口關稅所造成的生產扭曲損失和消費扭曲損失。

※4. 在 8.2 節進口市場由國外廠商獨佔的討論中，我們假定進口國不生產進口品。現在假定進口品國內為完全競爭市場，試作你認為必要的假設，說明 8.2 節所得到的結論並不會受到影響。

5. 試由理論面與政策執行面討論布蘭德—史賓賽模型的主要缺陷。

國際貿易

Chapter 9 貿易干預政策與區域整合

　　前面三章中，我們分別在完全競爭市場與不完全競爭市場結構下，探討關稅/補貼及進口限額對生產、消費、貿易和福利的影響。雖然，關稅和限額是貿易理論中最重要、也最常被討論的貿易政策，但不可諱言的，政府對貿易的干預政策並不限於關稅和限額。事實上，政府可用以進行貿易干預的政策相當多，因此在這章一開始，我們先簡要介紹幾種較常見的關稅與限額之外的貿易干預政策，特別是**關稅配額** (tariff rate quota 或 tariff quota，TRQ)、**自製率** (local content requirements)、**反傾銷稅** (anti-dumping duties，ADs) 與**平衡稅** (countervailing duties，CVDs) 等措施。接著我們將討論，何以在貿易管制或干預政策往往會造成福利損失的情況下，各國仍然堅持採用這些政策，而這些干預政策甚至也受到不少經濟學者支持的原因。本章最後一部份，要將有關貿易政策的討論，由一個國家的範圍，提高到國際層面，我們會簡要介紹二次大戰之後，國際間對推動自由貿易的各種努力，但卻要將重點擺在近幾年來再度風起雲湧的**區域整合** (regional intergration) 現象，尤其是過去半個世紀來有關區域整合的經濟分析。

國際貿易

9.1 關稅與限額之外的貿易干預政策

關稅配額 (TRQ)

顧名思義，關稅配額乃是一種結合進口關稅和進口限額的政策；這是指進口國於一定期間內，設立一定進口量內的產品可以享受優惠關稅(甚至是零關稅)的待遇，但只要進口量超過此一設定數量，就必須繳交較高的關稅。關稅配額政策雖然源於十九世紀中葉，但在 1994 年**烏拉圭回合** (Uruguay Round，1986－1994) 談判創立**世界貿易組織** (World Trade Organization，WTO) 之前並不流行；當時採用關稅配額政策的主要是一些**已開發國家** (developed countries)，他們為了幫助**開發中國家** (developing countries) 的出口，又要兼顧本國的進口競爭產業而採取這種折衷政策。但這種情況在 WTO 成立之後則有了重大的轉變，因為 WTO 之下的**農業協定** (Agreement on Agriculture) 擴大了將進口限額政策轉化為關稅的所謂「**關稅化**」(tariffication) 的範圍，將 1947 年以來**關稅暨貿易總協定** (General Agreement on Tariffs and Trade，GATT) 所排除在外的農業部門正式納入，於是在烏拉圭回合甫結束後，單單農產品一項，各國採取 TRQ 的產品即增加了 1400 多種。

何以會有這種結果呢？主要是在 WTO/GATT 架構下，TRQ 被認為是關稅的一種型式，而非傳統的限額政策，因為在 TRQ 下，即使出口國用盡了所有的低關稅/零關稅額度，只要出口國願意支付較高的關稅，照樣可以將產品輸往進口國，這在傳統限額政策下是辦不到的。除此之外，TRQ 政策還有一個重要的好處，那就是有助於國際間的各種貿易談判，它一方面可以保障出口國一定程度的出口數量，另一方面則可為進口國爭取國內產業結構的調適時程，免得因多邊談判或區域整合所帶來的自由化，對國內受影響產業造成太急促、太大的衝擊，招致反彈，甚至導致自由化的努力功敗垂成。

自製率

這個政策通常與政府發展**中間產品** (intermediate goods) 的政策有關;因此,只要在本國從事**最終產品** (final goods) 生產的廠商能夠使用一定比率的本國中間產品,那麼其餘部份的中間產品就可自由進口 (或只付極低的進口關稅)。不過,如果廠商享受這個好處之後卻違反此自製率的規定,那就可能被課徵極高的**懲罰性關稅** (penalty tariff)。雖然我們不擬在此進行嚴謹分析,但必須特別指出,就達到發展國內中間產品產業而言,自製率規定通常比一般關稅政策較有效率;因為就中間產品的生產面而言,兩種政策的福利損失完全相同,但就中間產品的需求面來看,自製率政策下中間產品的價格較關稅政策下低,所以福利損失也就較小了。當然,和任何其他貿易干預政策一樣,自製率的規定必然造成福利損失;在此最明顯的就是,限制採用品質較低或價格較高的中間產品,會使得最終產品的品質 (價格) 相對於自由貿易下低 (高),而如果此產品為本國的出口品,則會使其在國際市場的競爭力下降。最後,值得特別一提的是,自製率的規定過去針對外國投資廠商的使用特別普遍,但因其違反 GATT 第三條,不得以「法規訂定」國內供應特定數量或比率之生產要素的原則,故其重要性已不若往昔。例如,我國為了加入 WTO,在 1999 年將小汽車自製率由 50% 降為 40%,而在入會之後則取消所有汽機車自製率的限制。

反傾銷稅

和自製率政策的重要性趨於消退相反,反傾銷稅的課徵卻有隨著貿易自由化的進展而愈加活躍的傾向,許多經濟學者因而擔憂,反傾銷稅未來將成為 WTO/GATT 架構下取代進口關稅的合法性貿易保護政策。

在第五章 5.4 節中我們曾定義:傾銷乃是廠商在本國與外國市場間進行第三級差別取價,且在外國市場的售價比本國市場的售價低的現象;而反傾銷稅則是進口國對傾銷的進口品課稅,以達到抵銷兩地價格差別為目的的稅收。從經濟學的角度來看,除非廠商進行的是所謂的**掠奪式傾銷** (predatory dumping),即以極

國際貿易

低價格將其他競爭者驅逐出市場，然後再提高售價以獲取壟斷利潤，否則傾銷應該只是廠商追求最大利潤的正常、正當行為，而在國外市場價格較低，也只是反映國外市場因競爭者較多，故其面對的需求彈性較大而已。由於掠奪性的傾銷行為實證上幾乎不存在，因此大部份的經濟學者認為反傾銷稅的課徵，除了達到安撫國內利益團體的政治經濟目的外，對提高一國的福利並沒有任何助益；事實上，在大部份情況下反而會使其福利受損。

不過，上述純經濟層面的傾銷定義，以及其隱含的政策意義，顯然無法解釋何以在 WTO/GATT 架構下，反傾銷稅的課徵是一合法權利的事實。從立法的角度來看，WTO/GATT 認為傾銷乃是可能造成進口國**進口競爭產業** (import-competing industry) 受損的不公平 (unfair) 貿易行為。因此，GATT 第六條的**反傾銷法** (Antidumping Code) 和後來 WTO 的**反傾銷協定** (Antidumping Agreement) 都賦予因外國傾銷而遭受實質損害 (materail injury) 的產業要求政府課徵反傾銷稅的權利。持這種見解的主要理由是，出口廠商之所以有能力以較低的價格出口，很可能是在其國內市場中因特殊的政經關係而獲取不當的超額利潤，在這種情況下，唯有透過反傾銷稅的課徵來抵銷出口廠商的人為競爭優勢，才能使兩國廠商在**公平的舞台** (level playing field) 上從事貿易競爭。在這種「公平貿易」思維引導下，美國於 GATT 東京回合談判 (Tokyo Round，1973–1979) 中遂堅持將傳統傾銷的定義進一步擴增，把銷售價格低於平均生產成本也視為一種傾銷行為。

如前所提，隨著貿易自由化的進展，反傾銷稅的案件確有不斷攀升的趨勢，原因何在呢？最根本的原因在於發動課徵反傾銷稅的成本太低，且有關反傾銷稅的調查、執行幾乎全掌握在進口國政府手中。雖然 WTO 的反傾銷協定規定，課徵反傾銷稅必須滿足三個條件：(a) 有關反傾銷稅的提議必須有大部份進口競爭廠商的足夠支持 (sufficient support by most of the import-competing firms)；(b) 進口確實有傾銷的事實；(c) 傾銷與進口競爭產業的實質損害確實有因果關係，但這些條件是否符合則由進口國家相關當局認定。由於這三個條件並非完全取決於客觀的事實，在國內進口競爭廠商的壓力下，結果可想而知。事實上，加拿大在 1904 年所提出的全世界第一個反傾銷稅，就是為了平衡國內農業和製造業兩個利益團體壓力下的政治妥協產物。

在反傾銷控訴的成本方面，由於對「有大部份進口競爭廠商的足夠支持」這個條件並沒有一致的、共同的認定標準，因而在許多情況下只要一產業中幾家大廠商聯合起來，就可向政府當局提出控訴，而只要政府認為控訴有理 (valid)，就可展開反傾銷調查行動；大抵而言，整個調查行動歷程約一年。雖然反傾銷的控訴未必成立，但在整個調查期間，出口廠商所需付出的代價與所面對的不確定性無疑是一大負擔，其結果與直接課徵關稅幾無差別，而萬一反傾銷案成立，更會受到立即且嚴厲的反傾銷稅課徵。尤有進者，WTO 的反傾銷協定雖然規定，反傾銷稅課徵的期限最多為五年，但卻又授權進口國政府可在五年到期後，進行成效檢討，以決定是否重新課徵。結果是，歐美國家一些反傾銷稅竟課徵超過二十年之久。

由上面簡單的描述，我們可清楚看到，反傾銷稅政策不僅對進口競爭廠商而言是種相當低成本的保護工具，且其整個調查、判定與執行過程幾乎完全掌握在進口國政府手中，因此隨著進口限額的取消與關稅的不斷降低，反傾銷稅快速成為各國政府重要的貿易政策工具也就不足為奇。事實上，近年來反傾銷稅更有逐漸淪為各國從事貿易報復工具的傾向。下列數據或許正可反映這種令人擔憂的趨勢：在 1990 年之前約有 80% 的反傾銷控訴是由已開發國家提出，但到 2000 年時，開發中國家發動的反傾銷案已達 50%。也因為這種變相的貿易保護與貿易戰爭性質，促使許多有志之士急思改善 WTO/GATT 架構下的反傾銷政策。在杜哈回合 (Doha Round，2001 – ?) 談判中，已經提出包括增加反傾銷案的控訴成本，例如控訴案不成立時由原控訴者負擔所有相關成本，以及強化反傾銷調查的客觀性與透明度等建議，遺憾的是，隨著杜哈回合談判陷入僵局，對於反傾銷稅相關問題的改善也就遙遙無期了。

平衡稅

和反傾銷稅往往相提並論的另一種稅收為平衡稅；事實上，在很多報章、雜誌，甚至較不具專業水準的討論中，常常會發現把這兩種稅收視為相同、混為一談的現象。更有趣的是，這兩種稅收的控訴，往往是同時被提出 (例如，美國在 1980 年至 2004 年間有 55% 的平衡稅控訴案件，同時也都附帶有反傾銷稅的控訴)。雖然，表面上看來，平衡稅與反傾銷稅的目的和作用完全相同，都是進口國為了使本國進口競爭廠商跟外國出口廠商處於公平的舞台而課徵的進口稅，但兩者課稅所根據的理由則完全不一樣。上一小節已說明，反傾銷稅是針對外國出口廠商的傾銷行為而來，但平衡稅則是基於外國出口受到該國政府補貼而發動。從這個角度來看，平衡稅基本上較反傾銷稅來得合理，畢竟出口國政府的補貼本身就是一種政策扭曲行為，進口競爭廠商自然可宣稱受到不公平的競爭，而要求本國政府採取「平衡」外國政府政策的手段，於是有了平衡稅的出現。

然而，有關平衡稅的問題，仍然存在著許多弔詭的現象。首先，一般而言，政府所補貼的產品若主要為外國消費者所享受，則對本國的福利並沒有多大好處，甚至可能使本國福利下降，那何以政府要對出口的產品進行補貼呢？其次，如果出口國政府補貼的好處主要由進口國消費者享受，進口國的福利極可能因而提高，那進口國何以要課徵平衡稅來消除這種好處呢？最後，雖然平衡稅和反傾銷稅常如孿生兄弟般被相提並論，而且課徵平衡稅的理論根據更為堅強，但何以在現實中平衡稅的案例以及研究卻遠遠不及反傾銷稅？有些學者估計平衡稅的控訴還不到反傾銷稅控訴案件的十分之一。

前面兩個問題基本上是一體的兩面，即有一個國家對其出口廠商進行補貼，但這些補貼的好處卻不見得是自己享受；另一方面，享受到這些補貼好處的進口國又不「感激」這些好處，甚至試圖以平衡稅來「抵銷」這些好處。利用前面第六、七兩章有關完全競爭狀況下貿易政策的討論，我們就可明確看到這種矛盾的現象。在完全競爭市場下，當一國對其出口廠商進行 (出口) 補貼時，不僅會招致生產與消費扭曲損失，若出口國為大國，還將使其貿易條件惡化，故出口國對出口廠商的 (出口) 補貼，必然使其福利下降。相對地，出口國貿易條件惡化正是進口國貿易條件改善，故進口國的福利必然上升。雖然，第八章 8.4 節所討論的布蘭德─史賓賽模型提供出口國政府補貼出口廠商的理論基礎，然而該模型並不適用於探討平衡稅問題，因為布蘭德─史賓賽模型中，進口國並沒有進口競爭廠商，所以不會有廠商提出課徵平衡稅的要求。但不論如何，上述的討論顯示，如果要在靜態分析的範疇內找到對出口補貼，與進口國課徵平衡稅的理論基礎，唯一的方向就是在不完全競爭市場架構下方有可能；事實上，的確有少數論文在這方面獲致一定的成果。但是不可諱言的，到目前為止，有關出口補貼及平衡稅存在最具說服力的論點乃是政治經濟層面的解釋。

平衡稅的政治經濟模型，最大的優點是，既可用來解釋何以出口國要特別補貼某些出口產業，又可解釋明明是受惠者的進口國會採用平衡稅的政策。在民主社會裏，即使政府明知出口補貼可能損及全民利益，但如果補貼政策的受益者夠集中，又是支持政權的主要選民時，那麼為了政權的延續，政府是很可能採取這種討好其主要支持者的補貼政策。同樣道理，就進口國來說，如果受到出口國補貼威脅的進口競爭產業是該國政權的主要支持者，那麼為了保有執政權，政府仍將採取不利全民的平衡稅來對自己的支持者交代。因此，即使不存在任何策略性貿易理論的基礎，政治實力以及政策改變所隱含的所得重分配就足以主導出口補貼政策以及平衡稅政策的形成。有趣的是，一些學者認為可將平衡稅制度看成是一種**責任法** (liability law)，要求出口國政府及廠商負起其對進口國競爭廠商造成損害的賠償責任。從這個角度來看，平衡稅的存在可以作為一種遏止出口國從事「不當行為」的工具，可以減少扭曲性的出口補貼，減少發動平衡稅控訴的資源浪費，增進所有國家的福利。

最後我們來看第三個問題，即何以平衡稅的案例及研究相對於反傾銷稅少了許多。我們可以說，這也是牽涉到政治經濟學的問題，由前面的討論，我們清楚看到，反傾銷稅所控訴的是「廠商」的傾銷行為，而平衡稅針對的卻是「政府」的補貼政策。很明顯地，在國際政治、經濟關係複雜糾結的環境中，對廠商的控訴絕對比對政府的控訴簡單易行，風險、成本也都較小，因此有關平衡稅的案例及研究少於反傾銷稅就不足為奇了。

當然，除了關稅、限額及本小節討論的幾項政策，政府可用以影響貿易的工具還很多，例如**政府採購** (government procurement)、**通關程序** (customs valuation procedures)、衛生、安全標準等，可說族繁不及備載，我們自是無法在此逐一討論，有興趣的讀者，可就相關政策工具的功能與影響，查閱較專業的書籍。

9.2　貿易干預與自由貿易主張

　　自由貿易可使參與者實現潛在的貿易利得，而我們已經證明在絕大部份情況下，各種貿易政策都會帶來扭曲而使福利下降。因此，一個令人困惑的問題是，何以世界上幾乎沒有一個國家採行完全自由的貿易政策？當然，前面討論平衡稅時所提到的政治經濟模型是一種可能的解釋，而長期經濟發展問題則是另一可能的考量。但除了這兩者以外，不少學者指出，即使從靜態分析的觀點，一國仍然有採用不同貿易政策以提高社會福利的空間。這些論點粗略可分成兩類：第一類建立於不完全競爭市場的存在，第二類則是植基於**國內市場扭曲** (domestic distortion)。

不完全競爭市場

　　這又可分為兩種類型，一是在廠商為價格接受者的完全競爭市場架構下，因一國為大國，故在國際市場上具有影響價格的能力。在此情況下，由前面六、七兩章的分析，我們知道一個國家可透過對進、出口產品課徵最適進、出口稅以改善貿易條件，從而達到提高國家福利的目的。但我們已知道，這種利用最適關稅或最適出口稅提高一國福利的方法，乃是典型的以鄰為壑的政策，因為一國貿易條件的改善必然隱含貿易對手國貿易條件的惡化。於是最可能的後果就是貿易報復與貿易戰爭的發生，而我們知道貿易戰爭的結果，雖然仍有可能使一國獲利，但更可能兩敗俱傷。最有名的案例就是美國在 1930 年提高進口關稅所引爆的全球性貿易戰爭，結果在三年之間全世界進口總值萎縮了 63.7%，大量削減了貿易利得，使得**經濟大蕭條** (The Great Depression) 更趨惡化。

　　和最適關稅情形不同，第二類型的不完全競爭在於參與貿易的廠商本身具有影響市場價格的能力，而不是價格接受者。當市場結構為獨佔或寡佔時，廠商會享有超額利潤，由第八章的討論，我們知道在這種情況下，政府可透過進口關稅或出口補貼政策，將外國廠商的利潤移轉到本國廠商或政府手中，達到提升本國福利的目的，這正是布蘭德—史賓賽模型及其後一系列策略性貿易政策文獻的精義所在。但正如我們在第八章最後所強調的，策略性貿易政策的結論通常是相當脆弱的，隨著模型設定的改變就可能得到不同，甚至完全相反的結論。另外，在實際政策落實方面，策略性貿易政策更面對一相當難以克服的問題，即施行此政策所需要的廠商資訊往往超過政府所能掌握的範圍；而為了取得接受政策補貼的「策略性」地位，廠商則可能提供有助本身收益但卻不利全民福利的資訊，結果不僅達不到策略性政策的目的，反而帶來競租行為，進一步扭曲資源分配。一個重大但卻未受到足夠重視的策略性貿易政策失敗例子，就是英、法兩國對發展協和式客機 (Concorde) 的資助。1960 年代，波音公司 (Boeing) 和英、法兩國航空公司均致力於超音速客機的研發，後因英、法兩國政府的大量財務資助迫使波音公司退出這場競爭。雖然英、法的協和式客機在 1976 年正式服役，並取得超音速客機市場的壟斷地位，但終因成本太高、客源不足，再加上噪音問題，飛行 27 年後，終於在 2003 年正式劃下休止符。這不僅使參與發展與飛行的英、法兩國國營航空公司遭受巨額虧損，更使兩國納稅人負擔龐大的錯誤政策代價，而策略性貿易政策的風險更因此例一覽無遺。

國內市場扭曲

國內市場扭曲或**國內市場失靈** (domestic market failure) 為主張貿易干預政策者的重要論點之一。事實上，當這個觀點最初被提出時，幾乎使得自由貿易擁護者毫無招架之力；畢竟，沒有一個人有勇氣說我們所處的現實經濟社會是個完美的體系，市場失靈的現象完全不存在。但只要存在市場扭曲或市場失靈，市場價格就無法正確反映社會福利或社會成本，於是根據市場價格機能追求效用極大及利潤極大的經濟行為，就無法同時達到社會福利極大的目的。在這種情況下，政府自然有介入市場經濟活動以矯正市場扭曲的空間，而貿易政策只不過是政府所可能採用的政策工具之一。例如，政府可利用關稅或進口限額政策，限制某些產品的消費或提升政府財政收入，以便有足夠的財源提供必要的**公共財** (public goods)。不可否認的，當市場失靈存在時，這些貿易政策確實有可能提升一國的福利。但如此一來，前面第二章至第五章所稱自由貿易可使一國福利達到最大的論點不就完全崩盤，變得毫無意義嗎？而何以在這種情況下，絕大部份的經濟學者仍然支持貿易自由化呢？

反對貿易干預者對此問題的反應，大致可分成兩方面：第一，如果國內市場確實存在扭曲，那麼即使貿易政策可以提高福利，也不是**最佳** (first best) 的政策；第二，政府通常沒有足夠的資訊與能力確認市場扭曲所在，因此無法採取適當、有效的政策來矯正這些扭曲；尤有進者，由於政府能力的限制，貿易政策很可能由既得利益團體操控，成為保護個人利益的工具。

我們首先以兩個例子來說明第一點。第一個例子是，假定因國內市場失靈使得進口品部門在自由貿易下生產不足，因而政府採用關稅或限額政策來提高進口品的產量。為了讓討論的焦點集中於增加生產，我們進一步假定這是一個小國，因此其貿易政策不會有貿易條件效果。由第六章圖 6.3(a)，我們可清楚看到，當進口品 Y 的生產由自由貿易時的 y_S^1 增加到稅後的 y_S^t 時，國內的福利因生產和消費扭曲損失下降了。但如果政府不採用關稅或限額政策，改為對 Y 的生產給予每單位等同進口關稅 (t_S) 的補貼，則生產 y_S^t 的總補貼為 B + E，扣除生產者剩餘的增加 B 之後，增加進口品生產的淨社會成本為 E，即關稅政策下的生產扭曲損失。很明顯地，在達到等量的進口品生產增加的前提下，關稅或限額政策的成本較生產補貼政策多出了消費扭曲損失 G。因此，貿易政策並不是提高進口品生產的最佳政策。

接著我們來看第二個例子。在此，市場失靈是因進口品生產過程中產生了正的外部性，以致生產的**私人邊際效益** (marginal private benefit，MPB) 低於**社會邊際效益** (marginal social beneit，MSB)。我們可以圖 9.1 來說明。圖 9.1 複製圖 6.3(a)，但略去不相關符號，且加上社會邊際效益的曲線 MSB。因國內市場需求曲線反映的是私人邊際效益 MPB，故 MSB 與 MPB 間的垂直距離代表各產量下的**邊際外部效益** (marginal external benefit)，這些邊際外部效益並未反映在市場價格中，因而導致市場失靈。當政府課徵進口關稅 (或採用進口限額) 使得國內市

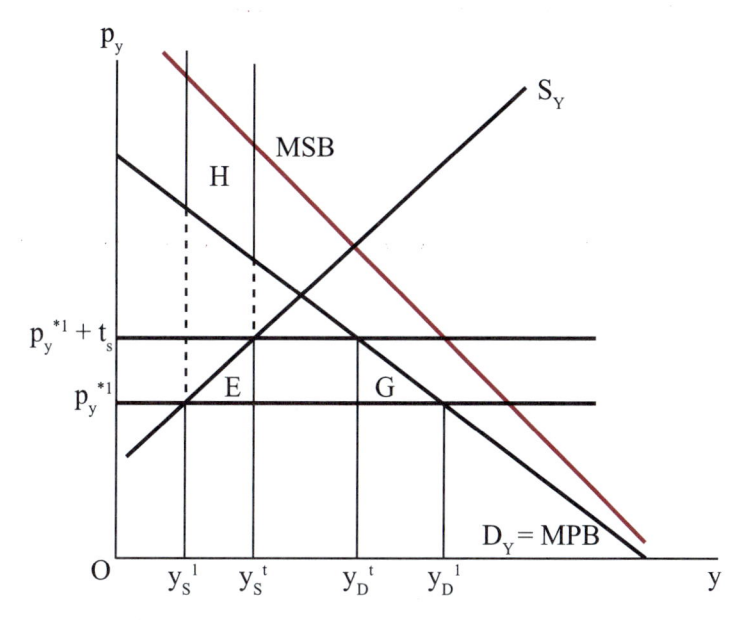

Chapter 9　貿易干預政策與區域整合

圖 9.1

場價格由 p_y^{*1} 提高到 $p_y^{*1} + t_S$ 後，會造成生產扭曲損失 E 和消費扭曲損失 G，在沒有正的外部性存在時，該進口國福利必然下降。但如圖 9.1 所示，由於關稅或限額的保護效果，使得 Y 的產量由 y_S^1 增加到 y_S^t 時，除了上述 E 和 G 的扭曲損失外，該國的社會福利也增加了 H，而只要 H > E + G，則即使是小國，仍可經由貿易限制提高整體社會福利。也就是說，在進口品生產具有正的外部性時，關稅或限額等提高國內進口品生產的貿易政策很可能較自由貿易還好。不過，如同上一個例子，我們很容易證明，即使關稅或限額可將社會福利提升到自由貿易之上，但這些貿易政策仍不是最佳政策；和上個例子一樣，最佳政策為對進口品 Y 的生產進行補貼，因為這可以避免消費扭曲損失的發生。

雖然我們只利用兩個例子來說明，但這兩個例子卻傳達了有關市場扭曲政策的一個重要原則，即矯正市場扭曲的最佳政策永遠是直接針對扭曲的根源，而不是「另闢戰場」，以另一個扭曲來對付原有的扭曲。因此，當市場失靈源自國內市場扭曲時，最佳政策必然是國內政策，而非以外人為對象的貿易政策。值得一提的是，上面這些討論只不過是經濟理論中所謂的「**次佳理論**」(theory of the second best) 的特例。根據次佳理論，只要市場中存在扭曲，則除非能將扭曲完全消除，否則增加或減少一個扭曲，對社會福利的影響可能是正的，也可能是負的。以前面生產具正的外部性的例子來說，當價格無法反應社會效益與社會成本時，代表市場已有扭曲存在，此時再加上關稅或限額的扭曲，福利是否上升完全取決於 H 是否大於 E + G。同樣道理，對 Y 進行生產補貼也是一種扭曲，因此除非 H > E，否則社會福利還是可能因補貼而下降。但這裡的重點是，次佳定理也告訴我們，針對國內扭曲而採行的國內政策 (生產補貼) 縱使無法提高社會福利，其成效仍然會比貿易政策來得好，因為它可完全避免不必要的消費扭曲損失。

接著來看第二點。雖然沒有人能否認現實社會中市場存在扭曲的事實，但從政策落實的角度來看，問題恐怕不是扭曲的存在，而在於存在太多的扭曲。因此，重要的是政府要如何認定與判別那些扭曲較為嚴重必須優先處理，那些扭曲影響有限，可以暫時忽略。於是政府面對的是與策略性貿易政策完全相同的問題，即政府一般而言並未擁有足以正確認定各種扭曲的資訊。

即使能確定解決扭曲的優先順序，適當的政策仍有賴精確的**定量分析** (quantitative analysis) 方能克竟其功；但定量分析所要求的相關資訊是更加詳細、複雜，這顯然不是一般政府機構所能搜集齊全的，在這種情況下，一個最可能的結果就是由相關產業或廠商提供資料，而不管產業或廠商自然會提供最有利於自身利益的資訊，以間接主導政府政策的形成。這或許可以解釋何以絕大部份國家的貿易政策，很顯然地是取決於政治經濟過程，而非為了追求全民的最大利益。

上面的討論告訴我們，雖然因國際市場的不完全性與國內扭曲等因素，給予政府進行干預自由貿易的政策空間，但這些干預政策，或者容易激起貿易對手國的報復，或者並非最佳政策，更容易淪為既得利益集團追求與維護自身利益的工具。也因為這個緣故，一般主流經濟學者均認為，維持自由貿易政策應該是現實政經情況下較適當的選擇。在此我們必須特別強調，這種支持自由貿易政策的主張，並不是建立在自由貿易為最佳政策的傳統貿易理論思維上，而是建立在自由

Chapter 9 貿易干預政策與區域整合

貿易相對於貿易干預政策，更可能使資源獲得較有效的利用，從而使貿易參與者較有機會實現貿易利得的經驗法則 (rule of thumb) 上。

9.3 區域整合：源起與發展

區域整合或**區域貿易協定** (regional trade agreements，RTAs) 並不是什麼新的國際經貿現象，它早在十九世紀中葉就已經存在，且在第一次世界大戰前曾風靡一時，但不可否認地，區域整合問題受到真正的關注，並引起學術界的研究興趣則是其在二次世界大戰後的發展。粗略而言，二次大戰後大致有三波區域整合活動。第一波區域整合肇始於 1957 年成立的**歐洲經濟共同體** (European Economic Community，EEC)，其後隨著 EEC 亮眼的經濟表現，遂在 1960 年代和 1970 年代引起許多拉丁美洲及非洲國家的效法，成立了各式各樣的區域整合體。然而，很不幸的，這些區域貿易協定完全無法達到預期的經濟效果。事實上，許多區域貿易協定只有文件上的名稱，而從未真正存在或運作過。第一波區域整合最重要的特徵是，結盟的國家間，經濟發展程度涇渭分明，即已開發國家和已開發國家整合，開發中國家和開發中國家簽訂協定。第二波區域整合活動起因於美國對於**多邊主義** (multilateralism) 談判的失望，終於 1985 年放棄其一向的堅持轉而與以色列訂立了**美以自由貿易協定** (US–Israel Free trade Agreement)，正式走向**區域主義** (regionalism)。第二波區域整合與第一波區域整合最大的不同在於打破已開發國家和開發中國家的藩籬，其中最著名的就是 1994 年正式生效的**北美自由貿易協定** (North American Free Trade Agreement，NAFTA)，涵蓋了已開發的美、加兩國及開發中國家的墨西哥。另外，由於不少第二波整合的國家間，彼此的進口關稅原本就不高，因此相對於第一波整合，第二波整合有明顯走向**深度整合** (deep integration) 的趨勢，協定的內容往往延伸到非關稅障礙與**直接投資** (foreign direct investment，FDI) 等議題。第三波整合大約始於廿世紀和廿一世紀之交，其重要特徵則是亞洲地區國家的大量參與、**雙邊協定** (bilateral agreement) 的風行，以及不少「區域貿易協定」的參與國事實上並不屬於地理上「同一區域」的

國際貿易

國家；例如，到目前 (2011 年) 為止，台灣僅有的三個自由貿易協定，都是與中美洲的友邦簽署的。歷經三波、半個多世紀的發展，各種不同名目、型式的區域整合，只能以「族繁不及備載」來形容。就已正式向 GATT/WTO 通報的案件來說，截至 2011 年 5 月，總共有 489 個 RTAs，其中 297 個已正式在運作。根據統計，目前每一個 WTO 的會員平均與超過 15 個國家簽署了貿易協定。由於這種多方交錯的協定關係，加上各不同協定間的不同條件，使得許多國家甚至搞不清自己實際在這些協定中所承擔的權利與義務，經濟學者巴瓜蒂 (Jagdish Bhagwati) 於是以「**義大利麵碗**」(spaghetti bowl 或 noodle bowl) 來描述當前這種國際上不同區域整合間的縱橫交錯現象。

在 GATT/WTO 架構下，會員簽署區域貿易協定的法源有三種：第一為 **GATT 第 24 條** (GATT Article XXIV)，第二為**授權條款** (Enabling Clause) 以及第三「**服務貿易總協定**」(General Agreement on Trade in Service，GATS) **第 5 條** (Article V)。授權條款係針對開發中國家的特別規定，而 GATS 第 5 條始自 1995 年，為時較短，故目前的 RTAs 主要是根據 GATT 第 24 條成立的；在前面提到的 489 個 RTAs 通報案件中，根據 GATT 第 24 條提出者達 358 個，佔總案件的 73%。因此，我們接下來簡單介紹一下 GATT 第 24 條的內容及產生背景。

GATT 第 24 條

第二次大戰接近尾聲，盟國勝利在望之際，各國已開始思考戰後復興計畫。在政治方面，決定成立**聯合國** (United Nations，UN) 統籌一切政治問題。在經濟方面，建議設立**國際貨幣基金會** (International Monetary Fund，IMF)、**世界銀行** (International Bank for Reconstruction and Development，IBRD，俗稱 World Bank) 和**國際貿易組織** (International Trade Organization，ITO) 三個機構，其中 IMF 專責匯率穩定及短期國際收支波動，世界銀行負責協助開發中國家長期經濟發展問題，而 ITO 則旨在規範各國貿易政策，促進國際貿易自由化。但 ITO 遭受嚴重的政治杯葛，無法為美國國會所接受而胎死腹中。參與討論建立 ITO 的 23 國代表遂決定以臨時性協定 (provisional agreement) 取代 ITO，這個臨時性協定即是通

Chapter 9 貿易干預政策與區域整合

稱的「**關稅暨貿易總協定**」(General Agreement on Tariffs and Trade，GATT)。直到 1995 年**世界貿易組織** (World Trade Organization，WTO) 成立為止，將近半個世紀期間，GATT 乃是國際貿易政策最重要的規範，也是推動國際貿易自由化最主要的平台。

GATT 最根本、最重要的兩個原則為「**互惠**」(reciprocity) 與「**非歧視原則**」(non-discrimination principle)。互惠原則指經由協商進入他國市場以交換開放等值的本國市場給予對方的廠商。至於非歧視原則具體表現在**最惠國待遇** (most favored nation treatment，MFN) 和 **國民待遇** (national treatment) 兩個次原則上。最惠國待遇指任何一個 GATT 成員對另一成員降低貿易障礙 (如降低關稅) 時，其他成員國即自動享有這個較低的貿易障礙，這保證每一個 GATT 的成員在國際貿易上會被同等對待。至於國民待遇，則是指除了貿易政策相關措施外，會員必須同等對待進口及國內生產的相同產品，這保證外國的廠商或銷售者，不會遭受不平等的待遇。

最惠國待遇可以說是在促進互利與自由化為宗旨的 GATT 中扮演了最關鍵性的角色，它不但確保降低舊貿易障礙的好處可由所有**簽約成員** (contracting party) 共享，還可防止新的貿易障礙的產生。然而，令人不解的是，在非歧視性的大原則下，GATT 第 24 條卻違反最惠國待遇的次原則，明確賦與「**自由貿易區**」(free trade area，FTA) 及「**關稅同盟**」(customs union，CU) 兩種區域整合體，可以合法地對整合體成員與非成員國採取不同的貿易政策，唯一的條件是 FTA 或 CU 必須「在合理的時程內消除所有會員國間基本上所有的貿易障礙」。因此，嚴格地說，當兩個或兩個以上的 GATT 簽約成員同意成立自由貿易區或關稅同盟時，FTA 或 CU 內成員之間必須達成自由貿易 (關稅降到零且不存在其他非關稅貿易障礙)，而 FTA 和 CU 的差別則在於，FTA 的各成員國保有自主制定對非FTA 成員國關稅的權利，但在 CU 下，各成員國對非該 CU 成員國則採取統一的關稅。

隨著第二波區域整合所導致的 RTAs 的急速增加，使得許多學者及貿易政策制定者開始擔憂區域化的漫延會不會妨礙到 GATT/WTO 所欲維護的多邊主義架構,而這種憂慮則進一步促使人們開始探討何以當初會有 GATT 24 條的出現,以及未來如何將區域主義和多邊主義有效融合等問題。雖然有關 GATT 24 條產生的原因已有不少研究,但到現在還沒有任何定論。綜合各種不同見解,在此我們大致將其產生的原因歸納為政治、法律和經濟三方面:

首先,在政治方面,如前所提,區域整合是個早已存在的歷史事實,即使原本反對 GATT 24 條最力的美國,在 1903 至 1950 年代與古巴之間的貿易條約都有所謂「古巴條款」(Cuban Clause),賦與兩國之間產品自由流通的特權。事實上,在 GATT 協商的同時,荷蘭與比利時也在討論成立 CU 的可能性,而歐陸其他國家以及不少開發中國家的代表同樣認為 CU 有助於擴大市場規模與經濟發展。為了避免好不容易達成初步協商的 GATT 破局,遂有 GATT 24 條的出現。其次,就法律層面來說,如果 CU 的所有成員之間得以達成完全自由貿易,那麼至少從貿易的角度來看,一個 CU 與單一國家市場基本上並沒有差別。既然,我們不會要求由屏東賣到台北的火龍果和由泰國進口的火龍果支付同樣的關稅,那又有什麼理由要求類似單一國家市場之 CU 成員支付與非 CU 成員同樣的關稅呢?換句話說,最惠國待遇並不適用於一個國家之內不同的政治、行政體之間,但「政治、行政體」又是如何定義呢?畢竟,在諸多政治與法律考量下,GATT/WTO 的成員並不是以國家為參與單位,而是以關稅領域 (customs territory) 為單位,由而避開了這個棘手的問題。事實上,也因為這個含糊的成員定義,台灣才有機會順利在 2002 年以台、澎、金、馬關稅領域 (Separate Customs Territory of Taiwan, Penghu, Kimen and Matsu) 的名稱加入,成為 WTO 會員 (member)。最後,在經濟,或更明確點說,在經濟學術方面,到 GATT 簽訂為止,並未曾對這種區域結盟現象作過深入的研究。如我們下一小節所要討論的,真正對於關稅同盟的探討直到 1950 年 GATT 簽訂之後才出現,因此當時一般經濟學界基本上仍深信貿易自由化或自由貿易乃是最好的策略,而關稅同盟雖然沒有達到貿易完全自由化的理想,但至少在 GATT 24 條的條件下可使一部份國家達到完全自由貿易,這自然較完全沒有自由貿易好,不是嗎?遺憾的是,這種頗為「直覺」的推理並不正確,此點在接下來的討論中就可清楚看到。在結束這小節之前,讀者或許已經發現，上面述說 GATT 24 條產生的過程，所指稱的區域整合主要是針對關稅同盟，那 GATT 24 條何以又允許 FTA 呢？這到目前仍然是個猜不透的謎，大家只知道，GATT 24 條原只針對 CU，但卻在簽約前夕突然加入 FTA 而已。

9.4 區域整合：經濟分析

區域整合的型式，除了前面所提的自由貿易區與關稅同盟外，一般還包括更為深度整合的**共同市場** (common market) 和**經濟同盟** (economic union)；前者指在達到 CU 之後，進一步容許勞動和資本等生產因素在會員國之間自由流通的整合，後者則在達到共同市場之後，再加上包括財政與貨幣政策在內的共同總體經濟政策。在此須特別強調的是，上述依整合深度區分的區域整合型式，雖不致脫離現實，但主要仍是為了學術研究方便所進行的分類，絕不表示區域整合過程一定會按此次序進行。我們都知道，北美自由貿易協定為一自由貿易區，但其內容已包括資本、勞工移動等屬於共同市場的議題。另外，雖然學術研究已有逐漸由 FTA 與 CU 延伸到共同市場的趨勢，但整體而言，FTA 與 CU 仍是主要對象，因此下面的討論也僅限於這兩種型式的區域整合。

貿易創造與貿易移轉效果

前面提到，對於區域整合問題的嚴謹學術探討，直到 1950 年才出現，所指的就是溫納 (Jacob Viner，1892 – 1970) 所著的「關稅同盟問題」(The Customs Union Issue) 一書。在當時，關稅同盟或自由貿易區都是令人相當困惑且具爭議性的現象，基於不同的理由，同時受到自由貿易主義者與貿易保護主義者的支持，而溫納的分析，則清楚指出，兩邊可能都對，也可能都錯誤。

溫納是利用**貿易創造** (trade creation) 和**貿易移轉** (trade diversion) 兩個概念來釐清形成關稅同盟對同盟成員的福利影響。如果 CU 成立之後，一成員以另一成員較便宜的產品取代本身較貴產品的生產時，對該成員來說，CU 就有貿易創造效果；反之，在 CU 成立後，一成員若以另一成員較貴的產品，取代原來自非成

國際貿易

員進口的較便宜的產品，則對該成員而言，CU 就有貿易移轉效果。溫納的分析指出，當一個國家成為一 CU 的成員後，如果貿易創造效果大於貿易移轉效果，則其福利就會上升；反過來，如果貿易移轉效果超過貿易創造效果，則其福利就會下降。值得注意的是，在溫納的定義中，不管貿易創造或貿易移轉效果，均是限於生產面，但往後的研究顯示，形成 CU，除了生產面效果外，還有消費面效果。然而，即使有這點分析上的小缺陷，溫納的分析基本上仍是正確的。也因此，直到目前為主，貿易創造與貿易移轉效果，仍是分析區域整合問題的核心觀念。接下來，我們就利用這兩個概念，以部份均衡模型，說明成立 FTA 或 CU 對各別成員、全體成員及非成員福利的影響。我們考慮一個包含三個國家 A、B、C 和一種產品 Y 的模型；以 A 國為討論基礎，B 和 C 國則分別為 A 國可能結盟的對象，而 Y 則是 A 國的進口品。我們將從溫納最簡單的情況開始，再逐步放寬假設。

1. A 國相對於 B、C 為小國，且 B 國生產 Y 的成本較 C 國低

由於 A 相對於 B、C 為小國，故其面對的 B、C 兩國供給曲線均為水平線，又因 B 國生產成本較低，故 $p_B^* < p_C^*$。圖 9.2 中 D_Y 和 S_Y 分別代表 A 國國內對 Y 產品的需求和供給曲線，水平線 p_B^* 和 p_C^* 則是 A 國所面對的 B 國和 C 國的供給曲線。假定一開始時，A 國對所有進口品均課相同的從量稅 t_s，則 A 國國內面對的 B 國進口品價格為 $p_B = p_B^* + t_s$ (在此沒必要畫出 $p_C = p_C^* + t_s$，為什麼？)。此時 A 國 Y 產品的生產和消費量分別為 y_s^t 與 y_D^t，故將從 B 國進口 $y_D^t - y_s^t$ 的 Y，福利水準 (W_t) 為消費者剩餘 (CS_t)、生產者剩餘 (PS_t) 與關稅收入 (TR) 之和，即

$$W_t = CS_t + PS_t + TR$$
$$= (1 + 2) + (3 + 7 + 11) + (5 + 9) \qquad (9.1)$$

現在來看 A 國與 B 國結盟的福利效果。A、B 兩國結盟後，A 國仍保有對 C 課徵關稅 t_s (故嚴格地說，我們的分析是針對 FTA，但在目前簡化假設下，CU 的

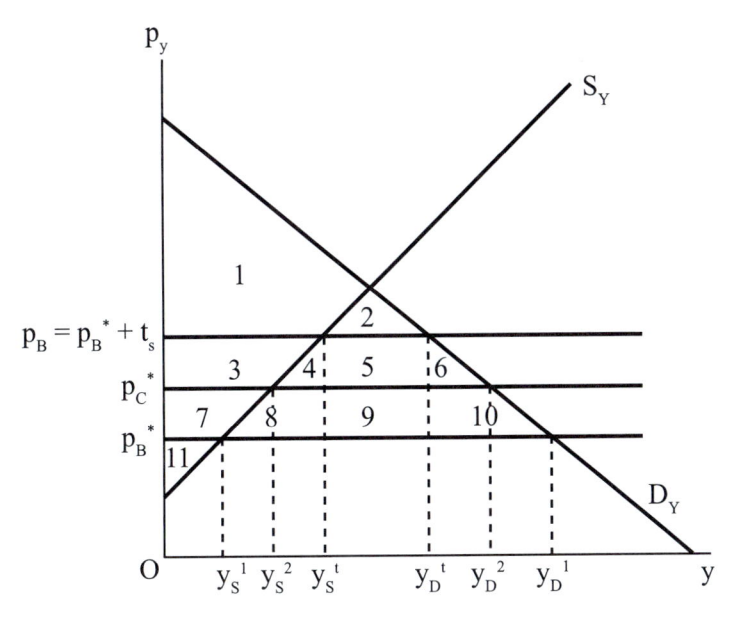

Chapter 9 貿易干預政策與區域整合

圖 9.2

結果也是相同)，於是 A 國自 B 國的進口增加到 $y_D^1 - y_S^1$，其中 $y_S^t - y_S^1$ 即是溫納所稱，以較便宜的會員國進口取代較貴的國內生產的貿易創造效果。但由圖 9.2 可清楚看到，進口除了貿易創造效果外，還有進口品價格由 p_B 下降到 p_B^*，使得消費量增加了 $y_D^1 - y_D^t$，這就是溫納所忽略的部份。雖然經濟學者米德 (James Meade，1907–1995) 將 $y_D^1 - y_D^t$ 稱為**貿易擴張** (trade expansion) 效果，但大家習慣上仍將 $y_S^t - y_S^1$ 和 $y_D^1 - y_D^t$ 合稱為貿易創造效果。由上面的分析，我們很清楚看到，當 A 和生產成本較低的 B 國結盟時，結果與第六章的關稅課徵效果剛好方向相反而已，因為成本較高的 C 國完全未在貿易過程中扮演任何角色。更明確來看，A 和 B 整合後，A 的福利 (W_{RI}^{AB}) 為消費者剩餘 (CS_{RI}^{AB}) 和生產者剩餘 (PS_{RI}^{AB}) 之和，即

$$W_{RI}^{AB} = CS_{RI}^{AB} + PS_{RI}^{AB}$$
$$= (1+2+3+4+5+6+7+8+9+10) + (11) \quad (9.2)$$

將 (9.2) 減去 (9.1) 即得到 A 和 B 整合對 A 國福利的影響為

$$\Delta W^{AB} = (4 + 8) + (6 + 10) \tag{9.3}$$

換句話說，A 國與 B 國結盟後，正好消除了關稅課徵所造成的生產扭曲損失 (4 + 8) 與消費扭曲損失 (6 + 10)，A 國的福利必然因此而增加，這正是溫納所稱，貿易創造效果可提高福利的原因。由於 B 國整合前與整合後的出口價格 p_B^* 均沒改變，故其福利不受影響，因此就 A、B 所形成的 CU 或 FTA 而言，其整體福利上升。同樣地，因 C 國福利完全不受 A、B 結盟的影響，故整個世界的福利也因 A 國福利增加而提升。

上述的完美結果主要是來自 A 國與生產成本較低的 B 國結盟的假設，如果 A 國所結盟的是成本較高的 C 國，結果就不是如此單純，這也是我們接下來要討論的情況。由圖 9.2 可看到，當 A 國與 C 國成立 CU 或 FTA 而取消自 C 國進口的關稅後，C 國產品在 A 國市場的價格 (p_C^*) 較自 B 國進口含關稅的價格 ($p_B^* + t_s$) 還低，因此 A、C 結盟之後，A 國自 C 國的進口將完全取代其原本自 B 國的進口。以圖 9.2 來說，A、C 結盟前，A 國自 B 國進口 $y_D^t - y_S^t$ 的 Y，但結盟後，則不再由 B 國進口，而是自 C 國進口 $y_D^2 - y_S^2$ 的 Y，其中 $y_D^t - y_S^t$ 即是 C 國完全取代自 B 國進口的部份，也就是溫納所謂的貿易移轉效果。很明顯地，A 國因貿易移轉效果而損失了關稅收入 (5 + 9)。但在上述貿易移轉效果發生的同時，A 和 C 的結盟也有貿易創造效果，因為 Y 的進口量由結盟前的 $y_D^t - y_S^t$ 增加到 $y_D^2 - y_S^2$。由於貿易創造效果可提高 A 國福利，故 A 國福利的變化就取決於貿易創造效果與關稅損失的大小。在圖 9.2 中，A 國與 C 結盟後的福利為

$$\begin{aligned} W_{RI}^{AC} &= CS_{RI}^{AC} + PS_{RI}^{AC} \\ &= (1 + 2 + 3 + 4 + 5 + 6) + (7 + 11) \end{aligned} \tag{9.4}$$

將 (9.4) 減去 (9.1) 即得到 A、C 結盟對 A 國福利的影響

$$\Delta W^{AC} = (4 + 6) - 9 \tag{9.5}$$

Chapter 9　貿易干預政策與區域整合

其中 4 與 6 分別代表取消自 C 的進口關稅所減少的生產與消費扭曲損失，故對 A 國福利有正面貢獻。9 則代表因貿易移轉使 A 國貿易條件惡化所造成的損失，因為原本自 B 國進口 $y_D^t - y_S^t$ 的價格為 p_B^*，但轉為自 C 國進口後，其價格上升到 p_C^*。由 (9.5) 可清楚看出，即使兩國結盟發生了貿易移轉效果，但並不如溫納所宣稱的，A 國福利必然下降。至於 C 國和 B 國，因相對於 A 國均為大國，所以福利都不會受到 A、C 結盟的影響，於是 A、C 結盟對 FTA 或 CU 以及全世界福利的影響，也就和 A 國一樣，無法確定了。

　　結合上面分析的兩種情況，我們可以說，當一個國家 (在此指 A 國) 與其他國家結盟成 FTA 或 CU 時，其福利到底會上升或下降，一般而言並無法確定。這個結果，從現代的角度來看，一點都不意外，因為這只不過是 9.2 節中所提到的「次佳理論」的又一個例證而已。當一開始 A 尚未與 B 或 C 結為自由貿易區或關稅同盟時，A 國存在兩個扭曲，即關稅使得 A 國價格和 B 國與 C 國價格不同。而在 A 與 B 或 C 結盟之後，雖然消除了其中一個扭曲，但仍有一個扭曲存在。因此，根據次佳理論，這個扭曲的消除並不必然會使 A 國的福利增加。不過，值得一提的是，次佳理論是在 1956 – 1957 年間才由立蒲謝 (Richard Lipsey) 和蘭克斯特 (Kelvin Lancaster) 兩位經濟學者完整提出，較溫納探討區域整合問題晚了五、六年之久。

2. 相對於非結盟國，兩結盟國為小國

　　為了便於說明，假定 A 和 B 是兩個可能形成 FTA 或 CU 的國家，C 則是非結盟對象的第三國。我們仍從 A 國的立場探討其與 B 國形成 FTA 或 CU 的福利效果。圖 9.3 中 IM_Y^A 為 A 國對 Y 產品的進口需求曲線，EX_Y^B 則是 B 國 Y 產品的出口供給曲線，p_C 則是 C 國願意在市場中買、賣 Y 的價格。假定一開始 A 國對所有進口品 Y 課徵 t_s 的從量稅，則從 B 和 C 國的觀點來看，他們所面對的 A 國進口需求曲線 (perceived demand curve) 為 IM_Y^{At} (請確定你知道為什麼)，故結盟之前，A 國總進口的 Y 為 $p_C H$，其中 $p_C G$ 來自 B 國，GH 來自 C 國；Y 產品 A 國國內價格為 $p_C + t_s$，福利水準為

301

國際貿易

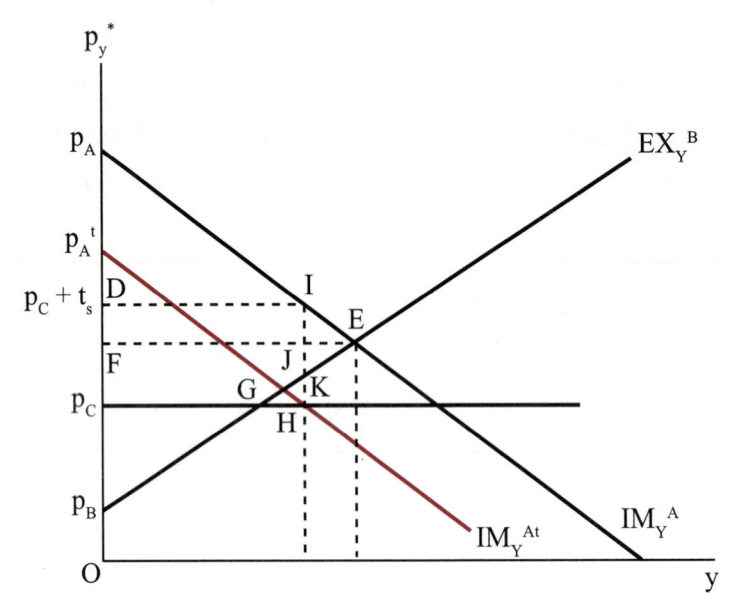

圖 9.3

$$W_t = (CS_t + PS_t) + TR$$
$$= (p_A DI) + D\,p_C HI \tag{9.6}$$

(9.6) 中符號的意義與 (9.1) 完全相同，但因 IM_Y^A 為進口需求函數而非國內需求函數，故 $p_A DI$ 代表消費者剩餘與生產者剩餘之和 ($CS_t + PS_t$)。

現在 A 國與 B 國決定成立 FTA 或 CU，則 B 國所面對的 A 國進口需求曲線成為 IM_Y^A，但 C 國仍面對 A 國的進口需求曲線 IM_Y^{At}。在這種情況下，自 B 國進口 Y 產品，其在 A 國國內售價為 OF，但由 C 國進口 Y 產品的國內價格仍是 $p_C + t_s$。由於 $p_C + t_s >$ OF，故在 A、B 結盟後，A 國將以自 B 國的進口完全取代來自 C 國的進口，總進口量為 FE。A 國的福利在結盟後成為

$$W_{RI}^{AB} = CS_{RI}^{AB} + PS_{RI}^{AB}$$
$$= p_A FE \tag{9.7}$$

由 (9.6) 與 (9.7) 得知 A、B 形成 FTA 或 CU 後福利變動為

Chapter 9 貿易干預政策與區域整合

$$\Delta W_{RI}^{AB} = IJE - FJH \, p_C \tag{9.8}$$

雖然圖 9.3 顯示 (9.8) 為負值，即 A 國在與 B 國結盟後福利下降，但這並不是必然的結果，這又是前面所提的次佳理論的緣故。另一方面，B 國的福利因和 A 國結盟而提高了 $Fp_C GE = Fp_B E - p_C p_B G$，這不僅因其貿易條件改善，而且其出口量也增加了。將 A、B 兩國福利的變動結合，即可得到整個 FTA 或 CU 福利的變化為 $\Delta W_{RI} = IKE - GHK$，因此就整個經濟同盟來說，福利的變動也無法確定。

圖 9.3 的結果顯示，A 和 B 結盟後，A 國完全停止自 C 國進口 Y 產品，但事實未必如此極端。圖 9.4 與圖 9.3 基本上完全相同，唯一差別是 EX_Y^B 與 IM_Y^A 相交於 I 點的左上方。在這種情況下，如果 A、B 結盟後，A 只自 B 進口 Y 產品，則其國內價格 OF 將會大於自 C 進口的國內價格 $p_C + t_s$，因此不可能發生。換句話說，在圖 9.4 所描繪的情況下，在 A、B 結盟後，A 國 Y 產品的國內價格仍會是 $p_C + t_s$，進口總量為 DI，其中 DJ 來自會員 B，而 JI 則自非會員 C 進口。A、B 兩國結盟並不會改變 A 國總進口量，但自 B 國進口量由

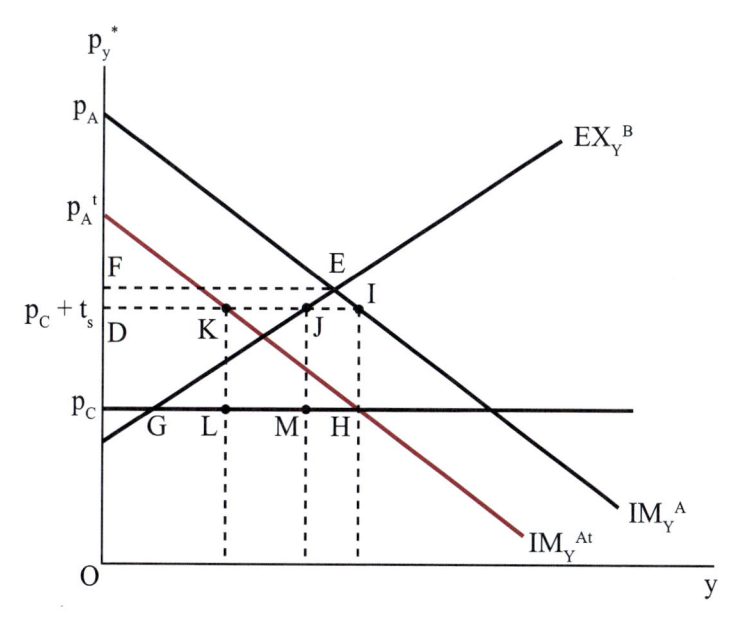

圖 9.4

p_CG 增加到 DJ，仍然有 GM 的貿易移轉效果。在福利方面，因 A 國進口量並未改變，故沒有任何因扭曲減少所帶來的福利增加，但其與 B 國的貿易條件卻惡化了。讀者應不難由分析圖 9.4 得知，A 國與 B 國結盟後福利下降了 Dp_CMJ，亦即損失了自 B 國進口的關稅收入。反之，B 國在結盟後因貿易條件改善且出口增加，福利提升了 Dp_CGJ。但整體而言，A、B 兩國所形成的 FTA 或 CU 福利下降了 JGM。結合圖 9.3 與圖 9.4 的結果，我們可以得到一個結論：當相對於非結盟國，兩結盟國為小國時，A 國及整個 FTA 或 CU 福利因結盟而上升的必要條件為結盟後，來自會員的進口必須完全取代來自非會員的進口。這個看似矛盾的結果，主要原因是只有在能完全取代非會員進口的前提下，才有可能使 A 國的總進口增加，從而增加生產者剩餘與消費者剩餘之和，由而抵銷或超過其貿易條件惡化或關稅收入下降所帶來的損失。

※**3.** A、B、C 三國均為大國

在這種情況下，隨著 B、C 兩國出口供給函數的不同，可能有許多不同的結果。但為了凸顯區域整合一些最重要的結果，我們假定 $EX_Y^B = EX_Y^C$，以簡化說明。另外，與圖 9.3 和圖 9.4 不同，我們將關稅課徵反映在 B 和 C 出口供給曲線的變動上，因為這可使圖形說明最為清晰易懂。圖 9.5 中，EX_Y^B 和 EX_Y^C 分別為 B 和 C 的出口供給曲線，EX_Y^{Bt} 與 EX_Y^{Ct} 為 A 國對 B 和 C 的進口課徵相同從量進口關稅後分別面對的兩國出口供給曲線，$EX_Y^{Bt} + EX_Y^{Ct}$ 則是為結盟前 A 國在國際市場上所面對的總進口供給曲線，為 EX_Y^{Bt} 和 EX_Y^{Ct} 的水平加總。因此，在 A 國與 B 國成立 FTA 或 CU 前，均衡點為 E_t，A 國進口 y_t = DE_t 的 Y 產品，其中一半來自 C 國，關稅總收入為DEJE_t，福利為關稅收入及水平線 DE_t 與縱軸及進口需求曲線 IM_Y^A 所圍成的生產者剩餘與消費者剩餘。

假定現在 A 國決定和 B 國成立 FTA 或 CU，則其在國際市場上所面對的進口供給曲線成為 EX_Y^B 和 EX_Y^{Ct} 的水平加總 $EX_Y^B + EX_Y^{Ct}$，故整合後的均衡點為 E_{RI}，A 國進口 y_{RI} = FE_{RI} 的 Y 產品，較區域整合前增加；其中 FK 來自非會員國 C，KE_{RI} 來自會員國 B。因為 FK < DI，故知 A、B 結盟產生了貿易移

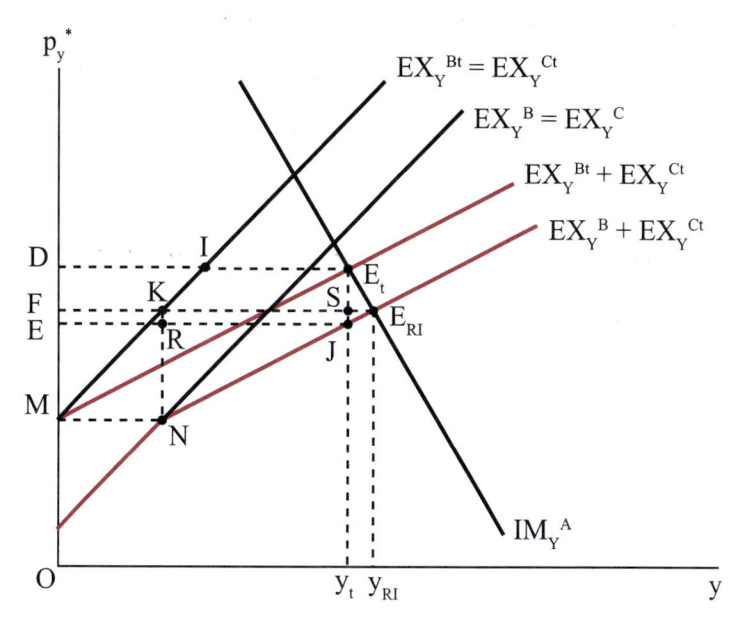

Chapter 9 貿易干預政策與區域整合

圖 9.5

轉效果，但因整合也帶來貿易創造效果，故 A 國福利增、減了取決於這兩個效果的相對大小。更明確點，由圖 9.5 可得到 (確定你可得到！)

$$\Delta W_{RI}^{AB} = (\Delta CS_{RI}^{AB} + \Delta PS_{RI}^{AB}) + \Delta TR$$
$$= DFE_{RI}E_t + (FMNK - DEJE_t)$$
$$= (E_t SE_{RI} + EMNR) - KRJS \tag{9.9}$$

另一方面，我們可以確定，B 國福利必然上升，因其貿易條件改善 (出口價格由 OE 上升到 OF)，且出口量增加；但非會員的 C 國福利則因貿易條件惡化 (出口價格由 OE 下降到 OM) 與出口減少而下降。

上面我們利用部份均衡分析法，分三種情況探討三個國家中兩個國家形成自由貿易區或關稅同盟後，對結盟的會員國、非會員國及整體會員國福利的影響。利用貿易創造與貿易移轉效果兩個觀念，我們可很清楚看到區域整合影響各國福利的根本原因，但我們也必須在此指出上述分析的一些重要缺陷，以免實際應用

305

時，造成誤導性的政策結論。首先，在上述模型中，我們只是以 A 國為基準，就其進口的唯一產品 Y 進行分析，但在現實社會中，各國均有相當多進口和出口產品，每個產品也都可能面對不同的貿易政策 (如，不同的關稅)，因此兩國結盟後，所有會員的進口品均可能會有不同的貿易創造和貿易移轉效果，再加上不同產品間所存在的替代或互補關係，如何評估整體貿易創造與貿易移轉效果，並不是個容易回答、但卻不得不面對的問題。其次，在上面分析過程中，我們一直未觸及兩國結成 FTA 或 CU 後，其對非會員國的貿易政策 (關稅) 如何調整的問題。從部份均衡分析的觀點來看，我們可將其解釋成「**其他情況不變**」(other things being equal)，這也就是為什麼前面我們曾提到，這些分析嚴格地說是指兩國形成 FTA，因為只要是形成 CU，就會有針對非會員設立共同關稅的問題。我們之所以說這些分析也可應用於 CU 的情形，除了 1. 這種情況外，其實是隱含假定即使兩國是結為 CU，共同對外關稅的問題也已經解決。第三，承接上述第二個缺陷，除了 CU 建立必須調整會員的關稅以便建立一共同的對外關稅外，即使是成立自由貿易區，在現實生活中我們也發現，一國成為自由貿易區的會員後，通常不會維持其在成為會員國前對非會員國的關稅水準，而是會加以調整。換句話說，FTA 成員的對外關稅，並不是如「其他條件不變」假設下的外生變數，而是內生變數。同樣道理，非成員國對成為 FTA 或 CU 成員國家的關稅，也不必然維持固定，而是很可能隨區域整合而改變。然而，要將上述缺陷加以有效彌補，就必須設立更為複雜的一般均衡模型方能克竟其功，但這已超出本書範圍，因而就此打住。

9.5 自由貿易區與關稅同盟

上一小節在一些簡化的假設與解釋下，探討了自由貿易區和關稅同盟的福利效果。但不論如何，FTA 和 CU 仍是代表著兩種不同深度的區域整合，其唯一差異在於 FTA 成員保有自行對非成員制定關稅的權利，但 CU 的所有成員必須制定、接受一共同的對外關稅。因此，表面上看來要形成關稅同盟是比形成自由貿

Chapter 9 貿易干預政策與區域整合

易區困難,畢竟主權的維護是許多國家無法輕言放棄的責任,而貿易政策的制定又含有主權獨立的象徵意義。除此之外,關稅同盟仍有一更實際的問題必須面對,即整個 CU 關稅收入的分配問題。雖然 CU 成員採取共同的對外關稅,但自非成員的進口卻不可能平均分配於各成員間,結果進口多的成員所收的關稅就愈多,而有些位處內陸的成員甚至不可能有任何海運的關稅收入,因此如何合理地分配整個 CU 的關稅收入於各成員間,遂成為一個 CU 能否順利運作的另一重要議題。但上述關稅同盟所遭遇的難題並不表示 FTA 的運作就比較簡單;事實上,FTA 所必須面對的問題很可能比 CU 更為棘手。

貿易轉向問題與原產地規範

由於FTA成員可自行訂定對外關稅,如果沒有任何進一步規範,一個必然的結果是,非成員國會將出口品先經由對外關稅最低的成員國進入 FTA,再利用成員國之間零關稅的機制,將產品銷往對外關稅較高的成員國,於是所有關稅將歸低對外關稅的成員國所有,而高對外關稅成員國的對外關稅則失去任何實質作用。這種一個 FTA 成立後,非成員國將出口轉向最低對外關稅的成員國以進入 FTA 內其他成員國的現象就是所謂的**貿易轉向問題** (problem of trade deflection)。為了防止貿易轉向問題,絕大部份的 FTA 都會制定**原產地規範** (rules of origin),規定由一 FTA 成員國銷售到另一成員國的產品,只有在達到一定程度是由前者所生產,方可享受成員國間的零關稅待遇。這個規範看似簡單,但在執行上卻是相當困難。一方面,到目前為止還找不到客觀的衡量方式來決定某一產品是否「達到一定程度」由某國生產;另一方面,由於各國進出口產品種類繁多,性質各異,用以衡量的標準也必然不同,這不僅為各國海關查驗帶來龐大的工作負擔,也給出口廠商增加了難以估計的準備各種證明文件的作業成本,而且這種情況會隨著生產過程的拉長 (fragmentation) 而愈加惡化。最後,有不少跡象顯示,有些 FTA 利用原產地規範,實際進行保護 FTA 中某些特定產業,實質上違反了 GATT 24 條的區內完全自由貿易的要求。

更重要的是,即使我們假定上述原產地規範問題完全不存在,因而也沒有直

307

接的貿易轉向問題，但在某些情況下，**間接的貿易轉向** (indirect trade deflection) 仍可使 FTA 成員獨立制定對外關稅的初衷歸於無效。我們可利用圖 9.6 來說明這點。圖中我們回到形成 FTA 的兩國相對於非成員國 C 均為小國的假設。圖 (a)、(b) 描繪形成 FTA 前 A、B 兩國國內市場的情況；C 國以 p_C^* 的價格出口 Y 產品到 A、B 兩國，在兩國進口從量關稅分別為 t_A 與 $t_B(t_A < t_B)$ 時，A 國進口 $y_D^{At} - y_S^{At}$，並收取 $t_A(y_D^{At} - y_S^{At})$ 的關稅，而 B 國則進口 $y_D^{Bt} - y_S^{Bt}$ 且有 $t_B(y_D^{Bt} - y_S^{Bt})$ 的關稅收入。

　　現在假定 A 和 B 形成一關稅同盟，並且可有效執行原產地規範，因此 C 國無法經由關稅較低的 A 國將產品輸往 B 國。但在圖 9.6 中，我們隱含假設兩國進口完全相同的產品 Y，則 A 國的廠商可將本身生產的 Y 產品出口到價格較高的 B 國，同時自價格較低的 C 國進口 Y 以滿足 A 國本身的需求，從而賺取其中的差價。很顯然地，這種套利行為只有在 A 國輸出到 B 國的 Y 使得 B 國的價格下降到與 A 國相等，即 $p_C^* + t_A$ 方才會停止。由圖 (d) 可看到，當 B 國價格為 $p_C^* + t_A$ 時，該國將自 A 國進口 $y_D^{BRI} - y_S^{BRI}$ 的 Y 產品。由於 A 國價格並沒有改變，故其需求量與生產量並沒有改變，但因 A 國會出口 $y_S^{At} - S = y_D^{BRI} - y_S^{BRI}$ 的數量到 B 國，因此 A 國將自 C 國進口 $y_D^{At} - S$ 數量的 Y。結果是，A 國的消費者剩餘與生產者剩餘並沒有改變，但其關稅收入則由 FTA 成立前的 $t_A(y_D^{At} - y_S^{At})$ 增加為 $t_A(y_D^{At} - S)$，即增加了圖 (c) 中 1 + 2 的區域，故 A 國的福利在成為 FTA 成員後提高了。至於 B 國，由於國內價格下降，使得生產者剩餘與消費者剩餘增加了圖 (d) 中 (3 + 4 + 5) 的區域，但在 FTA 成立後所有來自 A 的進口均沒有關稅收入，故關稅損失了圖 (d) 中的 (4 + 7)。因此，B 國在與 A 國成立 FTA 後福利的變化為 (3 + 5 − 7)，無法判定其是否提高或下降。但我們可以確定的是，A、B 兩國總福利必因結成 FTA 而提高，因為 A 國增加的福利 (1 + 2) 剛好等於圖 (d) 中的 (6 + 7 + 8)，故在彌補了 B 國關稅收入損失 7 之後，兩國總福利增加了 (3 + 5 + 6 + 8)。又因 C 國為大國，其貿易條件與福利並未受任何影響，故整個世界的福利也因 FTA 的成立而提高。這個結果並不令人意外，因為 B 國自 C 國的進口，表面上是被自 A 國的進口取代，事實上則是透過 A 國，自 C 國進口，因而

Chapter 9 貿易干預政策與區域整合

(a)

(b)

(c)

(d)

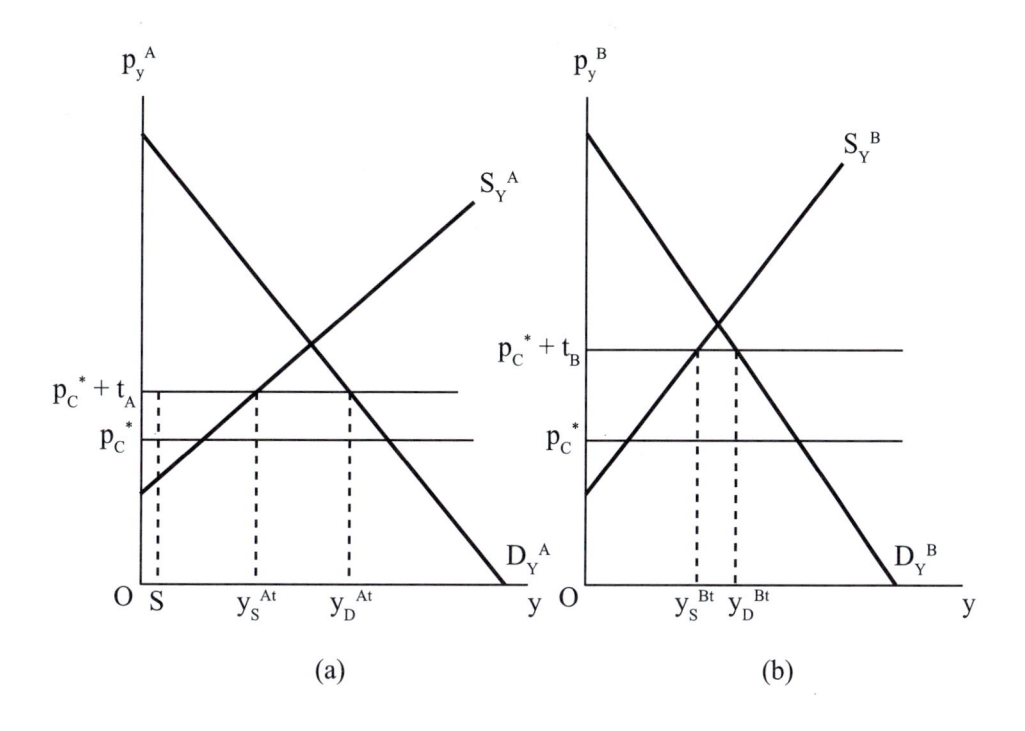

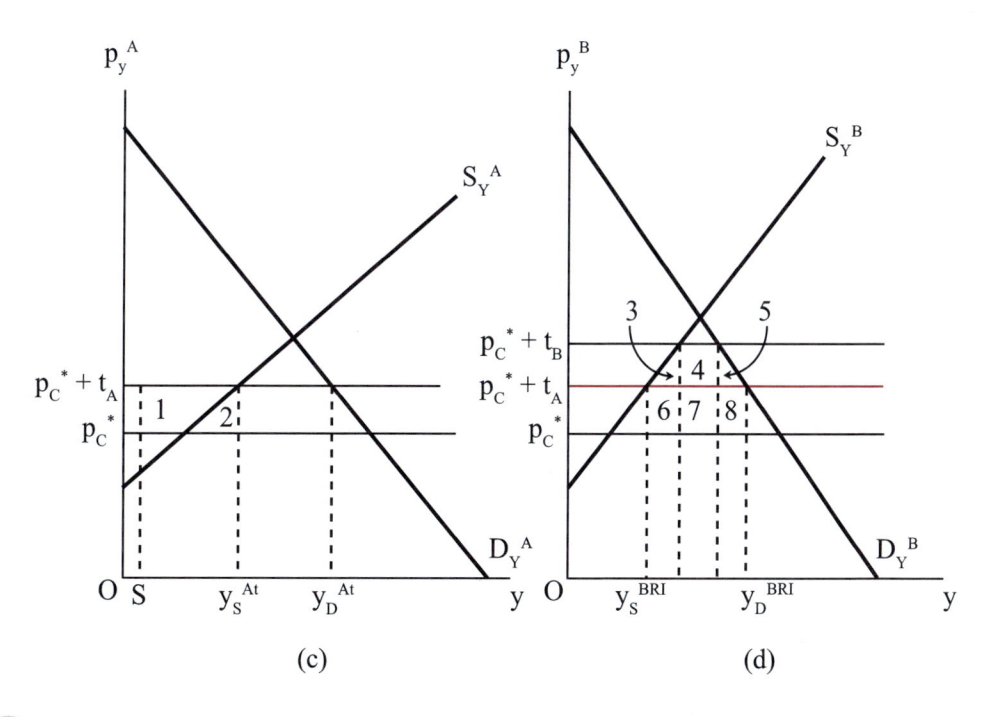

圖 9.6

就整個 FTA 或全世界來說，只有貿易創造效果，沒有貿易移轉效果存在。換句話說，經由間接的貿易轉向效果，防止了貿易移轉效果的發生。因此我們也知道，只要 A 和 B 進口的產品是相同或相當類似的產品，在形 FTA 之後，即使原產地規範可以有效防止直接貿易轉向，但間接貿易轉向效果仍將使採取低對外關稅的國家獲取全部的進口關稅，結果和直接貿易轉向效果完全相同，而原產地規範對採取高對外關稅國家的保護作用，也就完全喪失其預期的功能了。

9.6 區域主義與多邊主義

在 9.3 節中我們提到，第二波區域整合興起的主要原因為美國放棄其一向堅持的多邊主義路線，於 1980 年代中期轉向區域主義與多邊主義並行的政策。美國態度的改變，除了在現實上帶動第二波區域整合活動外，也在學術界激起了一連串的論戰。雖然這些爭議的範圍相當廣泛，但毫無疑問地，其中最受關注、最重要的議題為：區域主義到底是多邊主義的阻力或助力？或者套用巴瓜蒂的用詞：區域整合到底是以 GATT/WTO 架構為象徵的多邊主義的**墊腳石** (building block) 或**絆腳石** (stumbling block)？持平而論，這個問題並不是始自第二波區域整合。前面我們談到 GATT 24 條產生的原因時已經指出，在溫納之前，一般經濟學者基本上是認為一部份國家可達到自由貿易總比完全沒有自由貿易好；這種看法的深一層意義則是，當一部份國家結成 FTA 或 CU 而得到好處時，將會吸引其他國家也加入 FTA 或 CU，如此下去，終將達到全面自由貿易化理想。當然，我們已經知道，溫納的分析證明了前溫納時期這種「直覺」的看法並不正確。然而，有趣的是坎普和萬又煊 (Kemp and Wan) 兩人在 1976 年的一篇短文，卻嚴謹地證明，前溫納時期的看法 (pre-Vinerian view) 並非完全不可取。事實上，坎普和萬又煊兩人明確提出了一些充份條件，保證關稅同盟的形成可促使全球貿易走向全面自由化。

Chapter 9　貿易干預政策與區域整合

※坎普—萬又煊定理

坎普—萬又煊定理 (Kemp – Wan theorem) 指出，任何一群國家形成一個關稅同盟時，必然可找到一組共同的對外關稅 (common external tariff vector)，以及一種關稅同盟成員間的**總額補償** (lump – sum compensatory payments) 機制，使得每一個關稅同盟成員的福利提高，而非關稅同盟成員的福利則不受影響。簡單地說，坎普和萬又煊證明，在一關稅同盟形成後，只要適當地調整同盟的對外共同關稅，使得同盟整體與非同盟成員國間的貿易，維持和同盟成立前相同的水準，那就可保證非同盟成員國不會受到傷害，在此同時，成員國間因取消關稅或任何其他貿易障礙所增加的貿易，只會帶來貿易創造效果，故整體 CU 的福利必然上升，而總額補償機制則可保證所有同盟成員的福利提高。

雖然坎普和萬又煊是以一般均衡模型進行相當嚴謹的分析，但我們可利用本章的部份均衡分析法，簡要說明其基本概念。圖 9.7 和圖 9.3 類似，圖中符號的意義也完全相同。假定一開始 A 對來自 B 和 C 的進口同樣課徵 t_S 的關稅，則 A 總共進口 $p_C H$ 的 Y 產品，其中 $p_C G$ 來自 B，而 GH 來自 C，A 的福利為 $W_t^A =$

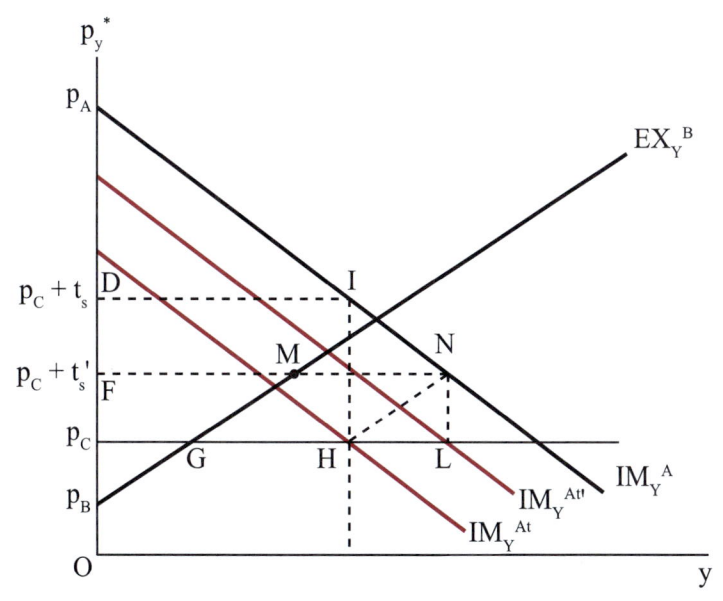

圖 9.7

$p_A p_C H I$，而 B 的生產者剩餘為 $PS_t^B = p_C p_B G$。現在假定 A 和 B 形成關稅同盟，則 B 面對的進口需求曲線成為 IM_Y^A。由圖 9.3 的分析得知，若此時 A 對 C 維持進口稅 t_S，則 A 將不會再從 C 進口 Y。為了維持自 C 的進口量 GH，A 勢必得降低其對 C 的從量進口關稅。問題是，如何決定此新的進口關稅呢？圖 9.7 中，由 H 點作一平行於 EX_Y^B 的線與 IM_Y^A 相交於 N，再由 N 點畫出垂直於 p_C 的線 NL，最後再通過 L 點作一平行於 IM_Y^A 的直線 $IM_Y^{A'}$，則 $IM_Y^{A'}$ 與 IM_Y^A 的垂直距離恆為 NL。如此一來，我們可將 $IM_Y^{A'}$ 這條線視為 A、B 結成關稅同盟後，A、B 將對 C 國的共同進口關稅訂為 $t_S' = NL$ 時，C 國所面對的 A 國進口需求曲線。雖然 A、B 結盟之後，B 國面對的 A 國進口需求曲線為 IM_Y^A，但因 B 國出口到 A 國的 Y 產品價格不可能超過 $p_C + t_S'$，故關稅同盟成立後的均衡點為 N；A 國 Y 的進口量由結盟前的 DI 增加到 FN，但所有增加的進口均來自 B 國，因自 C 國的進口量 MN 與 A、B 結盟前完全相等 (MN = GH)。換句話說，只要在 A、B 形成關稅同盟後，A 國對 C 國的進口關稅由 t_S 調降到 t_S'，即可維持結盟國與非成員國 C 之間在結盟之前的貿易量。由於 C 國的出口量及貿易條件均沒改變，故 C 國的福利並不會受到 A、B 成立 CU 的影響。

由圖 9.7，利用熟悉的方法，讀者應可輕易得出，A 和 B 結盟後，其福利成為 $W_{RI}^{AB} = p_A FMGHN$，與 $W_t^A = p_A p_C H I$ 相較，A 國福利的變動為

$$\Delta W_{RI}^{AB} = IHN - Fp_C GM \tag{9.10}$$

但因 B 國的產者剩餘在與 A 國結盟後增加了 $Fp_C GM$，故 A、B 結成關稅同盟後，兩國總福利增加了

$$\Delta W_{RI} = IHN \tag{9.11}$$

由此可知，在調整共同對外關稅以維持 C 國出口不變的前提下，整個世界的福利也會增加 IHN，而透過 B 國對 A 國的總額補償，將可使 A、B 兩國在結盟之後的福利同時提高，這就是坎普—萬又煊定理的精義所在。

在上面三個國家的例子中，很顯然地，只要 C 國也再加入 A、B 所形成的關

稅同盟，則全世界所有的貿易障礙都不再存在，GATT/WTO 全面自由貿易的理想也就達到，於是前面所說的「關稅同盟形成可使全球貿易走向全面自由化」也就成立了。雖然我們只是利用三個國家，關稅同盟及貿易政策為進口關稅來說明，但事實上坎普—萬又煊定理是相當一般化的，在該定理提出後的二、三十年間，貿易理論者相繼證明，這個定理即使在貿易政策為進口限額，所形成的區域整合為自由貿易區，甚至存在不完全競爭市場或區域內的關稅沒有完全消除的情況下，仍然成立。因此，從這個觀點來看，區域整合或區域主義確實可能成為全面自由化或多邊主義的墊腳石。

然而，正如坎普和萬又煊在其文章中所提到的，現實社會的運行並不如其定理所預期，對外關稅的訂定從來不是為了維持與非成員國的貿易量，而大多是國內、外利益團體政治角力的結果。因此，評斷區域主義對多邊主義的影響，絕對不能只看區域整合的對外關稅這個因素。例如，一區域貿易協定成立後，為了避免貿易移轉效果對某些成員國的過度傷害而降低其對外關稅，但在此同時，由於缺乏適當的所得移轉補償措施，使得整合的好處集中於少數團體，結果這些團體為了怕進一步自由化而喪失既得利益，他們很可能進行政治操作，阻礙自由化的進行。更弔詭的是，在某些情況下，區域整合體為了避免貿易移轉效果或增加貿易創造效果，很可能過度降低其對外關稅，以致非整合成員因該區域整合的成立而獲利，結果是這些非成員國反而成為阻止全面自由化的主要力量，因為他們「單方面」享受來自區域整合對他們降低關稅的好處，可能遠超過多邊主義下相互降低關稅的好處。另一個可能使區域主義成為多邊主義絆腳石的問題來自伴隨區域整合而產生的**談判力量** (bargaining power)。當世界因區域整合而形成幾個勢均力敵的整合體時，全球性的貿易談判很可能陷入類似寡佔市場裏的**囚犯困境** (prisoner's dilemma)，而使得多邊主義的自由化目標更加遙不可及。

當然，現實情況也不見得如此悲觀。就以前一段最後所描述的情況來說，如果能先將全球一、二百個國家先整合成三、五個「志同道合」的區域貿易協定，再由這為數有限的區域進一步協商整合，如此一來，區域主義不但不是多邊主義的絆腳石，反而是墊腳石了。另一方面，如我們在 9.4 節圖 9.5 的分析所顯示的，區域貿易協定的形成往往對非成員國造成傷害，這可能促使非成員國尋求加入區域貿易協定，或者更易於在多邊談判中採取合作的態度；前者正是鮑德溫 (Richard Baldwin) 所倡議的**骨牌理論** (domino theory of regionalism)。根據這個理論，因區域整合而受創的非成員國必然會尋求加入區域整合，但這又使其他非成員國進一步受損，更感受到邊緣化的威脅，而更加強加入區域協定的力量，結果是區域整合不斷擴大，自由化的範圍不斷增加。如果這種趨勢不斷持續下去，骨牌效應可能促使區域主義實質上幫助了多邊主義。最後，區域主義還可能透過對多邊體系造成壓力，從而推動多邊主義的前進。最有名的例子就是美國在 1980 年代中期開始向區域主義傾斜的同時，延宕多時的 GATT 烏拉圭回合談判終於在 1986 年展開。其後，隨著美加自由貿易區以及接踵而至的**北美自由貿易協定** (NAFTA) 的順利推動，烏拉圭回合也在 NAFTA 簽署的次年 (1994) 完成。雖然沒有直接證據，但從當時美國主要貿易官員的談話，隱約可以嗅出美國有意藉由 NAFTA 談判，迫使其他國家，特別是歐洲各國認真看待烏拉圭回合談判的味道。至少，從兩個談判的時間點觀察，我們傾向於接受這種看法。

　　總結而言，對於區域主義到底是多邊主義的墊腳石或絆腳石這個問題，在理論方面雖然激發了許多研究，也得到不少頗具洞見的觀點，但到目前為止並沒有任何確定的結論。或許，這個問題的解決，最後只能依賴實證研究；遺憾的是，有關區域整合的資料相當不全，真正有意義、可靠的實證研究可能還要等待一段時日。最後，我們提醒讀者，本章有關區域整合問題的討論，主要是集中於經濟效率與福利的層面，但從各式各樣區域貿易協定談判形成過程中，我們可清楚看到，政治上的考量往往才是成敗的關鍵，因此任何有關區域整合問題的完整探討，絕對不容忽視政治層面的影響。畢竟，GATT 24 條之所以存在，政治現實恐怕才是最重要的因素。

Chapter 9 貿易干預政策與區域整合

習題

1. 解釋下列各小題中兩個名詞的意義,並說明它們之間的關係。

    (a) 反傾銷稅,平衡稅

    (b) 最惠國待遇,國民待遇

    (c) 關稅同盟,貿易創造效果

    (d) 自由貿易區,貿易轉向問題

2. 是非題:試判別下列各敘述為「是」或「非」,並詳細說明是或非的理由

    (a) 當國內市場存在扭曲時,貿易政策絕不是矯正市場扭曲的最佳政策。

    (b) 和有關稅或限額等貿易障礙存在的情況相比,一國加入自由貿易區或關稅同盟必可使其福利提升,因為至少在會員國之間可以達到完全貿易自由化。

    (c) 由於關稅同盟要求所有成員的對外關稅必須相同,但自由貿易區則容許成員國保有自訂對外關稅的權利,故自由貿易區較關稅同盟易於形成與運作。

3. 何以明知自由貿易政策可能帶來包括所得分配惡化等缺陷,但大部份經濟學家仍傾向支持自由貿易政策?

※4. 在市場為完全競爭的假設下,試圖解說明當貿易政策為進口限額時,坎普—萬又煊定理仍然成立。

Chapter 10 國際因素移動

　　在前面幾章中，不論是討論貿易理論或貿易政策，都是以最終產品在國際間的移動為對象；也就是說，所有的討論均隱含假設生產因素，如勞動力或資本並不在國與國之間移動。雖然，這個假設可使我們集中分析的焦點，而在 HO 模型的嚴謹假設下，因素價格均等化定理也穩含生產因素在國際間移動的誘因會因自由貿易而消失，但這畢竟與國際社會中資本大量在各國間流通，且**國際勞工移動** (international labor movements) 或**國際遷徙** (international migration) 問題不斷成為近年來重要的國際議題的現實明顯脫節；因此，我們將在本章中簡要地介紹、分析資本與勞動力在國際間移動的現象、成因及可能的影響。我們特別強調「簡要地」介紹與分析，是由於這兩種生產因素移動所導引出的相關問題十分複雜，在許多面向已經超出貿易理論，甚至經濟學的範疇，故不是本書在短短一章中所能涵蓋的。因此，我們的討論將儘量侷限於經濟或國際貿易的觀點，至於其他更為廣泛的政治、社會意涵，則留待對此兩課題有興趣的讀者，自行參考其他較為專業的文獻。

　　從經濟學的角度來看，國際因素移動和最終產品移動的原因並沒有根本的差別，都是在追求最大的利益。然而弔詭的是，我們都很清楚看到，幾乎所有國家對產品、資本和勞動力的移動都採取了不同的態度。雖然程度容有差異，但事實

國際貿易

是，除了極少數像北韓、古巴、緬甸幾個國家，產品貿易自由化幾乎已成普世價值；類似地，縱使和產品貿易自由化仍有一段差距，但至少自二十世紀八十年代中期以降，各國對資本流動的限制也明顯走向寬鬆。相反地，勞動力在國際間的移動則仍受到相當嚴厲的控制，特別在國內、外發生經濟危機時，外國移民問題更往往成為箭靶，甚至成為移轉焦點的代罪羔羊。這種現象同樣反映在國際層面上，對於產品或勞務貿易以及資本移動，有 WTO/GATT 的多邊架構，在過去半個多世紀持續地推動、追求進一步自由化，但在國際遷徙方面，雖偶有成立類似 WTO 的**世界遷徙組織** (World Migration Organization，WMO) 的建議，但其實現則是遙遙無期。由此可見，即使牽引產品和因素移動的經濟力量基本上相同，但因兩者(或三者)所導致的經濟、政治、社會後果各異，在個別國家以及國際層面上也有著不同的政策反應，這也是我們有必要對國際遷徙和國際資本移動現象加以探討的原因。我們將先由「經濟層面」較為單純的國際勞工移動著手，然後再轉到「經濟層面」的分析較為成熟的**國際資本移動** (international capital movements) 與**跨國公司** (multinational enterprise，MNE) 問題。

10.1 國際勞工移動：一般性分析

除了純粹的旅遊外，人們在國際間流動的原因相當複雜，他們可能為了逃避天災、躲避戰禍、遠離政治迫害，或追求更好的教育、生活條件，但我們無法在此談論如此廣泛的國際遷徙活動，而是要將注意力完全集中在所謂「經濟性」(economically motivated) 的國際遷徙行為，也就是一般所稱的國際勞工移動現象。國際勞工移動可能是**永久性的** (permanent)，即這些勞工在離開**母國或輸出國** (home country 或 sending country) 時即有終生不再返回母國的打算；例如許多開發中國家的醫生、護士或高科技人員移居到英、美、西歐等先進國家工作，從而歸化成為這些先進國家的永久居民或公民。當然，國際勞工移動也有許多是**暫時性的** (temporary)，這些人到其他國家工作時已經知道或相信，在一定時間之後就必須回到母國。最有名的例子為 1942 – 1964 年間美國自墨西哥引進暫時性移民的**伸手計畫** (*Bracero* program)，以及二次大戰之後，德國自地中海沿岸各國聘用工人的**客工制度** (*Gastarbeiter* system, 1955－1973)。台灣自 1992 年所開放的外籍勞工，也是屬於這種暫時性的國際勞工移動。另外，由於各國對外來勞工的嚴格控管，在國際勞工移動方面產生了一個特殊的問題，即**非法外勞問題** (illegal migration 或 clandestine worker)；例如，如何處理境內數百萬非法移民即是美國近半世紀以來最為頭疼的政治、經濟問題之一。然而，不管永久性或暫時性，合法或非法，經濟性國際勞工移動的根本原因則完全相同，即是母國和**輸入國** (host country 或 receiving country) 勞動報酬或工資不同所造成。

我們可利用圖 10.1 來說明母國和輸入國工資不同所引起的國際勞工移動現象，及其可能引起的福利與所得重分配效果。假定全世界可分成兩個國家，一個勞工輸出國和一個勞工輸入國；兩國勞工總和為圖 10.1 中之 O_SO_R，其中 O_SL_0 為輸出國原本所擁有的勞工數量，O_RL_0 為輸入國原本擁有的勞工；左邊縱軸代表輸出國的工資 w，右邊縱軸則是輸入國的工資 w^*。AB 為給定所有其他生產因素之下，以 O_S 為原點衡量的輸出國勞動邊際產值曲線 (也就是輸出國的勞工需求曲線)；同理，CD 為以 O_R 為原點衡量的輸入國勞動邊際產值曲線或勞動

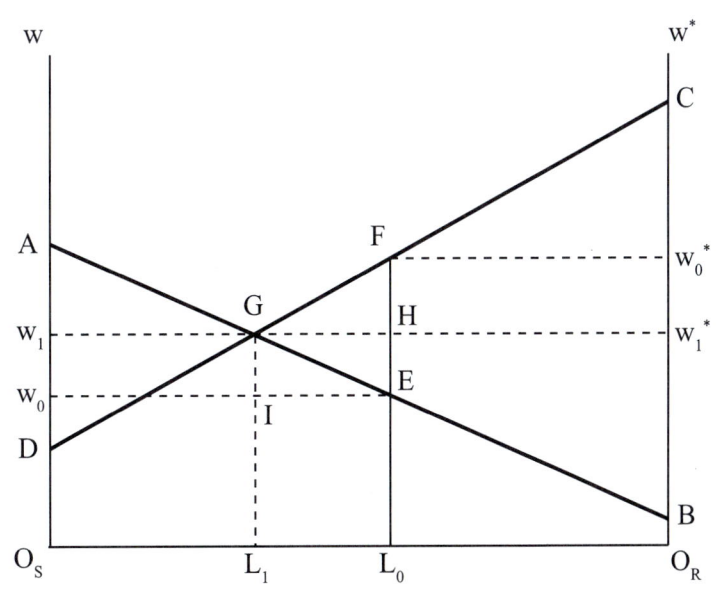

圖 10.1

國際貿易

需求曲線。當勞工無法在國際間移動時，輸出國將雇用 O_SL_0 的勞工，此時其工資為 w_0，而輸入國則雇用 O_RL_0，工資為 w_0^*。輸出國的 GDP 為 O_SAEL_0，其中 $O_Sw_0EL_0$ 為該國勞工所獲得的總報酬，Aw_0E 則是所有其他生產因素所獲得的報酬。完全相同的道理，輸入國在沒有國際勞工移動時的 GDP 為 O_RCFL_0，勞工的總報酬為 $O_Rw_0^*FL_0$，其他生產因素的報酬總和為 Cw_0^*F。因此，在國際間勞工不能移動的情況下，整個世界的生產總值為圖 10.1 中 O_SAEFCO_R 的面積。

現在假定，兩國同意讓勞工在兩國間自由移動，則工資較低的輸出國勞工會開始往輸入國移動。由圖 10.1 可以看到，只要輸出國勞工輸出量少於 L_0L_1，則輸出國的工資 w 就會低於輸入國的工資 w^*。只有當 L_0L_1 的勞工由輸出國移出到輸入國後，兩國工資才完全相等（$w_1 = w_1^*$），而不再有進一步移動的誘因，故圖中 G 點代表勞工自由移動下的均衡。此時，留在輸出國的勞工數量為 O_SL_1，該國的 GDP 為 O_SAGL_1；反之，在輸入國從事生產的勞工數量為 O_RL_1，該國的 GDP 為 O_RCGL_1。由圖 10.1 可以清楚看到，勞工可以在國際間自由移動之後，全世界的總產值為 O_SAGCO_R，較勞工無法在國際間移動時增加了 GFE。換句話說，和貿易自由化一樣，勞工(或其他生產因素)在國際間的自由移動，可以使全世界的資源做更有效的配置，從而提高全世界的總產值與福利。

然而，和貿易自由化相同，國際間勞工移動自由化雖可提高整個世界的產值與福利，但也同時帶來所得重分配問題，有些人獲利，有些人則受害。從圖 10.1 可清楚看到，移出者的所得由 L_0EIL_1 上升到 L_0HGL_1，增加了 EHGI，而留在輸出國的勞工 O_SL_1 也因工資上升而額外增加了 w_0w_1GI 的所得，但輸出國其他生產因素的所得則由 Aw_0E 減少了 w_0w_1GE 而成為 Aw_1G。在勞工輸入國方面，情況則剛好相反，勞工收入因工資由 w_0^* 下降到 w_1^* 而減少了 $w_0^*w_1^*HF$，而其他生產因素的總所得則上升了 $w_0^*w_1^*GF$ 成為 Cw_1^*G。

雖然從不同生產因素的觀點來看國際勞工移動的所得重分配相當直覺、易懂，但從輸出國和輸入國福利的角度來看，情況就不是這麼單純。主要的困難來自於如何界定移民的所得或福利到底應歸於輸出國或輸入國。比較沒有爭議的是暫時性勞工移動，因為一般很自然地會將暫時性移民的所得歸入輸出國。如

Chapter 10 國際因素移動

此一來,輸出國總所得或 GNP 由 $O_S AEL$ 上升到 $O_S AGHL_0$,亦即較勞工輸出前增加了 GHE。反過來,勞工輸入國的所得則增加了 GHF,因為外來勞工帶來了 $L_0 FGL_1$ 的產值,但只拿走了 $L_0 HGL_1$ 的報酬。換句話說,在暫時性國際勞工移動的情況下,勞動輸出國和輸入國共享了全世界所增加的產值 GFE。如果進一步假定兩國勞動產值曲線 AB 和 CD 分別為斜率等於 $-\alpha < 0$ 及 $\beta > 0$ 的直線,則我們就可較明確地算出 GFE 在兩國間的分配。因 $-\alpha = -HE/GH = -HE/L_0 L_1$,$\beta = HF/GH = HF/L_0 L_1$,故可得到

$$FE = HE + HF = (\alpha + \beta) L_0 L_1 \tag{10.1}$$

但因 $FE = w_0^* - w_0$,故由 (10.1) 可得

$$L_0 L_1 = \frac{w_0^* - w_0}{\alpha + \beta} \tag{10.2}$$

$$HE = \frac{\alpha}{\alpha + \beta} \left(w_0^* - w_0 \right) \tag{10.3}$$

$$HF = \frac{\beta}{\alpha + \beta} \left(w_0^* - w_0 \right) \tag{10.4}$$

再由 $GHE = \frac{1}{2} HE \cdot L_0 L_1$,$GHF = \frac{1}{2} HF \cdot L_0 L_1$ 及 $GFE = \frac{1}{2} FE \cdot L_0 L_1$ 得知

$$\frac{GHE}{GFE} = \frac{HE}{FE} = \frac{\alpha}{\alpha + \beta} \tag{10.5}$$

$$\frac{GHF}{GFE} = \frac{HF}{FE} = \frac{\beta}{\alpha + \beta} \tag{10.6}$$

(10.5) 和 (10.6) 隱含,在給定的工資差距 $(w_0^* - w_0)$ 之下,國際勞工移動所帶來全球增加的產值,在兩國間的分配乃是取決於兩條勞動需求曲線的斜率 (絕對值),斜率愈大的國家,所獲得的份數就愈大。上述結果是在 AB 和 CD 均為直線時得到的,但我們可利用彈性的觀念,將其一般化到 AB 與 CD 為非線性的情

形，即在 $w_0^* - w_0$ 給定的情況下，輸出國與輸入國所獲得的份額乃是取決於兩國開放勞工移動前均衡點 (E 點和 F 點) 的彈性，彈性愈大的國家，所獲得的份額就愈小。

當勞工移動為永久性時，到底移工的所得歸於輸出國或輸入國則不像暫時性勞工移動那麼清楚，尤其在移動初期，移出的勞工可能會將大部份勞動所得匯回母國給一些關係較近的親屬。當這些**匯回的款項** (remittances) 夠大時，其結果與前面暫時性勞工的討論就沒多大的差別。反之，若永久性移出的勞工歸化為輸入國公民時，則所有因資源配置效率提高的好處就全由勞工輸入國享有；勞工輸出國所得減少了 L_0L_1GE，勞工輸入國的所得增加了 L_0L_1GF。就留在輸出國的勞工和其他生產因素而言，總共損失了 GEI，因為在移出前 L_0L_1 勞工的總產值為 L_0L_1GE，但他們只得到 L_0L_1IE 的工資，因此 GEI 為國內其他生產因素所享有，但這部份都隨著 L_0L_1 的永久性移出而消失了。當然輸出國其他生產因素的損失，除了 GEI 外，還包括了重分配給未移出的勞工的損失 w_0w_1GI。另一方面，輸入國原有的其他生產因素擁有者，除了獲取重分配自勞工的收入 $w_0^*w_1^*HF$ 外，還自移入的勞工 L_0L_1 得到了 GHF。後者是因移入的勞工總共生產了 L_0L_1GF，但卻只拿走了 L_0L_1GH 的報酬。

總結而言，當勞工可以在國際間自由移動時，全世界的產值和福利必然上升，勞工輸入國必然獲利，但只有在外移勞工的收入歸入輸出國所得的情況下，勞動輸出國才有可能獲利，否則其福利必然下降。當然，如前所言，除了從整個國家的觀點外，國際勞工移動也必然引起兩國國內不同生產因素擁有者間的所得重分配問題，而上面分析的結所果也可解釋，何以輸出國其他生產因素擁有者 (如資本擁有者) 與輸入國的勞工一般均反對國際勞工移動，而輸入國其他生產因素擁有者則會歡迎外國勞工的引進。最後，值得特別一提的是，晚近不少實證研究顯示，在整個國際勞工移動問題上，最大的獲利者主要是移動的勞工本身。利用 (10.2) – (10.4)，讀者應不難證實，外移勞工收入的增加 GHEI 和全世界產值增加 GFE 的比為

Chapter 10 國際因素移動

$$\frac{\text{GHEI}}{\text{GFE}} = \frac{2\alpha}{\alpha + \beta} \tag{10.7}$$

很顯然地，隨著 α 的上升，外移勞工所得的增加相對於全世界產值的增加也跟著上升，而在 $\alpha > \beta$ 時，外移勞工所得甚至增加得比全世界產值增加還多！

10.2 國際勞工移動：特殊議題

上一小節已經對有關國際勞工移動的一般性影響做了簡要分析，但如所周知，國際勞工移動是個相當複雜、相當敏感、相當情緒性的問題，除了經濟層面外，它甚至牽涉到種族、文化、人權的觀念與衝突。當然，這些不是我們在此可以逐一探討的課題，但為了彌補一般性討論的不足，也兼顧到現實社會中對於這個問題不同層面的關注，在此我們將從勞動輸出國、勞動輸入國以及全球性的角度，進一步討論幾個特殊議題。

人才外流問題

前面提到，經濟性的國際遷徙或國際勞工移動，主要是因國際間勞動的報酬或工資差異所引起，而國際間之所以會存在工資差異，根本原因則在不同國家經濟發展程度與發展速度不同。因此，我們可以看到，國際勞工主要是由開發中國家往先進國家移動，或由經濟成長緩慢國家往經濟快速成長國家移動。雖然上小節的分析顯示，只要這些移動不是永久性的，那麼勞工輸出國必然可因而獲利；即便是永久性的國際勞工移動，只要他們匯回母國的款項夠大，輸出國也未必受損。但不可否認的是，這並不代表輸出勞工的國家會完全贊同，甚至鼓勵這種勞工出口現象。事實上，全世界或許只有菲律賓是唯一採取積極協助勞工出口的國家。為何會如此呢？一個可能的原因是勞工輸出國資本擁有者的反對，因為他們是輸出國勞工出口後受害的一群。但事實顯示，輸出國對勞工外移主要的憂慮並不在此，而是圖 10.1 的分析所無法掌握的一些其他因素。

圖 10.1 隱含假定所有勞工都是同質的 (homogeneous)，或者說所有勞工

國際貿易

均具有相同的生產力。雖然這個假設用來分析**非技術勞工移動** (unskilled labor movements) 並沒有什麼不妥，但當國際間移動的是**技術勞工** (skilled labor) 時，恐怕就不那麼適當。這是因為這些由開發中國家移出的技術勞工，通常是該國較具潛力、能力較高、訓練較好的一群，而且在他們**人力資本** (human capital) 累積過程中，往往也享受較多的公共資源 (例如義務教育、政府大量補助的公立大學教育)，但卻在他們生產力最高的時期，貢獻給輸入勞工的先進國家，造成楚材晉用、**人才外流** (brain drain)，不利本身經濟發展的後果。尤有進者，即使這些技術勞工一開始是以暫時性勞工的身分受雇，但由於他們所擁有的人力資本與技術能力，較之非技術勞工更符合先進國家的需要，因此更可能最後變成永久性移民，這對於花費資源培育的開發中國家無疑是莫大的損失，對於留在國內的非移民者 (those left behind，TLB) 也是相當不公平。於是，環繞於人才外流問題，在學術界與實務界產生了不少爭議，現在我們就簡要介紹幾個爭議的焦點。

首先，人才外流是否真的會使一國的人才枯竭？或者說一國技術勞工的外移是否會使輸出口的技術勞工減少？如果輸出國所擁有的技術勞工的數量是固定的，那當然是走了一個技術勞工就少了一個技術勞工，少了一個可貢獻於國家長遠經濟發展的人才。但事情往往不是這麼單純，一個國家透過教育、訓練所擁有的技術勞工的數量通常不是固定的，而且很可能會受到是否有到國外工作機會的影響。當年輕的一代看到年長一代中受到較好教育、擁有較多人力資本者較有機會受雇到先進國家工作，賺取較高的報酬時，就可能激勵更多的人、更加努力地從事人力資本投資。結果可能是，即是有部份的技術勞工移居國外，但輸出國整體的人力資本反而增加，形成所謂的**人才利得** (brain gain) 現象。一個常被用來支持人才利得的例子是：菲律賓為所有開發中國家中輸出護士最多的國家，但也因而吸引大量年輕一代投入護士教育，結果是菲律賓國內每人擁有的護士數量比英國還高。當然，如前所言，菲律賓可能是個例外，但不少新的數據顯示，一個國家可能因人才外流而導致人才利得並非無稽之談，這個可能性又會因接下來的另一個現象而提高。

第二，**人才回流** (brain retrun) 問題。傳統上，一般認為技術勞工因為較符合先進國家的需要，因此成為輸入國永久居民的機會也較高；事實上，許多先進國家的移民政策也擺明只歡迎技術勞工，特別是高科技勞工。如果這些情況屬實，那對培育這些技術勞工的母國而言，的確是難以彌補的損失。不過，這個問題同樣不是如此單純，因為晚近的資料同樣顯示，即使是技術性勞工，大約有 30% 在外移二十年內又回到了母國。如果這些返國的技術勞工同時帶回了他們在先進國家工作所累積的人力資本與**企業精神** (entrepreneurship)，那更可進一步緩和人才外流的負面效果，或進一步擴大人才利得效果；台灣、印度和中國大陸過去二、三十年來明顯的人才回流，為此提供了最佳例證。當然，台灣、印度和中國大陸是否同樣是特例，則有待更完整、更全面性的資料來驗證。

最後，對非移民的補償問題。上面有關人才外流、人才利得與人才回流的討論都是從勞工輸出國整個國家的觀點來看，但由圖 10.1 的討論，我們已經知道國際勞工移動還會牽動所得重分配。圖 10.1 告訴我們，當 L_0L_1 的勞工由輸出國移到輸入國後，這些外移的勞工所得增加了 GHEI，但其他留在國內的人 (TLB) 則損失了 GEI。而實證研究也顯示，外移的勞工確實是整個國際勞工移動過程中主要的獲利者，因為即使有人才回流的現象，通常也都伴隨著豐厚的**回流報酬** (return premium)。在這種情況下，輸出國政府如何透過租稅政策，對外移勞工，特別是那些曾經由公共資源培養的技術勞工，徵收適當稅收以彌補 TLB 的損失，遂成為必須嚴肅面對的公平問題。有些國家(如台灣)不僅對外移勞工，尤其是永久性外移勞工，無法課徵任何稅收，還讓他們保有許多包括投票權在內的母國的公民權利，形成極端不公平的「**有權利免稅收**」(representation without taxation) 現象。遺憾的是，這種由巴瓜蒂 (Bhagwati) 提出的對 TLB 的補償政策建議，由於牽涉到課稅所隱含的國家主權問題，始終無法有效推動。

※外籍勞工與輸入國勞工的衝突

圖 10.1 的分析清楚顯示，輸入國勞工是該國輸入勞工後的唯一受害者，每單位勞工的收入降低了 $w_0^* - w_1^*$。因此，輸入國勞工反對引進外籍勞工的政策乃是必然的現象。然而，在現實社會中，輸入國勞工反對進口勞工的理由往往不限

國際貿易

於他們的工資會下降,而更在於憂慮外籍勞工會取代本地勞工的就業機會,但這卻無法反映於圖 10.1 中永遠達到充分就業假設的分析。當我們容許失業存在時,那麼輸入國本地勞工的憂慮就未必是無的放矢,而是必須嚴肅看待的。但另一方面,在開放經濟體系中,生產者在國際市場上必須面對其他國家廠商的競爭與挑戰,因此我們也常聽到生產者「低廉外籍勞工的進口,不僅不會取代本地勞工,甚至會使本地勞工的就業更加受到保障」的論調。因為外籍勞工的使用可以降低其生產成本,提高競爭力,繼續從事生產、甚至擴張生產活動,從而增加本地勞工的雇用;反之,如果無法進口外籍勞工,以致在國際市場上因成本過高而被淘汰,則不論減產或停止生產,終將使本國勞工的就業機會減少。

我們可以利用一簡單的模型,加上各國對外籍勞工均有嚴格管制的事實,來檢視上述輸入國勞工與廠商的論點。假定輸入國代表性廠商在國際市場上是個價格接受者,其所面對的市場價格為 p。此廠商的生產函數為

$$x = f(L) = f(L_h + L_f) \text{,} f'(L) > 0 \text{,} f''(L) < 0 \tag{10.8}$$

上式中 $L_h \geq 0$,$L_f \geq 0$,分別代表該廠商所使用的本國勞工與外籍勞工的數量。輸入國政府將外籍勞工的使用限定在一定比例 α 之下,即 $L_f/L \leq \alpha$。假定生產的固定成本為 F,雇用外籍勞工的工資為 w_g,雇用本國勞工的工資為 w_h,則此代表性廠商的利潤函數可表示成

$$\pi = pf(L) - w_g L_f - w_h L_h - F \tag{10.9}$$

由於雇用外籍勞工的根本原因為 $w_g < w_h$,因此廠商將會把所有可能的外籍勞工配額用罄,即 $L_f/L = \alpha$。如此一來,(10.9) 式就可改寫成

$$\pi(L) = pf(L) - \bar{w}L - F \tag{10.10}$$

上式中 $\bar{w} = \alpha w_g + (1-\alpha)w_h$,代表廠商所面對的加權平均工資。利潤極大化的一階條件為

Chapter 10　國際因素移動

$$\frac{d\pi}{dL} = pf'(L) - \overline{w} = 0 \tag{10.11}$$

因二階條件 $d^2\pi / dL^2 = pf''(L) < 0$ 恆成立，故可由 (10.11) 式解出廠商利潤極大的勞工雇用量

$$L^{**} = L(w_g, w_h, p, \alpha) \tag{10.12}$$

換句話說，廠商最適勞工雇用量取決於 w_g, w_h, p 和 α 四個外生變數。在此，輸入國勞工所關心的問題為，如果政府開始輸入，或放寬外籍勞工的輸入限制，是否會因其取代本國勞工的工作而使得本國勞工的就業量下降。利用 $L_h = (1-\alpha)L^{**}$ 可得

$$\frac{\partial L_h}{\partial \alpha} = \frac{\partial((1-\alpha)L^{**})}{\partial \alpha} = -L^{**} + (1-\alpha)\frac{\partial L^{**}}{\partial \alpha} \tag{10.13}$$

因 L^{**} 是由 (10.11) 解出，因此，我們可將 $\partial L^{**} / \partial \alpha$ 寫成

$$\begin{aligned}
\frac{\partial L^{**}}{\partial \alpha} &= \frac{\partial L^{**}}{\partial \overline{w}} \cdot \frac{\partial \overline{w}}{\partial \alpha} = \frac{\partial L^{**}}{\partial \overline{w}}(w_g - w_h) \\
&= (\frac{\partial L^{**}}{\partial \overline{w}} \cdot \frac{\overline{w}}{L^{**}})\frac{L^{**}}{\overline{w}}(w_g - w_h) \\
&= \frac{\varepsilon L^{**}}{\overline{w}}(w_h - w_g) \\
&= \frac{\varepsilon L^{**}}{\alpha \overline{w}}(w_h - \overline{w}) > 0
\end{aligned} \tag{10.14}$$

上式中 $\varepsilon = -\frac{\partial L^{**}}{\partial \overline{w}} \cdot \frac{\overline{w}}{L^{**}} > 0$ 為廠商對勞動的需求彈性，將 (10.14) 代回 (10.13)，整理後得到

$$\frac{\partial L_h}{\partial \alpha} = L^{**}\left[\varepsilon(\frac{1-\alpha}{\alpha})(\frac{w_h - \overline{w}}{\overline{w}}) - 1\right] \tag{10.15}$$

由此可知，輸入國政府放寬外籍勞工進口並不必然會取代本國勞工的工作，而是取決於廠商的勞動需求彈性，政府原本管制水準，以及本國勞工工資的高低，亦

國際貿易

即

$$若 \; \varepsilon \begin{matrix}\geq\\=\\<\end{matrix} \frac{\alpha}{1-\alpha}\left(\frac{\overline{w}}{w_h-\overline{w}}\right), \; 則 \; \frac{\partial L_h}{\partial \alpha} \begin{matrix}\geq\\=\\<\end{matrix} 0 \tag{10.16}$$

因一般而言，勞動需求彈性 ε 為正值，且本國勞工工資必然大於加權平均工資 (為什麼？)，故我們可得到下面幾個結果：(1) 如果一開始輸入國完全禁止輸入外籍勞工，即 $\alpha = 0$，則引進外籍勞工必可增加本國勞工的就業量。這是因為外籍勞工的雇用可立即降低廠商生產成本，增加產量以及對勞動的需求。在外籍勞工的雇用仍然受限下，部份增加的勞動需求只能由輸入國本地勞工來滿足。(2) 即使原本已有引進外籍勞工，但只要 α 不大，放寬外籍勞工雇用限制，仍可能獲得如 (1) 中提高本地勞工就業量的效果。(3) 當輸入國勞工工資與雇用外籍勞工工資差距愈大時，$w_h - \overline{w}$ 即愈大，外籍勞工的放寬愈可能增加本地勞工的就業量。(4) 當廠商的勞動需求彈性愈大時，藉由外籍勞工雇用導致加權平均工資下跌所帶來的勞動需求量增加就愈多，故輸入國本地勞工就業增加的可能性也就愈大。當然，在勞動需求彈性愈小時，結果就剛好反過來，外籍勞工雇用的放寬，就很可能取代輸入國本地勞工了。

廠商除了利用類似上述模型來支持他們雇用外籍勞工未必會減少本地勞工雇用的觀點，另外還有一種說法為他們在市場工資下根本找不到適合的本國勞工從事相關工作。換句話說，上述模型中本國勞工和外籍勞工可完全互相替代的隱含假設並不成立。有趣的是，這個論調剛好針對兩群極端不同性質的勞工。一方面，隨著經濟持續發展，生活與教育水準不斷提高，年輕一代的勞工，已不再如上一代般願意從事一些所謂的 **3–D**〔即骯髒 (dirty)、危險 (dangerous)、辛苦 (difficult or demanding)〕工作，如營建、鑄造、染整、農作、看護等；在這種情況下，相關廠商遂要求政府允許由經濟發展程度較低的國家引進願意從事這些工作的勞工；台灣自 1992 年正式開放的外籍勞工即屬此類非技術性勞工。另一方面，在全球化浪潮席捲下，國際間也產生了高級人才 (highly skilled labor) 的爭奪戰，許多先進國家的公司、甚至政府，常以國內缺乏某些特殊高級人才而可能

Chapter 10 國際因素移動

喪失國際競爭力為理由,特別為這些外籍人士提供進入工作的管道;美國 H-1B 和 L1 簽證,特別容許外國高級軟體和電腦科學家、工程師赴美就業即為一例。但是,不管低層次從事 3-D 工作的外籍勞工或高級技術人才的引進,在絕大部份國家均產生了兩個類似的問題:首先,廠商在獲准引進這些勞工之後,往往會進一步編造各種理由,要求政府進一步放寬雇用限制,結果原本僅為填補輸入國某些特定的短缺勞工的政策,最後卻真的淪為取代國內較昂貴勞工的工具。其次,不管是前面所提的台灣外籍勞工的引進,或美國的 H-1B 與 L1 簽證政策,原本都設定這些外籍勞工的引進與雇用僅是暫時性的 (temporary employment),但事實往往相反,這些所謂暫時性的外勞引進政策大都隨著時間的經過而趨於常態化。國際勞工移動問題上有種說法,「沒有比暫時性勞工更為永久性的東西 (There is nothing more permanent than temporary workers.)」,可說是一針見血之論。這也說明了何以許多國家的勞工團體,對於外籍勞工的引進與放寬限制是如此的敏感、如此地反對了。

世界遷徙組織問題

由前面圖 10.1 的討論,我們得知,兩國之間工資的不同將產生勞工在國際間移動的壓力,而開放勞工自由移動將會使全世界的工資趨於一致,從而提高 GFE 的世界產值。也就是說,和自由貿易一樣,在沒有任何市場失靈的狀況下,國際勞工自由移動將可使世界資源的配置達到經濟效率。然而,事實是,各國 (特別是先進國家) 普遍採取極為嚴厲的移民政策,以致國與國間工資的差異相當巨大。2008 年一項有關美國與其他 42 個開發中國家低技術勞工工資的比較研究顯示,平均而言,美國低技術勞工工資達這 42 個國家的 5 倍;即使將所有可能造成高估工資差異的因素加以考慮,美國低技術勞工工資為這 42 個國家同質 (均受 9 年教育) 勞工工資的 3 倍左右當無疑義。這個國際間工資存在巨大差異的事實,隱含放寬國際勞工移動限制將帶來十分可觀的利益。在 1990 年代,不少學者即嘗試比較全面貿易自由化與全面勞工自由化對全球 GDP 的影響。如所預期地,不同的研究所得到的結果相當不同;但就以其中最保守的估

國際貿易

計來說,貿易全面自由化約可提高全球 GDP 1%,而勞工移動自由化則可使全球 GDP 增加 10%。換句話說,國際勞工移動自由化的效益為貿易全面自由化的 10 倍!這種情況,隨著**全球化** (globalization) 的浪潮雖略有縮減,但直到晚近 (2004 – 2006),研究結果仍然顯示,勞工移動自由化所帶來的利得仍在全面貿易或全面國際資本移動限制自由化的三倍以上。也因為這個緣故,有些學者遂大聲疾呼降低各國勞工移動限制的重要性,從而有建立類似世界貿易組織的**世界遷徙組織** (World Migration Organization,WMO),以推動國際勞工移動自由化之議。

事實上,有關國際遷徙的國際性組織並非不存在。早在 1951 年就成立了**國際遷徙組織** (Internaional Organizaion for Migration,IOM),只是其主要目的直到目前仍停留在協助難民返回原居地等問題,而從未致力於國際遷徙與國際勞工移動自由化的工作。因此,一個有趣的問題是,當貿易與國際投資不斷走向自由化的同時,何以國際勞工移動的自由化完全被摒除在全球化的潮流之外?尤有進者,何以在明知國際勞工移動自由化能帶來數倍於貿易與國際投資自由化的利得的狀況下,國際間仍是將絕大部份的努力置於後兩者的推動,而不願著力於國際遷徙自由化的工作?

回答前述兩個問題最簡單的方法是,檢討構成與維繫 GATT/WTO 的主要因素。在第九章第三節討論區域貿易整合問題時,我們提到 GATT/WTO 最根本、最重要的兩個原則為「互惠」與「非歧視性」,後者則體現於「最惠國待遇」與「國民待遇」兩個次原則之上。如果這兩個原則是支撐 GATT/WTO 架構成功運作的最重要因素,那我們就可來檢視它們是否也可能存在於 WMO 架構中。首先來看非歧視性原則。從表面上看,我們可以說,大部份訂有移民政策,接受移民或外籍勞工的國家,大抵不會對不同來源國的移民或勞工訂有歧視性條款;當然,也並非全部如此。例如,台灣所引進的外籍勞工就有來源國的限制。不過,在此更重要的歧視問題恐怕不在移民來源國,而是在不同品質的移民或勞工。絕大部份國家均歡迎高技術勞工,甚至提供各種誘因試圖吸引他國的高技術移民,但卻同時對低技術勞工訂有嚴苛的配額限制,以至於低技術勞工,縱使沒有來源國的歧視,仍得面對難以克服的移動障礙,這與 GATT/WTO 致力剷除各種貿易

Chapter 10　國際因素移動

與投資障礙的努力相去甚遠。然而,何以會有如此巨大的差異呢?這就牽涉到「互惠」的原則。

我們知道,不管貿易或國際投資,在互惠原則下,一個國家在開放本國市場的同時,通常可要求對方提供等值的該國市場給本國的出口商或投資者,而本國的出口商或投資者基於利潤的追求,通常也會強力支持、甚至要求這個互惠性的市場開放政策。但是這種雙向的 (two-way) 的互惠關係,顯然並不存在於國際遷徙或國際勞工移動中。我們可嘗試想像,當一個經濟發展上較為先進的國家與一個落後的開發中國家談判國際遷徙或勞工移動問題時,落後的開發中國家哪來能力提供等值的勞動市場給先進國家的勞工呢?在這種情況下,先進國家內部很難找到支持開放勞動市場給開發中國家勞工的政治力量。結果是,在有關國際遷徙與國際勞工移動問題上,往往只是單向 (one-way) 移動的關係,GATT/WTO 架構所賴以維持的互惠原則在此幾乎不可能發揮任何作用。我們甚至可以說,缺乏互惠的雙向關係,不但是國際間無法建立 WMO 的關鍵,也是有關 WMO 架構在可預見的未來不可能實現的根本原因。

10.3　國際資本移動:證券投資

國際資本移動主要包括**證券投資** (portfolio investment) 和**直接投資** (foreign direct investment,FDI) 兩類:前者係指一個個人或公司購買外國的**債權證券** (bonds) 或**股權證券** (stocks 或 equities),但因其購買的股權證券數額太小,故無法控制該外國公司的營運的投資;反之,直接投資則是指對一外國公司股權證券的擁有量達到足以擁有或實質控制該公司的經營的投資。由上述有關證券投資和直接投資的區別,很明顯可看出,其關鍵在於投資的股權證券是否達到足以擁有或控制外國公司的營運上。但問題是,要擁有一公司多少股權證券才構成擁有或控制該外國公司的條件?基本上,這並沒有明確的答案,各國定義也不盡相同,但一般較被接受的是國際貨幣基金會的定義,即以是否超過該外國公司總股權證券的 10% 為界限;若小於 10% 就認定為證券投資,而等於或超過 10% 時則歸類

國際貿易

為直接投資。除了透過購買外國公司股權證券進行直接投資外，另外一種常見的直接投資方式是由本國公司將資本移到國外，直接在該地建立新廠或子公司的**新建投資** (greenfield investment)。

雖然國際資本移動一直是國際經濟學上的重要課題，但傳統貿易理論分析主要是以證券投資為對象，或者，更明確點說，傳統貿易理論並未將直接投資的特質加以考量，故在分析方法上也沒對兩種不同性質的投資作嚴格、明確的區別。這種情況直到 1960 年方受到海默 (Stephen Hymer，1934 – 1974) 的挑戰，於是從 1970 年代開始，特別是 1980 年代中期以後，有關直接投資的理論才真正進到國際貿易的主流研究中。我們將有關直接投資的問題留待下一節討論，本節則以傳統貿易理論中的證券投資為對象。

在傳統貿易理論中，證券資本投資 (以下簡稱資本移動) 分析和其他任何國際因素 (例如勞工) 的移動一樣，均是基於國與國間因素價格的差異。由此我們立即得知，在第三章完美的赫克斯–歐林模型架構下，由於因素價格均等化的結果，只要產品間存在自由貿易，自然就沒有國際因素 (資本與勞工) 移動的空間。這正是我們在說明因素價格均等化定理時所談到的，產品自由貿易可完全取代國際間的因素移動。但產品自由貿易與生產因素移動的關係還不止於此。孟代爾 (Robert Mundell) 早在 1957 年即證明，在本書第三章的架構下，國際間生產因素的移動同樣可以完全取代最終產品的貿易。假定在第三章的 HO 模型中，兩國原本處於開放經濟均衡。現在，如果本國對其進口的勞動密集產品 Y 課徵進口關稅，使得 Y 的國內相對價格相較於自由貿易下提升，則根據史特普–薩彌爾遜定理，勞動的實質報酬會上升，資本的實質報酬則會下降。在這種情況下，如果允許資本在國際間自由移動，則本國的資本將會移出到外國，從而減少兩國使用的資本勞動比率的差異，降低兩國最終產品貿易的數量。但是，只要兩國使用的資本勞動比率仍然不同，貿易就會繼續存在，進口關稅也就會持續有效，使得本國資本的實質報酬低於外國資本實質報酬，於是本國資本持續往外國移動。只有當本國資本流出到兩國使用的資本勞動比率相等，兩國貿易完全消失時方才停止。但因兩國生產 X 和 Y 的技術完全相同，且為固定規模報酬，再加上完全相

Chapter 10　國際因素移動

同的位似偏好,這隱含貿易消失後兩國所有產品與因素價格完全相同。換句話說,當貿易受到阻礙,而資本 (或勞動) 可以在國際間自由移動時,資本的移動將可完全取代最終產品的貿易。將因素價格均等化定理與孟代爾的結果加以結合,我們得知,在傳統的 HO 模型下,國際間生產因素的自由移動與最終產品的自由貿易是彼此可完全替代的。

　　上述結果雖然有趣,但與現實情況卻存在不少差異。首先,許多資料顯示,國與國間的貿易量和資本流動量往往成共同增長的互補關係,而非替代關係。關於這點,後續的理論研究已明確指出,產品貿易和因素移動的替代關係僅在貿易的原因是基於因素比例不同時方才存在,在許多其他情況下並不成立。其次,和本章討論直接相關的是,因素價格均等化的現象基本上是個例外,而非常態。例如,在第四章的特定要素模型中,由於生產因素的數量超過產品的數量,我們得到,一般而言自由貿易並不會使因素價格趨於均等。也因為這個緣故,對於國際因素移動的研究仍有其必要。然而,如果我們將國際資本的移動視同證券投資,即資本只是追求較高的報酬而移動時,圖 10.1 有關國際勞工移動的分析就可完全引用到資本移動來。我們只要將圖 10.1 的橫軸解釋成兩國總資本量,O_S 和 O_R 分別代表資本輸出國與資本輸入國的原點,L_0 代表資本在兩國間的分配,縱軸分別表示輸出國和輸入國資本的邊際產值,則我們同樣發現:輸出國的資本擁有者會獲利,其他生產因素擁有者受損,資本輸入國的資本擁有者受損,而其他生產因素的所有者獲利。整個世界的產值增加了 GFE。如果說資本移動和勞工移動有什麼重要差異,那就是在討論勞工移動時難以界定的兩國福利問題通常不存在於資本移動中,因為資本擁有者,或從事證券投資者通常仍留在原本的國家中,而將投資所獲得的報酬匯回國內,在國內消費。除此之外,國際資本移動還有一個國際勞工移動所沒有的特質,即它可解釋成一種**跨期貿易** (intertemporal trade),這是我們接下來所要討論的課題。

國際資本移動:跨期貿易

　　到目前為止,我們所探討的都是在同一時期內,一個國家與另外一個國家間

國際貿易

不同產品 (甚至類似產品) 之間的交易。但是國與國之間的交易並不限於同一時期內，在不同時期間也可以從事交易。例如，當各國看好巴西、俄國、印度與中國等所謂**金磚四國** (BRICs) 未來生產潛力時，會將部份現有所得儲存起來，投資到到這些國家以期獲取包括本金和利息的未來所得，增加未來的消費。而當這些國家未來生產潛力愈高，或未來的生產愈具有比較利益時，他們所能支付的利息就愈高，代表愈高的**實質利率** (real interest rate)，那就會吸引其他國家更多資金往這些國家移動。由於這些資金的移動，不外乎購買金磚四國的股票、債券，或透過持有該國貨幣、存款等**金融資產** (financial assets) 來進行，因此是一種典型的證券投資行為，這也是為什麼我們可將國際資本移動看成國與國之間的跨期貿易的原因。

利用類似第三章和第四章的分析，假定只有現在 (1) 與未來 (2) 兩期，我們可繪出圖 10.2(a) 和圖 10.2(b) 代表本國和外國的**跨期生產可能曲線** (intertemporal production possibility frontier)，$TT(Q_1, Q_2)=0$ 與 $T^*T^*(Q_1^*, Q_2^*)=0$，其中 $Q_1(Q_1^*)$、$Q_2(Q_2^*)$ 分別代表本 (外) 國現在和未來產品的數量。圖中本國的生產可能曲線

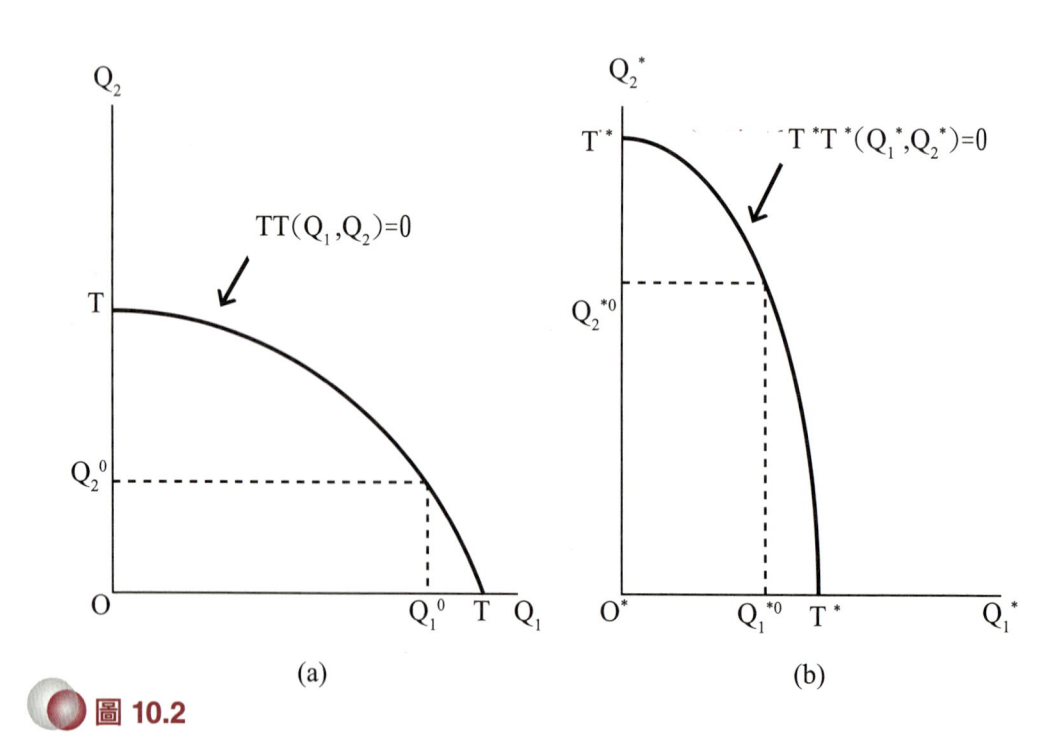

圖 10.2

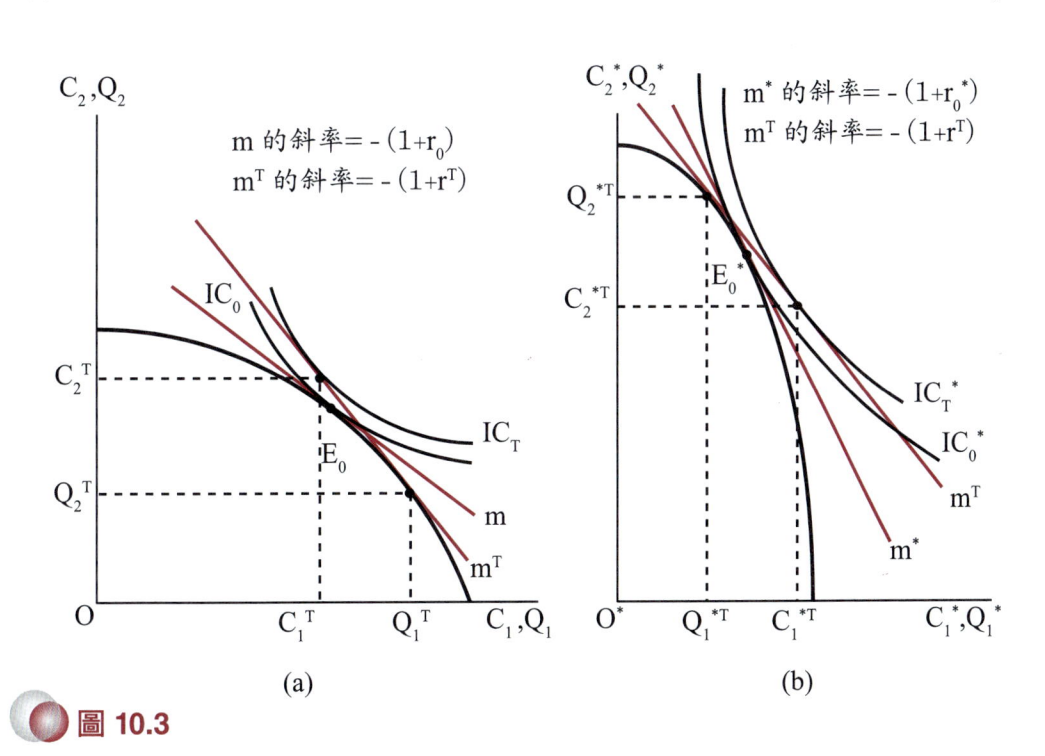

Chapter 10　國際因素移動

明顯偏向現在生產，而外國生產可能曲線明顯偏向未來生產，這表示犧牲同樣多的現在生產（$Q_1^0 T = Q_1^{*0} T^*$），外國可產生較本國更多的未來生產（$O^* Q_2^{*0} > OQ_2^0$），因此外國在未來的生產具有比較利益，而本國則在現在的生產具有比較利益。進一步假設兩國具有相同的位似偏好，則可得到圖 10.3(a) 與圖 10.3(b) 中，本國和外國在「封閉經濟」下的均衡點 E_0 和 E_0^*。由圖中可清楚看到，在封閉經濟下，本國的實質利率較外國實質利率低，即 $r_0 < r_0^*$。因此，如果開放兩國間的跨期貿易，本國會將相對便宜的現在生產部份出口，以換取未來更多的消費。反之，由於在未來的生產具有比較利益，外國有足夠的能力支付利息來償還現在進口的消費。利用類似第三章中整個世界的相對供給與相對需求的概念，可以決定開放跨期貿易後的均衡實質利率 r^T。面對實質利率 r^T，本國將在現在生產 Q_1^T，消費 C_1^T，而將 $Q_1^T - C_1^T$ 以證券投資的方式將資本移到外國。另一方面，外國在本期生產 Q_1^{*T}，消費 C_1^{*T}，兩者的差距 $C_1^{*T} - Q_1^{*T}$ 則由本國的出口來補足，即 $C_1^{*T} - Q_1^{*T} = Q_1^T - C_1^T$。經由進口本國較便宜的本期產品，外國可將資源移到未來，生產其具有比較利益的未來產品，再連本帶利償還本國，即 $C_2^T -$

圖 10.3

國際貿易

$Q_2^T = Q_2^{*T} - C_2^{*T}$。圖 10.3 除了可將國際資本移動解釋成兩國間的跨期貿易外，還告訴我們，跨期貿易、或國際資本移動，與一般貿易相同，可同時為兩國帶來貿易利得，本國福利由 IC_0 提高到 IC_T，外國福利則由 IC_0^* 提高到 IC_T^*。

※扭曲政策所引起的資本移動

前面提到，透過適當的解釋，圖 10.1 也可用來說明國際資本移動的效果。特別是，在資本擁有者不會隨資本移動而遷徙的情況下，我們可以很明確得知，本國資本流到外國後，將使本國福利增加 GHE，而外國福利則提高了 GHF。換句話說，即使在產品自由貿易的情況下，只要國際間存在資本報酬的差異，資本流動仍會進一步提高兩國福利，這正是經濟學者馬克多果 (G.D.A. MacDougall) 在 1960 年一篇文章中所得到的結果。值得注意的是，這個結果只在沒任何政策扭曲下方才成立。我們將由資本輸入國 (外國) 的角度來說明此點，因為這是二次大戰之後許多新興國家所共有面對，也引起特別熱烈討論的問題。

我們將以 HO 模型且在外國為小國的假設下進行分析 (見圖 10.4)。根據第三章的假設，外國為勞動豐富國家，在面對給定的 X 產品的國際相對價格 $p^T = p_x^T / p_y^T$ 時，會出口勞動密集產品 Y^*，進口資本密集產品 X^*。假定外國為了發展其資本密集的進口替代產業而對 X^* 的進口課徵從價關稅 t，使得其國內相對價格成為 $(1+t)p^T$，則課徵關稅後的外國的生產點為其生產可能曲線 T^*T^* 與斜率為 $(1+t)p^T$ 的國內相對價格線 AB 的切點 Q_t，消費點則在通過 Q_t，斜率等於 p^T 的 L_1 與對應於國內相對價格 $(1+t)p^T$ 的所得消費曲線 ICC 的交點 C_t。圖中 ICC 為自原點 O^* 出發的射線，這是由位似偏好的性質得到。讀者應可由第七章，特別是圖 7.1 得知，通知 C_t 點有一條在該點斜率為 $(1+t)p^T$ 的社會無異曲線 W_t^*，代表課關稅後外國的福利水準。

因關稅的課徵使得外國國內資本密集產品 X^* 的相對價格上升，進而提高外國資本的實質報酬 (為什麼？)，再加上 p^T 固定，本國資本的實質報酬不變。於是，在資本可自由移動的情況下，本國的資本將往外國移動以追求較高的報酬。假定初期移往外國的資本有限，使得兩國仍然存在產品貿易。根據瑞普辛斯基

Chapter 10 國際因素移動

定理,外國的生產點將由 Q_t 往其東南方向移動到圖中的 Q_T'〔圖中 RR 為面對相對價格 $(1+t)p^T$ 時,不同資本使用水準下的生產點的軌跡,一般稱為**瑞普辛斯基線** (Rybczynski line)。瑞普辛斯基線並不一定是條直線,在此繪成直線只是為了簡化圖形。另外,圖 10.4 中 RR 的斜率較 L_1 小,但這不會影響接下來的分析結果。〕如果通過 Q_t' 畫一條與 AB 平行的直線,則該直線與 AB 分別代表以國內價格計算的包含進口資本與沒進口資本的外國的等值–GDP 線,而此兩 GDP 水準的差額即是進口資本的邊際產值。該邊際產值如果以外國進口品 X^* 衡量,剛好就等於 $Q_t'Z$;若以出口品 Y^* 衡量則等於 $Q_t'Z'$。現在,很清楚地,如果本國資本家將其在外國所有的邊際產值以產品 X 匯回,則外國的預算線將成為 L_2,消費點為 C_X;若以產品 Y 的形式匯回,則外國的預算線成為 L_3,消費點為 C_Y。但不管 C_X 或 C_Y,均位於 C_t 的左下方,代表較 C_t 為低的福利水準。當然,本國資本擁有者也可以任何 X 與 Y 產品的組合將報酬匯回國內。在這種情況下,外國的消費點將介於 C_X 與 C_Y 之間,福利同樣下降。換句話說,透過對資本密集產品的關稅保護,如果導致國外資本移入,只要移入的資本不大,且國外資本擁有者獲得其全部邊際產值,則資本接受國的福利必然下降。

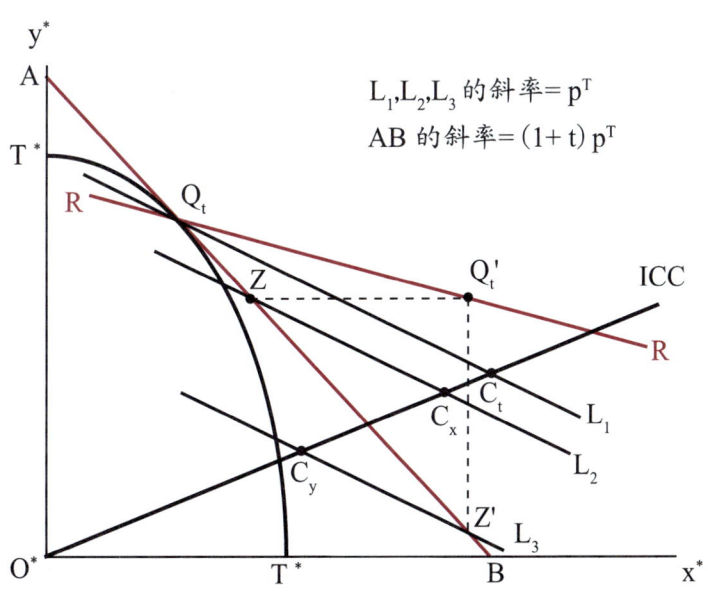

圖 10.4

國際貿易

　　上述由布雷球 (Richard Brecher) 和亞歷山卓 (Diaz Alejandro) 所得到的結果，對於企圖利用貿易障礙吸引外人投資以發展資本密集產業的策略，自是一大警訊。不過，如前所提，這個結論的條件之一是資本的流入量不大，當資本因兩國報酬不同而不斷流入時，情況也會跟著改變。首先，如果資本持續流入，外國資本密集產業將不斷擴張，直到取代所有進口，貿易完全消失為止。在貿易消失之後，關稅的扭曲效果自然消失，生產因素的報酬乃完全取決於國內市場的供需。但在貿易消失那一刻，外國國內 X^* 的相對價格仍等於 $(1+t)p^T$，因而其資本的實質所得仍會高於本國資本的實質所得，故資本仍會由本國往外國移動。然而，隨著外國資本密集產品生產不斷增加 (勞動密集產品不斷減少)，外國 X^* 產品的相對價格也就不斷下降。根據史特普–薩彌爾遜定理，外國資本的實質報酬也會跟著下降，於是支付給本國資本擁有者的報酬開始減少，外國福利遂開始上升。這個趨勢將持續至本國和外國資本實質報酬完全相等方才停止；也就是說，我們回到了本節一開始所提到的孟代爾境界，外國的福利重回自由貿易的水準。此時，即使資本仍由本國往外國移動，只要外國仍同時生產 X^* 和 Y^* 兩種產品，因素價格均等化定理就永遠成立，資本的實質報酬與外國的福利水準也就不會改變。只有當資本移動到使外國完全專業化生產資本密集產品 X^* 時，資本的邊際生產力才開始遞減，我們遂回到圖 10.1 的馬克多果境界，本國資本流入外國愈多，其福利也就愈高。

　　我們可將前面的討論總結於圖 10.5 中。圖中橫軸為流入外國的資本數量，縱軸則代表外國的福利，O^*F 為自由貿易下外國的福利水準，OT 則是外國對進口品 X^* 課進口關稅，但無資本流入時的福利水準。隨著少量資本流入，外國福利由 OT 逐漸下降到貿易消失的最低點 A，這部份即是布雷球和亞歷山卓所討論的情況，稱為 B – A 境界。當資本在貿易消失後仍繼續流入時，史特普–薩彌爾遜效果開始產生作用，外國福利持續上升，我們將這部份稱為 S – S 境界。當外國的福利達到與自由貿易相同的 M 點時，只要外國仍未專業化生產，則其福利水準並不會因資本繼續流入而改變，因此由 M 到 M' 點為孟代爾境界。但到 M' 點之後，外資的進一步流入將使外國專業化生產資本密集產品 X^*。在這種情況

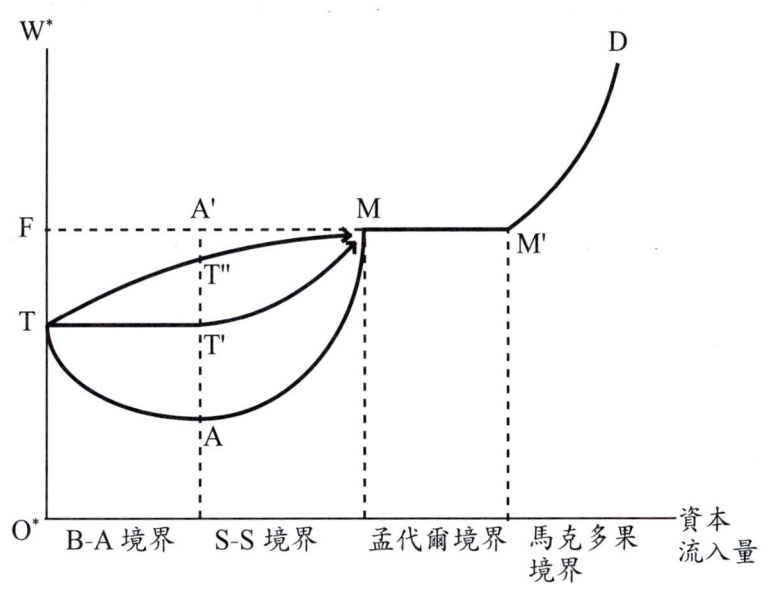

Chapter 10　國際因素移動

圖 10.5

下，邊際產量遞減法則的作用將使外國的福利又由 M' 往 D 上升，這就是圖 10.1 所討論的馬克多果境界。在結束圖 10.5 的說明之後，我們特別在此提醒讀者，圖 10.5 中之 TAMM'D 的途徑，乃是在 HO 模型下所得到的結果。當模型的設定改變時，資本輸入國福利變化的途徑也很可能跟著改變；例如，將模型設定改為第四章的特定要素模型，並加入非貿易財之後，我們可證明由 T 到 M 的途徑可經由 AA' 之間的任何一點，圖中之 TT'M 和 TT"M 即為兩個例子。儘管如此，本小節所要凸顯的問題，仍是相當明顯、相當重要，即藉由扭曲政策以吸引外來投資並不見得對一國有利。

10.4 直接投資與跨國公司

當一家公司以新建投資的方式在其他國家建立新的生產單位或子公司，或利用**合併** (merger)、**收購** (acquisition) 等方式取得其他國家既有公司至少 10% 股權證券時，我們稱這家公司在從事直接投資 (FDI)，而這樣的一家公司則稱為**跨**

國際貿易

國公司 (multinational enterprise 或 multinational, MNE)。由於跨國公司的產生必然經由直接投資活動,而幾乎所有的直接投資都是由跨國公司進行,故一般均把此兩者視為一體的兩面,而將 FDI 與 MNE 交互混用,這也是本書所要遵循的習慣。跨國公司大致可分三種類型:**水平直接投資** (horizontal FDI)、**垂直直接投資** (vertical FDI) 及**多元公司** (diversified company) 或**企業集團** (conglomerate)。水平直接投資指**母公司** (parent company) 和其擁有的各子公司大致生產相同或類似產品,其主要目的在提高市場力量,發揮協力效果。垂直直接投資則是指母公司和子公司之間,或不同的子公司之間所生產的產品有上、下游的關係,主要目的在確保下游廠商所需的生產原料能有正常的供應,並降低交易成本。至於企業集團,通常包含數個從事不同、甚至不相關的企業活動的公司,以期達到分散經營風險,或發揮**範疇經濟** (economies of scope) 的目的。雖然不同型式的跨國公司隨時間而互有消長,但整體而言,我們可說水平直接投資的重要性一直在其他兩類之上;自 1980 年代中期以來,水平直接投資佔全球直接投資的比重由略大於 50%,不斷攀升到接近 80%,而垂直直接投資的比重則萎縮到 5% 左右。因此,在接下來的討論中,除非特別交待,我們將以水平直接投資為主要對象。

如前所言,傳統貿易理論文獻並未嚴格區別證券投資和直接投資兩種國際資本移動現象,而將跨國公司的活動視為純粹的**股權資本** (equity capital) 的**套利** (arbitrage) 行為,和證券投資的動機沒有差別。然而,這種**股權資本套利假說** (capital-arbitrage hypothesis) 在 1960 年受到海默強力批判,他指出這個假說很難解釋許多跨國公司的投資現象。例如:

(1) 美國長期是個直接投資的淨出口國,但卻同時是證券投資的淨進口國。如果股權資本套利假說成立,這兩種現象怎麼可能同時並存?

(2) 兩國之間彼此進行直接投資的現象相當普通,因此一個國家往往同時是直接投資的**母國** (home country) 和直接投資的**接受國** (host country)。如果股權套利假說成立,則唯一可能的解釋是,同一國家內不同產業的資本報酬存在相當的差異。但這在資本市場如此完整的現代社會根本不可能發生。

Chapter 10 國際因素移動

(3) 如果股權資本套利假說成立,那麼我們可以預期各種大型金融中介公司將會是重要的參與者。但事實是,主要的跨國公司卻都是非金融公司,而且他們的獲利情況和市場上的長期利率顯然地沒有什麼密切關連。

由於這些觀察,海默首先明確地區別了證券投資和直接投資,說明前者乃是因國家間利率的差異而發生,但後者則起源於廠商追求或維持不完全競爭市場下的壟斷利益所進行的國際生產活動。海默的論點將有關直接投資問題的討論,由傳統完全競爭市場的架構解放出來,從而為現代跨國公司或直接投資理論的發展奠下了基石。遺憾的是,他的見解在當時並未受到足夠的重視,直到 1960 年代末期以後才由他的恩師金德柏格 (Charles Kindleberger,1910 – 2003),以及考夫斯 (Richard Caves)、唐寧 (John Dunning,1927 – 2009) 等學者加以發揚光大。我們將在下面的討論中再回到這些發展,在此先介紹另一個在 1960 年代出現的與直接投資相關的學說。

產品循環學說

產品循環學說 (product cycle theory) 係由弗農 (Raymon Vernon,1913 – 1999) 於 1966 年提出。弗農從一種產品發展的動態觀點切入,他發現,不少產品具有明顯的**生命週期** (life cycle),通常包括**新產品** (new product)、**成熟產品** (maturing product) 和**標準化產品** (standarized product)三個階段。一般而言,新產品的出現一方面必須有足夠的需求,另方面要有足夠的資金與技術從事研發工作,而這兩者均有賴於富足的國家市場。因此,新產品主要會先在經濟發展程度較高、較富有的國家 (如美國) 生產製造。又因新產品推出以後,有待市場考驗其接受程度,故和消費者之間保持密切的接觸,以便隨時因應消費者的要求而進行調整和修正,乃是重要的過程。所以,新產品大致只會在經濟先進的國家生產與銷售,不會有貿易的發生。但隨著新產品的品質逐漸穩定,消費者的接受度提高,廠商生產規模將會開始擴大,並將這些產品拓展到經濟程度發展稍微次一等的國家 (如歐洲),該產品乃正式進入了成熟期。隨著生產技術的穩定,廠商除了透過出

國際貿易

口將產品輸往發展程度次一等國家外,他們為了就近服務這個新市場以及節省人工、運費等成本,也會開始在這些國家設廠生產,從事直接投資活動。當然,這些國家本身的廠商在市場擴大、有利可圖的情況下也會開始自行生產。最後,當這種產品的使用已被普遍接受,而生產過程也達到標準化的程度時,即使經濟發展程度較低的開發中國家也會加入生產行列,價格競爭遂成為這種標準化產品提供者最主要的考量。於是工資水準較高的先進國家,如歐、美、日等,就會將絕大部份的生產活動利用直接投資的方式轉移到這些擁有低廉勞工的開發中國家。

弗農利用產品生產週期的遞移、巧妙地結合技術、成本及區位因素,說明了國際貿易和國際投資產生的原因及演化過程,確實增進了我們對貿易和跨國生產活動的理解。美中不足的是,產品循環學說較接近一種概念架構,卻缺少了貿易理論中嚴謹模型分析的精神。

折衷理論

前面提到,海默主要的貢獻乃在指出證券投資和直接投資的不同,並強調不完全競爭市場結構在分析直接投資問題上的重要角色。更明確點說,海默認為一家公司之所以能前往他鄉異國從事生產活動,必然具有某些當地廠商所沒具備的優勢,方能克服各種諸如語言、文化、法律制度不同所產生的經營障礙,以便和當地廠商競爭。他將這種優勢的存在,歸結到跨國公司所擁有的**無形資產** (intangible assets),或考夫斯所稱的**專有資產** (proprietary assets)。這些資產並沒有固定的形式,它可能是廠商擁有的商標、專利、品牌,或者是該廠員工所特有的生產技術、生產流程、管理規則、行銷手段。這些無形資產通常是一些與直接生產活動並無顯著關連,但卻有互補作用的非生產因素。廠商可藉由無形資產所提供的服務,推出更新穎、更便宜、且是其他廠商產品所不具備的優良性質的產品,從而提升其市場競爭力。經由金德柏格、考夫斯等學者的努力,到了 1977年唐寧將弗農以及海默所帶動的一系列有關直接投資的研究歸納成他著名的**折衷理論** (eclectic theroy 或 eclectic apporach)。

前面已經提過,要成為跨國公司,進行直接投資活動,就必須克服許多不利的障礙：包括風俗、文化、語言的差異，法律制度的不同，甚至被當地政府收歸國有的風險，以及派遣母公司人員到國外的額外支出等。因此，任何直接投資模型都必須能有效解釋，何以在對外投資有如此多的額外成本，如此大的不確定性下，廠商仍選擇直接赴國外進行生產活動，而不採用在本國生產，然後出口到國外市場的經營模式。而即使必須在國外進行生產活動，也還有**授權** (licensing) 當地廠商生產或**外包** (outsourcing 或 offshoring) 等其他選擇，那又何以要冒險進行直接投資呢？這些問題最簡單的答案是，採用直接投資的方式相較於出口、授權、外包更為有利。但問題是，那些因素使得直接投資成為相對上更有利的選擇呢？唐寧的折衷理論即在提供一個較一般性的分析架構，來回答上述幾個問題。唐寧的折衷理論，也常被稱為 **OLI 架構** (OLI approach 或 OLI framework)，因為他認為只有滿足 O.L.I. 三個條件，廠商才會進行直接投資。其中 O 指的是從事直接投資的廠商必須具備某些特有的**專屬優勢** (ownership advantage)，使得廠商能提供不同於其他廠商的產品或服務，從而擁有一定的市場力量，以便克服在地主國所可能遭遇的困難，與當地廠商從事競爭。基本上，這裏所指的廠商專屬優勢，指的就是海默的無形資產或考夫斯的專有資產；它們可能是某些獨特的產品、特別的製程 (production process)，也可能是專利、商標、研發藍圖或貿易機密。這些專有資產通常具有**公共財** (public goods) 的特性，亦即在母公司取得這些資產後，可以幾乎不用負擔額外成本地引用到海外的子公司，因此特別有利於從事海外直接投資的進行。L 則是代表**區位優勢**或**地理優勢** (location advantage)。擁有專屬優勢並不代表廠商一定要到國外直接投資生產，除非到國外進行直接投資能夠帶來額外的利潤。這在某些垂直直接投資中再清楚不過，例如，為了確保原料供給無虞，從事煉銅的公司最好直接到有銅礦蘊藏的國家投資開採銅礦。但即使是水平投資，如果公司與市場距離太遠、運費太高，或者進口國設有高度的限額或關稅障礙時，直接到當地投資生產所節省的成本，往往超過設廠成本，在這種情況下，直接投資設廠毋寧是個較佳的選擇。而如果地主國擁有較低廉的生產原料或便宜的勞工，則對一些生產標準化階段產品的廠商，更提供了進一步的投資誘因。最後，I 代表**內部化優勢** (internalization advantage)。區位優勢雖然回答了廠商何以要在兩個不同國家生產的問題,但並無法解釋何以兩個地方的生產活動必須由一家公司(即跨國公司)來進行的問題。畢竟,在許多情況下,廠商可將其擁有的專有資產授權外國廠商使用,收取使用費,也可在市場上將其直接賣給當地廠商。然而,專有資產的公共財性質卻使得這兩種策略很難進行。在授權方面,根本的問題是,擁有專有資產的廠商很難掌握被授權廠商在簽訂授權契約後的行為,它可能將這些資產的內部資訊洩漏給其他廠商,也可能在自己取得、熟悉這些資產的相關知識後違反原來的契約。再加上無法確定可能被授權的外國廠商,是否會誠實地透露當地市場的真實情況,使得授權契約的訂定在現實上相當困難。這種困難在直接銷售專有資產上更是明顯;由於許多專有資產是無形的知識,買賣雙方有極大的訊息不對稱問題,很難評估其價值,因此往往無法經由**常規交易** (arm's–length transaction) 在市場上進行買賣。為了克服這些困難,並避免喪失專有資產優勢,由擁有該資產的廠商直接投資於不同國家,運用這些專有資產乃是最自然的選擇。也因為這個原因,這種直接投資的動機被稱為內部化優勢。

雖然和弗農的產品循環學說類似,唐寧的折衷理論較像一種概念上的分析架構,而非嚴謹的理論模型,但它卻清楚地指出,一個完整的直接投資理論模型或實證研究所必須涵蓋的各項重要因素。事實上,在 1980 年代中期嚴謹的跨國公司模型出現之前,許多實證研究即是致力於找尋能代表 O.L.I. 三種優勢的產業或廠商特性指標。我們沒辦法在此詳細回顧這些實證文獻,但因其對後續理論的發展具有重要的指引功能,故將一些重要發現摘列如下:

(1) 跨國公司研發支出相對於銷售額的比率通常較高。
(2) 跨國公司通常雇用較高比率的科技與其他白領階級的人力。
(3) 跨國公司通常有較高價值的無形資產 (即,公司市值與廠房設備等有形資產的差額)。
(4) 跨國公司傾向生產較新穎且技術上較複雜的產品。
(5) 以廣告支出和銷售額之比衡量產品差異性,一般顯示跨國公司生產的產品差

Chapter 10　國際因素移動

異性較大。

(6) 跨國公司出現的可能性與**工廠層級的規模經濟** (plant–level scale economies) 成反比。

(7) 要成為跨國公司似乎存在一**最低規模門檻** (threshold level of firm size)，但超過此最低門檻之後廠商大小不再是個重要因素。

(8) 成立時間較久，基礎較穩固的公司，較容易從事直接投資活動。

這些實證上的發現，清楚指出任何跨國公司的理論分析，必然要將規模經濟、產品差異性與不完全競爭結構具體地反映於模型中，這也是 1980 年代中期以來國際貿易學者最重要的研究方向之一。

※10.5　跨國公司與新貿易理論

雖然，在 1980 年代之前已經有不少學者嘗試將 OLI 的精神併入有關直接投資的理論模型中，但大都屬於部份均衡分析。真正的一般均衡分析模型則到 1984 年方由霍普曼 (Elhanan Helpman) 和馬克爾遜 (James Markusen) 分別提出，前者針對垂直直接投資，後者則利用**多工廠經濟** (multi–plant economies) 的概念探討水平直接投資問題。由於主要的直接投資活動均為水平直接投資，使得霍普曼模型的重要性打了折扣，但他將本書第五章 5.3 節的統合經濟模型應用到跨國公司問題，則成為往後被廣泛採用的分析工具。遺憾的是，這些統合經濟一般均衡模型的完整設定均相當複雜，並不適於本書的水準。在此，我們將只就馬克爾遜和韋那伯 (Anthony Venables) 於 1998 年所建立的水平跨國公司模型 (以下簡稱 MV 模型) 作簡要描述，期使讀者對這類的分析有初步的認識。

類似 5.3 節的統合經濟模型，MV 模型包括本國（h）和外國（f）兩個國家，生產 X 和 Y 兩種同質產品。Y 產品市場為一完全競爭市場，廠商使用勞動和天然資源兩種生產因素，以固定規模報酬的**寇布–道格拉斯生產函數** (Cobb–Douglas production function) 進行生產。為了簡化分析，進一步假定 Y 產品運送過程沒有運輸成本，並以 Y 產品做為計價單位。相對地，X 產品市場為一不完全競爭市場，且 X 的生產只使用天然資源一種生產因素。我們可將天然資源解釋成技術勞工，使用於 Y 的生產的勞動力為非技術勞工，如此可掌握跨國公司傾向雇用較高比例技術勞工的現象。有關 X 產品的生產和運輸成本 (均以天然資源表示)，MV 模型作了下列幾個假設：

(1) 生產的邊際成本 c 為固定。
(2) 每一**廠商** (firm) 必須支出 F 的固定成本，但此固定成本只須支付一次，這可以反映唐寧的廠商專屬優勢。
(3) 廠商每額外設立一家**工廠** (plant)，就必須再支付一筆 G 的固定成本。
(4) 和 Y 產品不同，X 產品在運送時必須支付每單位 t 的運費，運輸成本的存在反映唐寧的區位優勢，使廠商有從事直接投資的動機。

為了將焦點集中於水平直接投資，MV 假定母公司或公司總部所在的國家必然同時存在一家工廠，廠商只是決定是否要在另一個國家進行直接投資，因此總共有四種可能的公司型態：只在本國設廠 (n^h)、只在外國設廠 (n^f)、母公司在本國的跨國公司 (m^h)、母公司在外國的跨國公司 (m^f)；前兩者，n^h 與 n^f，稱為國家廠商 (national firm)，後兩者，m^h 及 m^f，稱為跨國廠商。在兩國消費者效用函數均同為 $u_i = x_{ic}^{\beta} y_{ic}^{1-\beta}$ (其中 i = h , f，c 代表消費量) 的假設下，利用廠商長期利潤為零，且所有生產因素達到充分就業的條件，即可探討模型的均衡性質。

　　MV 模型的優點在於可將市場結構由模型內生決定。更明確點說，每個廠商可決定是否成為 n^h，是否成為 n^f，是否成為 m^h，或是否成為一 m^f。扣除掉市場尚不可能沒有任何一家 X 廠商的情況，總共有可能出現 $2^4 - 1 = 15$ 種不同的市場結構。為了能較清楚呈現這些不同的市場結構，我們可將其歸納成三類：(a) 純粹國家廠商結構，包括 n^h, n^f 及 (n^h, n^f)，(b) 純粹跨國廠商結構，即 m^h, m^f 和 (m^h, m^f)，(c) 其他九種同時包含國家廠商與跨國廠商的混合廠商結構。當然，均衡時那一種型態的市場結構會出現乃是取決於模型中各種參數的數值。但從貿易理論的觀點來說，MV 模型最重要的貢獻在於建立均衡市場結構與

Chapter 10 國際因素移動

兩國規模大小及因素稟賦之間之關係。我們不擬在此詳細討論他們的**數值模擬** (numerical simulation) 結果,而只利用圖 10.6 簡要說明 MV 模型幾個最重要的結論。

圖 10.6 為統合經濟模型的箱形圖,水平邊長為兩國擁有的勞動量,垂直邊長則代表兩國擁有的資源,C 點為箱形圖的中心點,該點的分配表示本國和外國不僅規模相同,因素稟賦比率也一樣。當分配點由 C 往 O_h 移動時,代表兩國因素比率雖然相同,但本國規模相對於外國逐漸縮小;同理,由 C 點往 O_f 移動代表本國規模相對於外國不斷擴大。由 C 點往 R 移動表是本國相對於外國資源豐富的程度增加;反之,由 C 點往 L 移動則代表外國相對於本國資源豐富的程度提高。由國家規模和因素稟賦相異程度兩個面向,MV 模型得到下面三點重要結論:

(1) 當分配點在圖 10.6 的 C 點附近,即兩國規模與因素稟賦比例相當接近時,均衡市場結構將以純粹跨國廠商為主。

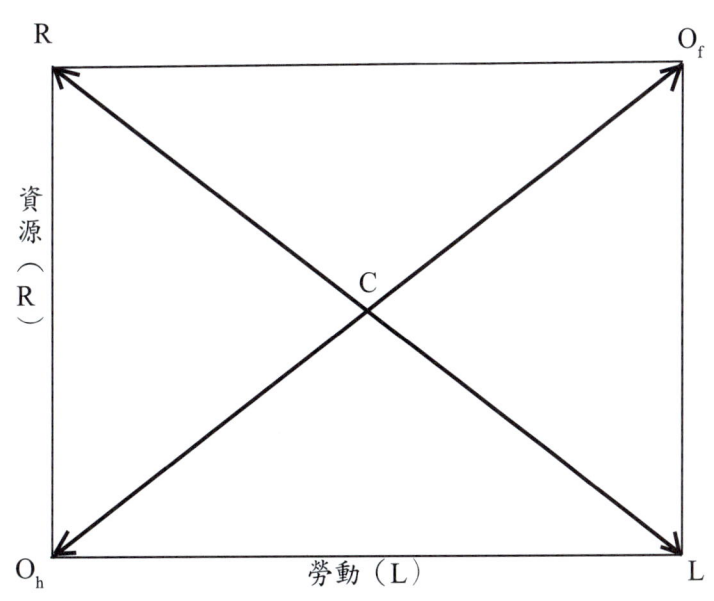

圖 10.6

(2) 當分配點位於箱形圖的四個端點附近，即兩國規模相距太大，特別是因素稟賦比例相差過多時，均衡市場結構將是純粹國家廠商主導的局面。

(3) 當分配點介於前兩者之間時，均衡市場結構也介於前兩者之間，同時包括國家廠商與跨國廠商。

MV 模型雖然是個相對完整的一般均衡跨國公司模型，所獲得的結果也頗符合現實資料的觀察，但畢竟仍是在許多簡化的假設下所進行的分析，也只限於水平直接投資型式。為了彌補這些缺憾，馬克爾遜持續將這些他稱之為**知識資本模型** (knowledge–capital model) 的分析加以修正、擴展，並將這一系列的研究成果有系統地整理於他 2002 年那本「跨國公司與國際貿易理論」一書中。另外，由布拉克曼 (Steven Brakman) 和佳里特遜 (Harry Garretsen) 所編輯的論文集 (Brakman and Garretsen，2008) 則是以馬克爾遜和霍普曼所發展的各種模型為起點所進行的接續研究，有興趣的讀者，應可從參閱這兩本書得到相當收穫。另外，我們要特別指出，第五章所談到的新新貿易理論對於直接投資問題也開啟了新的研究方向，其中尤以霍普曼、梅利茨和伊伯 2004 年那篇文章 (Helpman, Melitz and Yeaple，2004) 最具指標性意義。該文將梅利茨 (2003) 原本的單一部門異質廠商模型擴展到廠商差異程度不同的多部門模型，用以解釋生產力的高低以及生產力分散程度的不同如何影響廠商對直接投資與出口的抉擇。雖然和梅利茨 2003 年的文章一樣，這也是一篇相當複雜、相當深入的文章，但對有志採用新新貿易理論架構探討直接投資問題的讀者來說，設法理解這篇論文仍是相當值得進行的投資。

最後，讀者或許已經注意到，上面有關跨國公司的討論裡，我們將重點擺在決定跨國公司或直接投資原因的**實證問題** (positive aspect)，而完全忽略其對母國或地主國可能造成的福利效果等**規範問題** (normative aspect)，當然，這並不表示規範性問題並不重要，也不表示沒有相關的理論和實證研究。我們之所以避開這些問題的主要原因是，一方面，從理論觀點來看，其結果和一般有關貿易理論的分析結果沒有太大差異；另方面，更重要的是，由於跨國公司所牽涉到的「經濟

Chapter 10 國際因素移動

報酬」以外的問題相當複雜,相當具有爭議性,且大部份與各國的經濟制度、經濟發展策略有關,其文獻不但繁多,許多討論事實上已超越純粹國際貿易分析的範疇,故只得就此打住,而將相關的討論,留給其他更專門的書籍。

國際貿易

習題

1. 解釋下列各小題中兩個名詞的意義,並說明它們之間的關係。
   (a) 人才外流,人才利得
   (b) 直接投資,折衷理論

2. 是非題:試判別下列各敘述為「是」或「非」,並詳細說明是或非的理由
   (a) 一般而言勞工輸入國的資本家會支持勞工輸入政策,但勞工則會反對。
   (b) 一般而言一國的勞工會反對該國資本家對外投資,但資本接受國的勞工則會歡迎外來投資。
   (c) 根據產品循環學說,一個國家不可能同時為直接投資的輸入國和輸出國。
   (d) 內部化優勢可以解釋何以在不同國家的生產活動必須由一家跨國公司經營的現象。

3. 試說明國際勞工移動和國際資本移動在本質上的差異,並由而說明國際資本移動自由化的程度遠遠超過國際勞工自由化的現象。

4. 試從經濟直覺上說明何以引進外籍勞工並不必然會使本國勞工的就業機會減少。

※5. 在北美自由貿易協定 (NAFTA) 簽訂過程中,有人認為 NAFTA 的簽署會增加美國廠商在墨西哥的投資,從而降低墨西哥勞工前往美國的數額。另一方面,台灣不少廠商認為,如果政府不允許引進更多的外籍勞工,則他們只得被迫前往海外投資。試利用適當圖形 (如圖 10.1) 說明上述兩種看法是否成立。

Appendix A 固定規模報酬生產函數

固定規模報酬生產函數 (constant returns to scale production function) 因為具有一些相當特別、相當方便的性質,因此在經濟理論發展歷程上佔有非常重要的地位。這個附錄將簡要介紹在國際貿易中經常用到的性質,便於讀者閱讀本書時查看,至於有關固定規模報酬生產函數其他更多、更完整的特性,請讀者參閱較專門的書籍。

假定一生產函數 $Q = F(K, L)$ 具有下列性質:

$$F(\lambda K, \lambda L) = \lambda \cdot F(K, L) = \lambda \cdot Q，\quad \lambda > 0 \tag{A.1}$$

則稱 $Q = F(K, L)$ 為一固定規模報酬生產函數。因此,當一生產函數具備固定規模報酬時,將所有生產因素投入同比例增減一定倍數時,產出也跟著等比例增減。讀者應該很清楚,當我們說所有生產因素投入同時改變時,所指的必然是長期性質,因為只有在長期,所有生產因素的使用量才能同時改變。另外,較熟悉數學方法的讀者應已注意到,(A.1) 的定義剛好與數學中 $F(K, L)$ 為**一次齊次函數** (homogeneous of degree one function) 或**線性齊次函數** (linearly homogeneous function) 的定義完全相同,故所有一次齊次函數所擁有的數學性質,固定規模報酬生產函數也都具有。

國際貿易

現在來看固定規模報酬生產函數的一些重要性質：

【性質 I】

在等產量曲線平面中，任何一由原點 發的射線，都可用來作為衡量產出水準的**量尺** (scale)。

圖 A.1 中 OR 為任何一由原點 發的射線，且與一單位產量的等產量曲線相交於 F 點，則 a_{LQ} 和 a_{KQ} 分別為生產一單位 Q 所需的勞動和資本投入量。令 α = OF，則根據畢氏定理可得

$$\alpha = \sqrt{a_{LQ}^2 + a_{KQ}^2} \tag{A.2}$$

又，圖中任一產 水準 Q 的等產量曲線和 OR 相交於 G，由固定規模報酬性質立即得知 G 點的座標為 $(Q \cdot a_{LQ}, Q \cdot a_{KQ})$。因此

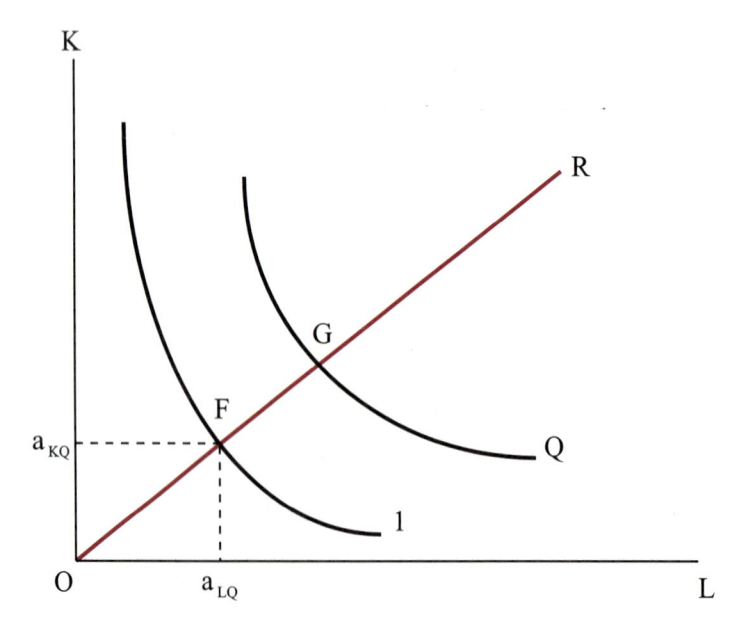

圖 A.1

Appendix A 固定規模報酬生產函數

$$OG = \sqrt{(Q \cdot a_{LQ})^2 + (Q \cdot a_{KQ})^2}$$
$$= Q\sqrt{a_{LQ}^2 + a_{KQ}^2} = \alpha \cdot Q \tag{A.3}$$

上式隱含

$$Q = \frac{OG}{\alpha} \tag{A.4}$$

這個結果告訴我們，只要確定衡量 OR 上一單位產量的長度 (α)，則通過 OR 上任何一點 G 的等產量曲線的產出水準即是 OG 與 α 的比。因此，若將 OR 線上 F 這點的刻度定為 1 (即一單位 Q)，而 OG 為 α 的 2.2 倍，則 G 點的刻度即為 2.2，代表產出量為 2.2。由此可知，OR 可用來作為衡量產出水準的量尺。

【性質 2】
資本和勞動的平均與邊際產量均取決於所使用的資本勞動比例 (K/L)，不受 K 和 L 絕對使用量的影響。

取 $\lambda = 1/L$ 代入 (A.1) 中即得到

$$F(K/L, 1) = \frac{1}{L} \cdot F(K, L) = \frac{1}{L} \cdot Q \tag{A.5}$$

或

$$q = \frac{Q}{L} = f\left(\frac{K}{L}\right) \tag{A.5'}$$

上式中，q 為勞動的平均產量，$f(K/L) = F(K/L, 1)$ 為平均產量函數。很明顯地，q 只取決於 K/L。將 (A.5') 改寫成

$$Q = L \cdot f\left(\frac{K}{L}\right) \tag{A.6}$$

再將上式兩邊除以 K，得到

$$\frac{Q}{K} = \frac{L}{K} \cdot f\left(\frac{K}{L}\right) \tag{A.7}$$

因此資本的平均產量 Q/K 也是 K/L 的函數，不受 K 和 L 絕對使用量的影響。

將 (A.6) 對 K 作偏微分即得資本的邊際產量

$$MPP_K = \frac{\partial Q}{\partial K} = L \cdot f'\left(\frac{K}{L}\right) \cdot \frac{1}{L} = f'\left(\frac{K}{L}\right) \tag{A.8}$$

將 (A.6) 對 L 作偏微分即得勞動的邊際產量

$$MPP_L = \frac{\partial Q}{\partial L} = f\left(\frac{K}{L}\right) + L \cdot f'\left(\frac{K}{L}\right) \cdot \left(-\frac{K}{L^2}\right)$$
$$= f\left(\frac{K}{L}\right) - \frac{K}{L} \cdot f'\left(\frac{K}{L}\right) \tag{A.9}$$

(A.8) 和 (A.9) 顯示，資本和勞動的邊際產量同樣也不受 K 和 L 絕對量的影響，而是取決於相對量 (K/L)。

【性質 3】

擴張曲線 (expansion path) 為自原點出發的射線。

我們知道，等產量曲線的斜率 (絕對值) 為**邊際技術替代率** (marginal rate of technical substitution，MRTS)，且 MRTS 為勞動邊際產量與資本邊際產量之比。由 (A.8) 和 (A.9) 可得

$$MRTS = \frac{MPP_L}{MPP_K} = \frac{f(K/L)}{f'(K/L)} - \frac{K}{L} \tag{A.10}$$

故知 MRTS 也是取決於所使用的資本勞動比例 K/L。在圖 A.2 中射線 OR 上任何一點的 K/L 都是相同，所以其與任何等產量曲線的交點 (如圖中之 H、I、J 三點)

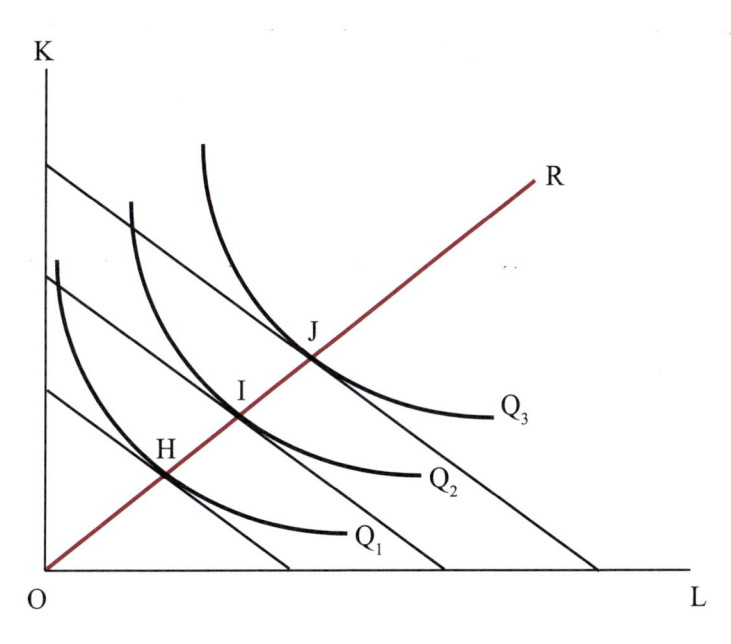

Appendix A 固定規模報酬生產函數

圖 A.2

都代表相同的 K/L。總結上述得知，等產量曲線 Q_1、Q_2 和 Q_3 在與 OR 的交點 H、I、J 的 MRTS 都相同。但這表示等產量曲線 Q_1、Q_2、Q_3 在 H、I、J 三點的切線彼此平行。假設勞動的價格為 w，資本的價格為 r，並假定市場上相對因素價格 w/r 剛好等於這三條切線的斜率，則這三條切線即可視為廠商所面對的三條等成本曲線。如此一來，等成本曲線和等產量曲線切點連線所形成的擴張曲線就剛好是 OR，這是一條自原點出發的射線。

【性質 4】

當勞動的邊際產量隨勞動使用量增加而遞減時，(i) 資本的邊際產量會隨勞動使用量增加而遞增，(ii) 資本的邊際產量隨資本使用量增加而遞減。

將 (A.9) 式對 L 作偏微分，得到

$$\frac{\partial \text{MPP}_L}{\partial L} = \frac{\partial^2 Q}{\partial L^2} = \frac{K^2}{L^3} \cdot f''\left(\frac{K}{L}\right) \tag{A.11}$$

因 $\partial MPP_L/\partial L < 0$，故上式隱含 $f''(K/L) < 0$。

將 (A.8) 對 L 作偏微分即可知道勞動使用量增加對資本邊際生產量的影響

$$\frac{\partial MPP_K}{\partial L} = \frac{\partial^2 Q}{\partial L \partial K} = -\frac{K}{L^2} \cdot f''\left(\frac{K}{L}\right) \tag{A.12}$$

因 $f''(K/L) < 0$，故由 (A.12) 得知 $\partial MPP_K/\partial L > 0$。最後，將 (A.8) 對 K 作偏微分

$$\frac{\partial MPP_K}{\partial K} = \frac{\partial^2 Q}{\partial K^2} = \frac{1}{L} \cdot f''\left(\frac{K}{L}\right) < 0 \tag{A.13}$$

我們立即得到 (ii) 的結果。

將【性質2】和【性質4】結合，就可得到

【性質 5】

在勞動邊際產量遞減的假設下，當資本勞動比例上升時，資本的邊際產量下降，勞動的邊際產量上升；反之，當資本勞動比例下降時，資本的邊際產量上升，勞動的邊際產量下降。

【性質 6】

當生產因素依其邊際產量給予報酬時，所有生產因素報酬總和剛好等於總產量。

生產因素依其邊際產量獲得報酬意指 $w = MPP_L$，$r = MPP_K$，則所有生產因素報酬總和為

$$wL + rK = MPP_L \cdot L + MPP_K \cdot K \tag{A.14}$$

將 (A.8) 和 (A.9) 代入上式得到

Appendix A 固定規模報酬生產函數

$$wL + rK = \left[f\left(\frac{K}{L}\right) - \frac{K}{L} \cdot f'\left(\frac{K}{L}\right)\right] \cdot L + f'\left(\frac{K}{L}\right) \cdot K$$

$$= L \cdot f\left(\frac{K}{L}\right) = Q \tag{A.15}$$

上式最後一個等號來自 (A.6),而 (A.15) 就是我們所要的結果。我們也可將這個結果用貨幣單位來表示,假設產品價格為 P,定義貨幣工資與資本價格為 w' = VMP_L = P·MPP_L 與 r' = VMP_K = P·MPP_K,則所有生產因素報酬總和為

$$w'L + r'K = P \cdot MPP_L \cdot L + P \cdot MPP_K \cdot K$$
$$= P(MPP_L \cdot L + MPP_K \cdot K) = P \cdot Q \tag{A.16}$$

不管 (A.15) 或 (A.16) 都告訴我們相同的結果:只要依邊際產量支付生產因素報酬,且生產函數為固定規模報酬,那麼不管用實物或貨幣衡量,全部的產出就剛好被分光。這是一個很重要的性質,只要生產函數不具備規模報酬固定的特性就不會成立。

【性質 7】
長期平均成本函數為固定。

長期 (總) 成本函數 (long run total cost function,LRTC),是指在給定生產因素價格 w、r 之下,生產某一定量 Q 的最低成本,可表示成

$$LRTC(Q) = w \cdot L(Q) + r \cdot K(Q) \tag{A.17}$$

上式中 L(Q) 和 K(Q) 分別代表生產 Q 單位產品時,使生產成本達到最小的勞動與資本雇用量。利用前面所介紹的符號,我們可將生產一單位產品的總成本寫成

$$LRTC(1) = w \cdot L(1) + r \cdot K(1)$$
$$= w \cdot a_{LQ} + r \cdot a_{KQ} \tag{A.18}$$

由【性質 3】得知在固定規模報酬下擴張曲線為自原點出發的射線，故生產 Q 單位產量的最適投入組合為 $L(Q) = Q \cdot a_{LQ}$，$K(Q) = Q \cdot a_{KQ}$ 將其代入 (A.17) 得到

$$\begin{aligned} LRTC(Q) &= w \cdot (Q \cdot a_{LQ}) + r \cdot (Q \cdot a_{KQ}) \\ &= Q \cdot (w \cdot a_{LQ} + r \cdot a_{KQ}) \\ &= Q \cdot LRTC(1) \end{aligned} \tag{A.19}$$

由 (A.19) 可知，生產 Q 單位產品的總成本剛好是生產一單位產品總成本的 Q 倍，隱含長期平均成本為固定的結果。更明確點，將 (A.19) 兩邊同時除以 Q，即得到生產 Q 單位時的**長期平均成本** (long run average cost，LRAC)

$$LRAC(Q) = \frac{LRTC(Q)}{Q} = LRTC(1) \tag{A.20}$$

但因

$$LRAC(1) = \frac{LRTC(1)}{1} = LRTC(1) \tag{A.21}$$

結合 (A.20) 和 (A.21) 兩式即知，生產任何 Q 單位的長期平均成本，都等於生產一單位產品的長期平均成本，因此長期平均成本是固定的。利用平均值與邊際值的關係，可進一步得知

$$LRAC(Q) = LRMC(Q) = LRTC(1) \tag{A.22}$$

其中 LRMC 代表**長期邊際成本** (long run marginal cost)。

圖 A.3 描繪【性質 7】。

【性質 8】
當產品與因素市場均為完全競爭市場時，產品均衡價格等於長期平均生產成本。

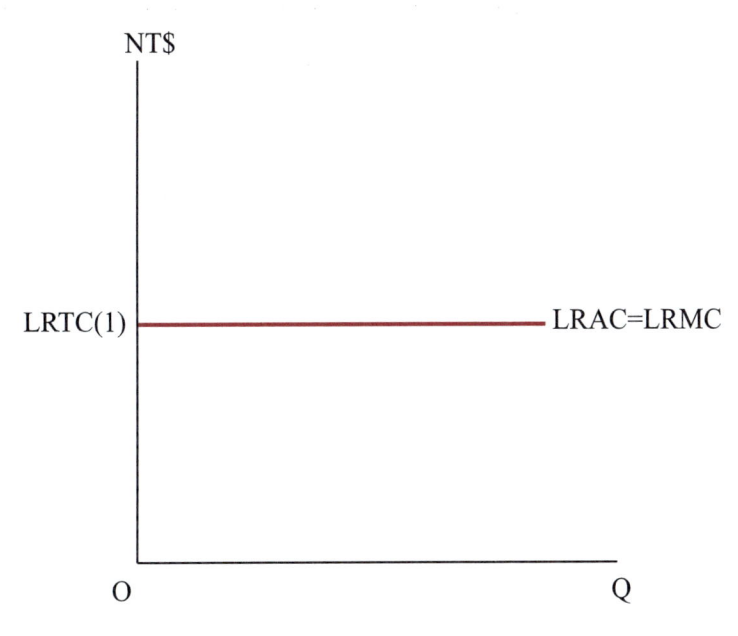

Appendix A 固定規模報酬生產函數

圖 A.3

廠商的目的在追求利潤極大。在長期間,利用【性質 7】可將廠商利潤函數表示成

$$\pi(Q) = P \cdot Q - LRTC(Q) = (P - LRAC) \cdot Q \tag{A.23}$$

廠商為價格接受者,故 P 為給定;另一方面,LRAC 則取決於生產技術和給定的 w 與 r,故 LRAC(1) 也是固定。因此,可分三種情況討論廠商利潤極大化產量。

(i) P > LRAC

在這種情況下,廠商只要不斷增加生產,利潤即可無限增加,因而理論上廠商利潤極大的產量趨於無窮大。但這不可能發生,一方面當某一廠商產量持續擴大後,將不可能維持完全競爭市場結構;另一方面,隨著資源使用的持續增加,w 與 r 終會開始上升。因此,我們可排除這種可能性。

(ii) P < LRAC

由 (A.23) 清楚看出,在這種情況下,任何正的產出水準,都會使廠商蒙受損失，故最適產量等於 0。

(iii) P = LRAC

同樣由 (A.23) 得知，在這種情況下，廠商生產任何數量，利潤都是 0，也就是說，廠商在長期剛好獲取**正常利潤** (normal profit)。因此，廠商會留在市場上，但個別廠商最適產出水準則無法得知，必須借助於整個市場的供需均衡條件，或其他可能限制條件方能確定。

總結而言，在固定規模生產技術與完全競爭市場的假設下，產品的均衡市場價格必然等於生產的長期平均成本。

Appendix B

貿易無異曲線與提供曲線

貿易無異曲線

我們知道，社會無異曲線是使一個經濟體或國家達到某一固定福利水準的所有消費組合 (x_D, y_D) 所形成的集合。若此固定福利水準為 W_0，則社會無異曲線可寫成

$$W(x_D, y_D) = W_0 \tag{B.1}$$

上式中，$W(x_D, y_D)$ 為該國的社會效用函數。

貿易無異曲線 (trade indifference curve) 的概念和社會無異曲線類似，它乃是使一個國家達到某一固定福利水準的所有進出口產品組合所形成的集合。為了討論方便，我們假定一個國家在自由貿易下會出口 X 產品，進口 Y 產品，即 $EX_X = x_S - x_D > 0$，$IM_Y = y_D - y_S > 0$，則達到福利水準 W_0 (即對應於社會無異曲線 (B.1)) 的貿易無異曲線可寫成

$$TIC\,(EX_X, IM_Y) = W_0 = TIC_0 \tag{B.2}$$

假定 W_0 為該國在封閉經濟均衡時的福利水準，我們可結合 (B.1) 和該國的生產

361

國際貿易

可能曲線來導出福利水準為 W_0 的貿易無異曲線 (B.2)。為了將貿易無異曲線畫於第一象限，圖 B.1 中將生產可能曲線 TT 和社會無異曲線 W_0、W_1 置於第二象限中。圖中 E_0 代表封閉經濟均衡，W_0 為封閉經濟下所能達到的最高福利水準。因在封閉經濟下 $EX_X = IM_Y = 0$，第一象限之原點 O，剛好是代表進出口組合 (0,0)，故通過原點 O 之貿易無異曲線即 (B.2)。我們的目的即是導出這條貿易無異曲線。為了達到社會福利水準 W_0，這個國家必然要消費在社會無異曲線 W_0 上。但因在均衡時 (即社會福利極大時) 必須滿足 MRS = MRT，即社會無異曲線與生產可能曲線相切的條件，因此在封閉經濟下，這個國家只能生產和消費於 E_0 這點。但在開放經濟下，這種限制就不存在，只要滿足 MRS = MRT 的條件，該國是可消費社會無異曲線 W_0 上任何一組消費組合的。

現在假定該國決定消費 E_1 點的消費組合，因 E_1 這點的 MRS 較 E_0 這點大，為滿足 MRS = MRT，該國的生產點也必須由 E_0 這點，調整到生產可能曲線 TT 上之 E_1' 點 (為什麼？)。為了明確顯示在 E_1 點社會無異曲線和生產可能曲線相切的事實，我們 (想像) 將整個**生產可能集合** (prouction possibility set) OTT 水平往右，再垂直往上移動到 $O_1T_1T_1$，使得 OTT 上的 E_1' 剛好與 W_0 上的 E_1 重合，且 W_0 與 T_1T_1 在該點彼此相切。在 E_1 這點，從消費來看，$x_D = E_1A$，$y_D = E_1D$；從生產看 (注意，生產要看生產可能集合) $x_S = E_1B$，$y_S = E_1C$。換句話說，在 E_1 這點，該國生產的 X 超過所要消費的數量，即 $AB = x_S - x_D = E_1B - E_1A$；該國生產的 Y 則無法滿足其消費需要，不足的數量為 $CD = y_D - y_S = E_1D - E_1C$。因此，為了剛好消費 E_1 點的消費組合以獲得 W_0 的社會福利，該國必須將多餘的 X 出口到外國，同時自外國進口不足的 Y。也就是說該國只要出口 $EX_X = AB$，進口 $IM_Y = CD$，就可以消費在 E_1 點，達到社會福利水準 W_0。由圖 B.1 可清楚看到 $AB = OE_1$，$CD = OM_1$，因此這個進出口組合正好可由第一象限中，生產可能集合 $O_1T_1T_1$ 的原點 O_1 來表示，故第一象限中 O_1 和原點 O 所代表的進出口組合都可讓這個國家的社會福利等於 W_0。根據貿易無異曲線的定義，O 和 O_1 都是在 (B.2) 這條貿易無異曲線上。同樣過程，我們得知 O_2 這點的進出口組合可使該國消費 W_0 上 E_2 的消費組合，達到社會福利 W_0，故 O_2 和 O、O_1 都是在同一條貿

Appendix B 貿易無異曲線與提供曲線

易無異曲線 TIC_0 上。

了解上述 O_1、O_2 和 O 何以在同一條貿易無異曲線上的原理後,我們可以較簡潔地敘述如何導出對應於福利水準 W_0 的貿易無異曲線 TIC_0。想像社會無異曲線 W_0 固定不動,然後將生產可能集合 OTT 沿著社會無異曲線滑動(當然,橫軸保持水平,縱軸保持垂直),但讓生產可能曲線 TT 永遠和 W_0 保持相切,則生產可能集合的原點 O 將會描繪出如圖 B.1 中的曲線 OO_1O_2,這就是對應於 W_0 的貿易無異曲線。值得一提的是,在圖 B.1 中,我們將 OO_1O_2 延伸到第三象限。讀者應自行確定,第三象限部份乃是對應於社會無異曲線 W_0 上 E_0 左下方的消費點,而在這種情況下,這個國家將出口 Y 產品,進口 X 產品。

完全相同的道理,我們可將社會福利水準固定於圖 B.1 中 W_1 這條社會無異曲線的水準,再將生產可能集合移動到社會無異曲線 W_1 上,使得生產可能曲線剛好和 W_1 相切,再上下滑動而得到圖 B.2 中的貿易無異曲線 TIC_1。因圖 B.1 中 W_1 位於 W_0 的左上方,故圖 B.2 中 TIC_1 所代表的福利水準要比 TIC_0 高。圖 B.2 中也另外畫了 TIC_1' 這條貿易無異曲線,它代表較 W_0 低的福利水準。由此可

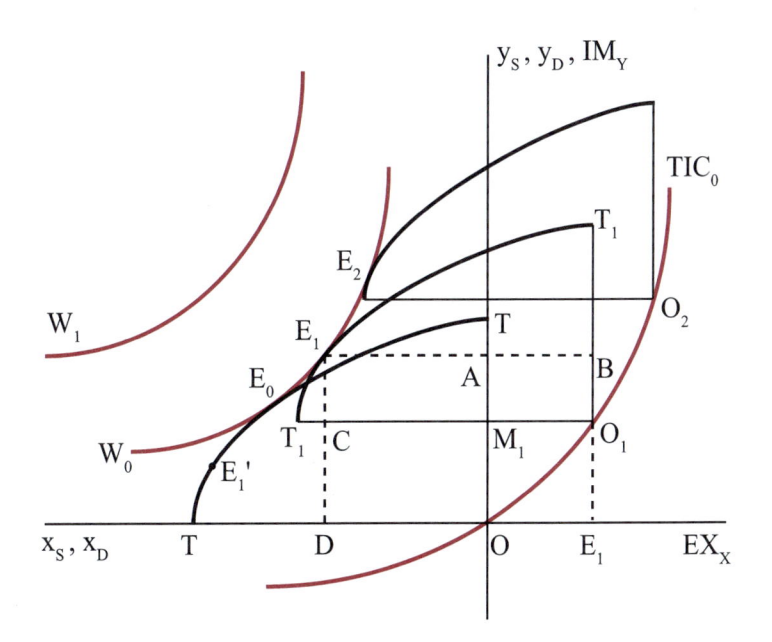

圖 B.1

國際貿易

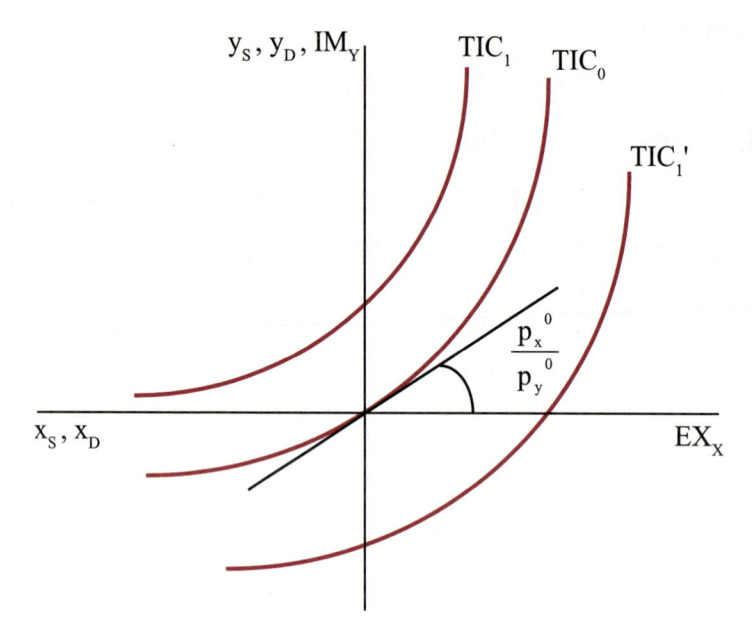

圖 B.2

知,在圖 B.2 中,位於愈上方 (或愈西北方向) 的貿易無異曲線,代表愈高的社會福利。值得一提的是,TIC_1 有一部份落在第二象限,代表該國同時進口 X 和 Y 兩種產品。但因在開放經濟體系下,均衡時對外貿易必須平衡,即總進口值等於總出口值,故貿易均衡不可能發生在第二象限裏。所以,TIC_1 在進行分析時,第二象限中的貿易無異曲線事實上並不會用到。同樣道理,第四象限代表該國同時出口 X 和 Y 兩產品,也不會成為開放經濟均衡,故 TIC_1' 上位於第四象限的部分在分析上也沒有用處。

清楚如何利用幾何方法推導出貿易無異曲線後,接著我們進一步來看貿易無異曲線的形狀。利用 EX_X 和 IM_Y 的定義以及貿易無異曲線和社會無異曲線間一對一的對應關係,我們可將 (B.2) 改寫成:

$$TIC_0 = W_0 = W(x_D, y_D) = W(x_S - EX_X, y_S + IM_Y) \tag{B.3}$$

將上式全微分得到

Appendix B 貿易無異曲線與提供曲線

$$\frac{\partial W}{\partial x_D} \cdot dx_D + \frac{\partial W}{\partial y_D} \cdot dy_D$$

$$= \frac{\partial W}{\partial x_D} \cdot d(x_S - EX_X) + \frac{\partial W}{\partial y_D} \cdot d(y_S + IM_Y)$$

$$= -\frac{\partial W}{\partial x_D} \cdot dEX_X + \frac{\partial W}{\partial y_D} \cdot dIM_Y + (\frac{\partial W}{\partial x_D} \cdot dx_S + \frac{\partial W}{\partial y_D} \cdot dy_S) = 0 \tag{B.4}$$

因生產可能曲線永遠和社會無異曲線相切，即 MRS = MRT，故生產可能曲線的斜率

$$-\frac{dy_S}{dx_S} = MRT = MRS = \frac{\partial W / \partial x_D}{\partial W / \partial y_D} \tag{B.5}$$

上式隱含

$$\frac{\partial W}{\partial x_D} \cdot dx_S + \frac{\partial W}{\partial y_D} \cdot dy_S = 0 \tag{B.6}$$

將 (B.6) 代入 (B.4) 即得

$$-\frac{\partial W}{\partial x_D} \cdot dEX_X + \frac{\partial W}{\partial y_D} \cdot dIM_Y = 0$$

或

$$\frac{dIM_Y}{dEX_X} = \frac{\partial W / \partial x_D}{\partial W / \partial y_D} = MRS \tag{B.7}$$

於是我們得到，貿易無異曲線上任何一點的斜率，剛好就是與此點對應之生產可能曲線和社會無異曲線相切那個切點的共同斜率。以圖 B.1 來說，上面的結果告訴我們，TIC_0 上 O 點的斜率等於 W_0 上 E_0 這點的斜率，TIC_1 上 O_1 這點的斜率，就是 W_0 上 E_1 這點的斜率。由此可知，TIC_0 的形狀和 W_0 的形狀是完全相同的。當然，任何一條貿易無異曲線的形狀也都和它所對應那條社會無異曲線的形狀相同。

最後，我們知道，TIC_0 上 O 這點事實上是代表沒有進出口的封閉經濟。因

其對應的 E_0 正好是封閉經濟的均衡,而 E_0 這點的斜率則是封閉經濟的均衡相對價格 (為什麼?),故通過原點 O 的貿易無異曲線在 O 這點的斜率正好就可用來表示這個國家貿易前的均衡相對價格 p_x^0/p_y^0 (見圖 B.2)。

提供曲線

有了貿易無異曲線後,我們就可進一步來導出所謂的**提供曲線** (offer curve)。讀者或許對這名詞有些陌生,但事實未必如此。在此所謂的提供曲線和消費者行為分析中的**價格消費曲線** (price consumption curve,PCC),事實上是完全相同的,只不過 PCC 是針對個別消費者,提供曲線則是針對整個國家。讀者應記得 PCC 曲線乃是由無異曲線和不同相對價格下的預算線的切點連接而成。在此,要做的事情完全相同,我們將把貿易無異曲線和不同相對價格下的預算線的切點連接起來以得到提供曲線。現在我們已經有了貿易無異曲線,因此接下來就得找出這個國家的預算線。在開放經濟下,一國的預算限制乃是以國際價格 p_x^T 和 p_y^T 衡量,該國的總產值和總消費值必須相等,亦即

$$p_x^T x_S + p_y^T y_S = p_x^T x_D + p_y^T y_D \tag{B.8}$$

上式可改寫成

$$p_x^T(x_S - x_D) = p_y^T(y_D - y_S) \tag{B.9}$$

或

$$p_x^T \cdot EX_X = p_y^T \cdot IM_Y \tag{B.9'}$$

或

$$IM_Y = \frac{p_x^T}{p_y^T} \cdot EX_X \tag{B.9''}$$

因此,給定國際相對價格或貿易條件 p_x^T/p_y^T 下,在進出口平面中,一國的預算

Appendix B 貿易無異曲線與提供曲線

線為一由原點出發,斜率等於 p_x^T/p_y^T 的射線。圖 B.3 中,OA 和 OB 分別代表貿易條件為 p_x^T/p_y^T 和 $(p_x^T/p_y^T)'$,且 $p_x^T/p_y^T > (p_x^T/p_y^T)'$ 的兩條預算線。

圖 B.4 結合圖 B.2 的貿易無異曲線圖和圖 B.3 的預算線,找出各種不同貿易條件下使該國福利達到最大的進出口組合。例如,當貿易條件為 OA_2 的斜率時,福利最大的進出口組合為其與貿易無異曲線 TIC_1 的切點 G_1;當貿易條件為 OA_4 的斜率時,福利最大的出口組合為 OA_4 和貿易無異曲線 TIC_3 的切點 G_3。我們只要將所有可能貿易條件下,預算線和貿易無異曲線的切點連接起來,即可得到圖中該國的提供曲線 OC。因此,所謂提供曲線,就是告訴我們,一個國家在不同的國際相對價格或貿易條件下,所會從事的進出口數量的組合。

圖 B.4 中的提供曲線 OC 具有幾個重要的特性。首先,因我們假定這個國家在開放經濟下會出口 X,進口 Y,故它只在第一象限中;如果我們容許該國可出口 Y,進口 X,則提供曲線就會延伸到第三象限中。第二,圖 B.4 中,射線 OA_0 的斜率 p_x^0/p_y^0 正代表該國封閉經濟的均衡價格,由前面的討論得知,OA_0 和 TIC_0 在原點相切。這表示,當國際相對價格 p_x^T/p_y^T 剛好與該國封閉經濟均衡相

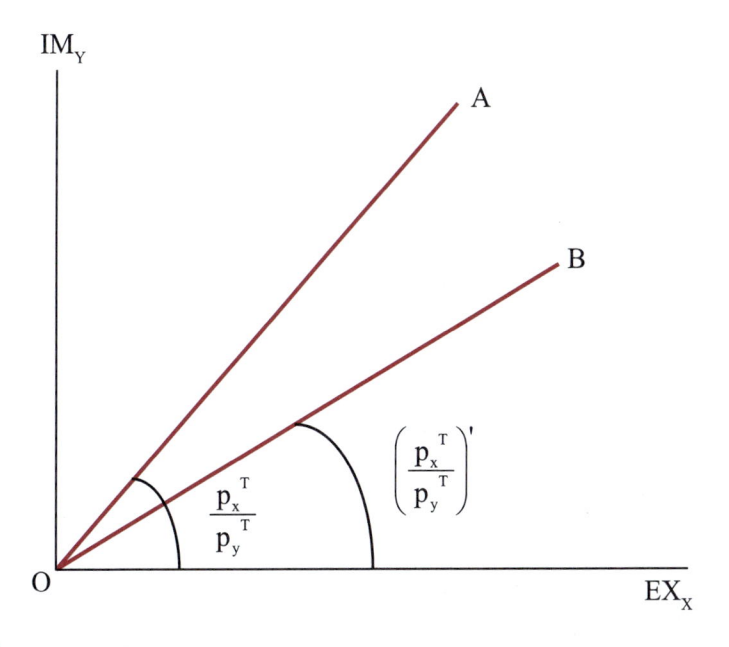

圖 B.3

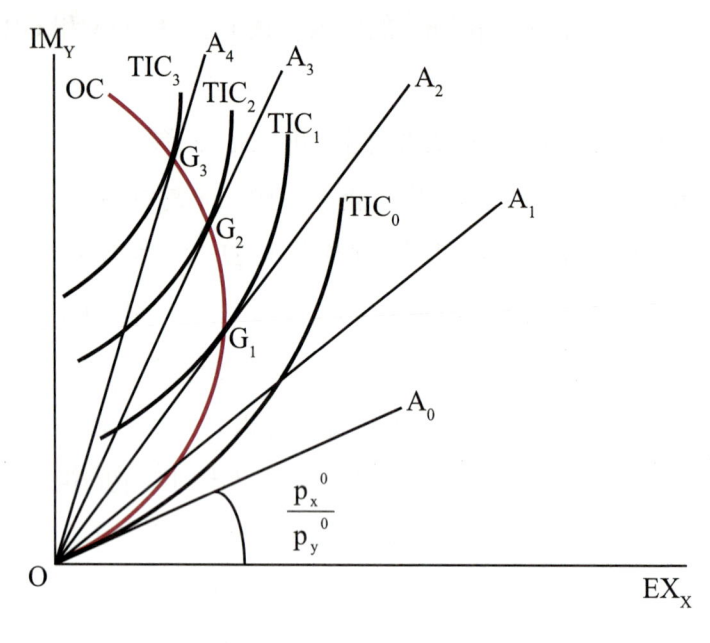

國際貿易

圖 B.4

對價格相等時，這個國家的最適選擇就是不從事對外貿易，因此提供曲線乃是由原點出發。第三，當國際相對價格較 p_x^0/p_y^0 高時，該國會選擇出口 X，進口 Y，但這表示在此較高的貿易條件下 (如圖中之 OA_2) 會有一條位於 TIC_0 西北方向的貿易無異曲線 (如 TIC_1) 在 OC 和 OA_2 的交點 (G_1) 與 OA_2 相切。這個結果並不意外，因為這只不過將前面導出提供曲線 OC 的過程反過來敘述而已。但更重要的是，這個結果表示，除了原點 O 外，OC 全部位於 TIC_0 的左上方；因此，任何微量的貿易都可使該國福利提高，都會有貿易利得，而且 OC 上離原點愈遠的點代表愈高的福利或貿易利得。第四，承接上一點，如果我們容許 OC 曲線進入第三象限，同樣可得知，除了 O 點外，在第三象限中 OC 曲線也會位於 TIC_0 左上方。結合上述兩個結果，我們知道 TIC_0 和 OC 除了共同點 O 外，後者完全位於前者的左上方。如果我們假設 TIC_0 和 OC 都是可微分的平滑曲線，那就表示 TIC_0 和 OC 在原點 O 這點是彼此相切的。因此，TIC_0 在 O 點的切線 OA_0 也同時是 OC 在原點 O 的切線。換句話說，提供曲線在原點 O 的切線的斜率也是代表該國封閉經濟下的均衡相對價格 p_x^0/p_y^0。

Appendix B 貿易無異曲線與提供曲線

進口需求與出口供給彈性

提供曲線既然同時代表一國在不同貿易條件下的進出口組合，那麼貿易條件改變對該國進出口的影響應該具有某種特定關係；這個關係可由該國的**進口需求彈性** (elasticity of import demand) 和**出口供給彈性** (elasticity of export supply) 間的關係來說明。但在定義上述兩彈性之前，讓我們先定義**提供曲線的彈性** (elasticity of the offer curve)，將其記為 e，則

$$e = \frac{dIM_Y}{dEX_X} \cdot \frac{EX_X}{IM_Y} \tag{B.10}$$

因此，圖 B.5 中，OC 曲線在 G 點的彈性為 (AG 為 OC 在 G 點的切線)

$$e_G = \frac{GB}{AB} \cdot \frac{OB}{GB} = \frac{OB}{AB} > 1 \tag{B.11}$$

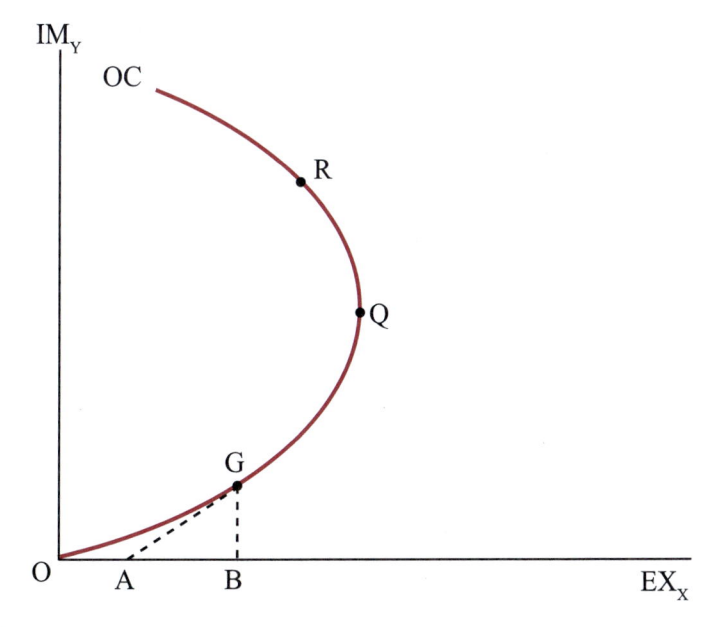

讀者應很容易可以證明，在 Q 點，OC 曲線的切線為垂直線，故在該點，提供曲線的彈性為無窮大；而在 Q 點之上部分 (如 R 點)，OC 曲線成為負斜率，故提供

圖 B.5

曲線彈性小於 0。

接著來看進口需求彈性 ε，其定義為「進口相對價格」變動百分之一引起進口數量變動的程度，即

$$\varepsilon = \frac{dIM_Y}{d(p_y^T/p_x^T)} \cdot \frac{(p_y^T/p_x^T)}{IM_Y} \tag{B.12}$$

由於 OC 曲線上任何一點均滿足預算限制 (B.9')，故

$$\frac{p_y^T}{p_x^T} = \frac{EX_X}{IM_Y} \tag{B.13}$$

將 (B.13) 代入 (B.12) 即得到

$$\begin{aligned}
\varepsilon &= \frac{dIM_Y}{d\left(\frac{EX_X}{IM_Y}\right)} \cdot \frac{\left(\frac{EX_X}{IM_Y}\right)}{IM_Y} \\
&= \frac{dIM_Y}{\left(\frac{IM_Y \cdot dEX_X - EX_X \cdot dIM_Y}{IM_Y^2}\right)} \cdot \frac{EX_X}{IM_Y^2} \\
&= \frac{EX_X \cdot dIM_Y}{IM_Y \cdot dEX_X - EX_X \cdot dIM_Y} \\
&= \frac{1}{\frac{IM_Y \cdot dEX_X}{EX_X \cdot dIM_Y} - 1} \\
&= \frac{1}{\frac{1}{e} - 1} \\
&= \frac{e}{1-e}
\end{aligned} \tag{B.14}$$

因此，圖 B.5 中 G 點的進口需求彈性為

$$\varepsilon_G = \frac{OB/AB}{1 - OB/AB} = \frac{OB}{AB - OB}$$

$$= -\frac{OB}{OA} < -1 \tag{B.15}$$

最後,來看出口供給彈性 η,即「出口相對價格」變動百分之一引起的出口數量的變動,或

$$\eta = \frac{dEX_X}{d(p_x^T/p_y^T)} \cdot \frac{(p_x^T/p_y^T)}{EX_X} \tag{B.16}$$

將 (B.13) 代入上式,經由類似推導 (B.14) 的過程可得到

$$\eta = \frac{1}{e - 1} \tag{B.17}$$

於是,圖 B.5 中 G 點的出口供給彈性成為

$$\eta_G = \frac{1}{OB/AB - 1} = \frac{AB}{OB - AB} = \frac{AB}{OA} > 0 \tag{B.18}$$

(但 Q 點和 R 點的進口需求和出口供給彈性又如何呢?讀者應好好自行練習。)

將 (B.14) 與 (B.17) 兩式相加即得

$$\varepsilon + \eta = -1 \tag{B.19}$$

換句話說,在 OC 曲線上任何一點,該國進口需求與出口供給彈性之和永遠為 –1,這正是前面所提到,貿易條件改變,對該國進出口的影響所具有的特殊關係。

國際均衡

利用 OC 曲線也可以呈現開放經濟的均衡,或**國際均衡** (international equilibrium)。如果我們將前面所導出的 OC 曲線看成是本國的提供曲線,則完全

國際貿易

相同的過程，只需將橫軸改為 EX_Y^*，縱軸改為 IM_X^*，即可得到圖 B.6 中外國的提供曲線 OC^*；此外國提供曲線具有前面討論的本國 OC 曲線的所有性質。

但是，在一兩國模型中，本國的出口，就是外國的進口；本國的進口，就是外國的出口，亦即 $EX_X = IM_X^*$，$IM_Y = EX_Y^*$。利用這個關係，我們可將圖 B.6 的橫軸旋轉成縱軸，縱軸旋轉成橫軸，再和本國提供曲線 (如圖 B.4) 擺在同一個圖上而得到圖 B.7 中同時有本國和外國提供曲線的圖形。圖中顯示，貿易前兩國均衡相對價格有 $p_x^0/p_y^0 < p_x^{*0}/p_y^{*0}$ 的關係，因此本國在 X 產品的生產具有比較利益，外國則在 Y 產品的生產上具有比較利益。

現在，我們要看國際市場如何達到均衡，如何建立均衡相對價格 p_x^T/p_y^T。圖 B.8 中，假定一開始國際市場價格為射線 OA 的斜率，則由 OA 與本國提供曲線 OC 的交點得知，在這個相對價格下，本國將出口 OB 的 X 產品，進口 OD 的 Y 產品。另一方面，由 OA 和外國提供曲線 OC^* 的交點得知，在這個相對價格下，外國將出口 OD^* 的 Y 產品，進口 OB^* 的 X 產品。因 $OB > OB^*$，$OD > OD^*$，故在國際市場上，X 產品有超額供給，Y 產品有超額需求，因而 X 產品的相對價

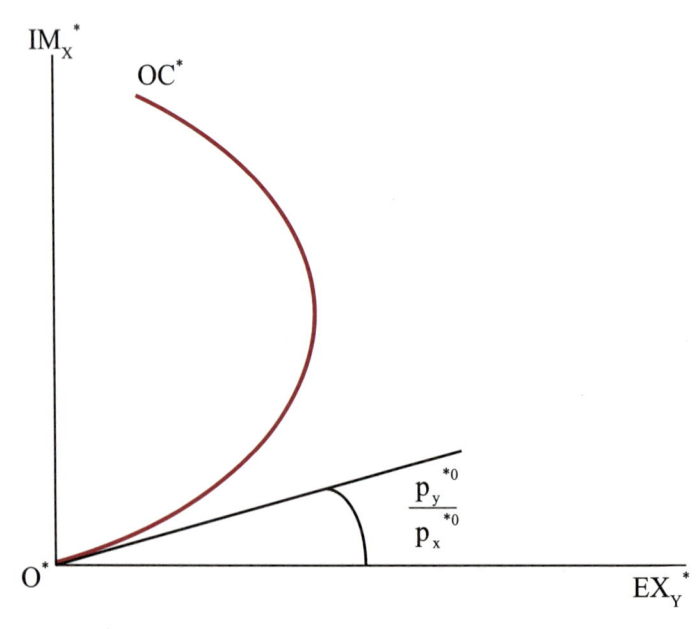

圖 B.6

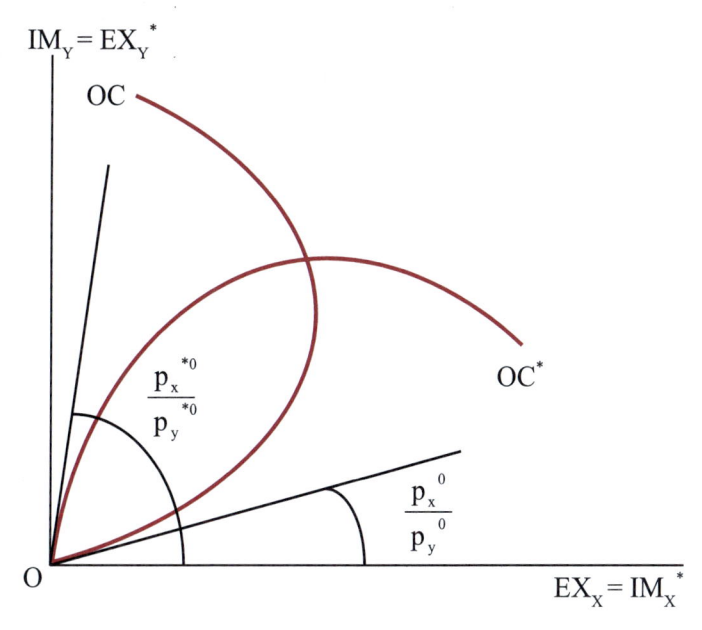

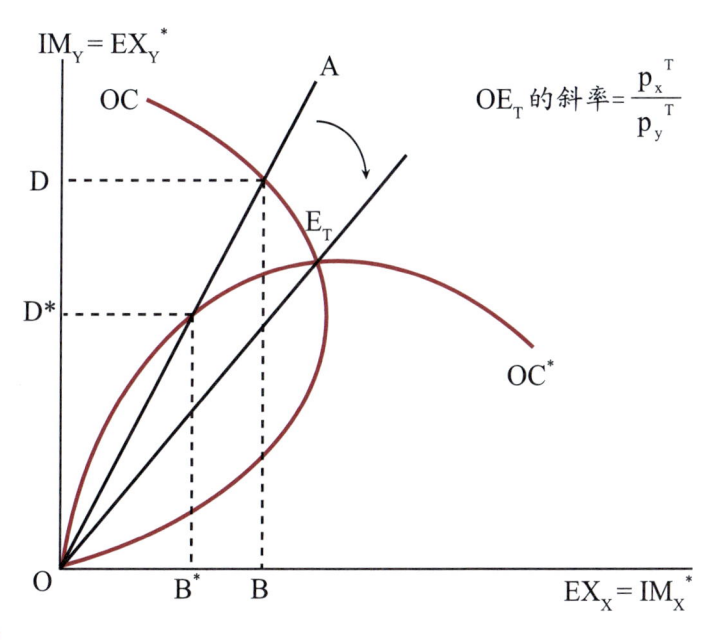

Appendix B 貿易無異曲線與提供曲線

圖 B.7

圖 B.8

格會往下調降,亦即 OA 射線會往右下方旋轉。但只要 OA 還沒向下旋轉到 OE_T 之前,國際市場上 X 產品仍有超額供給,Y 產品仍有超額需求,因此 X 的相對價格繼續下降,直到 OA 成為 OE_T,國際市場相對價格成為 p_x^T/p_y^T,方能完全消除 X 的超額供給與 Y 的超額需求而達到均衡。同樣原理,若市場相對價格一開始比 p_x^T/p_y^T 低,則 X 市場將會有超額需求,Y 市場會有超額供給,迫使 X 的相對價格上升,直到成為 p_x^T/p_y^T 方才停止。由此可知,國際市場均衡價格,就是兩國提供曲線 OC 和 OC^* 的交點 E_T 與原點所連成直線的斜率,p_x^T/p_y^T。比較圖 B.7 和圖 B.8,我們發現,$p_x^0/p_y^0 < p_x^T/p_y^T < p_x^{*0}/p_y^{*0}$,即貿易條件介於兩國貿易前的相對價格之間,這和我們第二章與第三章中利用全世界相對供給與相對需求曲線所得到的結果完全相同。

另外,開放經濟均衡 E_T,係位於兩國原點之外的提供曲線上,由前面的討論,我們知道兩國均會因開放自由貿易而獲取貿易利得。圖 B.9 中,明確將代表兩國自由貿易均衡下福利水準的貿易無異曲線 TIC_{FT} 和 TIC_{FT}^* 繪出。由提供曲線的定義得知,TIC_{FT} 與 TIC_{FT}^* 分別和 OE_T 相切於 E_T,所以 TIC_{FT} 和 TIC_{FT}^* 彼此

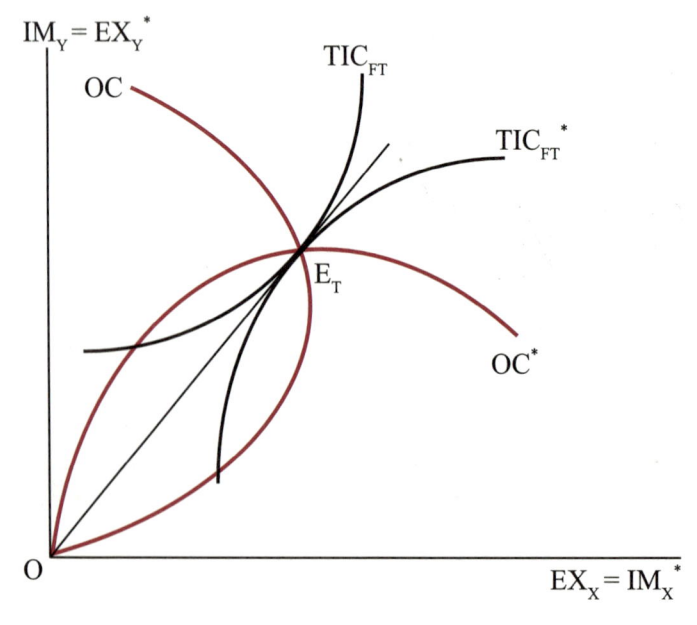

圖 B.9

Appendix B 貿易無異曲線與提供曲線

在該點也是相切的。這是一個很重要的結果,這表示,當自由貿易均衡達到時,就不可能有任何方法提高其中一國的福利,而不以另一國福利的下降作為代價。也就是說,從全世界的觀點來看,自由貿易可使整個世界達到**柏萊圖最適境界** (Pareto Optimum)。

最後,為了測試讀者對此附錄的了解程度,請讀者自行按照前面的推導方法,推導出李嘉圖模型下的提供曲線。如果你所得到的是如圖 B.10 中的形狀,那就表示已通過測試,否則就要好好再看一遍了。

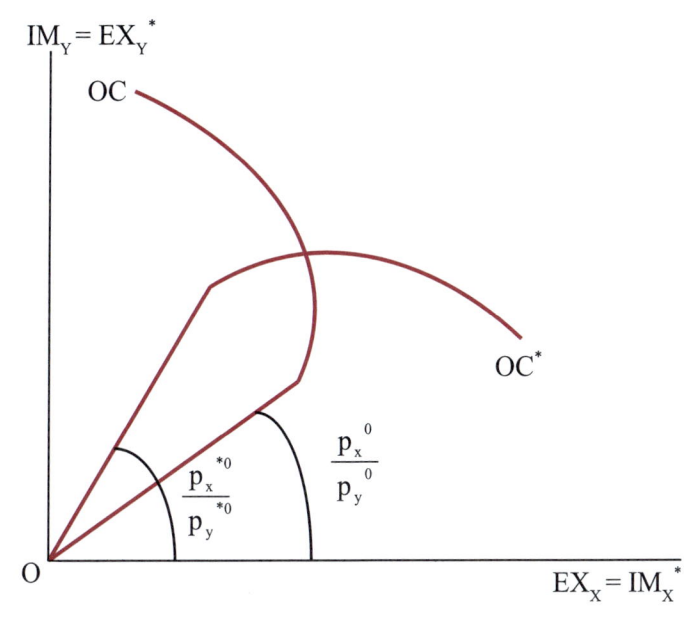

圖 B.10

國際貿易

參考文獻

Bernard, A.B., Jensen, J.B., Redding, S.J., and Schott, P.K., 2007, "Firms in International Trade," *Journal of Economic Perspectives* 21(3): 105-130.

Bhagwati, J.N., 1983, *International Factor Mobility: Essays in International Economic Theory*, Volume 2, Edited by R.C. Feenstra, The MIT Press.

Bhagwati, J.N., A. Panagariya, and T.N. Srinivasan, 1998, *Lectures on International Trade*, 2nd Edition, Cambridge, MA: The MIT Press.

Brakman, S. and H. Garretsen (Eds.), 2008, *Foreign Direct Investment and the Multinational Enterprise*, The MIT Press.

Brander, J. and P. Krugman, 1983, "A 'Reciprocal Dumping' Model of International Trade," *Journal of International Economics* 15: 313-321.

Brander, J. and B. Spencer, 1985, "Export Subsidies and International Market Share Rivalry," *Journal of International Economics* 16: 83-100.

Brecher, R. A. and C. F. Diaz Alejandro, 1977, "Tariffs, Foreign Capital and Immiserizing Growth," *Journal of International Economics* 7: 317-322.

Caves, R.E., 2007, *Multinational Enterprise and Economic Analysis*, 3rd Edition, Cambridge University Press.

Caves, R.E., J.A. Frankel, and R.W. Jones, 1999, *World Trade and Payment: An Introduction*, 8th Edition, Addison Wesley Longman, Inc.

Clemens, M. A., 2011, "Economics and Emigration: Trillion-Dollar Bills on the Sidewalk?" *Journal of Economic Perspectives* (forthcoming).

Deardorff, A.V., 2006, *Terms of Trade Glossary of International Economics*, World Scientific Publishing Co.

De Melo, J. and A. Panagariya, 1993, *New Dimensions in Regional Integration*, Cambridge University Press.

Dunning, J. H., 1980, "Towards an Eclectic Theory of International Production: Some Empirical Test," *Journal of International Business Studies* 11(1): 9-31.

Eaton, J. and Grossman, G.M., 1986, "Optimal Trade and Industrial Policy under Oligopoly," *Quarterly Journal of Economics* 101:383-406.

Hatton, T.J., 2006, "Should we have a WTO for International Migration?" Paper presented at the 44th meeting of Economic Policy, Helsinki.

Helpman, E. and P. Krugman, 1985, *Market Structure and Foreign Trade: Increasing Returns, Imperfect Competition and the International Economy*. Brighton: Wheatsheaf Books.

Helpman, E. and P. Krugman, 1989, *Trade Policy and Market Structure*, The MIT Press.

Helpman, E., M. Melitz, and S. Yeaple, 2004, "Exports versus FDI with Heterogeneous Firms", *American Economic Review* 94,1: 300-316.

Hymer, S.H., 1960, *The International Operations of National Firms: A Study of Direct Foreign Investment*, Ph.D. Dissertation, MIT (Published by the MIT Press, 1976).

Krugman, P., 1979, "Increasing Returns, Monopolistic Competition, and International Trade," *Journal of International Economics* 9 (4): 469-479.

Krugman, P., 1980, "Scale Economies, Product Differentiation, and the Pattern of Trade," *American Economic Review* 70 (5): 950-959.

Krugman, P.. and Maurice Obstfeld, 2009, *International Economics: Theory and Policy*, 8th Edition, Addison-Wesley.

Markusen, J.R., 2002, *Multinational Firms and the Theory of International Trade*, Cambridge, MA: The MIT Press.

Markusen, J.R., J.R. Melvin, W.H. Kaempfer, and K.E. Maskus, 1995, *International Trade: Theory and Evidence*, McGraw-Hill, Inc.

Marrewijk, C. van, 2002, *International Trade and the World Economy*, Oxford University Press.

Melitz, M., 2003, "The Impact of Trade on Intra-Industry Reallocations and Aggregate Industry Productivity," *Econometrica* 71 (6): 1695-1725.

Neary, P., 1978, "Short-Run Capital Specificity and the Pure Theory of International Trade," *Economic Journal* 88: 488-510.

Pomfret, R., 2008, *Lecture Notes on International Trade Theory and Policy*, World Scientific Publishing Co.

Vernon, Raymond, 1966, "International Investment and International Trade in the Product Cycle," *Quarterly Journal of Economics* 80: 190-207.

Vousden, N., 1990, *The Economics of Trade Protection*, Cambridge University Press.

World Trade Organization (WTO), 2008, *World Trade Report* 2008*: Trade in a Globalizing World.* Geneva: World Trade Organization.

國際貿易

中文索引

GATS 第 5 條 (GATS Article V) 294
GATT 第 24 條 (GATT Article XXIV) 294
OLI 架構 (OLI approach 或 OLI framework) 343

一劃
一次齊次函數 (homogeneous of degree one function) 351
一隻看不見的手 (an invisible hand) 16

二劃
人力資本 (human capital) 324
人才外流 (brain drain) 324
人才回流 (brain retrun) 324
人才利得 (brain gain) 324

三劃
大國 (large country) 36
小國 (small country) 36
工資率 (wage rate) 31
工廠 (plant) 346

工廠層級的規模經濟 (plant–level scale economies) 345
已開發國家 (developed countries) 126, 282

四劃
不穩定均衡點 (unstable equilibrium) 238
中間產品 (intermediate input) 196
中間產品 (intermediate goods) 283
互惠 (reciprocity) 295
內部 (interior) 239
內部化優勢 (internalization advantage) 343
內部規模經濟 (internal economies of scale) 127
公平的舞台 (level playing field) 284
公共財 (public goods) 289, 343
反傾銷協定 (Antidumping Agreement) 284
反傾銷法 (Antidumping Code) 284

國際貿易

反傾銷稅 (anti-dumping duties，ADs) 281
反應曲線 (reaction curve) 229
反應函數 (reaction function) 258
引申需求 (derived demand) 41
比較不利益 (comparative disadvantage) 126
比較利益 (comparative advantage) 1, 19
比較靜態分析 (comparative statics analysis) 8
水平直接投資 (horizontal FDI) 340
水平差異產品 (horizontally differentiated product) 161

五劃

世界貿易組織 (World Trade Organization，WTO) 3, 282, 295
世界銀行 (International Bank for Reconstruction and Development，IBRD，俗稱 World Bank) 294
世界遷徙組織 (World Migration Organization，WMO) 318, 330
以鄰為壑的政策 (beggar thy neighbor policy) 221
凹性 (concave) 93
出口自動設限 (voluntary export restraint，VER) 168
出口供給曲線 (export supply curve) 172
出口供給彈性 (elasticity of export supply) 369
出口稅 (export tax) 168
出口學習效果 (learning by exporting effect) 159
北美自由貿易協定 (North American Free Trade Agreement，NAFTA) 293, 314
古巴條款 (Cuban Clause) 296

史特普-薩彌爾遜定理 (Stolper-Samuelson theorem) 48
史塔克柏格均衡 (Stackelberg equilibrium) 274
史塔克柏格價格領導者 (Stackelberg price leader) 269
台、澎、金、馬關稅領域 (Separate Customs Territory of Taiwan, Penghu, Kimen and Matsu) 296
囚犯困境 (prisoner's dilemma) 313
外包 (outsourcing 或 offshoring) 343
外部規模經濟 (external economies of scale) 127
平衡稅 (countervailing duties，CVDs) 281
未飽和性 (nonsatiation 或 nonsaturation) 210
正常利潤 (normal profit) 360
母公司 (parent company) 340
母國 (home country) 340
母國或輸出國 (home country 或 sending country) 318
永久性的 (permanent) 318
生命週期 (life cycle) 341
生產可能曲線 (production possibility frontier) 10
生產可能集合 (prouction possibility set) 362
生產扭曲損失 (production distortion loss) 173
生產者剩餘 (producer surplus，PS) 153
生產契約線 (production contract curve) 57

六劃

交換利得 (gains from exchange) 29

企業集團 (conglomerate) 340
企業精神 (entrepreneurship) 325
全球化 (globalization) 167, 330
共同市場 (common market) 297
冰山模型 (iceberg model) 43
名目關稅 (nominal tariff) 196
合併 (merger) 339
因素比例模型 (factor proportion model) 48
因素集中度逆轉 (factor intensity reversal) 49
因素價格均等化定理 (factor price equalization theorem) 48
回流報酬 (return premium) 325
地理優勢 (location advantage) 343
多工廠經濟 (multi–plant economies) 345
多元公司 (diversified company) 340
多重均衡 (multiple equlibrium) 127
多重均衡 (multiple equilabra) 232
多邊主義 (multilateralism) 293
好產品 (goods) 211
成本遞減產業 (decreasing cost industry) 127
成熟產品 (maturing product) 341
收購 (acquisition) 339
有效保護 (effective protection) 196
有效保護率 (effective rate of protection，ERP) 197
有權利免稅收 (representation without taxation) 325
次佳理論 (theory of the second best) 1, 291
次效用函數 (sub-utility function) 129
自由貿易區 (free trade area，FTA) 295
自我選擇效果 (self–selection effect) 159

自然獨佔 (natural monopoly) 251
自製率 (local content requirements) 281
自製率要求 (local content requirements) 168
自願的 (voluntary) 269
艾奇渥斯箱型圖 (Edgeworth box) 55

七劃

位似性 (homotheticity) 49
位似偏好 (identical homothetic preferences) 46
位似偏好 (homothetic preferences) 54
伸手計畫 (Bracero program) 319
利潤移轉 (profit–shifting) 260, 270
坎普—萬又煊定理 (Kemp – Wan theorem) 311
技術密集 (skill–intensive) 159
技術勞工 (skilled labor) 324
扭曲 (distortion) 173
折衷理論 (eclectic theroy 或 eclectic apporach) 342
投入產出係數 (input–output coefficient) 8
李嘉圖—溫納模型 (Ricardo–Viner model) 91
李嘉圖模型 (Ricardian model) 7
杜哈回合 (Doha Round) 3
沉沒成本 (sunk cost) 161
私人邊際效益 (marginal private benefit，MPB) 290

八劃

其他情況不變 (other things being equal) 306
固定規模報酬 (constant returns to scale) 49

固定規模報酬生產函數 (constant returns to scale production function) 351
定值分析 (qualitative analysis) 134
定量分析 (quantitative analysis) 292
定量競爭 (quantity-setting competition) 258
定價競爭 (price - setting competition) 263
所得消費曲線 (income consumption curve，ICC) 54
拉格朗日乘數 (Lagrange multiplier) 132
拉納對稱定理 (Lerner's symmetry theorem) 205
服務貿易總協定 (General Agreement on Trade in Service，GATS) 294
直接投資 (foreign direct investment，FDI) 293, 331
知識資本模型 (knowledge–capital model) 348
社會無異曲線 (socail indifference curve，community indifference curve) 8
社會邊際效益 (marginal social beneit，MSB) 290
股權資本 (equity capital) 340
股權資本套利假說 (capital–arbitrage hypothesis) 340
股權證券 (stocks 或 equities) 331
初級生產因素 (primary factor) 196
金磚四國 (BRICs) 334
金融資產 (financial assets) 334
長期 (總) 成本函數 (long run total cost function，LRTC) 357
長期平均成本 (long run average cost，LRAC) 127, 358
長期邊際成本 (long run marginal cost) 358

非技術勞工移動 (unskilled labor movements) 324
非歧視原則 (non–discrimination principle) 295
非法外勞問題 (illegal migration 或 clandestine worker) 319
非關稅 (non–tariff) 167
非關稅性貿易障礙 (non–tariff trade barriers，NTBs) 168

九劃

垂直直接投資 (vertical FDI) 340
契約線 (contract curve) 57
客工制度 (Gastarbeiter system, 1955 – 1973) 319
封閉經濟 (closed economy) 7
政府採購 (government procurement) 287
政府採購協定 (government procurement agreement) 168
柏臣競爭 (Bertrand competition) 263
柏萊圖最適境界 (Pareto optimum) 216, 375
相互傾銷 (reciprocal dumping) 153
相互需求曲線 (reciprocal demand curve) 208
相對因素豐富 (relative factor abundance) 47
科學關稅 (scientific tariff) 251
美以自由貿易協定 (US – Israel Free trade Agreement) 293
限額租 (quota rent，QR) 185, 257

十劃

原產地規範 (rules of origin) 307
套利 (arbitrage) 340
差別取價 (price discrimination) 147

庫諾均衡 (Cournot equilibrium) 228
庫諾—納許均衡 (Cournot–Nash equilibrium) 228
庫諾競爭 (Cournot competition) 149, 258
消費可能曲線 (consumption possibility frontier) 26
消費扭曲損失 (consumption distortion loss) 173
消費者剩餘 (consumer surplus，CS) 153
烏拉圭回合 (Uruguay Round，1986 – 1994) 282
特定要素模型 (specific-factors model) 91
追隨者 (follower) 275
骨牌理論 (domino theory of regionalism) 314

十一劃

區位優勢 (location advantage) 343
區域主義 (regionalism) 293
區域貿易協定 (regional trade agreements，RTAs) 293
區域整合 (regional intergration) 281
參數 (parameter) 29
國內市場失靈 (domestic market failure) 289
國內市場扭曲 (domestic distortion) 288
國內生產毛額 (gross domestic product，GDP) 12
國民待遇 (national treatment) 295
國際均衡 (international equilibrium) 371
國際貨幣基金會 (International Monetary Fund，IMF) 294
國際勞工移動 (international labor movements) 317
國際貿易組織 (International Trade Organization，ITO) 294
國際資本移動 (international capital movements) 318
國際遷徙 (international migration) 317
國際遷徙組織 (Internaional Organizaion for Migration，IOM) 330
寇布–道格拉斯生產函數 (Cobb–Douglas production function) 345
專有資產 (proprietary assets) 342
專業化生產利得 (gains from specialization) 29
專屬優勢 (ownership advantage) 343
常規交易 (arm's–length transaction) 344
張伯倫式獨佔性競爭產業 (Chamberlinian monoplistic competition industry) 129
從量稅 (specific tax) 168
從價稅 (ad valorem tax) 168
掠奪式傾銷 (predatory dumping) 283
接受國 (host country) 340
授權 (licensing) 343
授權條款 (Enabling Clause) 294
梅茨勒矛盾 (Metzler paradox) 196
深度整合 (deep integration) 293
淨出口 (net export) 145
產品循環學說 (product cycle theory) 341
產業內貿易 (intraindustry trade) 2, 126
產業間的貿易 (interindustry trade) 2, 125
異質產品 (differentiated product) 129
異質廠商貿易模型 (heterogeneous firm trade model) 160
第三級差別取價 (third-degree price discrimination) 147
絆腳石 (stumbling block) 310
統合均衡 (intergrated equilibrium) 141
統合異質廠商模型 (integrated heterogeneous firm model) 163

統合經濟模型 (integrated–economy model) 141
規模經濟 (economies of scale) 126, 250
規範問題 (normative aspect) 348
規範經濟學 (normative economics) 7
責任法 (liability law) 287
通關程序 (customs valuation procedures) 287

十二劃

最低規模門檻 (threshold level of firm size) 345
最佳 (first best) 290
最終產品 (final goods) 283
最惠國待遇 (most favored nation treatment，MFN) 295
最適進口限額 (optimum import quota) 236
最適關稅 (optimum tariff) 178
剩餘市場 (residual market) 149
勞動密集 (labor–intensive) 49
勞動價值論 (labor theory of value) 44
勞動豐富國家 (labor abundant country) 78
喜好多樣化 (love of variety) 130
報復 (retaliation) 221
循環貿易報復 (tariff cycle) 232
提供曲線 (offer curve) 208, 366
提供曲線的彈性 (elasticity of the offer curve) 369
提供曲線圖 (offer curve diagram) 208
無形資產 (intangible assets) 342
無謂損失 (deadweight loss) 173
稅率 (tariff rate) 168
等成本線 (isocost line) 50

等值–GDP 線 (iso–GDP line) 12
等產量曲線 (isoquant) 50
策略性互動 (strategic interaction) 129, 257
策略性貿易政策 (strategic trade policy) 257, 269
絕對利益 (absolute advantage) 30
貿易三角形 (trade triangle) 28
貿易利得 (gains from trade) 2, 24
貿易型態 (patterns of trade) 2, 24
貿易政策 (trade policy) 167
貿易財 (traded goods) 44
貿易條件 (terms of trade，TOT) 2, 23
貿易移轉 (trade diversion) 297
貿易創造 (trade creation) 297
貿易無異曲線 (trade indifference curve) 208, 361
貿易無異曲線圖 (trade indifference map) 211
貿易量 (volumn of trade) 147
貿易擴張 (trade expansion) 299
貿易轉向問題 (problem of trade deflection) 307
超額需求曲線 (excess demand curve) 170
進入市場的固定成本 (fixed entry cost) 161
進入成本 (entry cost) 161
進口威脅 (threat of imports) 244
進口限額 (import quota) 1, 168
進口稅 (import tax 或 import tariff) 168
進口需求彈性 (elasticity of import demand) 369
進口競爭產業 (import–competing industry) 284
量尺 (scale) 352

量身訂做關稅 (made-to-measure tariff) 251
開放經濟 (open economy) 7
開發中國家 (developing countries) 126, 282
間接的貿易轉向 (indirect trade deflection) 308

十三劃

債權證券 (bonds) 331
傾銷 (dumping) 147
匯回的款項 (remittances) 322
新建投資 (greenfield investment) 332
新產品 (new product) 341
新貿易理論 (new trade theory) 129
新新貿易理論 (new new trade theory) 157
瑞普辛斯基定理 (Rybczynski theorem) 48
瑞普辛斯基線 (Rybczynski line) 337
禁止性單位運輸成本 (prohibitive unit transportation cost) 157
禁止關稅 (prohibitive tariff) 178
稟賦 (endowment) 10
經濟大蕭條 (The Great Depression) 288
經濟同盟 (economic union) 297
義大利麵碗 (spaghetti bowl 或 noodle bowl) 294
資本密集 (capital–intensive) 49
資本豐富國家 (capital abundant country) 78
資源重分配利得 (gains from resource reallocation) 29
跨國公司 (multinational enterprise 或 multinational，MNE) 318, 339
跨期生產可能曲線 (intertemporal production possibility frontier) 334
跨期貿易 (intertemporal trade) 333
農業協定 (Agreement on Agriculture) 282
運輸成本 (transportation cost) 17
隔離的 (segmented) 148
零和賽局 (zero–sum game) 25

十四劃

墊腳石 (building block) 310
寡佔市場 (oligopoly) 257
實質利率 (real interest rate) 334
實質所得 (real income) 70
實證問題 (positive aspect) 348
實證經濟學 (positive economics) 7
對稱性的假設 (symmetry assumption) 133
對數 (logarithm) 69
福利經濟學第一定理 (first theorem of welfare economics) 16
赫克斯—歐林理論 (Heckscher-Ohlin theory，HO theory) 47
赫克斯—歐林—薩彌爾遜模型 (Heckscher-Ohlin-Samuelson model，HOS model) 47
需求定律 (law of demand) 9
領導者 (leader) 275

十五劃

價格消費曲線 (price consumption curve，PCC) 208, 366
增值 (value added) 196
廠商 (firm) 346
廠商層次的資料 (firm–level data) 157
數值模擬 (numerical simulation) 347
暫時性的 (temporary) 318
標準化產品 (standardized product) 341
標準模型 (standard model) 202

歐洲經濟共同體 (European Economic Community，EEC)　126, 293
潛在的或可能的貿易利得 (potential gains from trade)　87
潛在的貿易利得 (potential gains from trade)　4
穀物法案 (Corn Law)　44
範疇經濟 (economies of scope)　340
線性齊次函數 (linearly homogeneous function)　351
談判力量 (bargaining power)　313

十六劃
輸入國 (host country 或 receiving country)　319

十七劃
總額補償 (lump–sum compensatory payments)　311
聯合國 (United Nations，UN)　294

十八劃
雙佔 (duopoly)　257
雙邊協定 (bilateral agreement)　293

十九劃
壞產品 (bads)　211
壟斷力量 (monopoly power)　194
懲罰性關稅 (penalty tariff)　283
瓊斯擴大效果 (Jones magnification effect)　72
簽約成員 (contracting party)　295
證券投資 (portfolio investment)　331
邊界 (boundary)　239
邊際外部效益 (marginal external benefit)　290
邊際技術替代率 (marginal rate of technical substitution，MRTS)　354
邊際產值 (value of marginal product，VMP)　62
邊際報酬遞減 (diminishing marginal returns)　49
邊際替代率 (marginal rate of substitution，MRS)　8
邊際轉換率 (marginal rate of transformation，MRT)　10, 63
關稅 (tariff)　167
關稅化 (tariffication)　282
關稅同盟 (customs union，CU)　1, 295
關稅扭曲的提供曲線 (tariff–distorted offer curve)　219
關稅和限額等價 (equivalence of tariff and quota)　188
關稅保護效果　172
關稅配額 (tariff rate quota 或 tariff quota，TRQ)　281
關稅逐段上升 (tariff escalation)　198
關稅結構 (tariff structure)　196
關稅暨貿易總協定 (General Agreement on Tariffs and Trade，GATT)　282, 295
關稅暨貿易總協定/世界貿易組織 (General Agreement on Tariffs and Trade/World Trade Organization, GATT/WTO)　168
關稅領域 (customs territory)　296

二十劃
競爭效果 (pro–competitive effect)　160
競爭優勢 (competitive advantage)　31
競租 (rent–seeking)　1, 188

英文索引

A
absolute advantage 絕對利益 30
acquisition 收購 339
ad valorem tax 從價稅 168
Agreement on Agriculture 農業協定 282
an invisible hand 一隻看不見的手 16
Antidumping Agreement 反傾銷協定 284
Antidumping Code 反傾銷法 284
anti-dumping duties，ADs 反傾銷稅 281
arbitrage 套利 340
arm's–length transaction 常規交易 344

B
bads 壞產品 211
bargaining power 談判力量 313
beggar thy neighbor policy 以鄰為壑的政策 221
Bertrand competition 柏臣競爭 263
bilateral agreement 雙邊協定 293
bonds 債權證券 331
boundary 邊界 239
Bracero program 伸手計畫 319
brain drain 人才外流 324
brain gain 人才利得 324
brain retrun 人才回流 324
BRICs 金磚四國 334
building block 墊腳石 310

C
capital abundant country 資本豐富國家 78
capital–arbitrage hypothesis 股權資本套利假說 340
capital–intensive 資本密集 49

Chamberlinian monoplistic competition industry 張伯倫式獨佔性競爭產業 129
clandestine worker 非法外勞問題 319
closed economy 封閉經濟 7
Cobb–Douglas production function 寇布–道格拉斯生產函數 345
common market 共同市場 297
comparative advantage 比較利益 1, 19
comparative disadvantage 比較不利益 126
comparative statics analysis 比較靜態分析 8
competitive advantage 競爭優勢 31
concave 凹性 93
conglomerate 企業集團 340
constant returns to scale 固定規模報酬 49
constant returns to scale production function 固定規模報酬生產函數 351
consumer surplus，CS 消費者剩餘 153
consumption distortion loss 消費扭曲損失 173
consumption possibility frontier 消費可能曲線 26
contract curve 契約線 57
contracting party 簽約成員 295
Corn Law 穀物法案 44
countervailing duties，CVDs 平衡稅 281
Cournot competition 庫諾競爭 149, 258
Cournot equilibrium 庫諾均衡 228
Cournot–Nash equilibrium 庫諾—納許均衡 228

Cuban Clause 古巴條款 296
customs territory 關稅領域 296
customs union 關稅同盟 1
customs union，CU 關稅同盟 295
customs valuation procedures 通關程序 287

D

deadweight loss 無謂損失 173
decreasing cost industry 成本遞減產業 127
deep integration 深度整合 293
derived demand 引申需求 41
developed countries 已開發國家 126, 282
developing countries 開發中國家 126, 282
differentiated product 異質產品 129
diminishing marginal returns 邊際報酬遞減 49
distortion 扭曲 173
diversified company 多元公司 340
Doha Round 杜哈回合 3
domestic distortion 國內市場扭曲 288
domestic market failure 國內市場失靈 289
domino theory of regionalism 骨牌理論 314
dumping 傾銷 147
duopoly 雙佔 257

E

eclectic apporach 折衷理論 342
eclectic theroy 折衷理論 342
economic union 經濟同盟 297
economies of scale 規模經濟 126, 250
economies of scope 範疇經濟 340

Edgeworth box 艾奇渥斯箱型圖 55
effective protection 有效保護 196
effective rate of protection，ERP 有效保護率 197
elasticity of export supply 出口供給彈性 369
elasticity of import demand 進口需求彈性 369
elasticity of the offer curve 提供曲線的彈性 369
Enabling Clause 授權條款 294
endowment 稟賦 10
entrepreneurship 企業精神 325
entry cost 進入成本 161
equities 股權證券 331
equity capital 股權資本 340
equivalence of tariff and quota 關稅和限額等價 188
European Economic Community 歐洲經濟共同體 126
European Economic Community，EEC 歐洲經濟共同體 293
excess demand curve 超額需求曲線 170
export supply curve 出口供給曲線 172
export tax 出口稅 168
external economies of scale 外部規模經濟 127

F

factor intensity reversal 因素集中度逆轉 49
factor price equalization theorem 因素價格均等化定理 48
factor proportion model 因素比例模型 48

index 索引

final goods 最終產品 283
financial assets 金融資產 334
firm 廠商 346
firm–level data 廠商層次的資料 157
first best 最佳 290
first theorem of welfare economics 福利經濟學第一定理 16
fixed entry cost 進入市場的固定成本 161
follower 追隨者 275
foreign direct investment，FDI 直接投資 293, 331
free trade area，FTA 自由貿易區 295

G

gains from exchange 交換利得 29
gains from resource reallocation 資源重分配利得 29
gains from specialization 專業化生產利得 29
gains from trade 貿易利得 2, 24
Gastarbeiter system, 1955–1973 客工制度 319
GATS Article V GATS 第 5 條 294
GATT Article XXIV GATT 第 24 條 294
General Agreement on Tariffs and Trade，GATT 關稅暨貿易總協定 282, 295
General Agreement on Tariffs and Trade/World Trade Organization, GATT/WTO 關稅暨貿易總協定/世界貿易組織 168
General Agreement on Trade in Service，GATS 服務貿易總協定 294
globalization 全球化 167, 330
goods 好產品 211

government procurement 政府採購 287
government procurement agreement 政府採購協定 168
greenfield investment 新建投資 332
gross domestic product，GDP 國內生產毛額 12

H

Heckscher-Ohlin model，HO model 赫克斯—歐林模型 47
Heckscher-Ohlin theory，HO theory 赫克斯—歐林理論 47
Heckscher-Ohlin-Samuelson model，HOS model 赫克斯—歐林—薩彌爾遜模型 47
heterogeneous firm trade model 異質廠商貿易模型 160
home country 母國 340
home country 母國或輸出國 318
homogeneous of degree one function 一次齊次函數 351
homothetic preferences 位似偏好 54
homotheticity 位似性 49
horizontal FDI 水平直接投資 340
horizontally differentiated product 水平差異產品 161
host country 接受國 340
host country 輸入國 319
human capital 人力資本 324

I

iceberg model 冰山模型 43
identical homothetic preferences 位似偏好 46
illegal migration 非法外勞問題 319
import quota 進口限額 1, 168

391

國際貿易

import tariff 進口稅　168
import tax 進口稅　168
import–competing industry 進口競爭產業　284
income consumption curve，ICC 所得消費曲線　54
indirect trade deflection 間接的貿易轉向　308
input–output coefficient 投入產出係數　8
intangible assets 無形資產　342
integrated heterogeneous firm model 統合異質廠商模型　163
integrated–economy model 統合經濟模型　141
intergrated equilibrium 統合均衡　141
interindustry trade 產業間的貿易　2, 125
interior 內部　239
intermediate goods 中間產品　283
intermediate input 中間產品　196
Internaional Organizaion for Migration，IOM 國際遷徙組織　330
internal economies of scale 內部規模經濟　127
internalization advantage 內部化優勢　343
International Bank for Reconstruction and Development，IBRD，俗稱 World Bank 世界銀行　294
international capital movements 國際資本移動　318
international equilibrium 國際均衡　371
international labor movements 國際勞工移動　317
international migration 國際遷徙　317

International Monetary Fund，IMF 國際貨幣基金會　294
International Trade Organization，ITO 國際貿易組織　294
intertemporal production possibility frontier 跨期生產可能曲線　334
intertemporal trade 跨期貿易　333
intraindustry trade 產業內貿易　2, 126
isocost line 等成本線　50
iso–GDP line 等值–GDP 線　12
isoquant 等產量曲線　50

J

Jones magnification effect 瓊斯擴大效果　72

K

Kemp – Wan theorem 坎普—萬又煊定理　311
knowledge–capital model 知識資本模型　348

L

labor abundant country 勞動豐富國家　78
labor theory of value 勞動價值論　44
labor–intensive 勞動密集　49
Lagrange multiplier 拉格朗日乘數　132
large country 大國　36
law of demand 需求定律　9
leader 領導者　275
learning by exporting effect 出口學習效果　159
Lerner's symmetry theorem 拉納對稱定理　205
level playing field 公平的舞台　284
liability law 責任法　287

index 索引

licensing 授權　343
life cycle 生命週期　341
linearly homogeneous function 線性齊次函數　351
local content requirements 自製率　281
local content requirements 自製率要求　168
location advantage 區位優勢、地理優勢　343
logarithm 對數　69
long run average cost，LRAC 長期平均成本　127, 358
long run marginal cost 長期邊際成本　358
long run total cost function，LRTC 長期(總)成本函數　357
love of variety 喜好多樣化　130
lump–sum compensatory payments 總額補償　311

M

made–to–measure tariff 量身訂做關稅　251
marginal external benefit 邊際外部效益　290
marginal private benefit，MPB 私人邊際效益　290
marginal rate of substitation，MRS 邊際替代率　8
marginal rate of technical substitution，MRTS 邊際技術替代率　354
marginal rate of transformation，MRT 邊際轉換率　10, 63
marginal social beneit，MSB 社會邊際效益　290
maturing product 成熟產品　341

merger 合併　339
Metzler paradox 梅茨勒矛盾　196
monopoly power 壟斷力量　194
most favored nation treatment，MFN 最惠國待遇　295
multilateralism 多邊主義　293
multinational 跨國公司　339
multinational enterprise，MNE 跨國公司　318, 339
multi–plant economies 多工廠經濟　345
multiple equilibra 多重均衡　232
multiple equlibrium 多重均衡　127

N

NAFTA 北美自由貿易協定　314
national treatment 國民待遇　295
natural monopoly 自然獨佔　251
net export 淨出口　145
new new trade theory 新新貿易理論　157
new product 新產品　341
new trade theory 新貿易理論　129
nominal tariff 名目關稅　196
non–discrimination principle 非歧視原則　295
nonsatiation 或 nonsaturation 未飽和性　210
non–tariff 非關稅　167
non–tariff trade barriers，NTBs 非關稅性貿易障礙　168
noodle bowl 義大利麵碗　294
normal profit 正常利潤　360
normative aspect 規範問題　348
normative economics 規範經濟學　7
North American Free Trade Agreement，NAFTA 北美自由貿易協定　293

numerical simulation 數值模擬 347

O

offer curve 提供曲線 208, 366
offer curve diagram 提供曲線圖 208
offshoring 外包 343
OLI approach 或 OLI framework OLI 架構 343
oligopoly 寡佔市場 257
open economy 開放經濟 7
optimum import quota 最適進口限額 236
optimum tariff 最適關稅 178
other things being equal 其他情況不變 306
outsourcing 外包 343
ownership advantage 專屬優勢 343

P

parameter 參數 29
parent company 母公司 340
Pareto optimum 柏萊圖最適境界 216, 375
patterns of trade 貿易型態 2, 24
penalty tariff 懲罰性關稅 283
permanent 永久性的 318
plant 工廠 346
plant–level scale economies 工廠層級的規模經濟 345
portfolio investment 證券投資 331
positive aspect 實證問題 348
positive economics 實證經濟學 7
potential gains from trade 潛在的或可能的貿易利得 87
potential gains from trade 潛在的貿易利得 4
predatory dumping 掠奪式傾銷 283

price - setting competition 定價競爭 263
price consumption curve，PCC 價格消費曲線 208, 366
price discrimination 差別取價 147
primary factor 初級生產因素 196
prisoner's dilemma 囚犯困境 313
problem of trade deflection 貿易轉向問題 307
pro–competitive effect 競爭效果 160
producer surplus，PS 生產者剩餘 153
product cycle theory 產品循環學說 341
production contract curve 生產契約線 57
production distortion loss 生產扭曲損失 173
production possibility frontier 生產可能曲線 10
profit–shifting 利潤移轉 260, 270
prohibitive tariff 禁止關稅 178
prohibitive unit transportation cost 禁止性單位運輸成本 157
proprietary assets 專有資產 342
prouction possibility set 生產可能集合 362
public goods 公共財 289, 343

Q

qualitative analysis 定值分析 134
quantitative analysis 定量分析 292
quantity-setting competition 定量競爭 258
quota rent，QR 限額租 185, 257

R

reaction curve 反應曲線 229
reaction function 反應函數 258
real income 實質所得 70

real interest rate 實質利率 334
receiving country 輸入國 319
reciprocal demand curve 相互需求曲線 208
reciprocal dumping 相互傾銷 153
reciprocity 互惠 295
regional intergration 區域整合 281
regional trade agreements，RTAs 區域貿易協定 293
regionalism 區域主義 293
relative factor abundance 相對因素豐富 47
remittances 匯回的款項 322
rent–seeking 競租 1, 188
representation without taxation 有權利免稅收 325
residual market 剩餘市場 149
retaliation 報復 221
return premium 回流報酬 325
Ricardian model 李嘉圖模型 7
Ricardo–Viner model 李嘉圖─溫納模型 91
rules of origin 原產地規範 307
Rybczynski line 瑞普辛斯基線 337
Rybczynski theorem 瑞普辛斯基定理 48

S

scale 量尺 352
scientific tariff 科學關稅 251
segmented 隔離的 148
self–selection effect 自我選擇效果 159
sending country 母國或輸出國 318
Separate Customs Territory of Taiwan, Penghu, Kimen and Matsu 台、澎、金、馬關稅領域 296

skilled labor 技術勞工 324
skill–intensive 技術密集 159
small country 小國 36
socail indifference curve，community indifference curve 社會無異曲線 8
spaghetti bowl 義大利麵碗 294
specific tax 從量稅 168
specific-factors model 特定要素模型 91
Stackelberg equilibrium 史塔克柏格均衡 274
Stackelberg price leader 史塔克柏格價格領導者 269
standard model 標準模型 202
standarized product 標準化產品 341
stocks 股權證券 331
Stolper-Samuelson theorem 史特普─薩彌爾遜定理 48
strategic interaction 策略性互動 129, 257
strategic trade policy 策略性貿易政策 257, 269
stumbling block 絆腳石 310
sub-utility function 次效用函數 129
sunk cost 沉沒成本 161
symmetry assumption 對稱性的假設 133

T

tariff 關稅 167
tariff cycle 循環貿易報復 232
tariff escalation 關稅逐段上升 198
tariff quota 關稅配額 281
tariff rate 稅率 168
tariff rate quota，TRQ 關稅配額 281
tariff structure 關稅結構 196
tariff–distorted offer curve 關稅扭曲的提供曲線 219

tariffication 關稅化 282
temporary 暫時性的 318
terms of trade 貿易條件 2
terms of trade，TOT 貿易條件 23
The Great Depression 經濟大蕭條 288
theory of the second best 次佳理論 1, 291
third-degree price discrimination 第三級差別取價 147
threat of imports 進口威脅 244
threshold level of firm size 最低規模門檻 345
trade creation 貿易創造 297
trade diversion 貿易移轉 297
trade expansion 貿易擴張 299
trade indifference curve 貿易無異曲線 208, 361
trade indifference map 貿易無異曲線圖 211
trade policy 貿易政策 167
trade triangle 貿易三角形 28
traded goods 貿易財 44
transportation cost 運輸成本 17

U

United Nations，UN 聯合國 294
unskilled labor movements 非技術勞工移動 324

unstable equilibrium 不穩定均衡點 238
Uruguay Round，1986－1994 烏拉圭回合 282
US－Israel Free trade Agreement 美以自由貿易協定 293

V

value added 增值 196
value of marginal product，VMP 邊際產值 62
vertical FDI 垂直直接投資 340
volumn of trade 貿易量 147
voluntary 自願的 269
voluntary export restraint，VER 出口自動設限 168

W

wage rate 工資率 31
World Migration Organization，WMO 世界遷徙組織 318, 330
World Trade Organization，WTO 世界貿易組織 3, 282, 295

Z

zero–sum game 零和賽局 25